国家发展改革委重点图书选题

绿色文明形态

中国制度文化研究

张念瑜 著

中国市场出版社
·北京·

图书在版编目(CIP)数据

绿色文明形态:中国制度文化研究 / 张念瑜著. —北京:中国市场出版社, 2014.7
ISBN 978-7-5092-1253-0

Ⅰ. ①绿… Ⅱ. ①张… Ⅲ. ①文化研究—中国 Ⅳ. ①G12

中国版本图书馆 CIP 数据核字(2014)第 098478 号

绿色文明形态——中国制度文化研究

著　　者 张念瑜
出版发行 中国市场出版社
社　　址 北京市西城区月坛北小街 2 号院 3 号楼　邮政编码 100837
电　　话 编 辑 部(010)68034190　读者服务部(010)68022950
发 行 部(010)68021338　68020340　68053489
68024335　68033577　68033539
总 编 室(010)68020336
盗版举报(010)68020336
邮　　箱 1252625925@qq.com
经　　销 新华书店
印　　刷 北京今朝印刷有限公司
规　　格 170mm×240mm　16 开本　**版　　次** 2014 年 7 月第 1 版
印　　张 21.75　**印　　次** 2014 年 7 月第 1 次印刷
字　　数 500 千字　**定　　价** 45.00 元

中国绿色发展丛书编委会

总序言

市场经济制度和科学技术的发展，使人类物质财富在加速增长，对人类文明的发展具有积极的推动作用。但是，由市场机制诱发的人与人之间、组织与组织之间、国与国之间的竞争变得更加激烈，而相伴而生的浪费与破坏也更加严重，人口、资源和环境之间的矛盾更加突出，文化颓败、道德沦丧困扰着人类社会。20 世纪 70 年代市场经济先行的西方国家兴起的绿色运动，包括绿色哲学、绿色政治、绿色文化、绿色生活，以及绿色政党、绿色组织、绿色消费、绿色产品、绿色标志、绿色建筑等，已经成为 20 世纪末最深入人心的全球性运动，并将成为 21 世纪最重要的社会、政治、经济和文化主题。

实际上，华夏文化核心思想贯穿着"天人合一"、"道法自然"等绿色文化精神，能够给当今世界的文化建设、经济和社会发展开辟一条新的佳径。环顾当今世界，没有任何地域的经济比东方地区和中国更富有朝气、活力和潜力，也没有任何地域像东方和中国这样蕴藏着丰富的人力储备、资源储备、资金储备和待开发的广阔市场。东方在复兴，中国在实现绿色复兴！为了实现这种复兴，必须弘扬绿色文化，必须发展绿色经济，必须实施绿色强国战略。在党中央和国务院的正确领导下，深化改革，勇于创新，凝聚中国力量，实现中国梦！

1996 年，我国将可持续发展上升为国家战略并全面推进实施。

进入21世纪,我国进一步深化对可持续发展内涵的认识,并于2003年提出了以人为本、全面协调可持续的科学发展观。党的十八大报告正式确立了“生态文明建设”的国策,并慎重提出了“绿色发展”。实际上,绿色发展是贯彻落实科学发展观的基本实现形式。绿色发展的基础是创新,是与第三次工业革命相适用的一场大变革。对于像我国这样一个人口规模大,又处在工业化、城市化快速发展过程中的大国,推进绿色发展,需要从点点滴滴做起,需要从自身做起,需要集思广益、交流经验。为此,我们组织了中国绿色发展丛书。丛书是开放性的,既有理论方面的选题,也有具体到绿色产品标准、生产与消费方面的选题。总的目的是帮助人们转变观念,深化认识,交流经验,进一步促进绿色生产、绿色交换、绿色学习和绿色消费,以使我国的社会经济有效率、和谐、可持续发展。

中国绿色发展丛书编委会

前言

在中国传统文化中,绿是“闲色”。《说文解字》释“绿”为:“帛青黄色也。”《〈礼·玉藻〉正义》曰:“五方闲色。绿、红、碧、紫、骊黄是也。木青克土黄。东方闲色为绿。绿色青黄也。”东方正色是“青”,青为深绿色或浅蓝色。东方属“木”,为青,代表春天。绿色是草和树叶茂盛时的颜色,在光谱中介于蓝与黄之间。[1]因而,有名诗为:“春风又绿江南岸,明月何时照我还?”(王安石:《泊船瓜洲》)

绿色是大自然界中常见的颜色,大部分植物和海洋都是绿色。在汉语中,绿色代表着春天、生命、生机;在英语中,绿色(green)与古英语动词“growan”密切相关,表示“成长”[2];绿色是古埃及的复活和不朽的象征[3]。因而,绿色通常被作为“环保”的引申,关注生态环境的组织常用绿色做代表颜色,例如绿色和平组织。同时,绿色的引申意义有快捷方便、一路畅通无阻;由20世纪80年代起推出的紧急出口标记也普遍使用绿色;由于绿色是大自然中的常色,绿色可以起保护色的作用,世界上大多数国家的陆军军服颜色都是以绿色为基调,并且避难、卫生和救护等事项往往也用绿色表示。但是,在不同的文化中,对绿色的好恶是不同的。绿色是爱尔兰民族的代表色,而爱尔兰又被叫作“绿宝石岛”。绿色被认为是伊斯兰教的传统颜色,罗马天主教和更传统的新教神职人员穿绿色法衣。绿色是圣诞节的色彩之一,可以追溯到前基督教时代。由于常青树(或冬青,holly)具有非凡的能力能够在死亡之冬存活下来,因此他们相信常青树会有同样的力量而使他们免于死亡之神的危害。罗马人用绿色的冬青树和常绿为冬至称为农神节的庆祝活动,并最终演变成一个圣诞庆祝装饰品。[4]世界上许多国家的国旗都含有绿色。因而,概括地讲,绿色象征着勃勃生机与希望,绿色象征着安全与吉祥,绿色象征着和平与长久，绿色象征着舒适与协调，等等。

绿色经济、绿色发展和绿色文明中的“绿色”的引申意义更多的是环保、人类与自然生态系统的和谐、人类社会的公平与福祉。绿色经济、绿色发展是为解决人类社会可持续发展和人类社会公平与福祉问题而出现的一种新的经济发展模式。尤其是随着石化能源的大量使用而引起的温室气体排放量的上升和环境退化，以及世界石化能源在本世纪的告罄而引发的新的工业革命，需要从制度文化方面进行梳理、反思和前瞻。

可持续发展的概念在过去最常被解构为经济可持续性、社会可持续性和环境可持续性，经济可持续性被认为是基础。但实际上可持续发展问题与第二次世界大战结束后世界人口“爆炸”性增长有直接关系，而市场经济制度和科学技术的发展，使人类物质财富加速增长。首先是工业化国家和地区过度地使用自然资源和石化能源导致环境严重退化，危害当地人民健康生活。随后发展中国家加快工业化、城市化发展，进一步加剧了世界环境退化速度。1972年，罗马俱乐部发表了《增长的极限》一书，根据人口增长、粮食生产、投资增长、环境污染和资源消耗具有按指数增长的性质，预计世界经济增长在以后一百年内的某个时期将达到极限，从而引发广泛的争议。人口、资源和环境之间尖锐的矛盾被世人所重视，可持续发展问题成为一个世界性问题。1996年，我国将可持续发展上升为国家战略并全面推进实施。进入新世纪，我国进一步深化对可持续发展内涵的认识，于2003年提出了以人为本、全面协调可持续的科学发展观。党的十八大提出把“生态文明建设”作为我国五大建设任务之一，明确提出要着力推进绿色发展。实际上，绿色发展是可持续发展、科学发展观的实现形式，是生态文明建设的基础。

绿色发展不是重返农耕文明那种人天顺应的自然性经济发展模式，其中心问题是科技创新和制度创新，是与第三次工业革命密不可分的（杰里米·里夫金，2012，p. 32）。因此，本书主要是从制度文化方面来研究绿色发展、绿色文化、绿色文明形态问题。

人类的各种主要制度都起源于文明时代以前（摩尔根·序言）。华夏文化与西方文化实际上在人类文明时代之前就已经分野。而工业文明首先发源于西方基督教文化圈。中国接受工业文明既不是照搬照抄也不可能是照搬照抄，像接受佛教文化一样，而是将其纳入自己的逻辑体系。在已经开始的第三次工业革命浪潮中，我们将怎样吸收世界先进的文明成就来完善我们的制度文化？我们认为应该首先弄清我们自己的制度文化，但这是一个很大的题目。为此，本书第一篇安排了七章，对中国的制度文化进行梳理，并尽可能与西方文化进行比较分析。同时，通过“社会主义社会”、“共产主义社会”两章对现在和未来的发展问题、制度建设问题进行了一些探讨。

第二篇是论述“绿色文化”问题。实际上，华夏文化核心思想贯穿着“天人合一”、“道法自然”等绿色文化精神，能够给当今世界的绿色文化建设、经济和社会发展开辟一条新的佳径。华夏文化的精髓在《易经》，《易经》的核心在于“天人合一”。《易经》被儒家作为群经之首。事实上，《易经》与华夏文化的起源是有密切关系的。先民定居农耕，需要随时耕种收获，需要风调雨顺，因而需要观察掌握气候、物候和记时。易经最初就是先民的历法。先民们通过经验观察掌握了气候、物候和时间之间的规律与关系，实际上也找到了宇宙的节奏规律。我们现在知道，月亮绕着地球转，地球绕着太阳转，太阳带着它的家族绕着银河中心转，非常有秩序、非常有规律，地球上的万物必须适应这种节奏规律。例如，《黄帝内经》揭示的人体“子午流注”已被现代时间生物学所证实。其他动物、植物也必须顺应宇宙的节奏规律。因而，天人合一就是人必须顺应宇宙的节奏规律，要“道法自然”。由于最初掌握易经或天文历法知识的智者，同时也掌管原始宗教、占卜活动，因而，易经与占卜是不可分的。而宗教、占卜是一种普世文化，尤其在原始先民们那里，任何活动都要占卜一番，最早的农书《神农》纯属占候性质的（王毓瑚，p.2），世传最古的医书《黄帝内经》有大量的占卜内容。实际上，轴心时代的先哲们在解释《易经》时所做的“传”（《周易·系辞》）告诉人们：只要按照易经的原理处世、养生就可以避免灾害而达到吉祥。荀子更明白地指出：“善为易者不占”（《荀子·大略》）。但由于易经与象形文字、以经验主义为基础的“意象类比推理”使华夏文化中缺乏“演绎推理”等科学思维传统，从而使占卜这种神秘主义在易经的传承中挥之不去。这是我们要大力反对的。而“天人合一”思想在生产、生活方面的广泛应用，是我们应该传承和发扬光大的。20世纪40年代，冯友兰先生提出著名的“人生四境界”说，即人的一生要经历自然境界、功利境界、道德境界、天地境界。而“天地境界”就是“天人合一”的境界，是人生的最高境界。“天地境界的特征是：在此种境界中底人，其行为是‘事天’底。在此境界中的人，了解于社会的全之外，还有宇宙的全，人必于知有宇宙的全时，始能使其所得于人之所以为人者尽量发展，始能尽性。”（冯友兰，p.553）人应该是“不但对于社会，人应该有贡献；即对于宇宙，人亦有贡献。人不但应在社会中，堂堂地做一个人；亦应于宇宙间，堂堂地做一个人。”（冯友兰，p.554）天地境界的人即是“与天地比寿,与日月齐光”。也就是说,一个人不但要有道德,而且要有理想。对自然人是这样,对于一个社会来说也是这样。

第三篇是论述“绿色发展”问题。我们在前面已述,绿色发展是可持续发展和科学发展观的实现形式。而可持续发展问题与人口增加和经济增长方式紧密相关。我国发展绿色经济,既是适应第三次工业革命发展的需要,也是转变粗放型经济增长方式的契机。但绿色经济学、绿色发展模式理论正在形成过程中。实际上,长期以来我国是十分注意可持续发展问题的,有关政策、法律法规、标准不断完善。但政策、法律法规、标准贯彻执行不到位问题比较突出。党的十八届三中全会为全面深化改革进行了总体部署,统筹推进经济、政治、文化、社会、生态文明建设等领域的改革,破除各方面体制机制弊端,我国的绿色经济将会得到快速、健康的发展。

中国制度文化研究是让人着迷的。曾与外国朋友闲聊时他们提出一些令他们不解的问题,如在中国的电影、电视剧中,满朝文武大臣向一个儿童皇帝下跪叩头三呼“万岁”、“万万岁”;中国皇帝为什么能有那么多夫人?中国古代的女人为什么都要求裹足,为什么文人墨客对“三寸金莲”如此欣赏、痴迷?中国人为什么那么热情喜欢宴请?诸如此类问题难以用一两句话来解释清楚,但可以用一句来回答:“这些都是制度文化现象!”在中国传统社会,有家族主义的关怀而没有个人主义的自由[5]、有公平观念而没有民主意识、有刑律理念而没有法治精神,有技术而没有科学,等等。这些也都是制度造成的。20世纪90年代初期,我曾想利用现代制度经济学的范式来研究中国传统社会的政治制度问题,但由于当时本人的中国历史知识和中国文化知识的积累还达不到研究这个问题的高度,只能望而却步而求其次,转而研究与家族主义政治制度密切相关的婚姻制度,并撰写了《中国婚姻制度及其历史选择》一文,1995年在上海社会科学院学术季刊第四期上发表。通过对中国历史著作的阅读,产生了对传统的关于中国历史社会经济形态划分的疑惑。受顾准《希腊城邦制度》的启示,用马克思的历史唯物辩证法、现代制度经济学方法研究中国问题,必须进行东西方文化对比分析,而不能简单地削足适履。在中国制度文化的研究上,既要反对历史唯心主义,又要反对历史虚无主义,要“防止一种倾向掩盖另一种倾向”。制度文化研究不是通过大量搜集资料去证明某种观点、理论、规律或公式的正确性与普世性,而应该立足中国、放眼世界,通过实事求是的研究来对研究的制度文化现象给出合情合理的解释。但是,即使到现在,我认为自己的功力还达不到深入研究中国制度文化的能力。前年,我着手修改20多年前在南开大学读书时所做的一篇25万字的硕士学位论文《客观价值论——李嘉图、马克思、斯拉法理论体系比较研究》。后来因工作的关系,通过绿色中国建设工程(绿盟)专家指导委员会结识了多才多艺的胡石英先生。为了便于开展一些公益性活动,绿盟与国家发展改革委培训中心共同组建了一个协调机构——中国绿色文化与绿色经济项目开发促进办公室,胡石英先生任主任,牵头做一些绿色发展战略的研究及相关工作。在胡石英先生的支持和程韩临、邹胜利等诸位同仁的鼓励下,我选择了本书的撰写。本书的出版得到了国家发展改革委相关部门的支持,尤其是中国市场出版社的大力支持,在此一并表示感谢。写作本书主要利用工余时间进行,断断续续为期一年半,十分感谢妻子和儿子的理解与支持。由于作者理论水平有限,书中难免存在这样或那样的缺点,欢迎读者批评指正。

张念瑜

2014年2月15日

注释

[1] 中国社会科学院语言研究所词典编辑室. 现代汉语词典[M]. 北京:商务印书馆,2004: 829.

[2] http://en.wikipedia.org/wiki/Green.

[3] Ad de Vries (1976). Dictionary of Symbols and Imagery. Amsterdam: North-Holland Publishing Company. pp. 226 ~ 28. ISBN 0-7204-8021-3.

[4] Collins, Ace and Clint Hansen (2003). Stories behind the Great Traditions of Christmas. Grand Rapids: Zondervan, pp. 77. ISBN 0-310-24880-9.

[5] 严复指出:"西之教平等,故以公治众而贵自由。自由,故贵信果。东之教立纲,故以孝治天下而首尊亲。尊亲,故薄信果。然其流弊之极,至于怀诈相欺,上下相遁,则忠孝之所存,转不若贵信果之多也。"(严复. 严复集[M]:第一册. 北京:中华书局,1986:31)"推求其故,盖彼以自由为体,以民主为用。"(同上,第11页)

目录

第一篇

绿色文明社会经济形态演进

第一章

人类文明与社会经济形态

在汉语中,“文明”一词,最早出自《易经》,“见龙在田,天下文明。”(《易·乾·文言》)孔颖达疏:“天下文明者,阳气在田,始生万物,故天下有文章而光明也。”现代汉语中,文明是指“社会发展到较高阶段和具有较高文化的”状态。[1]

英文中的文明(civilization)一词源于拉丁文“civis”,有“城市化”和“公民化”的含义,引申为“分工”、“合作”,即人们和睦地生活于“社会集团”中的状态,也就是一种先进的社会和文化发展状态,以及到达这一状态的过程。其涉及的领域广泛,包括民族意识、技术水准、礼仪规范、宗教思想、风俗习惯以及科学知识的发展,等等(Larry E. Sullivan,2009)。文明的进步水平往往通过它的农业、远距离贸易、职业专业化,一个特殊的统治阶级和城市生活来衡量。除了这些核心要素之外,某种文明经常通过一些次级的因素组合来标识,包括发达的交通系统、著作、标准化的测量、货币、合同和法律系统、特色建筑和艺术、数学、科学认识水平、冶金、政治结构和对天文的理解。[2]

“文明”与“文化”有紧密的关系。“文化”(拉丁语:cultura,英语:culture,德语:Kultur)是指人类活动的模式以及给予这些模式重要性的符号化结构。不同的人对文化有不同的定义。通常文化包括文字、语言、地域、音乐、文学、绘画、雕塑、戏剧、电影等。大致上可以用一个民族的生活形式来指称它的文化(Raymond Williams,1976)。

显然,“文化”有时特指精神财富。例如,马克思在《哥达纲领批判》中指出:“孤立的劳动(假定它的物质条件是具备的)即使能创造使用价值,也既不能创造财富,又不能创造文化。”(马克思,恩格斯,1995d,p. 300)这里的“文化”是建立在经济基础之上的意识形态。而“文明”作为社会进步程度和开化状况的标志,则是指物质财富和精神中积极的和合理的方面。但有时人们按照同等含义来使用“文明”与“文化”范畴,只是前者用在社会进步程度高的阶段,而后者往往用在社会进步程度低的阶段。例如,马克思在《1844年经济学哲学手稿》中指出:“对整个文化和文明的世界的抽象否定,向贫穷的、没有需求的人——他不仅没有超越私有财产的水平,甚至从来没有达到私有财产的水平——的非自然的单纯倒退。”(马克思,恩格斯,1979,p.118)这里,马克思就是将文化与文明并列使用的,把它看做是人类活动的积极成果或进步、合理成分的总和。马克思在《资本论》中分析资本主义剩余价值生产时指出:“在文化初期,已经取得的劳动生产力很低,但是需要也很低……其次,在这个文化初期,社会上依靠别人劳动来生活的那部分人的数量,同直接生产者的数量相比,是微不足道的。”(马克思,1976b,p.559)这里讲的“文化初期”,是指劳动生产力水平也即文明程度较低的时期。这种情况,考古学也经常使用,如“仰韶文化”,等等。

关于人类社会文明,有许多划分方法。而人类社会文明是不断进步的,因而,人类社会文明发展具有阶段性。我们在此用社会形态划分方法来研究不同阶段的人类社会文明。

社会经济形态的概念是马克思创立的,是人类社会发展到一定阶段占主要地位的生产关系的总和。马克思认为:“生产关系总合起来就构成所谓社会关系,构成为所谓社会,并且是构成为一个处于一定历史发展阶段上的社会,具有独特的特征的社会。”(马克思,恩格斯,1995a,p.45)马克思在《资本论》中指出:“社会生产过程既是人类生活的物质条件的生产过程,又是一个在历史上独特的生产关系中进行的过程,是生产和再生产着这些生产关系本身,因而生产和再生产着这个过程的承担者、他们的物质生存条件和他们的相互关系即他们的一定的社会经济形式的过程。因为这种生产的承担者对自然的关系以及他们互相之间的关系,他们借以进行的各种关系的总和,就是从社会经济结构方面来看的社会。”(马克思,1976b,p.926)列宁认为:马克思“他所用的方法就是从社会生活的各种领域中划分出经济领域来,从一切社会关系中分出生产关系来,并把它当做决定其余一切关系的基本原始的关系”(列宁,1978a,p.6)。按照“生产关系”标准划分社会形态,“就有可能把各国制度概括为一个基本概念,即社会形态。只有这种概括才能使我们有可能从记载社会现象(和从理想的观点来估计社会现象)进而极科学地分析社会现象”(列宁,1978a,p.8)。

关于“生产关系总和”,也是马克思运用抽象法,将社会再生产过程中的主要关系如所有制关系、劳动关系和交往关系(在资本主义社会表现为“货币—商品—货币”)等关系抽象出来,而生产关系的总和就是这些要素或关系的有机联系。以生产关系为主线,把各国制度概括为社会形态的基本概念,与现代制度经济学以产权、国家理论和意识形态为基础(诺思,p.7),以“经济人”假设、交易费用、机会主义等分析框架来构建的制度理论,更加具有普遍性和科学性。因为现代制度经济学实际上只适应于以生产资料私有制为基础的社会,而社会形态理论适应于包括公有制在内的人类社会全部历史。

不过,马克思关于社会形态的分期是多视角的,并且有一个发展过程。在

19 世纪 40 年代，马克思关于人类社会分期问题有多种论述。《1844 年经济学哲学手稿》将人类社会划分为人的本质未异化的社会、人的本质异化的社会、人的本质真正占有的社会；《黑格尔法哲学批判》（1846 年 5 月）将人类社会分期为古代时期、中世纪的专制时期、人获得政治解放的现时代和真正民主制度时期（马克思，恩格斯，1995a，pp. 26～30）；《德意志意识形态》（1845—1846 年）将人类社会分期为“部落所有制”形态、“古代公社所有制和国家所有制”形态、中世纪“封建的或等级的所有制”形态、现代“纯粹私有制”形态，人类社会发展的趋势是未来“无产阶级的占有制”形态；《雇佣劳动与资本》（1847 年）将人类社会分期为古典古代社会、封建社会和资产阶级社会。19 世纪 50 年代，马克思对人类社会分期进行了新的视角分析，但主要对以生产关系为标准的分期进行了深入的研究。马克思在《〈政治经济学批判〉序言》（1859 年）中将经济社会形态划分为：“大体说来，亚细亚的、古代的、封建的和现代资产阶级的生产方式可以看做是经济的社会形态演进的几个时代。”（马克思，恩格斯，1995a，p. 33）马克思晚年将原始社会取代了“亚细亚生产方式”，把它作为人类社会发展序列的第一个形态，至此，原始社会、古典古代社会、封建社会、资产阶级社会和共产主义社会依次更替的理论最终得以形成。根据马克思、恩格斯的论述，原始社会、古典古代社会、封建社会为“资本主义生产以前的各种形式”，属于“自然经济”（马克思，恩格斯，1995a，p. 413）；资产阶级社会属于“商品经济”；共产主义社会属于“产品经济”。斯大林根据马克思、恩格斯和列宁的思想提出了五种经济社会形态。斯大林在《辩证唯物主义和历史唯物主义》中指出：“历史上有五种基本类型的生产关系：原始公社制的、奴隶制占有制的、封建制的、资本主义的、社会主义的。”（斯大林，p. 199）

实际上，马克思认为人类社会的发展是一个自然的历史过程（马克思，1976a：序言），“各种经济时代的区别，不在于生产什么，而在于怎样生产，用什么劳动资料生产。劳动资料不仅是人类劳动力发展的测量器，而且是劳动借以进行的社会关系的指示器。”（马克思，1976a：序言）因此，判断一种社会形态的性质，必须将生产力和生产关系辩证地结合起来。一般来说，生产力决定生产关系，经济基础决定上层建筑，生产关系、上层建筑又对生产力、经济基础起反作用，但生产力是最革命的，生产力的发展必然推动生产关系的变革。原始社会的标志是“石器”，奴隶制社会的标志是“青铜器”，封建主义社会的标志是“铁器”，资本主义社会的标志是“蒸汽机”。但任何情况都不是绝对的，尤其是社会形态的划分不能模式化、固态化。马克思指出：“因为社会史上的各个时代，正如地球史上的各个时代一样，是不能划出抽象的严格的界限的。”（马克思，1976a，p. 408）马克思特别强调各地区、各民族历史发展的多样性，他对于将欧洲史的发展轨迹泛化为普世性规则，持批评态度，并多次尖锐谴责那种随意将个别推及一般的论者。1877 年 11 月，马克思在《给〈祖国纪事〉编辑部的信》中，针对俄国民粹主义者米海洛夫斯基（1842—1904）对《资本论》的曲解，尤其是米海洛夫斯基把西欧社会发展道路的理论套用于东方社会的做法，特别强调："我在关于原始积累的那一章中只不过想描述西欧的资本主义经济制度从封建主义经济制度内部产生出来的途径。他一定要把我关于西欧资本主义起源的历史概述彻底变成一般发展道路的历史哲学理论，一切民族，不管它们所处的历史环境如何，都注定要走这条道路——以便最后都达到在保证社会劳动生产力极高度发展的同时又保证每个生产者个人最全面的发展这样一种经济形态。但是我要请他原谅（他这样做，会给我过多的荣誉，同时也会给我过多的侮辱）。"（马克思，1976b，p. 145）

关于中国各社会形态的性质问题，学术界在 20 世纪 20—30 年代和 70 年代有过全面的研讨。郭沫若在《中国古代社会研究》一书[3]中，将斯大林的社会经济形态理论和中国历史实际相结合，第一次把鸦片战争前的中国历史依次叙述为原始社会（大抵在西周以前即是所谓"亚细亚"的原始共产社会）、奴隶社会（西周是与希腊、罗马的奴隶制时代相当）、封建社会（东周以后，特别是秦以后，才真正进入封建时代）等几种社会形态有规律更替的历史，并认为中国历史已经历了殷周之际的奴隶制革命、周秦之际的封建制革命、清末的资本制革命。范文澜在《中国通史简编》中将我国虞夏（禹以前）视为原始社会，夏商时期为原始公社逐渐解体到奴隶占有制度时代，西周为封建制度开始时代，封建制度一直延续鸦片战争以前的清朝，此后直到新中国成立，其间为半封建半殖民地社会。这五种社会形态的划分，虽然居正统地位，但在学术界存在许多争论。笔者认为，虞夏至战国为封建社会，秦至清"洋务运动"开始为"官僚主义商品经济社会"，"洋务运动"结束至 1949 年为"官僚资本主义社会"，1949 年至 1979 年为"社会主义计划经济时期"，1979 年以后为"社会主义市场经济时期"。对此，以后在相关章节进行具体分析。

注释

[1] 中国社会科学院语言研究所词典编辑室. 现代汉语词典[M]. 北京：商务印书馆，2004：1319.

[2] "Civilization". Wikipedia, the free encyclopedia: http://en.wikipedia.org/wiki/Civilization.

[3] 范文澜. 中国通史简编[M]：第一编. 北京：人民出版社，1949；中国通史简编[M]：第二编. 北京：人民出版社，1949；中国通史简编[M]：第三编. 北京：人民出版社，1965。1995 年，蔡美彪等根据《中国通史简编》改写的《中国历史》出版，全书共十册，其中前四册为范文澜著，后六册为蔡美彪补充定稿。

第二章

原始社会及其制度进化

一、引言

美国民族学家摩尔根指出:“人类的各种主要制度都起源于蒙昧社会,发展于野蛮社会,而成熟于文明社会。”(摩尔根·序言)[1]因此,研究原始社会制度进化,对于理解文明时代的制度进化规律有重要帮助。研究原始社会的制度进化,必须关注原始人类生存环境和其自身的发展状况,以及生产力发展水平,推测和判断原始人类的行为动机和制度选择。“原始人周围的实在本身就是神秘的。在原始人的集体表象中,每个存在物、每件东西、每种自然现象,都不是我们认为的那样。我们在它们身上见到的差不多一切东西,都是原始人不予注意的或者视为无关紧要的。然而在它们身上原始人却见到了许多我们见不到的东西。”(布留尔,p.28)

原始社会是一个漫长的自然历史过程,时期跨度几百万年。因缺乏直接的材料或记载,关于原始社会的研究,一般通过考古学、人类学、民族学的研究成果来进行推测。马克思晚年所做的人类学读书笔记和恩格斯的《家庭、私有制和国家的起源》等著作是我们研究原始社会的重要理论基础。

二、原始社会制度的起源

人类学、考古学、语言学与遗传学的研究表明,大约在500万年前,古人类进化为原始人(能人)。原始人具有抽象思维、语言、自我意识以及解决问题的能力。[2]距今约260万年(Nicholas Toth, Kathy Schick, pp. 1963),人类能人首次制造出石器,标志着人类进入石器时代。希腊和中国于公元前约2500年进入青铜时代,欧洲约在公元前1400年(Anthony F. Harding, 2000)进入青铜时代。也就是说,石器时代跨度约260万年的时间。石器时代一般分为旧石器时代、中石器时代和新石器时代。而旧石器时代又分为早期、中期和晚期,三个时期大体上分别对应于人类体质进化的能人或直立人阶段、早期智人阶段、晚期智人阶段。

在旧石器时代的早期,也就是摩尔根称谓的“蒙昧时代”的早期,人类以打制石器为主要生产工具,过着采集和狩猎的原始生活。中国旧石器时代早期文化有西侯度文化(距今180万年前)、元谋猿人文化(距今170万年左右前)、匼河文化、蓝田人文化(距今170万年左右前)。距今100万年以后的遗址更多,在北方以周口店第1地点的北京人文化为代表,在南方以贵州黔西观音洞的观音洞文化为代表。1929年在北京市西南房山区周口店龙骨山发现了北京猿人遗存。北京人的头骨大约距今57.8万年。其颧骨较高,脑量平均仅1532毫升。身材粗短,男性高约156厘米,女性约144厘米。腿短臂长,头部前倾。当时北京猿人生活的环境属于温带气候,比今天华北地区要温和湿润。[3]

中国旧石器时代中期[4]文化可以丁村文化为代表。丁村文化是由旧石器时代早期文化向晚期文化发展的一个重要的中间过程时期。山西襄汾丁村遗址挖掘发现的石器2000多件,有砍砸器、刮削器、石球、小型尖状器、厚三棱尖状器和鹤嘴形厚尖状器等。丁村人制作石器的技术比北京人进步。其中石球可能用作流星索,是狩猎工具,而与丁村人共生的动物化石有梅氏犀、普氏野马、野驴、纳玛象、葛氏斑鹿、獾、狐、貉、野猪、野牛、原始牛、方式鼢鼠、转角羚羊、熊及鲤科鱼类咽喉齿等(王建,陶富海,王益人,1994;裴文中,1958)。梅氏犀、纳玛象是热带和亚热带动物。说明当时气候温暖、湿润(陈万勇,1983),植物必定繁茂,生态环境良好。同时,用打制石器捕获猎物和对付尾随而来的凶残的食肉动物,还需要利用木制的各种工具与技术,需要严密的组织管理等。

丁村人属早期智人或古人(表2-1)。根据1954年发现的三枚小孩牙齿和1976年发现的一块小孩顶骨残片考证,丁村人的牙齿呈铲状,其舌侧隆突和指状突的发达程度介于北京猿人与现代黄种人之间。但齿冠和齿根细小及咬合面纹理较不复杂又显然比北京猿人的牙齿进步。新发现的小孩顶骨骨壁比北京猿人的小孩顶骨薄。丁村人在体质形态上与北京猿人及现代黄种人有不少相似之处,如门齿呈铲形,有顶枕间骨等。丁村人是介于北京猿人与现代黄种人之间的一种过渡类型。[5]但是,北京猿人是不是华夏族的祖先,在学术界是存在争论的。一种观点认为人类的起源是多中心起源,而中国古人类是地区性连续进化的,因而北京猿人是华夏族的祖先。另一种观点认为人类的起源是单中心起源,现代人都起源于非洲。黄种人或蒙古利亚人种也是十几万年前第二次出于东非,取代第一次出非洲的人种,因而北京猿人不是现代黄种人或蒙古利亚人种的祖先。[6]

早期智人(或古老型智人)生活时期距今约一二十万年。使用的生产工具主要是尖状的割切器和刮削器,以狩猎为生,学会用长矛和陷阱的方法猎取大型野兽,发明了用火技术。[7]也就是说,随着生产技术的进一步发展,早期智人的生存

表 2－1 中国远古人类进化简表

<table>
<tr><th>典型遗址</th><th>人类进化</th><th>纪年</th><th>地质年代</th><th>考古年代</th><th>人类社会发展阶段</th><th>中国传说</th></tr>
<tr><td>元谋猿人
蓝田人</td><td rowspan="2">直立人
（能人）</td><td>180 万～160 万年前</td><td>中更新世初期</td><td rowspan="2">旧石器时代早期</td><td rowspan="2">蒙昧时代早期</td><td rowspan="2">盘古氏</td></tr>
<tr><td>北京猿人
观音洞文化</td><td>70 万～40 万年前</td><td>中更新世前期</td></tr>
<tr><td>金牛山人
大荔人
含银山人
丁村人
马坝人</td><td>早期智人
（古人）</td><td>20 万～5 万年前</td><td>中更新世后期
晚更新世前期</td><td>旧石器时代中期</td><td>蒙昧时代中期</td><td rowspan="2">燧人氏时代</td></tr>
<tr><td>河套人
柳江人
资阳人
山顶洞人</td><td>晚期智人
（新人）</td><td>5 万～1 万年前</td><td>晚更新世后期</td><td>旧石器时代晚期</td><td>蒙昧时代晚期</td></tr>
<tr><td>大地湾文化
甑皮岩文化
玉蟾岩文化
万年仙人洞文化</td><td rowspan="3">现代人</td><td>前 9000—前 7000 年</td><td rowspan="3">全新世</td><td>新石器时代早期</td><td rowspan="3">野蛮时代</td><td rowspan="2">伏羲氏时代</td></tr>
<tr><td>裴李岗文化
后李文化
北辛文化
半坡文化</td><td>前 7000—前 5000 年</td><td>新石器时代中期</td></tr>
<tr><td>河姆渡文化
大溪文化
仰韶文化
红山文化
大汶口文化
良渚文化
龙山文化</td><td>前 5000—前 2000 年</td><td>新石器时代晚期</td><td>神农氏（炎帝）和蚩尤时代（前5000—前4500 年）；五帝时期（前 4513—前 2070 年）</td></tr>
</table>

能力进一步提高。但早期智人并没有完全摆脱支配动物界的自然规律。在生存与繁衍方面，早期智人与一般哺乳动物并没有本质的区别。但不同的是，早期智人从出生到自食其力需要十几年的养育时间，而一般哺乳动物只需要一至两年的养育时间。因而，古人类一开始就必须形成以母亲为中心的家庭。父亲是否参与子女的养育，在学术界是有争议的。芬兰人类学家韦斯特马克从鸟类和灵长类（主要是猩猩）稳定的性交关系和雄雌共同照应孩子的情况出发来否定“杂乱性交”的假设，并认为父亲也承担着子女的养育任务。[8] 这种漫长的共同养育子女的活动必须是以经济活动为基础的，从而形成稳定的家族组织。

根据摩尔根的说法，家族顺序相承的五种形态是：血婚制家族、伙婚制家族、偶婚制家族、父权制家族和专偶制家族（摩尔根，1992b，p. 382）。而旧石器时代的早期和中期，人们通过血缘关系维持着家族内部的关系，普遍实行“血婚制家族”。在血缘家族内部，婚姻按照辈数来划分，同一辈分的人互为夫妻。而在不同辈分之间则不通婚。[9]这样一个家族就是一个社会集团和生产单位。内部两性有分工，男性狩猎、捕鱼，女性进行采集和抚育小孩。马克思指出：“一俟原始群为了生计必须分成较小的集团，它就从杂交转变为血缘家庭；血缘家庭是第一个‘有组织的社会形式’。”（马克思，2003a，p. 348）在血缘家族集团内，人们共同生产，共同消费，过着共产主义的集体生活。“血缘家庭”所有远近的血缘关系，都被分为五个范畴：我的兄弟姐妹，我的父母，我的祖父母，我的子女，我的孙子孙女。“马来亚式制度的五个范畴或亲属等级，也出现于中国人的‘九族’制中，九族就是另外加上两代祖先和两代后裔。”（马克思，2003b，pp. 3～6）“血缘家族”的出现，标志着原始人群开始瓦解并向氏族公社社会过渡。

三、母系氏族社会制度

距今十万至二三万年的旧石器时代中、晚期，远古社会由原始人群阶段进入母系氏族社会。距今二三万年前，中国进入旧石器时代的晚期。这个时期遗址被大量发现，文化遗物更加丰富，技术有明显进步，文化类型也更加多样。在华北、华南及其他地区，都存在时代相近但技术传统不同的文化类型（参见表2－1）。在这个时期，先民们以采集为主、渔猎为辅的原始经济在各地有了更快的发展。从重要遗址峙峪、小南海、虎头梁所发现的石器和遗迹来看，当时的生产水平在不断进步和提高。以弓箭的发明为标志，狩猎经济又获得进一步的发展。中国旧石器时代的晚期是社会形态发生巨大变化的重要时期。伙婚制家族制度取代了血婚制家族制度，形成了族外婚制，氏族也就形成了。“氏族一旦成为社会单位，那么差不多以不可克服的必然性（因为这是极其自然的）从这种单位中发展出氏族、胞族及部落的全部组织。这三种集团代表着不同程度的血缘亲属关系，并且它们之间每个都是闭关自守，各管各的事情，但是又相互补充。”（马克思，恩格斯，1995d，p. 92）随着人口的增长，一个氏族会分裂成几个氏族，并形成胞族。每个胞族由一定数量的氏族组成，每个部落由一定数量的胞族组成。互相通婚的两个氏族一般分属不同的胞族。[10]在这种情况下，人们只知有母不知有父，氏族的世系只能按母系计算，所以称为“母系氏族”。

摩尔根指出：“由于氏族内部禁止互婚，其成员才得免于血亲通婚的弊害，从而促进种族活力的增长。氏族的出现基于三个主要概念，即：亲属的团结；完全以女性为本位的世系；以及氏族内部之禁止通婚。”（摩尔根，1992a，p. 67）但是，摩尔根关于氏族起源的原因或动力的说法并没有强的解释力。所谓“氏族内部禁止互婚，其成员才得免于血亲通婚的弊害”实际上是假定先民们已经认识到血亲通婚导致婴儿成活率低或子嗣不健康等作为前提的假设。然而，根据马林诺夫斯基对澳大利亚特罗布来恩群岛的社会调查研究表明，当地土著人过的是母系氏族社会生活，血亲禁止通婚，他们对人体生理结构与功能的认识是非常简单的，认为性器官是用来排泄和获得快感的，对男人在生儿育女方面所起的作用却全然不知，认为新生婴儿的诞生完全是母亲的功劳（马林诺夫斯基，2000a，pp. 4～5；pp. 172～173）。原始人认为，任何一次出生都是转生。“在澳大利亚各地区的部落中间广为流行的一个信仰清楚地表明了，魂的转生或者我们叫生孩子的那种事儿是被想象成不依赖于生理条件的。”（布留尔，p. 332）中国上古类似说法在世传经典文献中有大量的记载。[11] 显然，先民们不会将婴儿成活率低或子嗣不健康等弊害与血亲通婚联系起来。实际上，族外婚的起源或氏族的形成原因，在学术界见仁见智，莫衷一是。芬兰人类学家威斯特马克提出了“性厌恶说”，认为从小在同一家庭一起长大的异性，会对彼此发展性关系感到厌恶，久之形成禁止近亲性交，原因是对彼此太过熟悉，以致失去了性欲望；反之从小分离的近亲，相遇后容易产生与对方性交的冲动，即遗传性性吸引。而近亲性交的比例以父女（子）为最多（异辈近亲性交）。弗洛伊德认为，族外婚与图腾禁忌的关系是十分紧密的。男孩早期的性追求对象是其母亲，他总想占据父亲的位置，与自己的父亲争夺母亲的爱情。而在人类发展的早期，父亲拥有对其姐妹和女儿独占的性权利。于是儿子进行反抗，杀掉父亲并吃掉他。由于图腾都是动物，男孩对某种动物或图腾的恐惧实际上是对父亲的恐惧（转移）。“这种将图腾认为是父亲的替代物，是一个值得令人注意的地方。因为要是图腾动物即代表父亲，那么，图腾崇拜的两个主要制度，也是由两个禁忌所构成——禁止屠杀图腾和禁止与自己图腾的妇女发生性关系——正好和伊底帕斯的两个罪恶有着相似的地方（他杀害了父亲而与母亲结婚）。”（弗洛伊德，2005，p. 142）李根蟠认为氏族的起源，是由于狩猎经济进一步发展，围猎大动物不但需要某一共同体成员集体进行，而且需要各共同体之间的协作。在协作生产的过程中，族外婚产生并逐步发展起来了，最终导致氏族的出现；至于氏族起源的组织形式，可以在澳大利亚人的婚级制中找到发展的线索。婚级制不同于普那路亚家庭，它是一种集团外婚制（李根蟠，1987）。

以性为基础的婚级组织向以亲属关系为基础的氏族过渡，关键是婚姻制度安排的改进。而婚姻制度的变化受制于经济节约规律（贝克尔，pp. 46～49），当婚姻制度创新的预期收益大于成本时，婚姻制度创新将得以实现（张念瑜，1995）。我们认为，氏族的起源和发展的动因主要有：

第一,性选择。性选择包括两个方面:一是一般动物的择优性选择。达尔文指出:"几乎在一切动物中,雄性与雌性之间,为了占有雌性,存在着一种不断的斗争。"(达尔文,p. 332)在性选择上存在着"男竞女择"的机制(程大力,1991)。年轻而有活力、强壮、健美、武装得最好的男性和精力旺盛、营养良好的女性总是能获得更多的性交合机会(达尔文,1997,pp. 343～344)。实际上,性行为在没有摆脱"生殖发情周期"规律支配的一般哺乳动物中也并不是随机交配的,何况是早期智人。二是性爱。摩尔根断言原始时代没有爱情,恩格斯对此也作了肯定。但新的田野调查材料和现代大脑科学的初步研究表明了这一结论的错误。事实表明,原始时代的爱情像文明时代的人一样强烈,其上限可远追到最早的伙婚制时代。[12]由此,在一个"血婚家庭"内必然引起"男竞女择"的局面,加上家族内部同辈男女比例问题,无论是男的还是女的,总有少数人很少有性生活的机会。男性之间或女性之间成为情敌关系。而这种局面导致家庭内部管理费用或"交易费用"高昂,从而诱发在不同"血婚制家族"之间形成"婚姻市场",最后做出族外婚的规定而成为一种习惯与禁忌,引致"伙婚制"等族外婚制的形成与发展。

第二,根据一定区域生态系统的负载,"原始族群"规模可以假定为100人以内,超过100人,就会开始析出部分。实际上,任何"原始族群"都是有血缘关系的亲属,他们共有同一祖先。在一个"原始族群"内,可能有许多个"血缘家庭"(五代九族)。各"血缘家庭"的小孩结伴在一起游玩并一起长大成人,并协作劳动,很自然会产生所谓的"伙婚制家庭"。但一群姐妹与另一群体中的一群兄弟结成婚姻,无论是性生活还是家庭内部管理,交易费用也是高昂的,很快将形成"一妻多夫"或"一夫多妻"的婚姻形式。

第三,受制于经济节约规律,"姑舅表婚"从血婚制或伙婚制中独立出来并成为人类的一种十分流行的婚姻家庭制度。这种婚配关系以致人类进入文明时代仍然在世界各地大量存在。[13]"姑舅表婚"有三种基本形式:一是男子与其母亲的兄弟的女儿结婚;二是男子与其父亲的姐妹的女儿结婚;三是男子结婚的对象,既是他母亲的兄弟的女儿,同时也是他父亲的姐妹的女儿(谢苗诺夫,p. 194)。在一定情况下,"姑舅表婚"带有强制性。这也是"舅权制"的重要内容。如A家庭将女儿嫁给了B家庭,那么B家庭有女儿应优先嫁给A家庭,属于"等量交换",如傈僳族即强调"有女先向舅"(林耀华,p. 331),也就是说,当舅舅的儿子因身体等自然条件和经济条件不能找到女人结婚,或者为保障家族财产不被非血缘关系的人所继承,舅舅可以向其姊妹的女儿强迫与其儿子结婚。中国进入文明社会之后,姑舅表婚一直十分流行。[14]1980年修改的《中华人民共和国婚姻法》第六条禁止直系血亲和三代以内的旁系血亲结婚。自此之后，“姑舅表婚”逐渐淡出历史。

母系氏族社会，时间跨度为旧石器时代的晚期和新石器时代的早期、中期，前后经历了几万年时间。距今约18000年的山顶洞人及其文化，是母系氏族早期的代表，也是旧石器时代晚期典型的文化遗存。距今约6000年前的仰韶文化，是我国母系氏族社会的繁荣时期的代表。在母系氏族社会时期，冰河时期随着旧石器时代的结束而结束，地球气候变暖，人类开始农业生产和驯养，建立农庄，过着定居生活。根据有关研究，我国新石器时代居民和所谓澳大利亚—尼格罗人种或南亚人种特点可以追溯到我国旧石器时代晚期人类——柳江人、山顶洞人（陈德珍，1986）。说明这几万年我国的文化是连续的。这个阶段的人类进步是伟大的。[15]在旧石器时代的基础上，人类对天体的运行规律和气候、物候变化规律有了进一步的认识，完成了对植物和动物的分类与命名，改进了石器等工具的制作技术，发明了制陶技术，掌握了食物的绿色贮存与一般保鲜技术。[16]由于地广人稀，生产工具不断改进，生产时间减少、闲暇时间增多，宗教文化艺术得到了初步发展，社会生活的风俗、习惯、禁忌基本建立起来了。

中国母系氏族的情况，可以从我国少数民族大量的传说，来佐证我国曾经经历母系氏族社会（王承权，1992）。现在云南省的摩梭人、台湾原住民少数部落仍然实行母系制。同时，可以从汉族传世文献中的一些神话故事来印证。卫惠林考证，高阳氏与高辛氏是两个古老氏族[17]，也是姻族，“二偶族则无疑”（卫惠林，1968）。吕振羽认为传说中的尧、舜、禹时代是母系氏族社会（吕振羽，1943，pp. 85 ~ 86）。这是很有见地的。《竹书纪年》记载：“尧母庆都与赤龙合昏，生尹尝，尧也。”“舜母见大虹，感而生舜。”“禹母见流星贯昴，梦接意感，即吞神珠而生禹。”说明尧、舜、禹只知生母而不知父，只能以神来代称。“尧初生时，其母在三阿之南，从母所居而姓”（《史记·五帝本纪》皇甫谧语），“舜母生舜于姚墟，故姓氏”（《史记·五帝本纪》皇甫谧语）。尧、舜都从母姓。尧、舜、禹是母系社会部落，他们都是男人，是因“入子”或“嫁子”之故（吕振羽，1943，p. 86）。

有关研究认为母系氏族社会由一群男子汉充当它的首领，是自相矛盾的。黄帝、炎帝、尧帝都是女人（郑慧生，1986）。我们认为这样的结论是错误的。不能把母系氏族等同于母权氏族。假设黄帝真有其人其事，也是母系社会晚期的事情。母系社会晚期男女社会分工是十分明确的，女人主要从事采集、农业和家务，男人担负狩猎、捕鱼和战争。黄帝与炎帝有“阪泉之战”，黄帝与蚩尤战于涿鹿之野（《史记·五帝本纪》）。我们也可以根据民族学资料进行佐证。例如，澳大利亚特罗布来恩群岛奥马拉卡那村是母系氏族社会，酋长托乌鲁瓦享有一夫多妻制的特权，妻妾成群，由于从夫居婚姻制度，妻妾们与夫同居在夫家，子女(认母不认父)随父母同居，子女认为母亲的娘家才是自己的家，长大成人之后最终是要回自己家的(马林诺夫斯基，2000a，pp. 4～5；pp. 11～15)。另据姆·马丁的调查，有社会组织资料的南美33个采集狩猎部落中，有19个为母系部落，8个部落的血统关系尚无资料，父系部落只有6个。19个母系部落中有14个为从母居，3个部落的婚姻没有资料，两个部落的婚姻可能是依情况或从母居或从父居或既从母居又从父居。6个父系部落中有4个从父居，两个从母居或从父居，依结婚的具体情况而定(别尔什茨，p. 63)。显然，氏族的内部结构不是单一的，尤其是到母系氏族社会的晚期。黄帝作为男人为母系社会部落首领是不奇怪的。实际上，黄帝的父亲属少典氏，母亲属有蟜氏。《国语·晋语》："昔少典娶于有蟜氏，生黄帝、炎帝。黄帝以姬水成，炎帝以姜水成。成而异德，故黄帝为姬，炎帝为姜。"《左传·隐公八年》："天子建德，因生以赐姓。""神农母居姜水，黄帝母居姬水，舜母居姚虚，因以为姓。故从女生。"《史记·五帝本纪》皇甫谧云："黄帝生于寿丘，长于姬水，因以为姓。居轩辕之丘，因以为名，又以为号。"显然，黄帝从母姓。黄帝的子女也从母姓。《国语·晋语》：司空季子曰，"同姓为兄弟。黄帝之子二十五人，其同姓者二人而已；唯青阳与夷鼓皆为己姓。青阳，方雷氏之甥也。夷鼓，彤鱼氏之甥也。其同生而异姓者，四母之子别为十二姓。凡黄帝之子，二十五宗，其得姓者十四人为十二姓。姬、酉、祁、己、滕、箴、任、荀、僖、姞、儇、依是也。唯青阳与苍林氏同于黄帝，故皆为姬姓。同德之难也如是。"《史记索隐引〈国语〉》："黄帝子二十有五，得其姓者十四人。别为十二姓，曰：祁、己、滕、葴、任、荀、嬉、姞、嬛、衣、二姬、二酉也。"这十四个姓中，除两个姬姓之外，其余均为异姓。这些异姓都是从母姓。至于两子赐之以姬姓，并没有根据说是从黄帝姓，可能此二子的母亲也是姬姓氏族。当然，关于这个问题，学术界争论较大(陈絜，pp. 26～36)，但我们要指出的是，黄帝是男人，黄帝所处的时代是母系社会的晚期。

四、父系氏族社会制度的形成与原始公社制度的解体

人类社会大约从1.8万年前开始进入新石器时代，结束时间从距今5000多年至公元前2000多年不等。磨制石器、制陶和纺织的出现，表明生产力得到巨大发展，以农耕和畜牧的出现为其划时代的标志。为了保障农业稳定的收益和更好地驯养，逐渐形成了永久性的聚落或农庄。根据考古资料，公元前6000多年中国已经进入了新石器文化；大约公元前3000年，遍布中国的氏族部落，先后进入了父系氏族社会。相当于这一历史时期的文化遗存主要有黄河流域

的大汶口中、晚期文化，龙山文化，马家窑文化的马厂类型；长江流域的屈家岭文化，良渚文化；以及珠江流域的石峡文化等。

人类由母系氏族社会进入父系氏族社会，是一个漫长的社会历史演进过程。导致这种社会转型的原因是多方面的。实际上，“在社会生活中，各种制度是联系在一起的，其中一个起了变化，就会对其他的制度发生深刻的、往往是预想不到的影响”（雷蒙德·费思，pp. 147 ~ 148）。在母系社会晚期，农耕生产活动开始，繁重的体力劳动基本上由男人承担，而女人只是承担辅助性劳动，女人基本从事家庭事务；人类出现永久性定居之后，农耕、畜牧业的发展引发对土地的占有和扩张，并由此引发战争。也就是说，人类社会由和平时代进入有战争的时代。而战争的主角是男人。无论是战争还是农业灌溉系统的建设，都需要形成一定的社会组织，人类以氏族为基础，形成胞族和部落，部落首领一般由男人担任。在母系氏族社会晚期，部落的首领往往由男人担任，如传说中的炎帝（神农）、黄帝就是母系氏族社会的部落首领。人类在长期的婚姻生活中，尤其是开始了驯养，发现了生育的秘密，生育不再被视为女人或女性生殖器的特有功能，男人们已认识到自己在生育中扮演着十分重要的角色。社会对女性的崇拜让位于“力”和“自然”的崇拜，于是男人逐渐成了社会的中心。同时，大量研究结果表明，在没有人为因素干扰的正常条件下，男婴成活率低于女婴；青壮年，男性死亡多于女性；老年人口性别比偏低。而因战争等因素导致男人大量损耗，从而使社会女性比例高于男性。这种失衡的人口性别比必定对以女性为中心的婚姻制度产生冲击。当人类社会由和平时代进入战争时代以后，骁勇的男人不但到外族去抢夺财物，而且抢夺女人。外族女人大量加入本族，破坏了原有母系氏族组织结构与秩序，于是父权制就逐渐形成了。这一点很重要，只有用“战争”这个因素才能解释当今世界上还存在母系氏族制度的原因。因为目前仍实行母系氏族制度的民族，可以推测，他们是在人类社会由和平时代进入战争时代的过程中，迁徙到山高水恶、交通不便的偏僻地区或与世隔绝的岛屿的。这些民族避免了频繁的战争带来的解组与兼并，从而使母系氏族制度作为人类远古社会制度的“化石”而保存了下来（张念瑜，1995）。由于这些原因，世系以男性来计算。

人类社会一旦进入父系氏族社会，实际上也就进入了男权社会。而私有制的建立是与父系氏族社会制度的形成相伴而生的。由此，原始社会逐渐瓦解。凡勃伦指出：“所有权制度是从对人，主要是对女人的占有开始的。取得这样的财产的动机显然是：(1)统治与以力服人的性格倾向；(2)利用这些人作为其所有主具有威力的证据；(3)利用他们的劳役。”（凡勃伦，p. 43）以男权为中心的家庭经济的形成,也就伴随着阶级的产生。"在实行土地公有制的氏族公社或农村公社中(一切文明民族都是同这种公社一起或带着它的非常明显的残余进入历史的),相当平等地分配产品,完全是不言而喻的;如果成员之间在分配方面发生了比较大的不平等,那么,这就已经是公社开始解体的标志了。"(马克思,恩格斯,1995c,p.490)

在父系氏族社会,女性在社会生活中原有的优势地位一落千丈,她们自身也沦为男性的附属品。首先,女人在人格上被贬低,因经血的原因而认为女人是不洁净的(李金莲,2006)。在中国社会,男尊女卑被认为是合乎自然法则的,"天尊地卑,乾坤定矣;卑高以陈,贵贱位矣","乾道成男,坤道成女"(《周易·系辞》),男主外女主内也是自然规律,"女正位乎内,男正位乎外,男女正,天地之大义也"(《周易·家人》)。合乎自然规律的事情被认为是伦理上好的,社会需要正面的激励。因而,男人根据财富和社会地位可以娶多个妻妾,女人则没有任何婚姻自由,"聘则为妻,奔则为妾"(《礼记·内则》);"未嫁从父、既嫁从夫、夫死从子"(《仪礼·丧服·子夏传》),妇女的地位取决于儿子,如果妇女年过五十岁无子,夫家可将其休掉(《礼记·士》),在一定情况下,丈夫死亡要陪葬[18];妇女要有"妇德、妇言、妇容、妇功"(《周礼·天官九嫔》)。富裕家庭的已婚妇女虽然拥有"相夫教子"的权利,但严格限制在家庭内,也就没有社会地位。这种情况在古希腊也是大同小异的。公元前5—前4世纪的古希腊,一夫一妻制是得到承认的婚姻形式,但纳妾制很盛行。女性结婚后,丈夫就成了她们的法定监护人,而这之前其监护人是父亲。婚姻由男性安排。订婚仪式是一件公共事件,必须在有见证人的情况下举行(托马斯·R.马丁,p.84)。"女人没有嫁妆所缔结的结合为纳妾,而不为结婚"(关志霞,2009)。《摩奴法典》:"女人,年幼时从父;年轻时从夫;夫亡则从子;若无子,则依靠最近的亲戚。因为女人永不能以其自己的意思统辖自己。"(吉朗士,pp.114~115)[19]已婚的希腊妇女终日与女奴在一起,操持家务,出门上街要得到丈夫允许和由女奴陪伴,还要相夫教子,勤劳、庄重谨慎,等等(哈里斯,p.86~88)。亚里斯多德在《政治学》中说:"夫对妻是宪政式的统治,这是男女的自然的结合,本性是平等的,但是男人本性上更适合于统治,处于受尊重的地位,因而又不平等,犹如自由民与执政者一样。"(陈村富,庞学铨等,p.306)显然,男尊女卑,社会对女性的种种限制规定并不应该都冠以"封建礼教"。恩格斯指出:"母权制的被推翻,乃是女性的具有世界历史意义的失败。丈夫在家中也掌握了权柄,而妻子则被贬低,被奴役,变成丈夫淫欲的奴隶,变成单纯的生孩子的工具了。"(马克思,恩格斯,1995d,p.54)

在父系氏族社会,家庭成为社会基本的社会经济单位。这是由当时的社会生产力所决定的。在母系氏族社会,生产力水平低下,除了经过加工的石块、木头、骨头和贝壳外,被驯服的,也就是被劳动改变的、被饲养的动物,也曾作为劳动资料起着主要的作用(马克思,1976,p.204)。人类开始了家庭生活。而"家户经济是共产制的,包括几个、往往是许多个家庭。凡是共同制作和使用的东西,都是共同财产:如房屋、园圃、小船"(马克思,恩格斯,1995d,p.159)。实际上,人类进入定居生活后,由于地广人稀,土地也是共有的。到母系氏族社会晚期,劳动的社会分工不断深化,生产力得到进一步发展,出现了经常性的剩余产品,为私有制的产生创造了条件(别尔什茨,pp.87~92)。根据考古资料,中国母系社会晚期已经出现氏族显贵家族和显贵人物。半坡墓地的一座厚葬墓,主人是一个三四岁小孩,却有木质葬具,随葬陶器6件,石珠69玫,石球3件,白玉坠1件,共计70件,另有粟盛于器中,等等。此墓属半坡类型晚期,小孩并没有氏族成员地位,随葬品如此丰富,必定是显贵家族的小孩(郭大顺,p.30)。而半坡墓葬距今6800~5300年,属于传说中的神农氏时代至五帝时代前期(郭大顺,p.14)。

在父系氏族社会,随着分工和私有制的发展,家庭小商品经济也不断发展。由于土地为宗族集团所有,家庭物质财富主要包括房屋、畜力、生活用品和货币等。家庭的规模取决于家庭经济的发展水平或家庭财富积累水平。但一个家庭对其成员逃避责任,进行欺骗、偷窃以及其他胡作非为(渎职)不易发现和防治,大家庭往往是不经济的(贝克尔,p.36)。家庭规模趋于核心家庭为主要形式。也就是说,家庭会不断分裂出新的家庭。由此,逐渐确立了家庭管理与财产分配等制度。最为重要的,一是父权家长制;二是以父系为基础的继承制。在父权家长制下,父亲是家庭(familia)的首脑,他所统治的这个家庭包括他的子女、子女的孩子、夫权婚姻下的妻子以及奴隶。父亲在家庭中具有至尊的地位,掌控着家庭的经济权、法律权、宗教权(瞿同祖,p.6)。"家无二主,尊无二上。"(《礼记·坊记》)"父,至尊也。"(《礼记·丧服传》)即使父亲错了,子女也必须绝对服从,也要"事父母几谏,见志不从,又敬不违,劳而不怨"(《论语·里仁篇》)。家庭的一切财产都是父亲的,"父母在,无私财"(《礼记·曲礼》),"子妇无私货,无私蓄"(《礼记·内则》);子女的婚姻由父母包办,家长对家属进行体罚,"不孝"的惩罚极重。"五刑之属三千,而罪莫大于不孝。"(《孝经》)"父母怒不悦,而挞之流血,不敢疾怨,起敬起孝。"(《礼记·内则》)"父而赐子死,尚安敢复请?"(《史记·李斯传》)在以后的国家法律上,保证家长对家属的惩罚权力,并允许送官惩处。子孙违犯教令,祖父母非理性殴杀儿孙有罪,罪也甚轻(瞿同祖,p.9)。这种情况在古罗马也是大同小异的。梅因指出:"罗马的'家父权'必然地是我们原始父权的典型……父对其子有生死之权,更毋待论的,具有无限制的肉体惩罚权;他可以任意变更他们的个人身份;他可以为子娶妻,他可以将女许嫁;他可以令子女离婚;他可以用收养的方法把子女移转到其他家族中去;他并且可以出卖他们。”(梅因,p.79)

继承制包括宗祧继承、财产继承。对于贵族来说,还有身份或爵位继承。宗祧继承,即以祭祀祖先为目的男系宗统的继承。在原始社会,任何风俗、习惯、禁忌等制度都是与原始宗教信仰紧密相关的。在漫长的演化过程中,人类对梦境的检讨和死亡现象等自身的认知一直是困扰人类的基本问题。恩格斯指出:“在远古时代,人们还完全不知道自己身体的构造,并且受梦中景象的影响,于是就产生一种观念:他们的思维和感觉不是他们身体的活动,而是一种独特的、寓于这个身体之中而在人死亡时就离开身体的灵魂的活动。从这个时候起,人们不得不思考这种灵魂对外部世界的关系。既然灵魂在人死时离开肉体而继续活动着,那么就没有任何理由去设想它本身还会死亡;这样就会产生了灵魂不死的观念,这种观念,在那个发展阶段上绝不是一种安慰,而是一种不可抗拒的命运,并且往往是一种真正的不幸,例如在希腊人那里就是这样。”(马克思,恩格斯,1995a,pp.219~220)根据中国、印度、古埃及和古希腊的文化遗传,人类在远古就形成了“灵魂不灭”的宗教信仰。先民们认为人死了,必须埋葬,没有毁灭的灵魂还依附在尸体的头部。由于形成了这种宗教信仰,逐渐形成了“事死如事生,事亡如事存”(《中庸》)的礼制。因而,在埋葬时,墓内有长明灯和死者生前有关的随葬品,在一定时期甚至出现大量的人殉现象;先民们相信人死后灵魂还在,需要人间的子孙定时地杀牲取血,通过祭祀方式来供养,这也叫“血食”。《左传·庄公六年》:“若不从三臣,抑社稷实不血食,而君焉取余?”这种血食还必须要与死者有血统关系的男系子孙来提供,否则,祖先是不享用的。《左传·禧公十年》:“神不歆非类,民不祀非族。”而祖先享用了血食,就会保佑自己的一户子孙。没有了男系继承人,祖先享用不到血食,就有可能成为没有归宿而到处害人的“厉鬼”。人们为了死后能源源不断地得到祭品[20],反对独身,认为不生育儿子是不孝敬的行为,“不孝有三,无后为大”[21]。同时,无后,本身也在死后得不到祭品。因而,确实不能生育,可以采取“过继”的办法来“立嗣”。在这种原始宗教环境下,坟墓是神圣不可侵犯的,在国家建立之后仍然受法律保护。与古希腊不同的是[22],中国古代先民们认为,亡灵是可以离开坟墓的。因而,每家安排一个神龛,供上先祖的灵牌、祭品,焚香、点上油灯或蜡烛,进行祭祀。而大家庭会有一个安放列祖列宗灵牌的祠堂,全体家庭亲属成员按照礼制定时祭祀。主持祭祀的为“大宗”中的长子。这也是宗法制度的宗教基础。

财产与身份继承是随初期经济制度与政治制度的发展而发展的。在父系氏族原始社会,土地、财产为氏族共有。私有化开始后,父系大家族占有一定的生产资料,实行集体劳动,共同消费。土地等财产为一族所公有,由族长行使管理权。古代之所以形成"父母存,不有私财之禁",并不是恶其有财而是恶其侵家长治理之权。所谓继嗣者也继嗣其治理之权。然而,治理之权不可分,只能在众子之中择其一。其后,财产由一族所公有的制度,往往因"一子继嗣"的惯例而变成"一子袭产"之制。如果由一人继承所有财产而使其余之人无立锥之地,于理不合。[23]因此,族中财产通行"均分"之制(吕诚之,p.61)。宗族的治理之权"一子继嗣"与宗族财产"均分之制"是并存的。但必须指出,"均分"并不是宗子与族人绝对平分。孟子指出:"一夫百亩而余子二十五亩",也就是"均分"。而诸子析产均分的原则在后世国家法律中得到了贯彻。在汉代,财产继承首次确立诸子均分的原则。据《史记·陆贾传》记载,陆贾"有五男,乃出所使越得囊中装卖千金,分其子,子二百金,令为生产"。《唐律疏议·户婚律》规定:"诸硬分田宅及财物者,兄弟均分",唐朝《户令》"应分条"规定:父亲死后,财产应"诸子均分";如果有的儿子先于父亲而亡的,就由他的儿子代替他参加财产的分配,如果所有的儿子全部在父亲之前死亡,就由全体第三代孙子平分财产。还规定,未婚儿子可以比已婚儿子多得一部分财产,用于将来的婚聘,私生子也有半份财产继承权,女儿往往通过"嫁妆"的方式参与父亲财产的分配。[24]

古代雅利安人认为:"长子是为了对祖先尽职而生的,而其余的孩子则是父母爱的果实。"由于这种与生俱来的优势,长子在父亲死后便有权主持家内一切祭祀。因此,《摩奴法典》规定:"长子继承所有遗产,其余兄弟生活在他的权威之下如同在父亲的权威之下一样。长子要为祖先们尽职,因此他应该拥有一切。"在斯巴达,长子继承权保存得比其他希腊城邦都要长久。遗产是不能分割的,次子以下无份。德谟斯提尼时代,分家后,长子独自拥有父亲传下来的家火及祖先的坟墓,而其他兄弟则离家另燃新火,也只有长子才能保留父姓(古朗士,p.110~111)。这种长子继承制延续了很长时间,在各城邦之中,这一变化不是同时的,底比斯和科林斯直到8世纪仍然盛行,雅典法律也偏于长子继承制,斯巴达一直延续到民主政治形成后才取消(古朗士,p.280)。长子继承制消失之后,父亲的财产才由诸子均分。由于这种长子继承制,使次子以下兄弟都必须离家另起炉灶,从而激起人们离家外出冒险的创业精神。

五、小结

原始社会是人类历史发展的早期阶段。人类由原始人群时期(如元谋人、北京人和蓝田人)逐渐过渡到母系氏族公社和父系氏族公社时代,最后进入文明时代。历史表明,所谓的原始共产主义社会应该只能限于母系氏族公社时期。到母系氏族公社晚期开始出现贫富差别，而进入父系氏族公社时期，分工和私有制已经得到很大发展。恩格斯指出："凡是共有制的地方——不管是土地的，或者妻子的，或者任何东西的共有制——共有制就必定是原始的、来源于动物界。"（恩格斯，1971，p. 448）《礼记·礼运》："昔者仲尼与于蜡宾，事毕，出游于观之上，喟然而叹。仲尼之叹，盖叹鲁也。言偃在侧，曰：'君子何叹？'孔子曰：'大道之行也，与三代之英，丘未之逮也，而有志焉'。大道之行也，天下为公，选贤与能，讲信修睦，故人不独亲其亲，不独子其子，使老有所终，壮有所用，幼有所长，矜寡孤独废疾者，皆有所养，男有分，女有归，货恶其弃于地也，不必藏于已，力恶其不出于身也，不必为已，是故谋闭而不兴，盗窃乱贼而不作，故外户而不闭，是谓大同。今大道既隐，天下为家，各亲其亲，各子其子，货力为已，大人世及以为礼，域郭沟池以为固，礼义以为纪，以正君臣，以笃父子，以睦兄弟，以和夫妇，以设制度，以立田里，以贤勇知，以功为已，故谋用是作，而兵由此起，禹、汤、文、武、成王、周公，由此其选也，此六君子者，未有不谨于礼者也，以着其义，以考其信，着有过，刑仁讲让，示民有常，如有不由此者，在埶者去，众以为殃，是谓小康。"清代朱彬解释："大道，为五帝时也。"而五帝时代为母系氏族社会晚期或父系氏族社会初期，因而，"大同"之世为原始共产主义，而"小康"之世为以私有制经济为基础的文明社会。《礼运》是战国晚期整理成的儒家文献，把"五帝时代"视作"大同"，把夏商周三代视作"小康"，都是溢美之词。

在原始社会，没有国家，也没有法律。人类的行为主要由习惯、禁忌、原始宗教、家族内部等规定来规范。考古发掘表明，中国的礼仪制度至少在新石器时代末期已经初步形成（刘庆柱，p. 190）。因此，如果我们把父权家长制、礼教仅仅归结为"封建制度"，必然导致对封建制度的误读。

在父权家长制方面，中国与古希腊、古罗马在许多方面是非常相似的，但是，在继承制度上存在较大的差距。中国一直遵循家产诸子均析继承制，而在古希腊却遵循长子继承制。这两种不同的继承制在各自的自然、社会环境下演化成不同的文化特征和不同的民族性格。家产诸子均析继承制形成的制度文化的特点是：(1)家族（家庭）自然形成了一个以家产治理权为基础的权力中心，家族（家庭）自然地创造权威、服膺权威，以致后世将所谓圣贤的语录作为是非判断的标准与行动的指南[25]；(2)家族（家庭）往往是家长（祖父或父亲）死亡后才由诸子均析家产，在此之前的一个漫长过程中，家族（家庭）的利益与其成员的利益是一致的，成员维护家族（家庭）的利益也是维护成员自己的利益，从而形成"家族（家庭）集体主义"；(3)由于家产均析，家族（家庭）成员就必然会形成平均主义分配观；(4)由于家产均析，导致家族（家庭）"富不过三代"。

而在长子继承制条件下,其制度文化的特点是:(1)家族(家庭)的财产能完整保留继承下来,家族(家庭)会越来越富;(2)家族(家庭)中只有长子继承家产,在正常的情况下,家族(家庭)以家产治理权为基础的最高权威大大降低,在国家建立后,其王权是受到严格限制的;(3)由于家产是长子的,与其他诸子无关,因而,难以形成"家族(家庭)集体主义";(4)家族(家庭)长子之外的诸子都必须到外创业,从而形成了个人主义、民主、自由、冒险、对外殖民侵略的文化环境。实际上,远古社会家族(家庭)财产继承制安排的不同所造成的中西方文化差异远不止以上几方面。关于这个问题,我们在下文还会与中国社会发展问题做重点对比分析。

注释

[1]〔美〕路易斯·亨利·摩尔根根据"生存技术"的进步,将人类社会划分为蒙昧时代、野蛮时代、文明时代。蒙昧时代始于人类的幼稚时期,终于陶器的使用。可分为低级、中级、高级三个阶段。低级阶段终于食用鱼类和用火,以采集野生植物为生,分节语出现;中级阶段终于弓箭的发明;高级阶段终于陶器的发明和使用。摩尔根认为蒙昧时代的主要成就是分节语的形成,家族和氏族组织的建立。而考古学根据生产工具的变革,将人类古代社会分为石器时代、青铜时代和铁器时代。英国银行家兼博物学家卢伯克爵士在1865年出版的《史前时代》一书中采用三项标准将石器时代划分为旧石器时代和新石器时代两个阶段。其三项标准,一是动物群。旧石器时代存在灭绝动物,新石器时代均为现生种。二是经济形态。旧石器时代是采集、渔猎,新石器时代部分依赖农业生产。三是技术。旧石器时代采用纯打制技术,新石器时代出现了磨制技术。我们在下文,一般采取考古学的分期方法。

[2] http://zh.wikipedia.org/wiki.

[3] 裴文中,张森水.中国猿人石器研究[M].北京:科学出版社,1985;李炎贤,计宏祥.北京猿人生活时期自然环境及其变迁的探讨[J].古脊椎动物学报,1981(4);黄培华,金嗣炤,梁任义,陆仲家,郑丽珍,袁振新.北京猿人第一个头盖骨及其遗址堆积层年代的电子自旋共振测年研究[J].人类学学报,1991(2)。

[4] 高星认为,"中国旧石器时代中期"不是一个严格和有意义的学术概念,因而中国旧石器时代考古学应摒弃传统的三期断代模式,而改为早、晚两期的二分法。中国旧石器时代早期始于更新世早期,终于晚更新世早期,涵盖原来的中国旧石器时代早期和中期;而中国旧石器时代晚期则处于晚更新世晚期[年代测定为126000年(±5000年)至10000年。高星.关于"中国旧石器时代中期"的探讨[J],人类学报,1999(2)]。

[5] 张之恒.中国旧石器时代考古[M].南京:南京大学出版社,2003:256;吴汝康.人类牙齿化石的研究[C]//裴文中,等,著.山西襄汾县丁村旧石器时代遗址发掘报告——中国科学院古脊椎动物研究所甲种专刊(第二号).北京:科学出版社,1958:15~20。

[6] 刘武.蒙古人种及现代中国人的起源与演化[J].人类学学报,1997(1);Howells W. W., 1976. Explaining Modern Man: Evolutionists versus Migrationists. Journal of Human Evolution 5: 477 - 495; Protsch R The absolute dating of upper Pleistocene sub Saharan fossil Hominids and their place in human human evolution. J hum Evo,4 279 ~ 322;吴新智.现代人起源的多地区进化学说在中国的实证[J].第四纪研究,2006,26(5):702 ~ 709;马荣全,现代人的祖先在哪里?[J].化石,1994(1)。

[7] 燧人氏允婼钻木取火。《韩非子五蠹》记载:"上古之世,人民少而禽兽众,人民不胜禽兽虫蛇;……民食果蓏蚌蛤,腥臊恶臭而伤害腹胃,民多疾病。有圣人作,钻燧取火,以化腥臊,而民说(悦)之,使王天下,号之日燧人氏。"

[8] 韦斯特马克.人类婚姻史[M].王亚南,译.上海:上海文艺出版社,1988:3 ~4。

[9]《后汉书·列传·南蛮》记载了"槃瓠六男六女自相夫妇"的故事。在帝喾时代,有一犬名槃瓠因战功娶了帝喾之女,他俩住在山洞内生了六男六女。槃瓠死后,兄妹 12 人自相结成夫妻。槃瓠不可能是一只犬,可理解为以犬为图腾的氏族首领。兄妹相配,反映了族内婚制。

[10] 根据澳大利亚土著人的民族调查,每个胞族由一定数量的氏族组成,互相通婚的两个氏族一般分属不同的胞族(参见〔法〕爱弥尔·涂尔干,马塞尔·莫斯.原始分类[M].北京:商务印书馆,2012:10 ~ 11)。

[11] 传说商的祖先契,是其母简狄吞燕卵而怀孕所生。"天命玄鸟,降而生商,宅殷土芒芒……"(《诗经·商颂·玄鸟》)。"殷契,母曰简狄,有娀氏之女……三人行浴,见玄鸟堕其卵,简狄取吞之,因孕生契。"(《史记·殷本纪》)传说周的祖先弃,是其母姜嫄踩上大人足印而怀孕所生,"厥初生民,时维姜嫄。生民如何,克禋克祀,以弗无子。履帝武敏歆,攸介攸止。"(《诗经·大雅·生民》)"周后稷,名弃。其母有郃氏女,曰姜嫄。姜嫄为帝喾元妃。姜嫄出野,见巨人迹,心忻然说,欲践之,践之而身动如孕者。居期而生子,以为不祥,弃之隘巷,马牛过者皆辟不践;徙置之林中,适会山林多人,迁之;而弃渠中冰上,飞鸟以其翼覆荐之。姜嫄以为神,遂收养长之。初欲弃之,因名曰弃。"(《史记·周本纪》)等等。

[12] 苗启明,刘向民.性、爱、婚的三元统合:"人的生产"前提的人类学考察——从《基诺族传统爱情文化》说起[J].思想战线,2009(4).

[13] http://en.wikipedia.org/wiki/Cousin_marriage.

[14] 中国从西周时代起,就确立"同姓不婚"的婚姻制度。"同姓不婚,惧不殖也"(《国语·晋语四》);"男女同姓,其生不蕃"(《左传·僖公二十三年》)。唐律规定,同姓为婚者徒二年,同姓又同宗者以奸罪论。明、清律规定,凡同姓为婚者各杖六十,离异。中华民国 1930 年所制定的民法亲属编第 983 条规定,直系血亲、直系姻亲、旁系血亲及旁系姻亲辈分不相同者(但旁系血亲八亲等以外,旁系姻亲五亲等以外者,不在此限)、八亲等以内旁系血亲辈分相同(但表兄弟姊妹,不在此限)之亲属不得结婚。实际上,"姑舅表婚"一直是合法的。

[15] 摩尔根认为:"人类在蒙昧阶段的进步,就其对人类整个进步过程的关系而言,要大于在此后野蛮阶段三期中的进步;同样,人类在整个野蛮阶段所取得的进步要大于其后

整个文明阶段的进步。"(摩尔根,1992a,p.34)

[16] 山顶洞遗址由四部分组成:洞口、人室、下室和下窨,前三部分都发现有人类化石和文化遗物,下窨只发现完整的动物化石。显然,下窨是恒温保藏室。

[17] 高阳氏为颛顼。颛顼为黄帝之孙。居帝邱(今河南省濮阳东南),初国于高阳,号高阳氏。"黄帝崩,葬桥山。其孙昌意之子高阳立,是为颛顼帝也。"(《史记·五帝本纪第一》)颛顼为五帝中的第二帝;高辛氏,即帝喾,姓姬,名俊,号高辛氏,为黄帝曾孙,也为五帝中的第三帝,以亳(今河南商丘)为都城。《史记·五帝本纪》《集解》引张晏曰:"颛顼以来天下之号因其名。高阳、高辛皆所兴之地名。颛顼与喾皆以字为号,上古质故也。"

[18] 齐家文化(公元前2000—前1900年)墓葬共八百多座。其中秦魏家的成年男女二人合葬墓,其中男性为仰身直肢,女性则位左,侧身、肢面向男性;在皇娘娘台的成年一男二女的三人合葬墓里,男性仰身直肢位于中间,二女分列左右,屈附其旁。这些合葬墓表明齐家文化中的婚姻状况已过渡到一夫一妻制。两女为殉葬。[参见中国大百科全书(考古学)[M]. 北京:中国大百科出版社,1992:411]

[19] 据说《摩奴法典》是由梵天亲身启示给摩奴,然后由婆利古仙发表的(摩奴. 摩奴法典[M]:法译本序言.〔法〕迭朗善,译;马香雪,转译. 北京:商务印书馆,1982:2)。到了近代,学者们对本书的编成作过研究,中国学者刘家和归纳指出,本书当中部分内容反映了很古的风俗(例如婚姻、生子的某些规定),同时亦提到希腊人、塞人、中国人(Cinas,大概是来自"秦"字),以此推断本书编成很难早于公元前3世纪。印度学者迦奈(Pandurang Vaman Kane)则提出另一种学说,认为本书有"原始的"和"较晚的"两种,前者早于公元前4世纪便已写成,后者则是我们现在看到的版本(摩奴. 摩奴法典[M]:译者前言. 蒋忠新,译. 北京:中国社会科学出版社,2007:1~2)。由于古希腊罗马人为印度日耳曼人(〔德〕特奥多尔·蒙森. 罗马史[M]:第一卷. 北京:商务印书馆,1994:29),因而,古希腊、罗马人的风俗习惯可从摩奴法中找到源流。

[20] 吕思勉说:"中国人所以必欲立后,盖中于'不孝有三,无后为大'之说。古人所以为此说,则以其谓鬼犹求食之故。"(吕思勉,p.323)

[21] 孟子说:"不孝有三,无后为大,舜不告而娶,为无后也,君子以为犹告也。"(《孟子·离娄上》)汉代人赵岐所做的《十三经注》在注释孟子上面的话时说:"于礼有不孝者三者,谓阿意曲从,陷亲不义,一不孝也;家贫亲老,不为禄仕,二不孝也;不娶无子,绝先祖祀,三不孝也。"《孝经·五刑》子曰:"五刑之属三千,而罪莫大于不孝。"

[22] 在古希腊罗马时代,坟墓一般在房屋的左边,这是家庭的第二个家园。历代祖先都葬于此,死亡并没有将他们分开。每个家庭都有一个祭坛,其上总有一小堆灰和一些燃烧的木炭,圣火的熄灭与家庭的灭绝是同义的(古朗士,p.50;p.67)。

[23] 1956年民主改革前,我国少数民族社会内部,私有制已基本确立,除一些处在原始社会末期的民族还残留有氏族公有地及氏族继承方法的遗迹外,大部分民族已实行直系后裔继承法,同时又不同程度地保留着同宗继承方法的残余。男性直系后裔继承制度下,女子被剥夺了财产继承权。如澜沧县东朗区唐胜寨拉祜族虽然保留男子到妻家上门三年的习俗,但财产已改由儿子分割。女儿无正式的财产继承权,只能得到父母给

的母牛、母猪、母鸡以及少量的铁质工具等陪嫁物。姑娘婚前积蓄的私房,出嫁时只能带走一半,另一半要留给兄弟(参见:全国人大民委办公室.云南省沧源县佧佤族社会调查[R].1957:33)。财产由男性直系后裔继承,又分为诸子均分与独子继承两种继承形式。独子继承又包括幼子继承与长子继承两种[刘龙初.试论我国少数民族财产继承制[J].云南社会科学,1996(4):40~47]。

[24] 这种习惯或制度安排强化了中国人的家族观念。如果家庭或家族富裕,家庭或家族成员也会都富裕。由此,激励人们为家庭或家族做贡献。同时,由于家庭或家族成员的福利来源于家庭或家族的共同财富,人们更多地关注家庭或家族财富的分配,尤其是父亲将死或已死,如何使自己更多地继承父亲财富的份额,千方百计,内斗不断。这种行为模式由家庭扩展到国家。为了避免家庭内斗,中国社会大力倡导:子女对父母要孝敬、孝顺,兄弟之间要悌睦。“孝”成为中国社会的伦理基石。曾子说:“民之本教曰孝。夫仁者,仁此者也;义者,义此者也;忠者,忠此者也;信者,信此者也;礼者,礼此者也;行者,行此者也,强者,强此者也。”(《大戴礼记·曾子大孝》)

[25]《礼记·中庸》:“得一善,则拳拳服膺而弗失之矣。”儒家把孔孟的言论作为是非标准。墨翟的是非标准有不可或缺的三条,一是先贤圣王的历史经验;二是老百姓耳目所实见实闻的直接经验;三是政令的实际效果是否对国家、人民有利(《墨子·非命》)。

第三章

封建社会

——夏商周三代的社会经济形态

一、引言

中国的"信史"开始于西周共和元年(前841年)(《史记·十二诸侯年表》),20世纪90年代"夏商周断代工程"提出的《夏商周年表》定夏朝约开始于公元前2070年,夏商分界大约在公元前1600年(夏商周断代工程专家组. pp. 86~87)。夏之前有"三皇五帝"之传说,而"三皇五帝"的说法多种多样(刘起釪,pp. 92~131)。《尚书大传》和《白虎通义》认为三皇应为燧人、伏羲、神农;《大戴礼记》、《史记·五帝本纪》列黄帝、颛顼、帝喾、唐尧、虞舜为五帝。

关于中国国家的起源问题,我国学术界长期以来主要依据摩尔根和恩格斯的理论来开展研究。摩尔根和恩格斯在论述国家起源时所用的是氏族模式(氏族→部落→部落联盟→国家),以希腊的雅典和罗马为代表。多数西方学者并不怀疑氏族模式是客观存在的,但认为不一定具有普遍意义。20世纪50年代以来,日本的中国古史学界用"城市国家→领土国家→帝国"(宫崎市定,1950)模式来论述中国由先秦至秦汉的国家形态的演进。20世纪80年代,张光直首先引进了"酋邦模式"(游团→部落→酋邦→国家)来代替氏族模式。张光直认为,仰韶文化时期,社会处于"部落"进化阶段;龙山文化时期为"酋邦"阶段,三代已经形成了国家(张光直,p. 53)。90年代以来,也有一些学者不再采用"五种生产方式"的模式,提出用另外的框架来表述中国古代国家形态的演进,如田昌五提出"洪荒时代"、"族邦时代"、"封建帝制时代或帝国时代"模式(田昌五,1995);苏秉琦认为中国国家的起源和发展经历了三个部曲,即古国→方国→帝国,具有三种模式,即原生型、次生型和续生型(苏秉琦,p. 132);王震中认为中国国家的起源和发展经历了邦国→王国→帝国三个阶段和三种形态(王震中,2012)。实际上,中国文明与国家的起源是一个很复杂的问题,至今尚未有一种公认的说法。在此,我们主要用马克思主义生产方式理论和现代制度经济学的一些方法来解释中国国家的起源问题,并重点考察夏商周的社会经济形态问题。

二、从村落(聚)、邑(国)、城邦到王国

恩格斯指出:“国家和旧的氏族组织不同的地方,第一点就是它按地区来划分它的国民……按地区来划分就被作为出发点,并允许公民在他们居住的地方实现他们的公共权利和义务,不管他们属于哪一氏族或哪一部落。这种按照居住地组织国民的办法是一切国家共同的。”(马克思,恩格斯,1995d,p.170)也就是说,国家的基本要素包括人民、土地和公共权利。[1]

汉语中“国”的含义类似于欧洲观念中的“国家”(state)。但汉语“国”字的含义是十分丰富的,在不同历史时期,其含义是不同的。根据传世文献,“国”也为“城”[2],邑也被称为国。“邑”,《说文》释为:“国也。”《释名》:“邑,人聚会之称也。”《史记·五帝纪》:“舜一年而所居成聚,二年成邑。”显然,人类社会由聚[3]发展到邑,由邑发展到城邦,进而发展成王国。李学勤认为,中国文明与国家的起源大抵经历三段过程,即由大体平等的农耕聚落形态发展为含有初步分化和不平等的中心聚落形态,再发展为都邑国家形态(李学勤,1997,p.14),或者称“聚落三形态演进”说(王震中,2012)。实际上,我们认为,这三个过程相当于母系氏族社会、父系氏族社会早期和中期、父系氏族社会晚期和城邦时期。

第一阶段,时间为旧石器时代晚期到新石器时代中期(前35000—前5000年),基本上处于母系氏族社会,农业由产生到一定的发展(或称“农业革命”),人类由依靠自然条件(山洞等)进行定居到农耕聚落的发展。根据考古发现,我国较为固定的人工居所,大致是在距今10000年前后的新石器时代的早期发展起来的(朱乃诚,pp.99~100)。在新石器时代中期,一般聚落规模仍较小,仅有极少数的面积超过万平方米而形成较大型的聚落。中原地区较大的聚落遗址有河北武安磁山(任式楠,2000)(前6000—前5500年)、河南新郑裴李岗(严文明,1997)(前6000—前5000年)和漯河贾湖村等处。磁山遗址约8万平方米,除发现一些小型半地穴式房屋外,还有几百个储藏粮食的窖穴,其中发现的粟壳丰亏灰如换算成新鲜粮食可达10万斤以上(严文明,1997),说明这是一个规模颇大的农业村落。贾湖村遗址(前7000—前6000年)有5.5万平方米,考古发掘表明,这个遗址的居住区和公共墓地是相联系的。居住区多小型半地穴式圆房,有的房屋似经几次扩大,居住区旁有许多窖穴和陶窑。贾湖村遗七次挖掘发现墓葬445座,可分为多个墓区,分布密集,排列有序。合葬墓一般2~4人合葬,最多的为6人合葬,有男性多人合葬,也有女性多人合葬,有两男一女或二女合

葬，还有三男一女合葬或一男一女合葬。基本上是多种性别组合合葬共存，成年一男一女合葬仅发现4例（张志清，pp.25～26）。这充分说明当时仍然处于母系氏族社会；随葬物品为生活用品、生产工具和装饰品，有的陶器、石器、骨器有使用过的痕迹，可能是死者生前用品，随葬物品的墓葬比较普遍，占75%（张志清，p.25～26）。说明工具、武器、祭祀用品（如骨笛、灵龟等）属于私有产权（卡梅伦，尼尔，p.32），也反映出当时氏族成员之间是平等的。

这个时期的聚落，虽然没有发现“中心聚落”，但聚落已经不是一般意义上的了。聚落一般分三大区域即居住区、陶窑区和墓葬区[4]，澧县八十垱遗址（距今8000年）、临澧县胡家屋场遗址（距今约7000年），有围沟，但流行干沟，沟旁没有发现土垣；湘西北澧阳平原的城头山遗址（距今6500年），聚落围沟向环壕发展，环壕深而宽，有积水，沟旁内侧有土垣。黄河流域现已发现聚落围沟的地点不仅数量较多，分布面宽，从甘青地区一直到山东半岛；而且延续的时代也很长，最早有距今8000年的河南舞阳贾湖遗址，最晚的有距今4000年青海民和喇家。但尚未发现明显能常年蓄水的围沟。围沟的营建模式有两种：西安半坡型，将挖沟之土堆筑在沟旁；临潼姜寨型，沟旁无堆土（裴安平，2004）。作为围沟，具有排水的功能，也有防御功能，而环壕的防御功能更强。有环壕的聚落是向城过渡的中间环节。《左传·庄公二十八年》：“邑曰筑，都曰城。”[5]显然，有环壕的聚落是“邑”，但只有围沟的聚落算“自然村落”还是“邑”，恐怕很难断定。陕西临潼姜寨聚落虽然是围沟，但从姜寨一期的整体建设来看，表明姜寨建设者具有朴素的规划观念，体现出整体性与安全性、实用性与审美观的完美统一（毕硕本，裴安平，闾国年，2008）。根据《逸周书·大聚》的记载[6]，聚众成邑，必定有众望所归的人物的号令。周初是如此，更早的远古也是如此。《说文》：“邑，国也。”段玉裁注：“《左传》凡称人曰大国，凡自称曰敝邑。古国邑通称。”由此可见，新石器时代中期的聚落可称为“古国”[7]。苏秉琦认为红山文化距今5000～5600年（柳冬青，p.10）为古国时期（苏秉琦，p.132），与李伯谦的分期相同，而李伯谦把新石器时代早、中期的社会形态定为“氏族·部落”（见表3－1）（李伯谦，2008），这明显地将古国的形成后拖了。

第二阶段，时间为新石器时代晚期前段（前5500—前2500年）。这一时期，生产力继续向前发展，仰韶文化时期河洛地区已开始使用木耜（河南省文物考古研究所，1995，p.80），在庙底沟遗址出土的“宽大的心形和长方形的石铲，大大提高翻地的效率”。该遗址中还“发掘出100件长方形有孔石刀和100件长方形两侧打有缺口的陶刀，这种刀具锋利，并用绳系于手背使用，大大提高收割速度”（杨肇清，2002）。由于生产力的不断提高，增加了农业剩余。在公元前4000

年，氏族社会基本上处于平等稳定的发展状态，以村落为单位的自给自足的农业经济基本定型（刘庆柱，p. 165）。由于生产力的发展，促进了人口的增长，也为更多的人口从事手工业和其他非农活动提供了经济基础（裴安平，2008）。由于人口的不断增加，物质生产显著增长，聚落数量骤增，社会生活更加复杂化，直接对聚落形态产生了巨大的影响。[8]同时，由于人口不断增加，对自然资源竞争激烈，部落之间的战争时有发生，如著名的黄帝、炎帝部落[9]之间的“阪泉之战”（《史记·五帝本纪》）、黄帝部落与蚩尤部落的“涿鹿之战”（《史记·五帝本纪》）。战争的频仍，直接刺激了战争技术的创新，更加注重防御的城邑登上了历史的舞台[10]，为适应这种复杂的人类活动，更高级的社会组织——城邦开始形成，随着原始文字的创立[11]和铜器的出现，中国古代社会开始出现文明曙光。

表 1－1　　考古学重建中国古史体系与传统史学体系的对应表

考古学的中国古史体系	传统史学的中国古代史体系	年代	社会形态	主要经济生活方式
旧石器时代早期	有巢氏、伏羲氏	前 200 万年至前 20 万年	游团	采集、渔猎
旧石器时代中期	伏羲氏	前 20 万年至前 4 万年	原始群	渔猎、采集
旧石器时代晚期	燧人氏	前 4 万年至前 12000 年	氏族	渔猎、采集
新石器时代早、中期	神农氏	前 12000 年至前 7000 年	氏族·部落	渔猎、农业、畜牧业
新石器时代晚期	炎帝、黄帝	前 7000 年至前 4500 年	部落联盟、古国	农业、畜牧业、手工业
新石器时代末期	颛顼、帝喾，尧、舜、禹	前 4500 年至前 4000 年	王国（初级）	农业、畜牧业、手工业
青铜时代	禹、夏、商、周	前 4000 年至前 221 年	王国（高级）	农业、手工业、商业
铁器时代	秦至清	前 221 年至 1911 年	帝国	农业、手工业、商业

第三阶段，时间为新石器时代末期（前 2500—前 2000 年）。这一时期也可归属铜石并用时期，又把它总称为龙山文化时代（严文明，1981）。由于原始农业和快轮制陶、精工琢玉、冶铜等手工业生产进一步发展，社会发生急剧演变。聚落之间进一步剧烈分化，具有中心地位的大型聚落（建城或无城垣），与周围多少不一的中小型聚落，形成等级和主从关系的聚落群体架构（任式楠，2000）。许多中心聚落往往建成较大型的城址，可谓中国历史上第一次“城市革命”，全国各地呈现“城邦”分割的局面（刘庆柱，p. 189）。传世文献记载的颛顼时代属仰韶文化末期到龙山文化早期，帝喾时代属河南龙山文化早期，尧、舜时代对应着龙山文化（许顺湛，1993，p. 576）。根据《尚书》和《竹书》的记载，尧都平阳（今山西临汾市西南），舜都安邑（今山西运城市境内），相距接近 100 公里，禹曾定都平阳、安邑和晋阳（翦伯赞，p. 99）。尧、舜、禹是三个不同的城邦，最后构建（初级）王

国,很大的原因可能是对外协同作战。根据历史记载,尧、舜、禹与生活在长江中游以南一带[主要分布在洞庭湖和彭蠡湖(今江西鄱阳湖)之间]的"三苗"城邦之间不断发生战争。《吕氏春秋·召类篇》:"尧战于丹水之浦,以服南蛮;舜却苗民,更易其俗。"《尚书·舜典》记载:"流共工于幽州,放驩兜于崇山,窜三苗于三危,殛鲧于羽山,四罪而天下咸服。"但三苗并未臣服,《淮南子·修务训》:"舜南征三苗,道死苍梧。"《孟子·离娄下》:"舜生于诸冯,迁于负夏,卒于鸣条;东夷之人也。"[12]舜死后,禹乘三苗地区发生大地震和三苗内部出现分裂,率部乘机发动大规模进攻,战斗异常激烈,最后因禹射死三苗首领而取得了战争胜利。[13]由于尧、舜、禹都是军事统帅,他们的权杖交接并不像《尚书》记载的那样,尧"禅位"于舜,舜"禅位"于禹。《竹书纪年》记载:"舜囚尧,复偃塞丹朱,使不与父相见";"舜篡尧位,立丹朱城,俄又夺之"。禹死后,他的儿子启夺得王位,建立夏后氏家族世袭统治的"家天下"。

显然,史前中国社会的邑、都邑或城邦,都是在政治力量的作用下形成的。前文已述,邑是"古国",《尔雅·释地》:"邑外谓之郊,郊外谓之牧,牧外谓之野,野外谓之林,林外谓之坰。"如果有方圆百里之国,五者(郊、牧、野、林、坰)之界,各界十里,邑在中心,离边界50里。这也是儒家的设想。实际上,在邑或都邑的附近会有很多农庄。但有一点是明确的,一国只有一个都邑。《史记·五帝本纪》:"舜一年而所居成聚,二年成邑,三年成都。"山西夏县西阴村发现的仰韶遗址附近,有传说中的尧舜禹的都邑。2002年,在襄汾陶寺中期城址内发掘出一座总面积1400平方米的半圆形大型夯土基址,并发现了3道夯土垱土墙和11根夯土柱遗迹,为《尧典》有关观象授时的记载提供了考古证据。[14]

夏、商、周是王国[15]时期,存在着王邑、方国邑、诸侯臣属邑,以及各自领属的小族邑等类不同性质的邑(宋镇豪,2009)。但夏商周的都邑不断迁徙。夏后氏都邑有阳城、晋阳、斟鄩、商丘、斟灌、原、老丘、西河、洛阳九地;殷人都邑,《书序》谓"自契至汤八迁,汤始居亳,从先王之居"。殷人都邑有蕃(作亳)、砥、商丘、相、有(易)、嚣、邢、庇、奄、殷(丁山,1985,pp. 36 ~ 55)。但"汤始居亳"、"从先王居"、"帝仲丁迁于嗷"、"河亶甲居相"、"祖乙迁于邢"、"南庚迁奄"六个都邑尚未得到考古发掘证实。周代都邑也频繁迁徙,周祖后稷居邰,依次迁徙为戎狄之间、豳、岐、镐、洛邑、西郑、莽京、犬丘等十地(丁山,1985,p. 71)。但是,关于商周都邑频繁迁徙的原因,在我国历史学术界,众说纷纭,莫衷一是。《史记·五帝本纪》记载,周的古公亶父为避免与戎狄冲突,"豳人举国扶老携弱,尽复归古公于岐下……于是古公乃贬戎狄之俗,而营筑城郭室屋,而邑别居之,作五官有司"。《史记·周本纪》:"平王立,东迁于雒邑,辟戎寇。"古公亶父、周平王迁都邑的原因都是避免种族冲突。殷商迁都的原因也很复杂。《后汉书·杜笃传》:“盘庚去奢引于亳。”蔡沈注《尚书》说:“自祖乙都耿,圮于河水,盘庚欲迁于殷。”也就是说,盘庚迁都是为避免水灾;翦伯赞认为盘庚迁都是为了在新的都市发展工商业(翦伯赞,1944,p. 217),等等。《尚书·盘庚》记载,民众不愿迁都,盘庚出来劝导民众:“我王来,既爰宅于兹,重我民,无尽刘。”其中,“刘”为斧钺,是兵器名。“无尽刘”,就是不被全杀光。这已经讲得很清楚,盘庚迁都也是为了避免种族冲突。但是,夏商周古代频繁迁都的原因并不是唯一的。为便于在更广的视角上来研究问题,我们不妨对比古希腊城邦制度的形成历史。

古希腊人分四个民族,即亚该亚人(Achaean)、爱奥尼亚人(Ionian)、伊奥利亚人(Aeolian)、多里安人(Dorian)。这些民族在长期的历史过程中交流融合。实际上,古希腊文明始于克里特(Minaoan)文明,据考古报告,克里特文明已经进入铜器时代,在克里特岛挖掘出的米诺斯王宫遗址,其恢宏的建筑与艺术风格,以及线性文字,说明克里特文明高度发达,并已经建立了君主政权。克里特文明大约始于公元前3000年,其极盛时期为公元前1600年左右。在人种学上,克里特岛居民可能为亚非草原最早的居民(顾准,1981,p. 30),克里特文明传播到大陆希腊,其中以伯罗奔尼撒东北部的迈锡尼(Mycenaean)为中心,瓦斯在其《早期爱琴海文明》中认为,大约在公元前1600年,可能在迈锡尼、梯伦斯、科林斯、奥科美拉斯、提佛等地建立起了克里特殖民地(顾准,1981,p. 30)。因而,历史学家把它们统称为“爱琴海文明”。公元前14世纪,克里特文明急剧衰落,迈锡尼文明兴盛起来了。公元前1450年前后几乎所有的米诺斯王宫都被烧毁,而根据考古证实,迈锡尼人征服了克里特岛(波默罗伊,伯斯坦等,p. 34)。公元前13世纪中期,迈锡尼的统治者据说是亚该亚(Achaioi)人(顾准,1981,pp. 32~33)。公元前12世纪末,迈锡尼王宫体系完全消失,迈锡尼城邦荡然无存。同时,埃及的新王国正土崩瓦解,安纳托利亚强大的赫梯王国被外国侵略者摧毁,美索不达米亚正经政治动荡。马丁认为这些情况是这些地区的内部权力争斗和高度专业化、集中化的经济对自然资源的过度开采所造成的(马丁,p. 33);也有的人认为是“海上诸族”或说希腊语的多里安人摧毁的(波默罗伊,伯斯坦等,p. 47);塞尔格耶夫认为,亚该亚人不断对外扩张,南攻埃及、巴勒斯坦,北攻小亚细亚西北部的特洛伊(荷马史诗《伊利亚特》以此战役为主题)(顾准,1981,p. 30~33)。然而,亚该亚人的迈锡尼王国为时不长,从北方而来的多里安人和其他民族摧毁了这个全希腊的最高王权。随着迈锡尼文明的终止,古希腊进入了所谓的“黑暗时代”(前1200—前800年)。大约公元前1050年,多里安人逐渐分割亚该亚人的迈锡尼旧壤,从公元前8世纪中期(Snodgrass,1977)开始,逐步建立多里安人诸城邦。由于迈锡尼政体绝迹，希腊处于强权控制的真空，使得小城邦大量出现而不被大国征服。到公元前7世纪和前6世纪城邦发展成熟。

所谓城邦（Polis），是"一个城市及其毗邻地区构成的共同体，是自治、自主的政治团体"（波默罗伊，伯斯坦等，p.100）。在希腊本土和爱琴海上的岛屿，有将近上百个城邦，各城邦控制范围不一，斯巴达拥有土地3000平方英里，雅典1000平方英里，科林斯350平方英里，彼奥提亚诸城邦除提佛外，平均70平方英里（顾准，1981，pp.4～5）。城邦不同于军事同盟和民族（部落），城邦制度的同一性在于它们的政治制度（宪法）（亚里士多德，2012，p.123；p.490）。城邦不是以氏族血缘关系为纽带的组织，而是以公民为基础的自治团体。其最大的特点是公民政治和公民社会制度，由公民定期选举城邦的执行官或管理者，实行公民兵制。城邦制度的许多内容是直接由氏族社会继承过来的。而同样是由氏族平等社会过渡而来的中国上古社会却抛弃了"平等"与"民主"观念。这是由两者的特殊性所决定的。前文已述，古希腊奉行"长子继承制"，次子以下必须到外面另起"炉灶"，激发起古希腊人在外创业的拼搏精神。无论是古希腊人还是古罗马人，都把对外劫掠视为一种荣誉（修昔底德，2012a，p.38；马克思，恩格斯，1995c，p.160）。抢劫是荷马时代的生活方式（波默罗伊，伯斯坦等，p.70）。实际上，与城邦形成的同时古希腊人向外的殖民运动也开始了。在跨海迁移过程中，就会造成不同种族体系的大融合，使得原始社会制度萎缩（顾准，1981，pp.60～61）。初期殖民地城邦也形成了穷人、富人和中产阶级，建立巴昔琉斯（Basileis）政权，与黑暗时代相比，传统的最高巴昔琉斯（或国王）的地位在古风时代已经不复存在（波默罗伊，伯斯坦等，pp.104～106）。公元前725—前650年间，希腊进入"重装步兵阶段"，在公民组成的方阵（phalanx）中，士兵的出身与个人财富都不再重要，贵族与非贵族必须并肩作战，因而贵族要继续维持特权、垄断政治权力就变得更加困难。同时，由于贵族内部的争权夺利，公元前670—前500年各城邦都出现过僭主政治[16]。而经过僭主政治以后，贵族统治方式有所改变，如果首领不负责任，农民重装备步兵不再愿意支持他（波默罗伊，伯斯坦等，p.126）。由此，公民政治基本建立起来了。公民政治由殖民地城邦反馈到旧城邦，经过"希腊化"而成为西方文化的传统。

希腊各城邦之间也存在兼并活动，但很少有成功的，如斯巴达兼并美塞尼亚，虽然一时被征服，但美塞尼亚最后还是独立了。公元前6世纪各城邦开始强烈地意识到必须建立有效机制来避免彼此之间的战争，有的群落之间临时结成防御性或进攻性的联盟（孙晶晶，李慎令，2010），并出现了第一个大联盟，即由斯巴达创建的“伯罗奔尼撒同盟”。公元前478年,为继续对付波斯联合作战,形成了以雅典为霸主的提洛同盟。各同盟成员城邦都须分别向斯巴达和雅典纳贡。两个同盟组织的构架是相似的,同盟委员会由两部分组成:一部分是斯巴达或雅典的公民大会,另一部分是联盟大会,每一个结盟的城邦在联盟大会中都有一个投票权。但提洛同盟受雅典的控制更加严格。公元前454年同盟金库迁至雅典,金库司库成为雅典国家官职。公元前449年希波战争结束后,同盟捐款成为雅典强令缴纳并随意用于本国需要的贡款。雅典向盟国派出大批军事殖民者,严厉镇压宣布擅自退盟的城邦,强令盟国的重要案件交雅典审理,规定盟国采用雅典的铸币,支持建立亲雅典的民主政体[17],在伯罗奔尼撒战争期间,雅典更要求盟国增派援军和任意增加盟捐。由此,提洛同盟成了雅典同盟,雅典“由霸国变为帝国”(修昔底德,2012a,p. 89)。公元前404年,战败的雅典根据与斯巴达签订的和约,被迫解散提洛同盟。

综上可见,中西方由聚落而形成国家的路径是迥然有别的。这种差别也将影响着中西方国家的国体与政体及社会形态的发展。

三、姓氏、宗族与宗法制度

姓代表血缘关系。“姓,人所生也。古之神圣,母感天而生子,故称天子,从女从生。”(《说文解字》卷二四)母系氏族社会,“圣人无父,感天而生”。《白虎通》:“姓者,生也。人所禀天气所以生者也。吹律定姓。故姓有百。”《国语·周语》:“姓者,生也,以此为祖,令之相生,虽不及百世,而此姓不改。族者,属也,享其子孙共相连属,其旁支别属,则各自为氏。”显然,“姓”的本义是“生”。同时,同一女子所生子嗣组成的亲族也可以称为“姓”或“姓族”(杨希枚,1984)。我们的祖先最初使用姓的目的是为了“别婚姻”、“别种族”[18]。而确定“姓”的方法有“吹律定姓”[19],也有按照出生地来确定姓的,如皇甫谧:“黄帝生于寿丘,长于姬水,因以为姓。居轩辕之丘,因以为名,又以为号。”是本姓公孙,长居姬水,因改姓姬(《史记·五帝本纪》)。《潜夫论·志氏姓》:“昔者,圣王观象于乾坤,考度于神明,探命历之去就,省群臣之德业,而赐姓命氏,因彰德功。传称民之彻官百,王公之子弟千世能听其官者,而物赐之姓,是谓百姓。姓有彻品十,于王谓之千品。昔尧赐契姓子,赐弃姓姬;赐禹姓姒,氏曰有夏;伯夷为姜,氏曰有吕。下及三代,官有世功,则有官族,邑亦如之。后世微末,因是以为姓,则不能改也。”显然,“姓”是母系氏族的标志。

在母系氏族社会,子女随母姓,进入父系氏族社会后,姓则随父亲。随着同一祖先的子孙繁衍增多,这个家族往往会分成若干支散居各地。各个分支的子孙除了保留姓以外，另外为自己取一个称号作为标志，这就是“氏”。氏的甲骨文为“”(《后下》21·6)，金文为“”，王恩田认为：“氏字实为支字初文，其字形象水之支流形……斜出的直划表示水之支流，金文又在斜出直划上加圆点以为指事，强调支流在此。”(王恩田，p.9)氏会随着封邑、官职的改变而改变，因此会有一个人的后代有几个氏或者父子两代不同氏。另外，不同姓之间可能会以同样的方式命氏，因此会出现姓不同而氏相同的现象。实际上，“氏”与国家的产生有关。“天子建德，因生以赐姓，胙之土而命之氏。诸侯以字为谥，因以为族。官有世功，则有官族，邑亦如之”(《左传·隐八年》)，《疏》释例曰：“别而称之谓之氏，合而言之则为族。”氏的确立方法比较复杂，《潜夫论·志氏姓》：“故或传本姓，或氏号邑谥，或氏于国，或氏于爵，或氏于官，或氏于字，或氏于事，或氏于居，或氏于志。”[20]根据《史记》记载，氏与分封紧密相关：

> “自黄帝至舜、禹，皆同姓而异其国号，以章明德。故黄帝为有熊，帝颛顼为高阳，帝喾为高辛，帝尧为陶唐，帝舜为有虞。帝禹为夏后而别氏，姓姒氏。契为商，姓子氏。弃为周，姓姬氏。”(《史记·五帝本纪》)
>
> 太史公曰：“禹为姒姓，其后分封，用国为姓，故有夏后氏、有扈氏、有男氏、斟寻氏、彤城氏、褒氏、费氏、杞氏、缯氏、辛氏、冥氏、斟戈氏。”(《史记·夏本纪》)
>
> “契为子姓，其后分封，以国为姓，有殷氏、来氏、宋氏、空桐氏、稚氏、北殷氏、目夷氏。”(《史记·殷本纪》)

同时，随着人口的繁衍，在周代，氏族下面还分离出支或“氏”。《史记·大宛传》：“有大月氏，小月氏。亦作月支。”[21]又如，春秋末期的晋国大夫智果，姬姓，智氏家族旁支，因智氏出自荀氏，故称其荀果。智果与智宣子同为智氏，而智宣子将以瑶为后，智果认为瑶“不肖”，并告诉智宣子：“若果立瑶也，智宗必灭。”智宣子不听智果的忠告，为避难，“智果别族于太史为辅氏。及智氏之亡也，唯辅果在。”(《国语·晋语》)也就是说，在一个氏族中，分支氏族的家庭通过族谱变更可变换氏族，“智氏”也称“智宗”，说明周代的氏族也是宗族。《左传·襄十一年》：“又古者贵有氏，贱无氏，故其诅辞有曰：坠命亡氏，言夺爵失国也。诅辞见。”那么，“氏”与“宗”是否是等价的？《孝经纬》：“古之所谓氏者即国也。”《礼·王制》：“五国以为属，十国以为连，二十国以为卒，二百一十国以为州。”《孟子》：“大国，地方百里，次国，地方七十里，小国，地方五十里。”由此可见，“氏”、“宗”、“国”是紧密关系的。

前文已述,“氏”是从君主所封的地、所赐的爵位、所任的官职,或者死后按照功绩,追加的称号而来。显然,是先有国家后有氏。或者说,氏是伴随着国家产生而产生的。“天子建德,因生以赐姓,胙之土而命之氏。”[22]随着天子“建德”、“赐姓”,天子建立诸侯国,并命之以国名,诸侯以国为氏,如周天子封姜尚于吕地,姜尚就以吕为氏,后又封于齐,随之又以国号齐为氏。《通志·氏族略》:“三代以前,姓氏分而为二,男子称氏,妇人称姓。氏所以别贵贱,贵者有氏,贱者有名无氏。姓所以别婚姻,故有同姓、异姓、庶姓之别。氏同姓不同者,婚姻可通;姓同氏不同者,婚姻不可通。三代之后,姓氏合而为一,皆所以别婚姻而以地望明贵贱。”也就是说,姓氏合二为一之后,区别贵贱不再用“氏”而是用“地望”。显然,“氏”不是以血缘关系为标准来确定的。

宗族是指由父系血缘关系联结而成的群体,即“父之党为宗族”(《尔雅·释亲》)。族者[23]:“凑也,聚也,谓恩爱相流凑也。生相亲爱,死相哀痛,有会聚之道,故谓之族。”(《白虎通》)《周礼·地官·大司徒》:“四闾为族。”《注》:“闾二十五家,族百家。”家庭是宗族的基础,在“家”与“族”之间还有一个中间环节,即“房”(钱杭,2009,p.47)。宗与族有区别,族是有血缘关系的人群,没有主从之别。宗,甲骨文(《乙》766)是(宀,屋宇)加上(示,祭拜祝祷),其本义为献祭崇拜祖先的祖庙。《说文》:“尊祖庙也”,“宗者何,宗有尊也,为先祖主也,宗人之所尊也。”(《白虎通》)也就是说,在一个亲族之中,奉一个男人为主,主者死,奉其继世之人。主者为“宗”,为始祖,继世之人为“宗子”(吕诚之,p.7)。因而,一般来说,宗族就是具有祭祀共同先祖的、有父系血缘关系联结而成的若干家庭,通常在同一聚居地,形成大的聚落。显然,宗族并不是中国特有的社会组织形态,古代罗马(梅因,1959,pp.133~134)、古代希腊都存在“宗族”社会形态(古朗士,1932,pp.25~61)。

宗族制度的起源可追溯到原始社会晚期的父系氏族社会时期。随着人口的繁衍,一个亲族之中的家庭越来越多。由于传至五代可以另立祭祀,“宗其继高祖者,五世则迁者也。”(《礼记·大传》)“有五世而迁之宗,其继高祖者也。是故祖迁于上,宗易于下。”(《礼记·丧服小记》)不断形成新的家族或“九族”(《尚书·虞书·尧典》)。由于人口与资源环境的矛盾,不断有家族或家庭从祖居村庄分离出来,在祖居地的附近建立新的聚落或村庄。而在宗族的发展过程中,宗亲关系、宗族伦理、宗族禁忌与族规、宗族经济、军事、政治等制度安排不断创新与发展。

宗法制度是社会经济发展到一定阶段的宗族制度的一种存在形态。宗法制强调血缘关系。张载指出:“管摄天下人心,收宗族,厚风俗,使人不忘本,须是明谱系世族与立宗子法。宗法不立,则人不知统系来处。”(《经学理窟·宗法》)吕思勉认为,宗法只有贵族才有。因为贵族食于人,可以聚族而居,平民食人,必须逐田亩散处;贵族治人,其团结不容散处,平民治于人,无谓团结。《仪礼·丧服·传》:“禽兽知母而不知父。野人曰:‘父母何算焉!’都邑之士则知尊祢矣,大地及学士则知尊祖矣。诸侯及其大祖,天子及其始祖之所自出。尊者尊统上,卑者尊统下。”天子、诸侯等贵族,其地位越尊贵,所追思越远,故重视宗法(吕诚之,p. 19)。而宗法是与封建相辅相行之制(吕诚之,p. 46)。宗法制度的核心是嫡长继承制。

根据《史记·夏本纪》记载,夏朝的王位继承,从启到桀共历 13 代 16 王。从王位继承顺序来看,有的是传子,有的是传弟,基本上是以传子为主。传子是不是传长子、嫡子,由于资料匮乏,尚难以推定。

商代自汤灭桀以至纣王毁国,经过了 17 代 31 王。《史记·殷本记》:“自仲丁以来,废嫡而更立诸弟子,弟子或相争代立,比九世之乱,于是诸侯莫朝。”张光直认为,商代王位的继承是男系继承法,或父传子或兄传弟,商王都为子姓,来源于同一神话中的始祖。殷王上至少自上甲,下及帝辛及后裔,属于同一男系氏族,有共名、共同财产、共同神话,王位的继承在氏族之内由男系相传(张光直,1983,pp. 145 ~ 147)。商王庙号在世系中的出现是有规律可循的,即十干之中的五个(甲、乙、丁、庚、辛)占六分之五;甲或乙与丁隔世出现;同世兄弟诸王间,甲或乙与丁或辛不同时并存;祀典中先妣与其配偶先王庙号不同。因而,日名制跟生日、死日(张光直,1983,pp. 145 ~ 147)皆无关系,而是死后庙主的分类体系。商王室虽同为子姓,却可在内部分成两大组和若干小组,大组之一包括甲、乙、戊、己,以名甲乙者最多;另一组包括丙、丁、壬、癸,以名丁者最多;此甲乙组和丁组为子姓王室内政治势力最强盛的两支,隔代轮流执政。并认为先妣与其配偶先王庙号不同,是商王室实行内婚制的具体的证据,每隔一世行父方交表婚制,以保证王位能在舅甥之间得到顺利传递(张光直,1983,pp. 179 ~ 185)。但是,王位在舅甥之间传递也只是一种假设,并没有有力的证据。

商代的日名制习俗起源于上古贵族在同姓内婚范围内按母系分宗的传统,实质上是早期父系家长继承制下“子从母姓”的一种变制。王国维认为:“商人无嫡庶之制,故不能有宗法。”(王国维,1997,p. 4)“无嫡庶之制”说是成立的,但说商代没有宗法制是难以成立的。商代王室内婚男女各有日名,所生子女的日名从母不从父,即母名甲者子女亦名甲,母名乙者子女亦名乙,余皆类推。商王室以内婚制与外婚制并行,内婚诸妻及其诸子不分嫡庶,外婚诸妻及其诸子亦如此。商代宗法社会的基本构成单位是按父系划分的“族”,而不是按母系划分的“宗”,因此社会的通婚族也都是父系家族,赖以“辨姓”和分宗的母系只不过是从亲族历史上继承下来的一种按母系姓族通婚的划分和归类。商王室的祖庙在卜辞中称作“宗”,商王室宗庙建制的基本原则和基础体系应是分宗立庙,即王室诸宗各立一庙。王室内婚群诸宗至少有自甲至癸的十庙,王室外婚群也应有单立的宗庙,与内婚群诸宗的十庙相辅。在内、外诸宗庙之上,则另有一座总领群宗的大型太庙,为王室综合祭祀之所,也可说是子姓部族的宗主庙。卜辞有“大宗”、“小宗”之分,“大宗”为太庙,“小宗”则应是内婚群各宗庙的共名,而不是与“大宗”性质相同的另一座宗庙(张富祥,2007)。但到了商末嫡长继承制才正式确立。

西周的宗法制与商代的宗法制是有差别的,但直接继承了商代末期的嫡长继承制核心内容,并形成了一套完整的宗法制度。西周宗法制度的显著特点是:

第一,嫡长子继承制。在一夫多妻制下实行嫡长子继承制,是维系宗法制的核心制度之一。嫡即正妻、元配,正妻所生之长子为嫡长子。《春秋公羊传》隐公元年:“立嫡以长不以贤,立子以贵不以长。”汉代何休解释:“嫡谓嫡夫人之子,尊无与敌,故以齿;子谓左右媵及妊娣之子,位有贵贱,又防其同时而生,故以贵也。”实际上,嫡长子是在一夫多妻制下,根据母亲身份的贵贱、尊卑将王子区分嫡子与庶子,而确定王位继承人的资格。并按照先嫡后庶、先长后幼的顺序,把王位继承人在制度上客观地控制在一个人的范围之内,以保障王位的和平传递。显然,宗法制下的嫡长子继承制与父系氏族社会时期的继承制并没有本质的区别,只是将王位、爵位、官位、宗祧等不可分割的东西规定由长子继承。

第二,宗法制是分封制的基础。宗法制度是一种社会制度,分封制是一种政治制度。在西周,两者是紧密相关的。周代的“胙土命氏”,逐级分封,严格遵循了以嫡长子继承权为核心的封建宗法制度。《礼记·大传》:“别子为祖,继别为宗,继祢者为小宗。有百世不迁之宗,有五世则迁之宗。百世不迁者,别子之后也。宗具继别子之后出者,百世不迁者也。宗其继高祖之后者,五世则迁者也。尊祖故敬宗,敬宗,尊祖之义也。有小宗而无大宗者,有大宗而无小宗者,有无宗亦莫之宗者,公子是也。公子有宗道,公子之公,为其士大夫之庶者,宗其士大夫之适者,公子之宗道也。绝族无移服,亲者属也。”西周宗法图如图3-1所示(吕诚之,p.10)。具体来讲,就是王室、诸侯的嫡长子有权继承父亲为王、为君;王室、国君的庶子,也称“别子”,无权继承王位、君位,但有分封的权利,需分给一定的食邑、采地,自成系统,通过“胙王命氏”的方式,成为新的氏族,别子就成为这一新的氏族的开派之祖(得姓受氏之祖),即“别子为祖”。别子的嫡长子继承新家族的权位成为这一新的家族的大宗,就是“继别为宗”。这就是后世“祖”、“宗”二字的来历和内涵。[24]

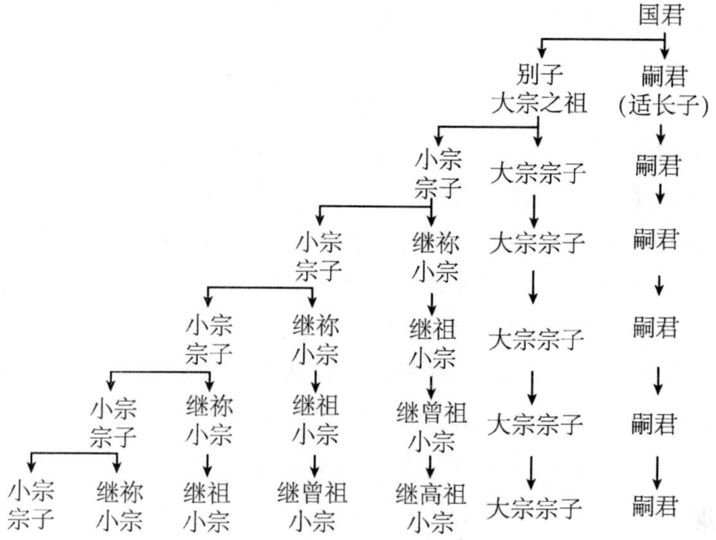

图3-1 西周宗法图

第三,宗法制度是宗族制度与国家制度的结合形式。在一定条件下,“宗君合一”(钱杭,2009,pp.56~86)。“宗”是血缘、“君”是宗法以始祖嫡妻(正妻)所生的长子为大宗,其他为小宗。大宗与小宗相对而言,唯天子、诸侯的大宗百世不迁。天子、诸侯也是其宗族的宗子。因此,由于家国同构,王族的宗子也就是国家的“王”。梁启超指出:“中国古代的政治是家族本位的政治。”(梁启超,1986,p.40)

第四,在宗庙制度上实行昭穆制。《尚书·酒诰》:“乃穆考文王,肇国在西土。”孔传:“父昭子穆,文王第称穆。”《左传·僖公五年》:“太伯、虞仲,大王之昭也,大伯不从,是以不嗣;虢仲、虢叔,王季之穆也,为文王卿士,勋在盟府。”按照庙制规定,天子立七庙,诸侯立五庙,大夫立三庙,士立一庙,庶人无庙(《孔子家语·庙制》),以此区分亲疏贵贱。延伸到民间,祠堂神主牌的摆放次序也就是昭穆制度。始祖居中,左昭右穆。父居左为昭,子居右为穆。一世为昭,二世为穆;三世为昭,四世为穆;五世为昭,六世为穆;单数世为昭,双数世为穆;先世为昭,后世为穆;长为昭,幼为穆;嫡为昭,庶为穆。

第五,宗法制度与国家制度是兼容的。宗族秩序的维护主要依靠按照“尊尊”、“亲亲”的原则所形成的“礼”或“礼教”。治理国家,“礼乐政刑四达而不悖”。因为“故礼以道其志,乐以和其声,政以一其行,刑以防其奸。礼乐政刑,其极一也;所以同民心而出治道也”(《礼记·乐记》)。实际上,由于“家国同构”,“礼”已经扩展到国家制度层面。《礼记·礼器》:“经礼三百,曲礼三千。”所谓“经礼”是礼之大纲,包括国家制度、法典等;“曲礼”为“威仪”,包括人们日常的衣食住行,诸如婚丧嫁娶和人情来往等,“曲礼”的细节条文约束人的行为,拯救世俗人心,培育道德精神。因此,“夫礼者,所以立亲疏,决嫌疑,别同异,明是非也”(《礼记・曲礼》)。但从宗族的角度看,“礼”是在无数次重复博弈中自发形成的。因为在生生不息的社会生活中,人们有足够的机会去“惩罚”以前有不合作行为的人,从而形成族内遵礼的风尚。

但是,历史进入春秋、战国时期,宗法制度进入蜕变时期。随着姬姓血缘关系的松弛,具有完整意义的西周宗法制度开始瓦解,作为天下大宗的周天子式微,以下凌上、僭越礼制的现象普遍发生,“礼乐征伐自诸侯出”。在丧失政治保证和生产力发展的历史条件下,井田制在春秋后期逐渐被土地私有制取代。分封制的瓦解,直接摧毁了西周宗法制度所赖以存在的经济基础。诸侯无视周天子;卿大夫专权,无视诸侯国君;在卿大夫家族中,其内部支派斗争激烈,“坠命亡氏”。如晋国的郤氏、栾氏、祁氏、羊舌氏、范氏、中行氏、智氏,楚国的若敖氏、养氏、郤氏、费氏、鄢氏等。家族成员流散,“无田禄”,大部分则沦为平民。到战国时期,郡县制、官僚制、俸禄制、符玺制、上计制等脱颖而出。随着秦统一中国,新的经济基础和政治体制开始登上了历史舞台。

四、夏商周的国家性质

夏后氏、殷商、周三个部族都是古国。很长时期,这三个政治集团是平行发展的,但作为中原的霸主却是前后相继的。

最早有文献记载的夏氏族成员是鲧。《国语・周语》中说鲧作为夏族首领被封在崇,故被称为“崇伯鲧”。鲧的儿子禹继承了鲧,为“崇伯禹”。司马迁说:“禹为姒姓,其后分封,用国为姓,故有夏后氏、有扈氏、有男氏、斟鄩氏、彤城氏、褒氏、费氏、杞氏、缯氏、辛氏、冥氏、斟戈氏。”(《史记・夏本记》)大约公元前2070年,禹死后,他的儿子启杀死了禹推荐的益而夺得王位,《竹书纪年》:“益干启位,启杀之。”从而开启了政权世袭的“家天下”。

夏政权以夏后氏为主来统治其他部族。其政权结构直接来源于城邦。对此,虽然没有确切的出土文物来证实,但先秦和汉代的许多传世文献有所追述。夏朝王称后或元后,下设三正、四邻、六事和其他专门职能部门的官职(左言东,1994,pp. 8~9)。实际上,夏政权直接控制的只有夏后氏城邦。夏王朝对地方的管理是通过分封的方式,授以部族首领为诸侯,称“伯”,《国语・郑语》:“昆吾为夏伯矣。”诸侯必须服从夏王的政令,对王朝承担贡纳、朝见、服役和随从征伐的义务。诸侯之下,有大夫,即各大家族的族长,从而形成夏王室有天下、诸侯有国、大夫有家的格局。《尚书・禹贡》有关五百里甸服、侯服、绥服、要服、荒服的规定，以王城为中心，依照血缘关系、近亲远疏“分封”[25]。在夏王朝的“县”（商周称“王畿”）范围之外，存在很多方国，不受夏后氏直接管辖，如土方、羌方、周方等大的方国甚至达到了能与当时中原共主夏王朝抗衡的规模，南方的许多古国文明程度甚至高于夏王朝。[26]东夷、殷商等与夏战争不断。[27]由上文可见，夏王朝对南方古国和四周方国的控制达不到雅典对提洛同盟成员城邦的控制程度，夏后氏和雅典一样只能算盟主。傅斯年指出：“所谓夏后氏者，其名称甚怪，氏是族类，后为王号，何以于殷曰殷人，于周曰周人，独夏曰夏后？意者诸夏之部落本甚多，而有一族为诸夏之盟长。”（傅斯年，2012a，p. 27）

大约公元前1600年，成汤的军队打败了夏桀的军队，至此夏王朝灭亡，成汤建立了商王朝。《史记·殷本记》记载，商的始祖是殷契，为帝舜的大臣，由契传十三代至成汤。“成汤，自契至汤八迁。汤始居亳，从先王居。”司马迁、许慎、郑玄、皇甫谧等认为商的地望在陕西境内，而王国维、郭沫若、徐中舒、王玉哲认为商的地望在东方。[28]傅斯年认为，殷商与夏是异民族[29]，发迹于东北渤海，建业之地为古代兖州，亳是一个迁徙地名。起初在渤海岸，入济水流域，逆济水西上，沿途所迁，直到陕西境内，沿途有许多亳（傅斯年，2012，p. 24）。从现在已有的考古挖掘情况来看，殷商的文明程度高于夏后氏，出土的商朝的甲骨文、籀文、金文，表明殷商已经有系统的书写文字。斯塔夫里阿诺斯认为，商掌握了中东人发明的种植小麦、冶炼青铜武器和制造马拉战车的技术。[30][31]因而，殷商的西迁，驱散了西夏诸族，占领了中原。殷商和夏后氏一样，以商民族为主体，建立了中原霸主统治。在商王朝的“王畿”之外，存在很多方国，如商方、子方、土方、方、鬼方、羌方、北羌、人方、周方、唐方、井方、林方、兴方、马方、豖方、危方、盂方、沚方、旁方、戈方、木方、巴方、亘方、龙方、基方、湔方、亚方、祭方、示方、髳方、召方、羞方、杞、宋、贝、仓、犬、昜、缶等（赵诚，pp. 1 ~ 17）。这些方国与商王朝或敌或友、时敌时友。商王朝实际上是方国或城邦盟主。

公元前1100年前后，周武王在孟津（今河南孟津县东北）与800诸侯会盟后约二年，兴兵灭商。周王朝在国家体制上继承了夏后氏、殷商的基本做法，以周民族为主体，“世袭天下”，形成了严密的继承制即“宗法制”；周天子直接控制“王畿”，王畿之外的地区分封姬姓贵族、功臣和联盟的异姓部落首领为诸侯，“周公兼制天下，立七十一国，姬姓独居五十三人”（《荀子·儒效》），在各地区与殷人旧族及当地土著建立“三结合”的政治权力（许倬云，1994，p. 145）。公元前771年，犬戎杀幽王，灭西周。前770年，周幽王太子宜臼由镐京迁都于洛邑（今河南洛阳），史称东周。“天下无道，则礼乐征伐自诸侯出。”（《论语·季氏》）东周春秋时代，形成“春秋五霸”，到战国时期，形成“战国七雄”。战国后期，大夫力量膨胀，鲁国大夫季氏三桓专政，晋国则被大夫韩、赵、魏三家分裂，而周王室地位降到还不如小诸侯，出现了多元政治格局，世族制度没落，封建制、礼乐制等基本崩溃，新的制度正在形成。

综上可见，中国社会历史上封建制度最完备的是西周时期，而起源较早。柳宗元在《封建论》中指出："彼封建者，更古圣王尧、舜、禹、汤、文、武而莫能去之。盖非不欲去之也，势不可也。势之来，其生人之初乎？不初，无以有封建。封建，非圣人意也。"时至春秋，封建制度土崩瓦解。无论是夏商周还是同期的方国，都有军队、法律及执法机构和政府官僚，拥有合法使用暴力的垄断权（韦伯 1997，p. 731）。毫无疑问，它们都是国家。但夏商周以本"族"为基础来统治外"族"诸侯列国和方国，因"封建制"本身的分权，使夏商周王朝往往只能直接控制"王畿"范围内的本"族"诸侯，不能真正成为"帝国"（Emperor）。而以一个民族或以血缘关系形成的部族集团统治天下其他民族或部族，成了东方的特色。亚里士多德指出："野蛮民族比希腊民族为富于奴性；亚洲蛮族又比欧洲蛮族为富于奴性，所以他们常常忍受专制统治而不起来叛乱……蛮族的王制便成为僭主性质的王制。"（亚里士多德，2012，p. 162）

五、奴隶制与农奴制

所谓奴隶制，是指奴隶主拥有奴隶的制度，生产活动以奴隶为主，奴隶无报酬，且无人身自由；所谓农奴制，是一种在封建制度下特别是庄园制度下的与农民地位相关的奴役制度。农奴以自己的劳力，在封建主的土地上工作，以换取保护和公正，以及在该土地上额外开垦耕作以保证自己的生计。农奴不同于奴隶，农奴的领主对农奴只有不完全的人身占有权。领主不能处死农奴，但能随意处罚或连同土地买卖、抵押和转让。农奴有义务为领主无偿劳作，农奴的劳力也被定义为领主的产权。

马克思指出："劳动力并不向来就是商品。劳动并不向来就是雇佣劳动，即自由劳动。奴隶就不是把他自己的劳动力出卖给奴隶主，正如耕牛不是向农民卖工一样。奴隶连同自己的劳动力一次而永远地卖给奴隶的所有者了。奴隶是商品，可以从一个所有者手里转到另一个所有者手里。奴隶本身是商品，但劳动力却不是他的商品。农奴只出卖自己的一部分劳动力。不是他从土地所有者方面领得报酬；相反，是土地所有者从他那里收取贡赋。农奴是土地的附属品，替土地所有者生产果实。"[32] 恩格斯指出："奴隶制是古代世界所固有的第一个剥削形式；继之而来的是中世纪的农奴制和近代的雇佣劳动制。"（马克思，恩格斯，1995c，p. 172）。但是，恩格斯也提到，形成阶级和统治关系是通过"两条道路”产生的:一条道路是在原始公社的基础上,起先被赋予了某种全权以维护共同利益的社会公仆逐步变为社会的主人。这种主人分别成为东方的暴君,成为希腊的氏族首领,成为克尔特人的族长,等等,最后,各个统治人物集结成为一个统治阶级。另一条道路是产生奴隶制的道路。没有奴隶制,就没有希腊国家,就没有希腊的艺术和科学;没有奴隶制,就没有罗马帝国(马克思,恩格斯,1995c,pp. 218~220)。显然,前一条道路产生的阶级并不是奴隶与奴隶主阶级。“现代家庭萌芽时,不仅包括着奴隶制(Servius),而且也包含着农奴制,因为它从一开始就是同田间耕作的劳役有关的。”(马克思,恩格斯,1995d,p. 53)。实际上,古今中外,任何一个社会或时代尚未存在过纯一的奴隶制、农奴制或资本主义雇佣劳动制。如果生产劳动者普遍是奴隶,奴隶制居支配地位,我们可称其为“奴隶社会”,同样,封建社会、资本主义社会也是如此。因而,判别生产劳动者的阶级属性和奴隶制或农奴制,必须从具体的生产资料所有制或生产方式中去寻找答案。

奴隶制、农奴制主要是经济制度。无论是国家、土地(包括矿山、草地)等生产资料私有者是选择奴隶制还是农奴制,必须会进行成本核算与收益比较。对奴隶主来说,每单位时间奴隶劳动的费用是由生活费用加资金成本的利息(折旧)所构成。生活费用包括短期生活费用(无论如何必须满足)和长期生活费用(着眼于未来的生产——能力)(希克斯,1999,p. 120);对封建主来说,不需要负担农奴的生活费用,但在收获中要分配一部分给农奴。由于奴隶是商品,是生产工具,随时都有可能被主人转卖,不会有生产积极性,生产监管成本高;农奴是可能连成土地一块转卖,但他们有自己的财产,收获中有自己的份额,有生产积极性,生产监管成本低。“奴隶因为要工作,自然必须生活,他的工作日的一部分就用于抵偿他自己维持生活的价值。但是,由于他和他的主人没有订立合同,双方又没有什么买卖行为,所以他的全部劳动似乎都是白干的。”(马克思,197a,p. 79)。而由于“奴隶耕作只为满足自己;由于剩余产物都归主子所有,所以对于如何最有效地耕种土地他们是不关心的。(而)一个自由的佃农,把租金以外的剩余产量归为己有,所以有勤勉工作的动机。”“奴隶制还带来另一个祸害,它把自由人人数减少到甚至不能想象的程度,因为每一个奴隶都占据一个自由人的位置。”(斯密,1962,p. 119)根据希克斯考证,在古希腊,商业经济初期,所采取的主要是奴役方法,商业劳动从奴隶开始,奴隶还用于家内帮佣,奴隶被大群大批用于种植园(如罗马的大庄园、美洲和西印度群岛的棉花和甘蔗种植园)、矿井等(希克斯,1999,pp. 113~115)。用于这些劳动,监管成本低。古希腊的色诺芬曾建议雅典向国外购买奴隶,租给雅典公民来开采银矿,“在雅典居住有十个种族,如果国家拨给每个种族以同等数目的奴隶,让每一种族都去开采新

矿,并使他们共同担负开采的后果。这样,只要一族能够有有得的发现,就对全体都有所裨益。”(色诺芬,1961,p.74)

奴隶是一种社会地位和社会身份。[33]我们认为,构成奴隶身份的必备要件有三:一是由政权或国家的法律规定及相应的户籍登记认定;二是从事无偿劳动;三是没有人身自由,被视为畜产,由其所有者随意买卖甚至杀戮。在西周,统治者根据臣服的早晚和职业的区分,将劳动者划分为不同的等级,《左传·昭公七年》:“天有十日,人有十等,下所以事上,上所以共神也。故王臣公,公臣大夫,大夫臣士,士臣皂,皂臣舆,舆臣隶,隶臣僚,僚臣仆,仆臣台。马有圉,牛有牧,以待百事。”由于商、周的法律主要是刑法,没有对奴隶身份的法律规定,但在户籍管理上,殷墟卜辞中记载:“王其萑耤”(《甲》3420),有专人管理户籍;根据《周礼》的记载,周代有户籍管理,《周礼·地官》:“小司徒之职:掌建邦之教法,以稽国中及四郊都鄙之夫家九比之数,以辨其贵贱、老幼、废疾。”也就是说,国家对奴隶也是有户籍管理的。1975年12月在湖北省云梦县睡虎地秦墓中出土的有关秦朝法律竹简规定:“小隶臣疾死者,告其□□之,其非疾死者,以其诊书告官论之。”(睡虎地秦墓竹简整理小组,p.160)。同时,秦律对自由人成为奴隶有具体的法律规定。因本人或亲属犯罪而没籍为官奴、战俘及战场上的逃兵,皆没为官奴隶(睡虎地秦墓竹简整理小组,p.204)。但私人奴隶、奴婢来源要复杂一些,有的并不是犯罪的人员,私人可以到奴隶市场购买奴隶,奴隶所生子女仍为奴隶(睡虎地秦墓竹简整理小组,p.33)。按照秦律规定,奴隶没有投诉权;奴隶犯罪,主人要负刑事责任;私家奴婢须代主人服役;奴隶、奴婢犯罪,所受处罚较他人为重(睡虎地秦墓竹简整理小组,p.184)。在夏商周是否存在“债务奴隶”,不可考[34],但在秦国并没有债务奴隶,只是对债务人有处罚规定(睡虎地秦墓竹简整理小组,pp.85~85)。实际上,战俘转化为奴隶是很少的。在上古社会直至秦汉,集中屠杀俘虏的现象在世传文献中并不少见。[35]商王朝通过战争、田猎和收取贡纳等机会大量掠夺异族人口。一部分为人牲,一部分为奴隶。而为人牲的俘虏以羌为主(王平,顾彬,p.49、pp.72~78)。周武王克商,战争规模比商灭夏时要大。“武王遂征四方,凡憝国九十有九国,馘魔亿有十万七千七百七十有九,俘人三亿万有二百三十。凡服国六百五十有二。”(《逸周书·世俘》)“十万为亿”(《礼·内则·降德于众兆民疏》),潘振云说:“馘,死而截耳者;俘,生擒者。”(黄怀信等,2007a,p.416)商朝总人口为400万人(宋镇豪,1991),生俘了30多万人,占比为7.5%。再加罪犯,二者全部转化为奴隶,就算其占比为10%,根本不可能成为形成奴隶社会的人口基础。只有夏商周将其所征服的城邦或方国都贬为奴隶,才有可能形成奴隶社会。

夏后氏建国初期,“夏后帝启,禹之子,其母涂山氏之女也。有扈氏不服,启伐之,大战于甘……遂灭有扈氏。天下咸朝。”(《史记·夏本记》)有扈氏是诸夏的一个部落,姒姓,居于今陕西户县附近。不服启篡位,与启发生战争,启灭有扈。这里的“灭”不是将有扈部族全部杀掉。《周礼·夏官》注:“毁其宗庙社稷曰灭。”吕思勉认为“禹先灭有扈,以封其同姓,至启复叛也”(吕思勉,2005,p. 88)。但有扈部族成员不可能都被贬为奴隶。在周代,有扈国是周王室的重要屏障。公元前1600年左右殷商成汤联合各城邦或方国征伐夏桀。征战前,汤与三千诸侯结成誓盟(《尚书·汤誓》)。[36]先翦除夏王朝方国葛、韦、顾、昆吾,“十一征而无敌于天下”。最后,决战于鸣条,夏师败绩。灭夏后,汤回师亳邑,建立了商王朝,定都于亳。对那些亡了国的夏民,则仍保留“夏社”[37],并封其后人。周武王克商之后,并没有将殷民族贬为奴隶。据《左传·定公四年》记载,“周公相王室,以尹天下”,分鲁公以“殷民六族,条氏、徐氏、萧氏、索氏、长勺氏、尾勺氏,使帅其宗氏,辑其分族,将其类丑,以法则周公,用即命于周”,使之职事于鲁;分康叔以“殷民七族,陶氏、施氏、繁氏、锜氏、樊氏、饥氏、终葵氏”,使之以供王职;分唐叔以“怀姓九宗,职官五正”,使之“启以夏政,疆以戎索”。因此,孔子称赞:“兴灭国,继绝世,举逸民,天下之民归心焉。”(《论语·尧曰》)

周代诸侯争霸,战胜国并不是全部将战败国贬为奴隶的。《左传》中记载了三种对战败国的处置方式:第一种是战败国可以保留自己的国家和宗庙系统,但在名义上要臣服于战胜国;第二种是战败国的臣民可能迁往其他国家做奴隶;第三种是战败国的平民也有可能迁移到新的没有开垦的地区定居(许倬云,2006,pp. 71~74)。

我国历史学术界在研究周代社会形态时,陷于奴隶与农奴的纠葛。由于夏商周是以一个部族来统治天下,与古希腊斯巴达城邦的情况有许多相似性,而“黑劳士”(Holes)的阶级属性的认定可以作为确定周代社会形态的佐证。因而,关于“黑劳士”的阶级属性问题的争论自20世纪50年代以来就没有停止过,主要形成了“奴隶说”和“农奴说”。[38]

黑劳士是斯巴达统治的拉科尼亚(Laconia)和塞尼亚(Messenia)地区的一个不自由的人群。“大多数黑劳士是古代美塞尼亚人的后裔,他们在一次著名的战争中被奴役了。因此,所有的黑劳士渐渐地被统称为美塞尼亚人。”(修昔底德,2012a,pp. 96~97)[39]作为统治者的斯巴达人,人数相对较少,并且因战争、到其他城邦当雇佣军和美塞尼亚独立等原因(徐松岩,夏万芳,2012),公民人数有减无增。公元前480年(昔底斯:Ⅶ. 234)约为8000公民,公元前418年下降为2500公民(昔底斯:V. 68),到公元前371年下降至不足1000公民(修昔底德,2012b, p.371)。希罗多德在描写公元前 479 年的普拉塔亚战役情况时记载,参加这次战役的拉西代梦人有 10000 名,其中斯巴达人 5000 名,每个斯巴达人有 7 名随从的黑劳士,这样斯巴达人就有了一支 35000 人的护卫军(希罗多德,1959a,p.635)。根据估计,包括妇女在内,黑劳士总人口估计为 170000 ~ 224000 人。[40]由于被统治的人口是斯巴达人口的 7 倍,使得斯巴达人专职军事,逼迫斯巴达人训练出一支能征善战的“重装步兵”。由此,斯巴达城邦形成了以种族为基础的社会分工。庇里阿西人(Periceci)在多利亚人入侵时没有抵抗而顺从的居民,为自由民(或称边区居民),住在斯巴达城周围及边境山区和海岸地方,从事工商业;黑劳士主要从事农业。[41]我们认为,黑劳士实质上是农奴,斯巴达的农业是属于封建经济:

第一,斯巴达全盛时期,成为古风时代希腊最大的城邦之一,控制了 3000 多平方英里(波默罗伊等,p.159)。斯巴达在莱喀古士立法初期全邦公民共有 9000 户,分地 9000 份,3 万份分给庇里阿西人(边区居民)。[42]同时,强迫黑劳士在斯巴达公民份地(kleros)上劳动。黑劳士的斯巴达的主人不能买卖他们。但黑劳士得将收成的预定部分交给从国家领到份地的斯巴达公民(波默罗伊等,p.171),并使黑劳士有剩余。据普鲁塔克记载,黑劳士为男、女主人分别提供 70 模底(medimnoi,或蒲式耳,1 蒲式耳 =21.77 千克)大麦、12 模底大麦,以及为战士及其家人或寡妇提供相应的橄榄油和酒,以满足他们的需要。[43]黑劳士有一个好的生存环境,拉科尼亚和塞尼亚的土地非常肥沃,通常一年两熟。他们可以有一些私人财产(Cartledge, pp.141);在公元前 425 年,一些黑劳士有自己的船只。[44]在公元前 223 年,有 6000 名黑劳士能有 500 德拉克马(drachmas)购买他们的自由。但是,份地并不是永久给公民家庭的。一个公民死了,其份地要收回分给新出生的男婴,这个男婴可能并不是这个家庭的成员。公元前 5 世纪末或 4 世纪初,开始出现私有化现象,公民的份地及房产可以赠予他愿意赠予的人,斯巴达公民开始有“下等人”(波默罗伊等,p.178)。随着份地赠予现象的出现,连着份地的黑劳士随着份地的转手也变换主人。显然,黑劳士与中世纪的农奴没有实质性的差别。所以,恩格斯指出:“另一方面,斯巴达至少在其全盛时代,还不知有家庭奴隶,而处于农奴地位的赫罗泰(按:‘黑劳士’的异译)则另外住在庄园里,因此斯巴达人占有他们妻子的机会比较少。”(马克思,恩格斯,1995d,p.61)

第二,在古希腊、古罗马时代,征服者对被征服者实行的政策是不同的。斯巴达人(多利亚人)入侵时,对没有抵抗而顺从的当地居民(庇里阿西人),没有贬为奴隶,虽然无投票权但为自由民;对进行过抵抗的当地居民(美塞尼亚人)

贬为奴隶。但这种奴隶是“特殊奴隶”[45],而波吕克斯认为黑劳士的社会地位属于“自由人与奴隶之间”。[46]斯巴达人给予黑劳士附属的社会地位。[47]黑劳士与其说是类似其他希腊城邦的动产奴隶,还不如说是可与欧洲中世纪的农奴相比。[48]相反,公元前146年,反抗罗马最厉害的希腊邦科林斯遭到了血腥的镇压,所有成年男子被杀害,妇女与儿童被贩卖为奴隶(约翰·史蒂文森,p.97);雅典人在征服维纳斯(melos)时,虽然没有消灭男人,但将妇女与儿童沦为奴隶。相对应地,黑劳士是比较幸运的。

第三,黑劳士确实遭到斯巴达人的侮辱。在节日里,斯巴达人经常灌醉黑劳士,并将他们拖至公共场所任意欺凌。黑劳士不论如何,每年均要被鞭笞一次,其目的就是要黑劳士牢记其奴役身份。但是,在公元前413年,20000名雅典的奴隶逃跑加入了斯巴达军队占领的阿提卡。而斯巴达的黑劳士因为享有特权,如家庭和财产,保留了他们作为一个被征服的人的身份,在美塞尼亚黑劳士独立以后,拉科尼亚黑劳士却还守在斯巴达人身边,就连伊庇鲁斯的皮洛士攻打斯巴达时,也没有叛乱。在伯罗奔尼撒战争期间,斯巴达人颁布命令,跟随伯拉西达攻打色雷斯的黑劳士允许获得自由,自愿选择居住地,这些黑劳士(出征时700人,昔底斯:IV.80)后来与涅奥达摩德斯人(因军功而获释放的黑劳士组成的新公民集团)在一起(修昔底德,2012b,p.371)。

第四,黑劳士相当于古罗马时期的“门客”。门客是公民家族的依附者,由于没有政治权利,所以被贬为平民(plebes)。门客也介于“自由人与奴隶之间”。特奥多尔·蒙森指出:“民社本身也可以像拥有奴仆那样,拥有半自由的门客,尤其是一城被征服,城邦瓦解,战胜的民社往往认为不宜将大部分公民正式卖身为奴隶,而允许他们依然享受事实上的自由,所以他们仿佛以民社释免的资格与家族或者与国王建立门客关系。”(蒙森,1994a,p.78)斯巴达人对待黑劳士的策略是类似的。斯巴达人如果将黑劳士全部卖身为奴隶,监管成本将十分高昂;如果将黑劳士只贬为农奴,让他们有财产,他们就不会轻易造反。在斯巴达城邦后期,斯巴达公民之间贫富差距拉大。在亚里士多德时代,斯巴达全邦五分之二的土地归属于少数家族和一些妇女(亚里士多德,2012,p.83;p.87),许多斯巴达公民被迫到其他城邦当雇佣军,许多贫穷的斯巴达公民的生活状况并不如富裕的黑劳士。

综上可见,黑劳士是农奴,斯巴达农业是封建经济。由此可见,封建社会是可以直接从氏族社会生成的。而中国上古社会也是如此,直接由氏族社会进入封建社会。但其方式和路径又是迥然有别的。

六、井田制与采邑制

根据考古发现，夏、商、周三代属于“高温期”，气候温暖湿润(周昆叔，p. 183)，适合农耕的发展。实际上，夏已经进入农耕文明。夏王朝至少在“县”范围内的土地属于夏王室所有。《诗经·小雅·北山》：“溥天之下，莫非王土；率土之滨，莫非王臣。”

夏、商、周三代的分封制是先封爵后分封的。唐代杜佑的《通典·职官·封爵》认为：唐虞夏建国封爵有公、侯、伯、子、男五等；殷商有公、侯、伯三等，公百里，侯七十里，伯五十里。《礼记·王制》认为，周代王制的禄爵分为公、侯、伯、子、男五等，公侯封地方百里，伯封地方七十里，子男封地方五十里；不能分到方五十里的，附于诸侯为“附庸”，天子之三公分田参照公侯，卿参照伯，大夫参照子男，元士参照附庸。诸侯设上大夫卿、下大夫、上士、中士、下士五等；土地肥瘦分三等，制农田百亩，百亩之分，上农夫食九人。[49]因而，诸侯中各等级分田以上农夫为基础，下士分田相当于上农夫，中士倍下士、上士倍中士、下大夫倍上士、上大夫卿相当于四个大夫的份额，诸侯分田相当于十个卿的份额。大国、次国、小国上卿的俸禄是有差别的。各分封诸侯必须向天子纳贡，千里之内为“甸”，千里之外为“采”或“流”。

《诗经·伐檀》：“不稼不穑，胡取禾三百廛兮？不狩不猎，胡瞻尔庭有县貆兮？彼君子兮，不素餐兮。”也就说，贵族分封到土地，不是自己耕种，而是分配给农民或“庶人”耕种。农民或“庶人”如何向地主交纳地租或田赋，地主如何向王室交地租或田赋，都没有具体的记载。孟子指出：“夏后氏五十而贡，殷人七十而助，周人百亩而彻。其实皆什一也。彻者，彻也；助者，藉也。龙子曰：‘治地莫善于助，莫不善于贡。’……《诗》云：‘雨我公亩，遂及我私。’帷助为有公田。由是观之，虽周亦助也。”(《孟子·滕文公》)。夏代赋税征收有两种方式：一是“任土作贡”。《尚书·禹贡》孔安国序云：“禹别九州，随山浚川，任土作贡。”即土贡。它主要是夏王朝对臣属、藩属的强制纳贡，而《尚书·禹贡》列出的贡别都是各地的土特产。二是“五十而贡”，即《尚书·禹贡》：“咸则三壤咸赋。”此为夏代统治者对人民课征的田赋。而夏朝的“贡法”下民众服劳役强调的是贡献，即“献功”。商代“借民力以食税也”和夏代的“献功”相比增加了强制性，这就是商代在田制上对夏朝的“损益”。关于“彻法”[50]，孟子讲得非常笼统，赵岐注疏为：“彻，犹人彻取物也。”徐中舒认为：“公田、私田原来都属于原始公社的公有财产。公刘时代的周部族征服这些原始的农业公社，彻取公社土地十分之一作为公田，谓之彻。”(徐中舒，1955)显然，夏王朝臣属、藩属的强制纳贡实际上是实物地租,商代的“助”为劳役地租,周代的“彻”应该为实物地租。

与夏、商、周的贡、助、彻赋税制度相适应的是公田和私田的划分。而是否存在过“井田制”,成了学术界争论不休的问题。[51]根据传世文献,夏朝曾实行过井田制。《左传·哀公元年》载少康逃奔有虞,“有田一成,有众一旅”,反映了夏代井田制的存在。杜佑《通典》(卷三)云:“昔黄帝始经土设井,以塞争端;立步制亩,以防不足。使八家为井,井开四道,而分八宅,凿井于中……夫始分之于井则地著,计之于州则数详。迄乎夏殷,不易其制。”商朝、周朝的井田制因夏而来。甲骨文田字有(《合集》28446)、(《合集》33209)、(《屯南》102)、(《合集》33212)等形式,这些象形文字可以证明殷代或更早实行过井田制。孔子说:“先王制土,籍田以力”,“田一井出稯禾、秉刍、缶米。”(《国语·鲁语下》)孟子说:“方里而井,井九百亩。其中为公田。八家皆私百亩,同养公田。”(《孟子·滕文公上》)《周礼·地官·小司徒》:“乃经土地而井牧其田野,九夫为井,四井为邑,四邑为丘,四丘为甸,四甸为县,四县为都,以任地事而令贡赋,凡税敛之事。”但是,由于农民为“公田”仅仅只是提供劳役而没有产量定额任务,农民就没有动力和压力。何休(129—182年)注《公羊传》:“民不肯尽力于公田。”庶民都自己开垦私田,而荒废公田,井田制逐渐瓦解,使得井田制“唯莠骄之”(《诗经·齐风·甫田》)。公元前361年,商鞅在秦国实施改革,主要内容有:“废井田”、“开阡陌”、“民得买卖”、承认土地私有,从而使封建制走向衰败。

井田制的核心是均贫富。但贵族地主关心的是农民对公田的耕种。然而,夏、商、周三代,地广人寡,农业生产技术落后,井田制不可能贯彻夏、商、周三代,也不可能在诸侯列国和方国普遍推行。我们知道,农业生产用工最多的是土地的整理、建立灌溉系统(沟洫制度)和提高地力。而这些工作的效率直接取决于生产工具。根据考古发现,夏代的农业生产工具以木石工具为主,兼有一部分骨器与蚌器(陈文华,p.81),农业生产以人力为主。其耕种方式应该是沿袭氏族社会的“刀耕火种”和轮耕方式。商代农业较夏代有大的发展,并成为主要的部门。商代农业生产工具以木、石、骨、蚌器为主,在中原地区已经出现了青铜农具,整治土地的主要工具是木制的耒、耜,还有铲、镬、插等。《农政全书》:“上古圣人制耒耜,以教耕褥,三代以上皆藕耕,谓两人合二耜而耕之。”在长江流域出现了铜桦犁(杨升南,1994)。[52]利用牛拉犁进行耕作,劳动生产率大幅地提高[53],但“刀耕火种”的情况还是存在的。焚的甲骨文字形为“”(《合集》194),《说文》:“焚,烧田也。”张政烺根据卜辞记载推测商代的裒田或开发田地的制度。垦辟田地过程的三个阶段正合《诗经》“菑、畲、新”的三个阶段(张政烺,1973)。[54]农田基本建设通过集体协作劳动比分散劳动的效率要高。在殷墟宫殿区一个窖穴出土440把石镰,小屯村大连坑一处堆积中出土上千把石镰(邹逸麟,1993),显然是成群协作。很难断定这是奴隶劳动的证据,但间接地证明了商代"公田"的存在,而"助"是带有强制性的。由商王室或贵族统一组织对公田的收割。战国时期,铁器牛耕不断普及[55],大规模农田灌溉工程的兴建和农业区域的扩大,为井田制的实施提供了物质基础,但封建宗法制的没落,又使井田制难以实施。[56]公元前594年,鲁国正式推翻过去按井田征收赋税的制度,改行"初税亩",即不分公田、私田,凡占有土地者均须按亩交纳土地税。井田之外的私田,从此也开始纳税。由此,封建制度也走到了它的尽头!

七、小结

中国地理位置有着背山临海的特点。在古代交通工具不发达的情况下,这种地理环境成为中国与外界隔开的自然障碍。也正是这种自然环境,使得以黄河中下游为中心的华夏文明自成体系,连续不断地发展。"历史不外是各个世代的依次交替。每一代都利用以前各代遗留下来的材料、资金和生产力;由于这个缘故,每一代一方面在完全改变了的环境下继续从事所继承的活动,另一方面又通过完全改变了的活动来变更旧的环境。"(马克思,恩格斯,1995a,p.88)。

夏、商、周是华夏文明制度文化集大成的时代。尤其是西周的宗法制度、礼教将原始社会形成的家族(家庭)制度转换成一整套封建国家制度,并形成了一种极具生命力的家族主义。[57]这种家族主义和中华文明不可分割。中国传统社会几千年的政治制度虽然发生变迁,而其组织原则始终贯彻着家族主义。家族主义成了一种对中国传统社会影响深远、普遍和持久的、最基本的文化精神,影响着中国人的宗教信仰、价值取向、道德伦理、社会心理、社会关系、权力结构、利益分配和民众行为方式,等等。但是,在此必须指出,家族主义不等于孔孟之道或儒家学说。因为在孔子、孟子出生之前家族主义就已经形成。最明显的例子是日本。日本属于儒教文化圈,但日本流行长子继承制而不是我国的家产诸子均析继承制。由于这个原因,沟口雄三认为日本的儒教没有宗庙的祭祀制度,也没有以此为中心的宗族和乡约。因而在日本,中国式的"缘"关系网络不那么强有力(沟口雄三,pp.202~203)。沟口雄三讲的中国式的"缘"关系网络也就是我们称谓的家族主义或泛家族主义。

夏、商、周三代的国家制度是在以农耕文明的社会经济基础上建立起来的。它一开始就是一个家族或部落征服其他家族或部落而猎取国家政权,建立家族统治,并按照血缘亲属关系的远近,以"王畿"为中心进行递次分封,以作为维护国家政权的屏障,也使血缘亲属、功臣在经济上有税赋保障。这种封建国家中央政权的管控力,弱于现代联邦制国家,强于古希腊的伯罗奔尼撒同盟和提洛同盟。

长期以来,苏联《联共(布)党史简明教程》所划定的关于马克思社会形态理论的"五种社会形态说"被视为普遍的世界历史发展图式。这实际上是一种独断主义的做法,也没有世界性的普遍的事实依据作支撑。我国长期以来把夏、商、周视为奴隶社会或奴隶制国家,也是削足适履的做法。中国自远古至今,在农村地区都是宗族聚族而居,而以家族主义为核心的华夏文化,不会容忍本族豪强将本族同胞作为"财富"来对待。秦国法律是禁止"债务奴隶"的,秦能如此,其他诸侯也概莫能外。根据记载,富贵家庭通过购买或国家分配奴婢,主要用于家务。国家可能将罪犯、俘虏作为国有矿山等事业的劳作,但用于从事支柱产业的农业生产,并没有可信的文字记载。也就是说,奴隶不是当时的生产力的主体。"在一切社会形式中都有一种一定的生产支配着其他一切生产的地位和影响,因而它的关系也支配着其他一切关系的地位和影响。这是一种普照的光,一切其他色彩都隐没其中,它使它们的特点变了样。这是一种特殊的以太,它决定着它里面显露出来的一切存在的比重。"(马克思,恩格斯,1995b,p.109)显然,夏、商、周时代,自耕农、农奴是生产力的主体,由此形成的生产关系是属于封建所有制的。

19世纪美国的情况是最好的说明。19世纪初期,美国北部大多数人对蓄奴是否符合社会价值,普遍表示怀疑,少数人强烈反对。由此,在美国北部,奴隶制度被彻底禁止。在美国南部各州,绝大多数人把财富投在奴隶身上。他们不可能对奴隶制的道德问题产生怀疑,有的人认为奴隶制度是正当的,符合基督教教义,最代表黑人的利益。当时奴隶的价格约1000美元/人,相当于普通家庭的一幢住宅的价值。后来,奴隶的价格上涨到1800美元/人,有的州奴隶占总人口的57%。1860年废除奴隶制度导致自由民的收入损失平均高达总收入的30%左右(冈德林,p.334;p.337;p.358)。这充分说明,奴隶制不但需要强大的国家机器来维持,还需要有奴隶主义思想意识为基础。同时,存在奴隶制并不等于就是奴隶社会。

注释

[1] 韦伯指出:"国家者,就是一个在某固定疆域内肯定了自身对武力之正当使用的垄断权利的人类共同体。就现代来说,特别的乃是:只有在国家所允许的范围内,其他一切团体或个人,才有使用武力的权利。因此,国家乃是使用武力的'权利'的唯一来源"。(马克斯·韦伯,2004,p.197)

[2]“国”的古文为“囗、囯、圀、[illegible]”(《说文》)。实际上,在上古,国、或、域,本为一字。《说文解字》:“或,邦也。从口从戈,以守一。一,地也。域,或又从土。”“盖或国在周时为古今字。古文只有或字。既乃复制国字”(清代段玉裁《说文解字注》)。甲骨文(一期,前2·6·5)、(四期,外85):“古国、或,一字”(徐中舒,1989,p.659),“从戈从ㅂ,ㅂ应作口……孙海波谓口象城形,以戈守之,国之义也,古国皆训城”(徐中舒,1989,pp.1361~1362)。《周礼·考工记》:“匠人营国,方九里,旁三门。”郑玄注:“营,所谓丈尺其大小。天子十二门,通十二子。”这里的“国”就是“王都”。《逸周书·作雒》:“及将致政,乃作大邑成周于土中。城方千六百二十丈。”一千六百二十丈换算下来正好为九里。

[3]美国考古学家戈登·威利在20世纪50年代曾作如下表述:“人类将他们自己在他们所居住的地面上处理起来的方式。它包括房屋,包括房屋的安排方式,并且包括其他与社团生活有关的建筑物的性质与处理方式。”(G. R. Willey,“Prehistoric Settlement Patterns in the Viva Valley, Peru”. Bulletin 155, Bureau of Americar Ethnolo ~ gy, Smithsonian Institution, 1953, P. 1.)。《汉书·沟恤志》:“(黄河水)时至而去,则填淤肥美,民耕田之,或久无害,稍筑室宅,遂成聚落。”

[4]姜寨一期的聚落轮廓呈椭圆形,包括居住区、陶窑区和墓葬区三个部分,居住区、陶窑区和墓葬区由壕沟分割开来(毕硕本,裴安平,闾国年,2008)。

[5]《诗·大雅·文王有声》:“筑城伊淢”。郑玄解释这句诗说:“方十里曰成,淢其沟也,广深各八尺。”孔颖达更进一步说:“此述作丰之制。言文王兴筑丰邑之城,维如一成之淢。淢内之地,其方十里。”从这种规定来讲,至少在建筑学上讲,邑与城没有多大差别。

[6]根据《逸周书·大聚》的记载,周武王灭殷之后,需要抚国绥民,需要营造“邑”。问询于周公。周公曰:“闻之文考,来远宾,廉近者,道别其阴阳之利,相土地之宜,水土之便。营邑制命之曰:大聚先诱之以四郊,王亲在之。大夫免列以选,赦刑以宽,复亡解辱削赦□重,皆有数,此谓行风。乃令县鄙商旅曰:能来三室者,与之一室之禄。辟开修道,五里有郊,十里有井,二十里有舍,远旅来至关,人易资,舍有委。市有五均,早暮如一,送行逆来,振乏救穷。老弱疾病,孤子寡独,惟政所先。”其中“旅当为族,百家也”(黄怀信,张懋镕,田旭东,等.汇校集注[M].上海:上海古籍出版社,2007:398)。《礼记·王制》:“凡居民,量地以制邑,度地以居民,地邑、民居必参相得也。”显然,聚众成邑是要有规划的。

[7]苏秉琦认为:“古国是指高于部落之上的、稳定的、独立的政治实体。”(苏秉琦.中华文明起源与重建中国史前史[C]//华人·龙的传人·中国人——考古寻根记[M].沈阳:辽宁大学出版社,1994:77)。一般来讲,部落是血缘性组织,古国是地缘性组织,部落是可以流动的,古国在一定时期内是固定的。我们认为,从严格意义上讲,古国可理解为“城邦”。清代陈昌治在《说文解字注》解释“邦”字时提到:“邦之所居亦曰国。此谓统言则封竟之内曰国曰邑。析言则国野对称。周礼体国经野是也。古者城所在曰国,曰邑。而不曰邦。邦之言封也。古邦封通用。”因为在农耕时代,国中或邑中不能生产食物,生产食物需要土地即邑周围的田野。而这些田野及其庄稼是属于邑中居民共同所有的。在出现中心聚落的情况下,围绕中心聚落的邑或国,其土地使用范围由中心聚落的政治机构所安排。《史记·五帝本纪》记载:黄帝之世,“置左右大监,监于万国。”《汉书·地理志》:“昔在黄帝,作舟车以济不通,旁行天下,方制万里,画野分州,得百里之国万区。是故《易》称‘先王建万国,亲诸侯’,《书》云:‘协和万国’,此之谓也。”

[8] 这一时期考古发现的代表性聚落有黄河中游仰韶文化半坡类型的姜寨、半坡、北首岭、大地湾甲址等；庙底沟类型，北方地区赵宝沟文化的赵宝沟遗址，红山文化前期的西台遗址。长江下游河姆渡文化的河姆渡早期遗存，则代表了这一时期别具特色的另一种聚落类型（任式楠，2000）。

[9] 根据许顺湛对历史文献和考古材料的综合考证，仰韶文化的时代可与炎帝、黄帝相对应，炎帝时代为公元前5000—前4500年之间，对应的考古学文化为仰韶文化早期；黄帝时代为公元前4500—3000年之间，对应的考古学文化为仰韶文化中晚期。炎帝时代已有黄帝族，黄帝时代炎帝族仍然存在（许顺湛，p. 144）。

[10] 临潼姜寨遗址（公元前4600—前4400年）第一期聚落是由若干家族组成的5个氏族公社，聚居一起又形成更高一级的社会组织（西安半坡博物馆等，1988），“姜寨也发现了大围沟，对它们应该作为城堡来看待。”（许顺湛. 黄河文明的曙光[M]. 郑州：中州古籍出版社，1993:78）澧县城头山古城始建年代接近公元前4000年，大体呈圆形，外侧围壕沟。城内各区已有一定布局，居住区内发现多座矮台基式编竹夹泥墙的房址、红烧土块路面、水井等，专门辟建了由数座陶窑、泥料坑、蓄水坑、小型房子和工棚等配套构成的制陶作坊区，城中偏北有一处墓葬密布的墓地[湖南省文物考古研究所. 澧县城头山古城址1997—1998年度发掘简报[J]. 文物，1999(6)；湖南省文物考古研究所，澧县城头山屈家岭文化城址调查与试掘[J]. 文物，1993(12)]；郑州西山城址，绝对年代距今5300~4800年，城内面积约为3.1万平方米。考古专家称此城是黄帝时代的遗址（许顺湛，1996）。

[11] 在贾湖遗址（距今8500~7500年）出土的遗物中，发现了17例刻画而成的符号，其中龟甲有9例，骨器上3例，石器上2例，陶器上3例。从其形状看，具有多笔组成的结构，应承载契刻者的一定意图，具有原始文字的性质，与商代甲骨文可能会具有某种联系，而且很可能是汉字的滥觞（河南省文物考古研究所，pp. 976~983）。

[12]《竹书纪年·帝舜有虞氏》说：“四十九年，帝居于鸣条。五十年，帝陟，义君封于商，是谓商均。后育，娥皇也。鸣条有苍梧之山，帝崩遂葬焉。”苍梧山又名九嶷山，位于湖南省南部永州市宁远县境内。同时，尧、禹为西夏族，舜为东夷部族。东夷与西夏是联盟，他们共同劫掠技术、经济发达的长江流域的三苗古国。

[13]《墨子·非攻》：“昔者三苗大乱，天命殛之，日妖宵出，雨血三朝，龙生于庙，犬哭乎市，夏冰，地坼及泉，五谷变化，民乃大振。高阳乃命玄宫，禹亲把天之瑞令，以征有苗，四电诱祇，有神人面鸟身，若瑾以待，搤矢有苗之祥，苗师大乱，后乃遂几（微）。禹既已克有三苗，焉磨为山川，别物上下，卿制大极，而神民不违，天下乃静。则此禹之所以征有三苗也。”

[14] 曲冠杰. 陶寺城——转向文明社会的典型革命[N]. 光明日报，2000－07－19：A3；卫斯. 陶寺遗址与尧都平阳的考古学观察——关于中国古代文明起源问题的探讨[C]//襄汾陶寺遗址研究. 北京：科学出版社出版，2007.

[15]“王”甲骨文为（一期，甲243）、（一期，佚385），“向刃部下向之斧形，以主刑杀之斧钺，象征王者权威。”（徐中舒，1989，p. 35）；《说文》：“王，天下所归往也。”董仲舒曰：“古之造文者，三画而连其中谓之王。三者，天、地、人也；而参通之者，王也。”

[16] 僭主政治（Despotism）最初出现在商业比较发达的城邦，如哥林斯、阿尔戈斯、麦加拉、

雅典等。就目前所知,古希腊的第一位僭主是阿尔戈斯的斐冬。僭主大多是贵族,在人民的帮助之下,不是按照法律程序取得执政权,可以世袭,但不称王(巴西琉斯),他们往往谦称为“终身执政官”、“全权将军”等。亚里士德认为:“僭主政体为王制的变态……以一人为治,凡所设施也以他个人为依归。”(亚里士多德,2012,p.137)。僭主独立于贵族和平民两大阶级之外,压制贵族的利益,给平民施以一定的好处,从而缩小两大阶级之间的贫富差距和其他利益上的差距。僭主执政后,按照法律办事,不搞特权(亚里士多德,2011,p.36)。这种政体在中国历史上从未出现过。像商汤、周武王、刘邦、朱元璋等没有按照法律程序而是在人民的帮助下,通过暴力取得政权。他们夺取政权之后立即称王,并以他们为首形成了一个新的贵族阶层与人民利益相对立。

[17] 随着迈锡尼文明(公元前1450—前1100年)的终止,古希腊的君主政体消亡了。随之形成的古希腊各城邦的政治结构不尽相同,大体可划分为寡头政治、民主政治和僭主政治。雅典是希腊唯一没有受迈锡尼文明被摧毁影响的城邦。雅典又是典型的民主政体城邦。这和当时的立法家或创制者有意识地消除氏族血缘关系纽带有直接的关系。例如,梭伦按照财产的多少将人民分为五百斗者、骑士、双牛者和日佣四个阶级,不同的阶级担任不同的官职和社会职业;国家的官职由各部落分别投票预选候选人,然后从候选人中抽签选举。梭伦宪法最具民主特色的是取消债务奴隶,被害者可要求赔偿、人民有向陪审法庭申诉的权利等。公元前503年,克勒斯塞涅斯的改革比梭伦的改革更具民主。克勒斯塞涅斯规定所有住在同一村社里的村民,使村民们不用祖上名字相称,而是以村社名字作为姓氏。在选举安排上,把所有的居民划为十个部落来代替原有的四个部落。这些措施大大淡化了血缘纽带关系(亚里士多德,2011,pp.23~24;p.26;p.42)。

[18] (汉)谯周《古史考》:“上古男女无别,太昊始制嫁娶,以俪皮为礼;正姓氏,通媒妁,以重人伦之本,而民始不渎。”

[19] “吹律定姓,肇自轩辕,传之唐世”[(汉)王符著,(清)汪继培笺,彭铎校正.潜夫论笺校正[M].北京:中华书局,1997:401];《汉书·京房传》记载:“房本姓李,推律自定为京姓。”

[20] “若夫五帝三王之世,所谓号也;文、武、昭、景、成、宣、戴、桓,所谓谥也;齐、鲁、吴、楚、秦、晋、燕、赵,所谓国也;王氏、侯氏、王孙、公孙,所谓爵也;司马、司徒、中行、下军,所谓官也;伯有、孟孙、子服、叔子,所谓字也;巫氏、匠氏、陶氏,所谓事也;东门、西门、南宫、东郭、北郭,所谓居也;三乌、五鹿、青牛、白马,所谓志也:凡厥姓氏,皆出属而不可胜纪也。”(《潜夫论·志氏姓》)

[21] 明代顾炎武《日知录·姓》:“言姓者,本于五帝。见于《春秋》者,得二十有二。”盛冬铃统计,西周铜器及所见的“姓”,确定考得的不过30个,如姬、姜、姞、姒、嬴、媿、妊、妫、妃、好、嫞等,几乎都为女字旁(盛冬铃.西周铜器铭文中的人名及其对断代的意义[J].文史(第17辑),1983:31);严军统计,先秦周代存在的古代姓有43个,仅春秋就30个以上。按照宗法制度本身的自然发展趋势,每一代贵族都会有支族分出,支族人越来越多,“氏”的数量会有增无减,根据《左传》的命氏方式,氏的总数为657个[严军.《左传》姓氏相关问题的探索[J].浙江学刊,1994(4)]。

[22] 《国语·齐语》韦注:“胙,赐也”,韵会云:“建置社稷曰胙”,按照杜注,此谓天子封诸侯,即因其所由以赐之姓,又封以土地而命之氏。

[23]“族”的甲骨文为“”(一期前四·31·7)。《说文》:“族:矢锋也。束之族族也。《类篇》一曰从㫃,㫃所以标众矢之所集”;“㫃”,《说文》:“旌旗之游,方人蹇之貌。”说明“㫃”是一面旌旗或为一个单位,卜辞:“甲子卜,王从卜,大从(即㫃)”(前5·5·7);“从在㫃下,会以旂致众之意”(徐中舒,1988,p. 734)。《说文》:“游:旌旗之流也。从㫃汓声。”,象子执旗之形(徐中舒,1988,p. 732),“酉卜,出,贞:王其田,游亡灾。”(后上14·1)。显然,“游”是旗手或军事指挥员。《说文》:“旅:军之五百人为旅。从㫃从从。从,俱也”。由此可见,族为军队的组织军旅(中央研究院历史语言研究所. 甲骨文字集释[M],1970:2232)。在商代的卜辞中有王族、三族、五族、多子族等,如:

己亥贞,令王族追召方(《南明》616);

叀三族马令? 眔令三族? 叀族令,乙酉卜于丁令马(《宁》一,506);

己亥,历贞,三族王其令追召方,及于□(《京》,4387);

癸巳卜,王其令五族戍眔伐𢦏(《粹》1149);

丁酉卜,王族爰多子族立于召(《南明》224)。

显然,王族、三族、五族、多子族是有血缘关系的人组成的团体,而这些团体参与重大军事行动,自然就是商朝国家军队的组成部分。据考证,它们是商王的亲族或商王同姓族(林沄. 从子卜辞论商代家族形态[M]. 古文字研究:第一辑. 北京:中华书局,1979)。

[24]考古发掘的西周墓葬,反映了西周宗族制度的可能存在。陕西宝鸡斗鸡台,有36座小型墓,分别排列为2~6个墓的墓群,每群中的各墓,或相对,或纵列,代表较为亲近的血缘关系。各群间同在一个墓地,又当表示彼此间也有一定的关系。换句话说,这个墓地当属于一个大家族,而大家族之中又可分若干较小的次级单位(苏秉琦,1954;许倬云,1994,p. 165)。

[25]《左传》昭公十三年,子产曰:“卑而贵重者,甸服也。”《国语·周语上》记祭公谋父曰:“夫先王之制:邦内‘甸服’;邦外‘侯服’;侯卫‘宾服’;蛮夷‘要服’;戎狄‘荒服’。‘甸服’者祭,‘侯服’者祀,‘宾服’者享,‘要服’者贡,‘荒服’者王。日祭、月祀、时享、岁贡、终王。”《荀子》卷十二说:“故诸夏之国同服同仪,蛮夷戎狄之国同服不同制。封内甸服,封外侯服,侯卫宾服,蛮夷要服,戎狄荒服。甸服者祭,侯服者祀,宾服者享,要服者贡,荒服者终王。”《国语·周语》:“昔我先王之有天下也,规方千里以为甸服,以供上帝、山川、百神之祀,以备百姓兆民之用,以待不庭不虞之患。其余以均分公侯伯子男,使各有宁宇。”20世纪30年代疑古派否定这种五服制度实际存在过。近些年来,持肯定的人多了起来。赵春青认为《禹贡》五服制度曲折地反映着龙山时代中原与四邻的相互关系。从考古学来看,环绕嵩山周围分布的王湾三期文化为“内圈”;环绕王湾三期文化的诸文化类型为“中圈”;环绕中原龙山文化的诸龙山时代考古学文化为“外圈”(赵春青,2006)。

[26]长江流域和黄河流域一样都是中华文明的发源地。例如,河姆渡先民制造和使用的陶、石、木等工具是中国南方史前文明时代的生产工具的杰出代表,新石器时代晚期的良者文化木作、纺织技术相当发达。在长江流域,最早升起人类文明的曙光。河姆渡遗址发现的稻谷是迄今中国和世界发现的最早栽培稻,长江下游钱山漾遗址的丝织品

比中原殷商要早1500年之久。20世纪80年代在广汉三星堆遗址和江西新干县大洋洲商基先后出土了距今约3000年前的各类青铜器,同时发现了殷周和春秋战国时期众多的铜矿遗址。湖南澄县城头山古城遗址,是我国目前发现的最早古城,迄今已有6000年的历史(董实忠,黄祥春,1995)。显然与夏、商、周同期的南方的方国,在技术、经济、文化发展上并不逊色。

[27] 傅斯年认为,夏商周三代主要是西夏与东夷的斗争(傅斯年,2012a,p.66)。

[28] 王国维.观堂集林·说商·说亳[C]//郭沫若,主编.中国史稿.北京:人民出版社,1962;徐中舒.殷商史中的几个问题[J].四川大学学报,1972(4);王玉哲.商族的来源地望试探[J].历史研究,1984(1).

[29] 根据考古发现,殷商民族体质特征上基本是蒙古人种。殷王族祖先的体质可能混有某些类似现代北亚蒙古人种的特征。殷墟中小墓、祭祀坑出土的人头骨研究也证明其与东亚蒙古人种比较接近(中国社会科学院历史研究所,中国社会科学院考古研究所.安阳殷墟头骨研究[M].北京:文物出版社,1985;刘庆柱,p.441)。

[30] 〔美〕斯塔夫里阿诺斯.全球通史——从史前史到21世纪[M].北京:北京大学出版社,2012:70。但是,根据中国的考古发现,中国考古学人认为商代的冶铜作坊可以不假外求(北京大学历史系考古教研室.商周考古[M].北京:文物出版社,1979:32~36;44~47)。

[31] 安阳的墓穴中所发现的产于北部的战车残骸、金属刀斧和产于西部的铜镜,表明商朝至少和熟悉这些东西的人类有过间接的接触(Barley, Robert. "Shang Archaeo logy.", In The Cambridge History of Ancient China[M], ed. Mi chaelLowe and Edward L Shaughnessey, pp. 123 ~ 31, pp. 75, pp. 192 ~ 194. Cambridge: Cambridge University Press, 1999)。吉姆·海耶斯根据安阳殷墟考古发掘出来的人类头盖骨,认为早在殷商时期,即存在中原人与中亚人及欧洲人的往来。欧洲人和中亚人的到来被有的学者认为参与了中国政体的形成过程[吉姆·海耶斯.关于中国安阳殷墟墓葬人种的推测[J].中原文物,2011(3)]。

[32] 马克思.雇佣劳动与资本[M]//马克思,恩格斯,选集.1卷.北京:人民出版社,1977:355。引文中的"劳动力"一词原为"劳动",是根据马克思1847年12月下半月所作的讲演"劳动力"所进行的修改。

[33] 古希腊的亚里士多德关于奴隶的定义是:"(1)任何人在本性上不属于自己的人格而从属于别人,则自然而为奴隶;(2)任何人既然成为一笔财产(一件用品),就应当成为别人的所有物;(3)这笔财产就在生活行为上被当作一件工具,这种工具是和其所有者可以分离的。"(亚里士多德,2012,p.13)。并且,亚里士多德认为,凡是自己缺乏理智,仅能感应别人的理智的就可以成为别人的财产或用品,这种人就天然是奴隶。尤其因希腊人在公元前480—前449年的希波战争中战胜了波斯人,产生了一种非希腊人自然低劣的看法,天然奴隶的观点在当时古希腊贵族阶层很流行。

在中国,"奴隶"一词出现较晚,《后汉书·西羌传》:"羌无弋爰剑者,秦厉公时为秦所拘执,以为奴隶。"在先秦时期,人身完全为主人(包括公家)所占有的服役者,通称"臣妾",即男为臣,女为妾,也有称"虏"、"仆"、"奴"、"隶"、"婢"、"僮"、"竖"、"奚"等。大约在战国晚期,出现了"仆妾"、"奴妾"等与"臣妾"同义的名称。汉代,"奴婢"取代"臣妾"而成为奴隶的通称。无论是东方还是西方,奴隶的来源主要是战俘、被掠取者、被征服者;罪人及其家属,被家长出卖的妻儿及自卖为奴者,以及奴隶的子女。

[34]“债务奴隶”的概念是从苏联和西方引进中国的。把债务奴役或债务奴隶制看做古代东方早期奴隶制的特色是失实的。根据《汉谟拉比法典》(前1792—前1750年),古巴比伦存在“债务奴役”而不存在债务奴隶制度[日知,才晓颖《汉谟拉比法典》第117、118、119条与所谓古代东方债务奴隶制问题[J].东北师大学报(哲学社会科学版),1987(1)];在古希腊曾出现过“债务奴隶”,梭伦改革后,禁止了这种做法(亚里士多德,2011,p.22);公元前326年,罗马废除债务奴役制(约翰·史蒂文森,p.91),并且古罗马有一个传统,禁止在国内将本民族成员贬为奴隶,但可将其送出国外为奴。中国是一个以血缘关系为基础的社会,本族人将其同胞贬为奴隶,没有历史文献记载,可以推测,在中国古代社会不可能存在债务奴隶制度。

[35] 在中国,人牲、人殉现象是与原始宗教密切相关的。从目前考古发现的情况来看,红山文化(前4000—前3000年)时期就出现“人牲”现象[郭大顺,张克举.辽宁省喀左县东山嘴红山文化建筑群址发掘简报[J].文物,1984(11)]。也就是说,在母系氏族的原始社会就有“人牲”。进入父系氏族之后才出现“人殉”现象,主要是妻妾殉夫。甘肃的两处齐家文化(前2000—前1900年)墓地和内蒙古的朱开沟文化(前2200—前1500年)遗址中的一些盛行男女葬墓可能是目前比较可靠的人殉遗存(黄展岳,p.25)。而大量人牲、人殉现象只有国家建立之后才有可能。但目前考古尚未发现夏代有大量人殉现象。商代人牲、人殉现象最严重,在东周各国中,秦国最盛。汉代用俑陶代替人殉,但人殉并未完全取消,到明清时期还实行皇室宫妃殉葬制,杀仇祭奠、淫祀、妻妾为夫殉节等陋习成为中国传统社会的毒流。

殷商人殉风俗与其敬鬼神之宗教有密切关系。商人相信人死以后,灵魂生活在另一个世界里,墓葬是墓主在另一个世界的居所,一切按照“事死如事生,事亡如事存”的礼制办事。人殉并非以奴隶和战争俘虏为对象,而是以妻妾为开端的,也有大臣殉葬。在河南郑州、安阳,湖北黄陂,河北藁城等地的商代遗址中都大量发现有以人殉葬的墓葬。安阳西北岗的王陵区内,挖掘王陵殡葬坑200多个,掩埋人骨架达1330人之多(安金槐,p.243)。而秦国人殉,《史记·秦本纪》有明文记载:“武公卒,葬雍阳。初以人从死,从死者六十六人。”秦穆公死后用人殉葬的数目更大,据《史记·秦本纪》记载:“三十九年,缪(穆)公卒,葬雍,从死者百七十七人。秦之良臣子舆氏三人名曰奄息、仲行、针虎亦在从死之中。秦人哀之,为作歌《黄鸟》之诗。”车奄息、车仲行和车针虎这三个人作战都非常勇猛,时人称为“车氏三良”,是秦国的股肱之臣。商朝、秦朝奉行重刑主义,又未认识到劳动力的价值,在宗教的影响下,草菅人命。因此,人殉不能作为奴隶社会存在的主要依据。

[36]《淮南子·氾论训》:“殷人誓,周人盟。”汉儒高诱注解:殷人“以言语要誓亦不违”,周人“有事而会,不协而盟。盟者,杀牲歃血以为信也”;《国语·鲁语上》:“夫为四邻之援,结诸侯之信,重之以婚姻,申之以盟誓。”

[37] “夏社”为夏后氏的社官。《史记·封禅书》:“其后三世,汤伐桀,欲迁夏社,不可,作《夏社》。”《竹书纪年》:“十八年癸亥,王即位居亳,始屋夏社。”《书序》云:“汤既胜夏,欲迁其社,不可。作《夏社》、《疑至》、《臣扈》。

[38] 20世纪50年代初期,王毓铨根据英国马克思主义社会经济史学家约翰·莫里司主张黑

劳士为农奴的观点,认为黑劳士是农奴,提出周朝不是奴隶社会的观点(王毓铨,1951)。郭沫若撰写的《关于奴隶与农奴的纠葛;补记:黑劳士与莫里司》的著名文章坚持黑劳士是种族奴隶或国家奴隶的论断(郭沫若,1954,pp. 131~134)。束世澂、日知等人的观点与郭沫若的观点相同;1956年,童书业撰文认为黑劳士是农奴(童书业,1956)。顾准20世纪70年代在《希腊城邦制度》遗稿中提出黑劳士是农奴但未及详细论证(顾准,1981,p. 81)。1982年,刘家和撰文坚持认为:"黑劳士是奴隶;是奴隶中的国有奴隶;是国有奴隶中的与城邦土地所有制紧密结合在一起的城邦所有的奴隶。"(刘家和,1982,p. 206.)但主张"奴隶说"的渐占上风(齐涛,顾銮斋,夏继果,2001,pp. 143~144)。

[39] 第一次美塞尼亚战争大约发生在公元前8世纪后期;第二次美塞尼亚战争大约发生在公元前7世纪后期。斯巴达大地震后的黑劳士与庇里阿西人起义延续了十年,危及斯巴达的生存,在历史上被称为第三次美塞尼亚战争。公元前371年,斯巴达军队在卢克特拉被忒拜军队击败后,黑劳士纷纷暴动。公元前369年美塞尼亚人从斯巴达退出,建立了自己的独立国家(M. M. Austin and P. Vidal Naquet. 1977, pp. 86~88)。

[40] Herodotus. Histories, 8, 28~29; www. http://en. wikipedia. org/wiki/Helots.

[41] 公元前1100—前950年期间,多里安人入侵希腊南部的伯罗奔尼撒半岛,以斯巴达为都,建立城邦国家,到公元前192年,斯巴达被亚该亚同盟并吞,最后沦为罗马共和国的领土,共经历了约900年。在这样漫长的时期,斯巴达社会是发展变化的。目前传世的最古的文献主要是"古典时代"的著作,如希罗多德(前484—前425年)、色诺芬(前430—前354年)、修昔底德(前460年至前455年间—前400年)、亚里士多德(前384—前322年)、普鲁塔克(46—125年)等有关作家的著作;其次是考古发现。

[42] 由于富室兼并,大部分土地落入斯巴达人公民之手。由于公民赋税少于农奴,国库日益空虚。亚季斯(Agis)执政时重又划分土地,以4500份分给斯巴达公民,15000份分给曾服兵役的庇里阿西人(亚里士多德,2012, p. 94);莱喀古士为斯巴达创制者或立法者,大约生活在公元前9—前8世纪。

[43] Plutarch. *Life of Lycurgus*, 8, 7 and 24, 2.

[44] Thucydides. History of the Peloponnesian War, 4, 26, 6.

[45] Apud Libanios, *Orationes* 25, 63 : Frag. 37 DK; see also Plutarch, *Life of Lycurgus* 28, 11.

[46] Pollux 3, 83. The expression probably originates in Aristophanes of Byzantium; Cartledge, p. 139.

[47] 亚里士多德在《政治学》一书相关部分将黑劳士称之为农奴(亚里士多德,2012, p. 83; p. 498)。

[48] http://en. wikipedia. org/wiki/Sparta.

[49] 据《汉书·食货志》所载李悝"尽地力之教"所提供的数据:"食,人月一石半,五人终岁为粟九十石。"在西周,上等土地100亩可供养9人,即总产量为相当162石/100亩。1石约为30千克。100亩产量为4860千克。

[50]《诗经·大雅·公刘》:"度其隰原,彻田为粮。"说明周族很早就实行彻法。《论语·颜渊》:"哀公问于有若曰:'年饥,用不足,如之何?'有若对曰:'盍彻乎?'曰:'二,吾犹不足,如之何其彻也?'对曰:'百姓足,君孰与不足?百姓不足,君孰与足?'"其中,彻法的税率为十分之一,其中"二"为十二分之二的税率。

[51] 郭沫若承认存在过井田制,但他认为孟子所说的井田“完全是孟子的乌托邦式的理想化”(郭沫若,1978,p.29)。范文澜否认井田制:“西周领主们的土地疆界纵横交错,像无数的井字,但并没有一井九百亩的那种划分,与邑密切相关的井,也不是孟子所说的井。”(范文澜,1949,p.145)。李剑农也认为孟子的“井田制”是一种设想,此后都是根据孟子的设想不断编撰出来的(李剑农,1991,pp.100~113)。

[52] 甲骨文中有一从力从牛的字,作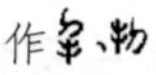等形,王国维释为物,意为杂色牛(王国维.释物[C]//《观堂集林》卷六);郭沫若释为犁字(郭沫若.殷契梓编·考释:第42册,p.66)。上海博物馆1980年7月获得的甲骨中有甲骨文字“”,从牛从力,沈之瑜认为是“犁”(沈之瑜,1986)。

[53] 锄耕:1天1人,耕种一担田;人挽犁:1天2人,耕种四担田;牛拉犁:1天1人1牛,耕种十四担田(宋兆麟,1984)。

[54] 李根蟠认为《诗经》、《周易》等文献谈到的“菑、畬、新”三类农田是周代实行休闲农作制的确凿证据(李根蟠,2010,p.44)。

[55] 鹤壁市故县发掘的战国到汉遗物中,为数最多的是铁农具与农具范。农具范中有䦆、裤、斧、插、锄等,铁农具有镬、裤、斧、插、锄、铲、犁桦和镰等(王文强,李京华,1991)。

[56] 黄现璠认为《孟子》、《周礼》所言是矛盾的,五十、七十、百亩,与贡助彻无关,周代无井田制(黄现璠2004,p.325~329)。

[57] 家族主义有不同的层次:(1)家族主义是一种社会组织的运作特征,因而,家族主义是以家族为核心来构建社会生产生活和管理的各种制度和组织[贾新奇.论家族主义的内涵及其与儒家文化的关系[J].哲学动态,2004(2)];(2)家族主义可视为一套行为;(3)家族主义可视为一套态度,即个人对家庭成员角色的权利与义务所持有的态度[杨国枢,叶明华.中国人的家族主义:概念分析与实证衡鉴[J].台湾:“中央研究院”民族学研究所集刊(第83期),1997:169~225]。家族主义的主要功能是促进家族和谐、团结、延续及昌荣,以有效适存于直接或间接以农耕为主的生活形态与环境。

实际上,家族主义也称家族本位主义,是指家族成员把家族利益放在首位的价值观念和行为准则。对外而言,当家庭(家族)和社会发生矛盾时,家庭(家族)是第一位的,社会是次要的。《论语·微子篇》:“叶公语孔子曰:‘吾党有直躬者,其父攘羊,而子证之。’孔子曰:‘吾党之直者异于是:父为子隐,子为父隐,直在其中矣。’”这里的“隐”字有两种解释:《说文》释“隐”为“蔽也”;《尔雅·释言》:隐,占也,《注》隐度,《疏》占者,视兆以知吉凶,必先隐度。显然,无论是作“隐讳”解还是作为“隐度”、“审度”解,都说明孔子不赞成儿子出来举证父亲偷人家的羊的做法。按照孔子的观点,在家族利益与社会利益出现冲突时,应该更多地考虑家族的利益。对内而言,形成了尊卑有别、长幼有序的人际关系,并有一个权力中心即族长或家长。在家族主义组织内部不存在“民主”,家族成员形成了一种等级或阶层前提下的“公平”意识,只有家族集团意识而没有个人主义精神,因而也就没有西方文化意义上的个人主义的“自由”。实际上,家族主义是以血缘关系为纽带的,但利益是其核心。“纽带”可以变化,但利益作为其核心是不改变的。由此到后代才会演化出现“泛家族主义”。

第四章

官僚主义商品经济社会

——秦汉到晚清的社会经济形态

一、引言

秦始皇灭六国，建立统一的秦帝国。这在中国社会的政治史上是空前的巨变。由此形成的政治制度一直延续到清王朝。萧公权把这一时期统称为“专制天下”(萧公权，2011a，p. 257)。从清王朝时期的“洋务运动”开始，中国社会又在发生前所未有的蜕化。因此，我们把秦汉到清代“洋务运动”时期的社会经济形态概括为“官僚主义商品经济社会”。[1][2]

二、君权神授与“现代国家”的起源

斯特雷耶认为，国家是一个时间上持续、空间范围确定的政治单元，具有持久的、非人格化的制度安排；国境范围内的居民完全忠诚于国家，认同国家具有最终裁决的权威(斯特雷耶，p. 5)。按照这样的定义，斯特雷耶认为古代国家都是有缺陷的。罗马帝国固然庞大但内部缺乏有效整合，希腊城邦内部凝聚力固然强大，但规模偏小。1100—1600 年，欧洲国家结合了帝国和城邦两者的力量，才构成了现代国家的基本要素。尽管斯特雷耶非常谨慎而没有对中国的汉朝进行评论，但他把欧洲的国家作为标准(斯特雷耶，p. 7)。而 1100—1600 年的欧洲实际上处于封建社会，在社会经济形态上与周代存在许多相似性。福山运用韦伯的现代国家观念解剖中国汉朝制度，并认为“中国是创造现代国家的第一个世界文明”(福山，2012，p. 145)。

秦汉的国体、政体并不是一二个人出于私心而随意设计出来的。无论是秦始皇还是刘邦，在选择国体、政体时，一方面要总结吸收历史的经验与教训，另一方面要考虑当时的社会经济情况和文化传统。

第一，君权神授，皇位世袭。秦帝国到清王朝的政权都是通过暴力猎取的。而在政权的取得方式上，中国的皇帝类似于古希腊的“僭主”。但古希腊的“僭主”只是执政官而不自称为王(巴西琉斯)，而中国的皇帝高度集权，是国家大事的唯一决策人。在中国传统社会,由一家一族垄断国家政权,需要有一个合理的说法,统治者不是求诸人民,而是求诸宗教。秦及以后的帝国继承了夏商周三代垄断"祭天祀地"的传统。根据记载,秦始皇命人制作传国玉玺,在玉玺上雕刻"受命于天,既寿永昌"[3]的字样,表明"皇权神授、正统合法"的意义。由于皇帝是昊天授予的,与人民无关,而经过夏商周三代的变化,"王权"统御着"神权"与"族权",皇帝成了"最终裁决的权威"。同时,秦汉都是大规模的国家,与小规模的古希腊、古罗马城邦不同,既没有民主传统,在当时的条件下更无法实施国王民主选举。钱穆指出:"中国的立国规模,并不是向外征服,而是向内凝结……我们若非专凭自己时代判断,来吞灭历史判断,我们应该承认皇位世袭,是中国已往政治条件上一种不得已或说是一种自然的办法。"(钱穆,2001a,p.2)秦王嬴政认为自己"功过三皇,德兼五帝",用"皇帝"作为空前统一的王朝最高政治首脑的专用称号。朱熹指出:"秦之法尽是尊君卑臣之事,所以后世不肯变。且如三皇称皇,五帝称帝,三王称王,秦则兼皇帝之号。只此一事,后世如何肯变?"(《朱子语类》卷135、134)。因而,"皇帝"称号一直沿用至清王朝结束。

第二,秦汉以来形成与发展为文化统一的多民族国家。秦灭六国是中国形成统一的多民族国家的开端。在汉代,中国统一的多民族国家疆域基本奠定。汉朝疆域最鼎盛时期,正北至五原郡、朔方郡(今内蒙古包头及巴彦淖尔一带),南至日南郡(今越南广平省),东至临屯郡(今朝鲜江原道一带),西至葱岭(今帕米尔高原),面积广达568万平方公里(宋岩,1994)。在统治期间,从公元前58年起的呼韩邪单于至10年的乌珠留若鞮单于,匈奴一度成为汉朝内藩,汉代的疆域基本上包含了现今中国疆域。至公元元年,全国人口约6000万,占当时世界人口的28%,此时印度次大陆人口为4600万,欧洲人口为3500万,北非人口为1400万(Graziella Caselli,p.34)。同时,汉朝进一步奠定了汉民族的民族文化,西汉所尊崇的儒家文化成为当时和日后的中原王朝以及东亚地区的社会主流文化。至今,汉人继续为中国人的自称,而华夏族逐渐被称为汉族,华夏文字亦被定名为汉字。经过魏晋南北朝、元朝、清朝的建设,中国最后形成了中华民族。

第三,形成了中央集权的统一政府。秦帝国到清王朝的国家性质与夏商周有本质的区别。夏商周三代都沿袭"父传子,家天下"的传统,并把"天下"视为一家一族的私产,将子弟分封到各地建立诸侯国。秦统一中国之后,各地郡县行政首长不再完全由皇室子弟担任,并对所有皇帝任命的官员实行俸禄制而不是采邑制,皇室只有皇位世袭,实际上具有"化家为国"的性质。秦帝国中央政府实行三公九卿制,自汉至唐帝国和元帝国逐渐形成了"三省六部制"的官僚体系,并成为中国古代政府行政的基本建构。中央政府内部分工是明确的,如西汉初期,丞相管行政,是文官首长;太尉管军事,是武官首长;御史大夫掌监察,辅助丞相掌管政治事务,还有九个专业部门管理国家相关的专门事务(傅乐成,pp. 190 ~ 192)。钱穆指出:“皇帝是国家的唯一的领袖,而实际政权则不在皇室而在政府。代表政府的是宰相。皇帝是国家的元首,象征此国家的统一;宰相是政府的领袖,负政治上一切实际的责任。皇权和相权之划分,这常是中国政治史上的大题目。我们这几十年来,一般人认为中国从秦汉以来,都是封建政治,或说是皇帝专制,那是和历史事实不相符合的。”(钱穆,2001a, p. 3)[4][5] 当然,有的朝代确实存在皇权膨胀的情况,如汉武帝时期、东汉光武帝时期、明代朱元璋时期等,但政府权力膨胀的情况更普遍,外戚、宦官和手握重兵的军事首领一直是困扰帝国政治的痼疾。实际上,政府权力膨胀和腐败是中华帝国改朝换代的基本原因。

第四,礼、法兼容的制度安排。中国的礼制在新石器时代的末期初步形成(刘庆柱,p. 190)。经历五帝时代、夏商二代,到西周,礼制已经十分健全。《礼记·礼器》:“经礼三百,曲礼三千。”所谓“经礼”是礼之大纲,包括国家制度、法典等;“曲礼”为“威仪”,包括人们日常的衣食住行,诸如婚丧嫁娶和人情来往等,“曲礼”的细节条文约束人的行为,拯救世俗人心,培育道德精神。因此,“夫礼者,所以立亲疏,决嫌疑,别同异,明是非也。”(《礼记·曲礼》)并且,礼乐是天人秩序的人道还原。“大乐与天地同和,大礼与天地同节。乐者,天地之和也;礼者,天地之序也。”(《礼记·乐记》)但是,到春秋战国时期,商鞅、韩非子、李斯等法家思想出现,突破周刑不上大夫之礼,行王子犯法与庶民同罪,法不辨亲疏。秦统一天下之后,以法制天下,汉承秦制,也用法制天下。针对讲法不讲礼所引发的社会问题,贾谊向汉文帝、汉景帝推崇“礼、法”兼治的建议。自董仲舒提倡的“春秋决狱”开始,开启了中国法律儒家化的做法。礼法融合的过程贯穿着魏晋南北朝,至隋唐已基本完成。中国古代法典的代表作《唐律疏议》,以儒家经典作为律文的理论根据,从而使礼法兼容成为中华法典的正统。

从春秋战国时期开始,由崇礼到尊法,这是社会经济发展的必然。钱穆说:“比较而言,礼之外面像是等级的,其实却是平等的。法之外面像是平等的,其实则是等级的。礼是导人走向自由的,而法则是束缚限制人的行为的。礼是一种社会性的,而法则是一种政治性的。礼是由社会上推之于政府的,而法则是由政府而下行之于社会的。无论如何,礼必然承认有对方,而且其对对方又多少必有一些敬意的。法则只论法……礼是私人相互间事,而法则是用来统治群众的。礼治精神须寄放在社会各个人身上,保留着各个人之平等与自由,而趋向于一种松弛散漫的局面。法治精神则要寄放在国家政府,以权力为中心,而削弱限制各个人之自由,而趋向于一种强力的制裁的。中国人传统提倡礼治,因此社会松弛散漫。不是自由太少,而是自由太多。政治只成为一个空架子，对社会并没有一种强力与束缚，往往不能领导全国积极向某一目标而前进。”（钱穆，2001b，p. 48）实质上，礼与法的根本区别是：法律一般明确了权利与义务以及违法的惩罚规定，在民事活动中，一方的守约必须有赖于另一方履行义务方可实现，如果一方违约，必将受到相应的惩罚。而以道义为基础的礼数不是以另一方履行义务为基础的，失礼虽然承担无限的道义责任，但这种道义责任不是强制性的约束，靠的是自我约束和道德自律。[6]长期以来，我国虽然讲究礼法兼容，往往重礼轻法，以礼代法。福山说：“这个国家（中国——引者注）不受法治限制，也不受负责制机构的限制，中国制度中唯一的责任只是道德上的。”（福山，2012，p. 145）由于这些原因，尽管现代国家在中国起源早，但因中国人对礼数偏好的文化传统时时刻刻在腐蚀着国家法制，使中国迟迟不能成为现代国家。

三、封建制与郡县制

封建制与郡县制都是具体的政治制度。

封建制是中央王朝把爵位、土地分赐其亲戚或功臣，使之在各该区域内建立邦国的制度。封建诸侯分配了中央王朝的权利，实际上往往与中央王朝分庭抗礼，在封地成为实际的王。[7]而郡县制是中央王朝对地方的集权管理制度，郡、县行政长官均由朝廷任免，代表皇帝或国王对地方进行管理。秦始皇统一六国后，吸取周代分封制的经验与教训，分天下为36郡，郡设“郡守”，作为郡的最高行政长官；设“郡尉”，主管郡里治安、缉捕盗贼；设“郡监”，负责监察，以致文武兼治，法制天下。县以下设乡，乡辖里。乡设三老、啬夫和游徼。三老掌教化，啬夫掌诉讼和税收，游徼掌治安。乡以下为里，是秦国最基层的行政单位。里设里正或里典，其职能除与乡政权职能大体相同外，还有组织生产的任务。此外，还有司治安、禁盗贼的专门机构亭。这样，国家的政权形成了一个金字塔式的科层组织管理体系。汉朝承袭了秦朝“郡县制”，同时在初期又推行封国制，封国包括王国和侯国，这种两种并行制又称“郡国制”，但秦帝国到清王朝都以“郡县制”为主体。[8]

封建制与郡县制两者的根本区别是分权与集权问题。顾炎武《郡县论》指出：“封建之失，其专在下；郡县之失，其专在上。”（顾炎武，1959，p. 12）马基雅维里认为，对于君主和诸侯统治的国家，容易占领，难以保有；对于一位君主和一群臣仆统治的国家，很难占领，一旦占领，容易保有（马基雅维里，pp. 18 ~ 19）。实际上，中央政府与地方权利的分配一直成为中国历史治乱的重大问题。

郡县制是中央集权的基础。由郡县制取代封建制，涉及一系列的制度创新。所谓制度，是协调人类行为的规则、传统（从非正规的到正规的）、组织和信仰等。

从非正规的一方面来讲,制度包括信任、共同价值观、宗教和关系网等社会资本;从正规的一方面来讲,制度包括法律、规章条例和法律的程序与机构;从组织方面来讲,制度包括政府部门、司法部门,以及企业和民间社会组织等。“任何一项制度之成立与推行,绝不是孤立的,它必须同时和其他几项制度相配合,它必然会受到其他某几项制度之牵动和影响。”(钱穆,2001a,p.134)我们来看主要的变化:

第一,与中央集权制度相适应,国家确立唯一的指导思想。韩非子主张:“事在四方,要在中央,圣人执要,四方来效。”(《韩非·杨权》)一切大权都应集中在国君一人手中,全国各地都对国君负责。如果一国有二主,就会斗争不已,权臣当政,国家不繁荣(《韩非·杨权》),“能独断者,故可以王天下。”(《韩非子·外储说右上》)因此,“臣事君,子事父,妻事夫,三者顺则天下治,三者逆则天下乱,此天下之常道也。”(《韩非子·忠孝篇》)“明主治吏不治民。”(《韩非子·外储说右下》)韩非子来到秦国之前,秦已经形成了“以法为教,以吏为师”的风尚(《商君书·定分》),因而,韩非进一步提出要用法统一人们的思想。“知者不以言谈教,而慧者不以藏书。”(《韩非子·喻老》)李斯向秦始皇建议:“今皇帝并有天下,别黑白而定一尊。私学而相与非法教,人闻令下,则各以其学议之,入则心非,出则巷议,夸主以为名,异趣以为高,率群下以造谤。如此弗禁,则主势降乎上,党与成乎下。禁之便。臣请史官非秦记皆烧之。”(《史记·秦始皇本纪》)这种思想统制方法也成为中央集权政治的传统。同时,法家主张“法令至行,公平无私,罚不讳强大,赏不私亲近”(《战国策·秦策一》)。显然,以法治国,把专制君主一人之外的一切人都平等化了,对于促进商品经济的繁荣发展是一个强有力的保障。[9]但是,法家的“以法治国”是另一种“人治”思想(萧公权,2011,p.249)。由于没有宪法,在许多领域无法可依,行政权力不受约束,不仅损害了社会公平,而且直接导致商品经济扭曲发展。王亚南尖锐地指出:“一切官僚社会都是讲形式的,许多法律往往不是为了实行,而是为了装饰或掩饰。”(王亚南,1981,p.126)

我们在前文已述,自秦以降,郡县制是主体,分封制是辅助。然而,法家政治遂随秦帝国共亡。汉承秦制,法制建设向前发展,但放弃了“以法为教”的做法。汉初,以黄老之术作为官方的指导思想,汉武帝“罢黜百家,独尊儒术”。但儒家学者并没有完全继承孔孟之道,而是用神学来解释儒家经典,纤纬时兴。公元79年,汉章帝在白虎观主持会议形成的会议资料汇编《白虎通》成了官方的神学经学。神学经学,一方面为“君权神授”提供理论依据;另一方面,经学家们不是通过“宪法”而是通过以“灾异”作为神的警示来规范君主的行为。东汉后期,法家式微,神学经学受王充等唯物主义的批判也衰落,从而导致魏晋南北朝自然主义的兴起,隋唐时期形成道、释、儒共存的局面,宋代理学的产生,儒学以一种新的面貌出现,直到清王朝,一直作为官方的指导思想。然而,尽管儒学在大部分朝代作为官方指导思想,但法制的传统并没有因法家的衰落而弱化。但不可否定,分封制的理念一直影响着郡县制的正常运行,一直影响着国家法律制度的正常运行。例如,“封地为王”的分封制观念,使得国家法制、政令很难完全贯彻到社会微观组织。这也是中国社会的传统。

第二,官吏由世袭到社会择优竞争的转变。在夏商周三代封建社会时期,天子以及诸侯分封天下。管理国家由天子、诸侯、卿、士分级负责。而各阶层按伦常,依照血缘世袭。世族的身份和地位,并不是天子和国君所能决定,而是由世袭而成。在周代,世族有和周王同姓异姓之分,因而,官员任用,“内姓选于亲,外姓选于旧,举不失德,赏不失势”(《左传》宣公十二年)。同时,在商周二代,也通过乡举、里选来选拔人才。根据《周礼·地官·乡大夫》记载,地方每三年举行一次“大比”,以考查乡人的“德行道艺”,选拔贤能的人才。《礼记·王制》提到“乡论秀士”,经过逐级选拔,“命乡,论秀士,升之司徒,曰选士。司徒论选士之秀者而升之学,曰俊士”;“司马辩论官材,论进士之贤者以告于王”。《礼记·射义》还提到诸侯贡士于天子。到了东周,宗法制和封建制开始崩溃,统治者通过“客卿”、“食客”等制度来聚集人才为地方政府服务。战国时期,商鞅变法,在秦国按照军功来选任官员。但官员世袭制是主体。秦汉实行郡县制之后,基本上改变了官员世袭的传统。汉代实行察举制。察举制可分为两类:一是诏举,当国家有特殊需要时,下诏命官吏推举人才;二是孝廉之举,是由郡国按时向中央保荐当地的人才。荐举为主,考试为辅,是两汉察举制的基本特点(傅乐成,2005a,pp. 212~214)。所谓考试,即以经义或政事等设问要求解答以试士,也称“策问”,具体有“对策”、“射策”等形式。[10]一般说来,西汉以举贤良为盛,东汉以举孝廉为盛。东汉桓帝、灵帝以后,察举制败坏,“举秀才,不知书;察孝行,父别居。寒清素白浊如泥,高第良将却如鸡。”(《抱朴子外篇·卷二审举第十五》)但魏晋以后,地方察举孝廉、秀才的制度基本未废。魏文帝时,陈群创立九品中正制,由中央特定官员,按出身、品德等考核民间人才,分为九品录用。刘邵的《人物志》系统总结了人才评价方法。后来由于担任中正的都是“著姓士族”,人物品评全被豪门贵族所操纵,这种制度又败坏了。为了改革九品中正制,隋文帝于开皇七年(587 年)命各州“岁贡三人”,应考“秀才”。隋炀帝在大业元年(605 年)设进士科取士,成为以后的科举。科举制从 607 年开始实行,到清朝光绪 31 年(1905 年)举行最后一科进士考试为止,经历了 1300 多年,对中国社会和文化产生了巨大影响,直接催生了不论门第、以考试产生的“士大夫”阶层。韦伯指出:“中国的家产制,为了防止封建等级制的复辟,亦即防止官吏从中央集权中独立出去,采取了一套举世闻名、成效卓著的办法;实行科举,以教育资格而不是出身或世袭的等级来授予官职,这对中国的行政和文化都具

有决定性的重要意义。”(韦伯,1993,p.63)

第三,官僚体制形成与发展。秦汉实行郡县制之后,官僚体系也随之形成。这是适应当时社会经济发展状况和地理气候条件的必然选择。在当时的历史条件下,农业在国民经济中占有绝对支配地位。近6000万人口散居于600万平方公里的国土上,交通、信息技术十分不发达,为了有效管理社会和维护政权平稳运行,必须实行科层组织管理体系。秦朝、西汉设立郡、县二级行政区划,东汉实行州、郡、县三级制行政区划,郡下辖县、邑、侯、道。[11]县以下设立乡、里等行政机构。以后各朝代的科层组织结构大体如此。为了提高行政效率,各朝代十分重视法律的制定,用法律作为行政的标准。同时,通过择优竞争的方式选拔社会精英来承担国家公务管理。而在官僚体系中,关键是官吏。从州、郡、县到中央,只有通过官来集权,才能使政府官僚行政体系成为全社会的组织协调中心。各朝代对官僚分别制定了高低不同的官衔和俸禄等级。以西汉为例,西汉的行政区划分为郡、县两级制。县(邑)下辖乡、里。《汉书》卷19上《百官公卿表》记郡级机构吏员:郡守,秩(官员俸禄的动态排序)二千石;丞,秩六百石。郡尉,秩比二千石;丞,秩六百石。太尹湾出土的西汉东海郡《集簿》、《吏员簿》表明,内郡郡级机构吏员为太守、都尉、丞;卒史、属、书佐、啬夫。丞以上为长吏,卒史以下为少吏。其中卒史与属为秩百石。书佐、啬夫不及百石;郡所辖各县(侯国、邑)各色吏员数也有固定顺序和相应的俸禄等级。县级长吏为令(长、侯国相)、丞、尉,其余为少吏。官有秩、乡有秩以及侯国的侯家仆、行人、门大大为百石吏。令史、狱史、官啬夫、乡啬夫与游徼为“斗食”。牢监、尉史、官佐、邮佐、乡佐,通称为“佐使”。佐使与亭长皆低于斗食。乡、里为同一系统。邮、亭为独立于乡里之外的另一系统(杨际平,1998)。由于各个朝代社会经济发展状况不同,官僚队伍的规模(表4-1)及其俸禄真实水平存在很大差别。

表4-1　几个主要朝代官僚情况

朝代	官员数	人口数	官员占总人口的百分比
西汉	132805	59594978(公元2年)	0.22%
东汉	152986	56486856(公元157年)	0.27%
隋	195937	46019956(公元609年)	0.42%
唐	368668	52919309(公元755年)	0.7%
宋	24000		
元	16425	59848964(公元1291年)	0.13%
明(洪武)	24683	59873305(公元1381年)	
(宪宗)	80000	61852810(公元1474年)	0.13%

资料来源:翦伯赞.论中国古代的封建社会[C]//历史问题论丛.北京:人民出版社,1962:102。

由于各个朝代都有组织规模庞大的官僚机构，因此，君主世袭下的官僚体制能够自秦至清延续了长达两千多年，这在客观上维持了国家的统一、社会的稳定和文明的传承，也使中国历史没有中断。“一个官僚组织变得越成熟，它就越不可能死亡。”（唐斯，p.21）成熟的官僚制之所以不容易被推翻，一个根本的原因是：“官僚制都具有庞大的规模，而所有的大型组织都有很高的生存率。”（冯天瑜，周积明，p.64）经过二千多年的造化，官僚制深入到社会生活的各个方面，在中国社会形成一种根深蒂固的官本位文化。同时，在官僚体系中，不是重视法律而是重视官僚本身，官僚的权威“不是建立在为客观的、非个人的‘目的’的服务责任和服从抽象的准则的基础之上的，而是恰恰相反，建立在严格个人的孝敬关系基础之上。”（韦伯，1998b，p.324）。官僚们要保留现有地位或希望进一步升迁，“谨慎地隐匿情报，小心地自我保护，隐瞒真相以掩护人际关系，百促不动以墨守常规的程序。”（孔飞力，p.305）曼德尔在有关“官僚制与商品生产”的分析时指出：“在中国，在每个王朝的初期，官僚集团的客观作用都是保护国家和农民免受土地贵族的勒索，以便使扩大再生产（灌溉工程、剩余产品的集中、保障各个村庄的劳动生产率等）成为可能……一个官吏的命运还是要取决于体现为宫廷和皇帝的国家的随心所欲。他的地位从来就不安全。他不能确保他的儿子能够与自己一样在官僚集团中占据一个好位置。因此，在每个王朝兴衰周期的后半阶段，一般就会出现土地贵族（乡绅）与官僚集团融合的趋势。官僚们逐渐成为财产的所有者，先是占有货币和动产，继而占有土地——这一过程是‘非法的’。”（曼德尔，p.37）

四、国有土地逐渐私有化

土地是传统中国社会最重要的生产资料。“理民之道，地著为本。必建步立亩，以正其经界，乃知辨土宜序。”（《汉书·食货志》）这也成为历代治国安民的基本国策。西周时期，土地基本上国有。战国时期，鲁、魏、秦等诸侯国允许土地私有。秦统一全国之后，用法律来保护国有地权和私有地权，允许私有土地自由买卖。这种做法一直延续到1949年新中国成立之后。实际上，在中国传统社会，土地国有制、“均产”政策与土地私有化之间一直纠结不清。

各朝各代耕地面积没有权威的统计数据。由表4－2可见，西汉到明朝的人口规模有一定的波动，但总的趋势是增长的，尤其是清朝，1650年为5300万人，到1911年增至40818万人[13]；国土面积波动非常大，如唐朝、元朝的疆域成倍拓展，但唐朝、元朝的耕地面积并没有相应地增加。因为拓展的疆域包括大量非农耕地区。总的趋势是人均耕地下降。更劣等土地被开垦，清朝时期的粮食亩产下降得很多，农民用同样的劳动量所获取的粮食只相当于明朝的64.7%。

表 4-2　　　　中国一些朝代的人口耕地及亩产[12]

朝代	年份（公元）	人口（万人）	国土面积（万平方公里）	耕地（百万亩）	人均耕地（亩）	粮食亩产（公斤）
西汉	2	59 59	568	557	9.35	132
东汉	105	53 26	492	511	9.59	132
唐朝	755	52 91	1076	666	12.6	167
明朝	1393	60 55	468	776	12.8	174
	1602	56 31		1059	18.8	184
清朝	1753	183 68	1300	678	3.69	-
	1784	286 33		701	2.45	-
	1812	333 70		727	2.18	-
	1822	372 46		697	1.87	-
	1851	434 39		697	1.60	119

前文已述，在先秦时期，土地基本上是国有。秦统一中国后，虽然允许土地私人买卖，但土地仍然基本上是国有的。据学者统计，汉代的公田几乎占全国土地的94%，私人占有土地只有6%（林雨泉，p.193）。随着历史的发展，国有地权比例日益缩小，宋神宗元丰三年（1080年），“官田”只占9.7%（葛金芳，p.50），1887年大约为13%（李文治，p.22）。在一个以农业为主导产业的帝国，如何通过有效的土地资源配置，既不断增加财政收入，又能让农民有积极性耕种并保持社会的基本稳定，是历朝历代的中心政策问题。历朝历代统治者都明白：“王者以民为天，而民以食为天。”（《汉书·郦食其传》）对土地和农业政策的制定高度重视。汉代政府实行“均产”政策（万国鼎，pp.69~140），如汉哀帝下诏私人占有土地不得超过30顷；西汉末年，王莽实行“王田制”；西晋时推行“占田制”；北魏、北国、北齐、隋、唐初推行“均田制”；明朝政府丈量全国土地，按照人丁和田亩收取赋税等。元代、清代初期，蒙古族、满族入关时大量圈占土地，很快被制止；1853年，太平天国颁布《天朝田亩制度》，规定“凡分田照人口，不论男妇，算其家口多寡，人多则分多，人寡则分寡”；20世纪初期，孙中山先生提出“平均地权”的主张[14]。历朝历代政府为保证财政收入、缓和社会矛盾，在抑制土地高度集中化方面做了大量工作[15]，在中国社会不太可能出现英国“羊吃人”的“圈地运动”。因此，沃勒斯坦指出：“创立资本主义不是一种荣耀，而是一种文化的耻辱。资本主义是一剂危险的麻醉药，在整个历史上，大多数文明，尤其是中国文明，一直在阻止资本主义的发展。”（沃勒斯坦·中文版前言）

在唐代以前，土地主要掌握在政府手中。政府要维持自身的正常运转，必须通过向农民分配土地的方式取得租税而形成国家财政收入。秦汉时期，国家财政与皇室财政已经分开。汉代财政收入主要有:(1)租税,包括收益税(田租、市税、牲畜税、贳贷税)、消费税(关税、盐税)、人头税收(算赋、口赋;徭役、更赋)、财产税;(2)其他收入,主要包括专卖收入、营业收入、财产收入、贡献收入等(马大英,pp. 12 ~ 13)。国家财政收入主要是田租和人头税。西汉有耕地 557 百万亩,向国家交田租的耕地有多少,没有确切的记载。汉代有"县邑千三百一十四,道三十二,侯国二百四十一"(《汉书·地理志》)。道与侯国共 273 个,虽然没有邑的具体数据,但邑是有继承权的(钟一鸣,1988),越往后越多,暂按 50 个计算,道侯邑总达 323 个,再加上皇室直接占有的田地,不向国家交纳田租的耕地至少占总耕地面积的三分之一。那么,3731(55700 × 2/3)万亩,亩产 132 公斤,税率为 1/30,税收为 1633866667 公斤,按照当时 1 石 105 钱计,田租为 127 亿钱;而人头税主要是算赋、口算和更赋。汉初规定,15 ~ 56 岁的男、女,算赋每人 120 钱;7 ~ 14 岁的小孩,每人每年纳口赋 20 钱。以五口之家计算,每年交纳算赋、口赋 419 钱(马大英,p. 14 ~ 15)。按照西汉人口 5959 万计,每年仅算赋、口赋达 49.94 亿钱。另外还有正卒、更卒、戍卒等徭役,如果不服徭,五口之家要交代役费 1950 钱(马大英,p. 15),全国总计为 23.24 亿钱。当然,并不是每个家庭都采取交代役费的方式,这笔收入不是实际的财政收入。而当时的财政支出最大的项目是军费和官员俸禄。俸禄为 20 亿钱左右[16],常规军费为 32 亿钱,非常规军费开支或数百万钱,或数千万钱、数十亿甚至数百亿钱计(上官绪智能,2005)。当然,在常规军费中,农民交纳的一定租税通过农民服徭役期间的消费返还给了农民。因此,在两汉时期,国家财政收入的主要来源是租赋。[17]

唐代以来,土地私有化成为潮流,政府直接控制的土地越来越少。武周末年均田制颓萎,唐初的租庸调法早已不适用,唐德宗建中元年(780 年)开始实行两税法,以征收金钱为主,一年两次征税,从而彻底取消了人头税的传统做法。但是,在实施过程中,以实物居多,缗钱只是实施折算而来。实行两税法后,土地兼并更加盛行,出现了"势力侵夺"和"降人为客"(《全唐文》卷 804,刘允章《直谏书》),"百姓土田为有力者所并,三分逾一"[18],农民多破产而沦为佃户。两税法的实施还直接影响到宋朝开国以来的国策,宋代盛行契约租佃制,北宋苏洵说:"募召浮客分耕其中,鞭笞驱役,视以奴仆。"(《嘉祐集·田制》)

在中国传统社会,田地是最为可靠的财富积累对象。国家法律允许土地自由买卖,官僚资本、商业资本和乡族地主等疯狂地加入到土地的买卖行列之中。同时,因家产诸子均分的继承制度,形成了一种内在的地权分散机制。根据赵冈的分析,北宋天圣年间(1030 年左右),地权分配的基尼系数为0.750,45 年之后为 0.562;明代安徽休宁县最高的为 0.716,最低的为 0.354;清代安徽休宁县最高的为 0.392,最低的为 0.006(赵冈,2006a,pp. 64 ~ 65)。

土地所有制的结构直接决定着农村的阶级结构。土地所有者包括皇室、贵族、官僚、豪强、乡绅、商人、地主(自己不从事农业生产,雇佣他人或出租)、自耕农(或均田户)、半自耕农等。皇室、贵族、官僚、寺院不承担税赋,其他人都承担税赋。流行的观点认为,中唐以前自耕农占主要地位,中唐以后地主土地私有制和租佃制进一步发展,佃农逐渐占据主要地位。北宋,佃户占人口的30% ~40%,主户占人口的60% ~70%(漆侠,p.47)。其中6% ~7%的地主(包括官僚、豪强和大商人等)占地60% ~70%,也就是说,占人口50% ~60%的自耕农占地只有30% ~40%。18世纪前直隶获鹿县91个甲的土地占有统计表明,占人口61.3%的贫苦农民占地10.7%;占人口4.2%地主占地35.4%;占人口35.5%的中等农民占地53.1%(戴逸,1994,pp.347 ~348)。20世纪二三十年代的地权分配情况"大体说,无产户占乡村总户数的30% ~40%,在有地户中,地主富农占有土地50% ~60%,中贫农占40% ~50%"(章有义,1988)。同时,王朝周期初期因国家分配土地,自耕农较多;后期因土地兼并,佃农较多。近世北方多自耕农,南方多佃农。因此,大体上讲,自秦汉以来,自耕农所占人口基本上稳定在50%以上,占人口30% ~40%的佃农与占人口10%左右的地主之间的矛盾不应断然地说是社会的主要矛盾。

同时,与土地私有化相伴而生的是劳动力市场的发展。秦汉时期,奴婢分官奴和私奴。政府允许买卖私奴和买卖人口。王莽曰:"又置奴婢之市,与牛马同兰。"[《汉书·王莽传》(中)]西汉和东汉政府都制定有"卖人法"[《后汉书·光武帝纪》(上)]。据王育民推算,西汉有奴婢360万人(王育民,p.99),占当时人口的5.5%。根据《居延汉简》记载,每个奴隶的价格为1.5万~2万钱,相当于1顷半至2顷土地或四五匹马的价格。奴婢及市场买卖一直延续至清代,而人口买卖或非法人口拐卖一直延续至今。在许多朝代颁发政策,免放奴婢,如唐武宗会昌五年(845年)禁断佛教时,15万寺家奴婢除籍为良,并被唐政府收为两税户(《新唐书·食货志》)。同时,不断增加的无地、少地农民为了生存,或者成为地主的雇工和佃户,或者成为贩夫走卒、手工业者。因而,在劳动力市场上存在一个双向选择问题。对于地主或手工业主,"假令无奴,当复取客,客庸月一千。"(崔寔《政论》)"客"为雇佣或短工。无地或少地的农民或游民,是选择做雇工或佃农还是做贩夫走卒,也会按照劳务市场价格或比较利益进行选择。

农民耕种国家分配的土地所应承担的义务,不存在讨价还价余地。西汉时期,政府编入户籍的自耕农、佣工、雇农等(被称为编户齐民)承担对国家的义务。《汉书·食货志》记载:"今农夫五口之家,其服役者不下二人,其能耕者不过百亩,百亩之收不过百石。春耕夏耘,秋获冬藏,伐薪樵,治官府,给徭役。春不得避风尘,夏不得避暑热,秋不得避阴雨,冬不得避寒冻,四时之间亡日休息。”在一般的情况下，自耕农除基本生活之外，剩余产品大部分甚至全部通过赋税和其他捐费的形式交给了政府，还要承担沉重的徭役和兵役。为此，许多农民冒着违法处罚的风险，逃匿到地主庄园成为佃仆或“豪杰役使”，有的成为贩夫小商。武帝元封四年（前107年）关东流民200万人（王育民，p. 97），失地农民逃亡贯穿唐代，宋、元、明、清都大量存在农民逃亡现象。

佃农与地主之间的关系是契约关系，是否包含着“人身依附”关系，在中国史学界是有争议的。[19]我们认为，是否存在“人身依附”关系要具体情况具体判断。一般来说，佃农与地主之间的契约有定额地租契约、分成租佃契约等各种形式。但“在私人产权的约束条件下，各种土地占有安排下的经济效率是一样的”（张五常，p. 90），而佃农与地主具体选择什么合约形式主要“是为了在交易成本的约束条件下，从分散风险中获得最大收益”（张五常，p. 92）。如果因“人身依附”关系的存在而增租，会挫伤佃农的积极性，会促使佃农进行其他选择。所以，从长期来讲，佃农与地主在契约关系中是不存在“人身依附”关系的。1966年新疆阿斯塔那出土了两件名为《翟疆辞为共治葡萄园事》的租佃文契，这是契约佃农早在十六国时期即已存在的实物证据（胡如雷，1978）。经济发展程度较低的河西地区尚且如此，在经济发达的内地当更为大量存在。只是由于种种原因，其实物证据尚未发现出来。但是有文献记载。颜师古（581—645年）注《汉书·沟洫志》中“今内史稻田租挈重”一句云：“租挈，收田租之约令也。”隋唐时期田租约令的大量出现，应是颜氏此注的时代基础。显然，自十六国至隋唐，随着租佃契约关系的持续发展，契约佃农当然也应增多。一旦租佃契约成为一种有效的制度安排，必然成为一种制度文化而传播与传承，但关键的是要有国家法律来保证，而中国传统社会恰恰缺乏这种法制环境。据陈诚回忆，1940年前后，鄂西的土地大多为地主所有，佃农租地耕种，正粮的收获悉数交租，杂粮的收获归佃农。佃农交租时，地主请吃一顿饭就算对佃农一年辛苦耕耘的报酬。因而佃农没有耕种正粮的积极性，希望稻子早一点枯死好种杂粮。民国政府推行《二五减租》，规定农民佃租为正粮总收获量的375‰，即总收获量的二成五归佃农，其余七成五由主、佃对分。这样，佃农的积极性大大提高，地主的实际收益也没有受到多大损失（陈诚，pp. 180 ~ 183）。民国的情况可以佐证上述推论。

五、商品经济扭曲发展

中国的商品经济源远流长。在史前的仰韶文化、龙山文化、大汶口文化遗址和夏代纪年范围内的二里头文化遗址和商周墓葬中，屡有海贝发现（李凯，2010）。海贝作为货币不仅在于其稀少性，而且主要在于其具有重要的宗教色彩（栗本慎一郎，p. 108）或海贝符号的巫术意义（章立明，2002）。货币[20]的使用是人类制度安排的一项伟大的创新,大大节约了交易费用,提高了经济效率。

当国家形成之后,由国家铸造法定货币。因而,在自由的生产交换活动中,人们的经济活动就有了一种成本收益的评价标准,就会进一步促进社会经济货币化。人们会根据这种价值标准来优化资源配置。[21]在先秦时代,商品化、货币化程度已经很高,一切物品都可以用货币标明价值(价格)来进行买卖,商品经济已经很发达,尤其是春秋时期各国实行"通商惠工"政策(童书业,1981, p. 25),春秋战国时期出现了富可敌国的大商业资本家,如春秋时期的范蠡,战国时期的子贡、白圭、猗顿、巴寡妇清(《后汉·货殖外传》)、吕不韦等。范蠡在陶地经营布帛渔盐和各类土特产品(吕世忠,1998);猗顿大畜牛羊,后又兼营盐业、珠玉;吕不韦经营珠宝等奢侈品(《战国策·秦策》)。秦统一中国之后,沿袭秦国的"重农轻商"政策,商业受到一定限制。但秦帝国实行"一法度衡石丈尺,车同轨,书同文"(《史记·秦始皇本纪》),统一货币有利于商业的发展。"汉兴,海内为一,开关梁,弛山泽之禁,是以富商大贾周流天下,交易之物莫不通,得其所欲,而徙豪杰诸侯彊族于京师。"(《史记·货殖列传》)在汉代同样形成了一大批资本家,如蜀地卓氏、程郑、宛县孔氏、鲁曹邴氏,师史、宣曲任氏、桥姚、无盐氏(《史记·货殖列传》)等,通过开冶铁矿、煮盐和经营各类商品,富甲一方。顺帝永和六年,"诏假民有赀者户一千"(《通志》下),天子借债于民。

秦汉以来,商品经济的进一步发展得益于农业生产和手工业的大力发展。在秦汉时期,农业技术有巨大进步,铁犁牛耕技术普遍推广,精耕细作农业体系已经形成。同时,工程灌溉、复种轮作制的推广,使土地利用率最高达 300%。从西晋开始,推行"种草"(绿肥或称"紫云英")肥田,使中国粮食产量达到了当时世界的高水平[22],汉时每市亩产粮食(粟、稻、麦、豆)综合平均为 264 市斤,唐代为 334 市斤,宋代为 309 市斤,明代为 346 市斤,清代前中期为 367 市斤(吴慧,p. 195)[23];同时,科学技术的全面创新,促使手工业全面发展,造纸、印刷、纺织、陶瓷、冶铸、建筑、造车造船在当世界上都处领先地位,为市场提供了丰富多彩的商品。

城镇的发展和非农人口的增加进一步刺激了商品市场的发展。根据《汉书·地理志》记载,公元 2 年,凡郡国 103,县邑 1314,道 32,侯国 241,合计县级城市 1587 座。日本学者牧野巽根据《汉书·货殖传》中李悝的论说,以战国时期粮食的生产量与消费量为基础,算出当时农业人口与非农业人口的比例是 6:4。宇都宫清吉在此基础上测算西汉时期城市人口大约占 30%;周长山测算西汉城市人口占 27.7%,东汉占 27.5%(周长山,2001)。至 1893 年,中国 1 万人以上的城市达 289 个,1 万人以下的城市为 7100 个,城市人口达 7.7%(赵冈,2006b, p. 158)。由于农村人口增长得更快,城市人口比例下降了,但城市人口绝对数量却是不断增长的。庞大的城市人口形成了巨大的农副产品需要。按照西汉城市人口约占 30%

的情况，假定农村内部不存在农副产品交易的情况下，农副产品只销往城市，全国农副产品商品率也达到30%（黄今言，王福昌，2003）[24]。同时，随着城市的发展，集市、草市、店铺和商业中心形成，运输转贩商、囤积商、高利贷商、中介商等各类专业化商业部门涌现，赊购、信托等交易方式的演进，不断推动商业繁荣与发展。

虽然秦朝和汉初实行"重农轻商"政策，但是，经商更能挣钱。"以贫求富，农不如工，工不如商。刺绣文不如倚市门。"（《汉书·货殖传》）在汉代，与手工业产品相比，农产品的价格长期处于偏低状态，由于国家不合理的干预，"农不如工"不平衡发展问题趋于严重。同时，我国各地因地理气候不同，形成了各自的特色的农副产品，形成区域性的专业化分工。根据司马迁记载，"山西饶材、竹、谷、纑、旄、玉石；山东多鱼、盐、漆、丝、声色；江南出楠、梓、姜、桂、金、锡、连、丹砂、犀、玳瑁、珠玑、齿革；龙门、碣石北多马、牛、羊、旃裘、筋角；铜、铁则千里往往山出釭置。"（《汉书·货殖传》）手工业品、农产品因生产技术、交通条件、流通过程等不同而形成了相异的地区差价、季节差价、质量差价及购销差价等，这些差价往往成为商贩利润的主要来源（温乐平，2007），"百里不贩樵，千里不贩籴"（《史记·货殖列传》）。贵重的、便于携带的物品便在更大范围内流通。西汉与边地民族、中亚、西亚、日本、南方海路的海外贸易已经发展起来了（高维刚，2008，p. 129～136），像丝绸、瓷器已经远销到欧洲，并形成"陆地丝绸之路"。

在西汉时期，市场力量正逐步将自然经济的残余摧枯拉朽。司马迁记述，老百姓衣着饮食与养生送死所必备的东西，要依赖农民耕种、虞人开采和工匠制造，还需要商人输通向市场供货以备人们购买。这些经济活动不是国家颁布政令要求的，人们各自以自己的才能来行事，竭尽自己的力量，以此来满足自己的欲望。物品价格低廉，商人就会把商品销售到可以贵卖的地方；物品价格昂贵，商人就会从价格低廉的地方运来销售。各自勤勉而致力于自己的本业，乐于从事自己的工作，如同水向低处流，永无休止（《史记·货殖列传》）。这就是典型的自由竞争市场经济。同时，在西汉的军队和皇宫都设有市场即"军市"和"宫市"（高维刚，2008，p. 137）。这也说明，当时的市场经济规律对人们的社会经济生活调节已经达到相当的程度。

自秦汉以来的中国传统社会，商品化、货币化不断深入发展。在农村，往往农商一体，农户亦农亦商，成为小商品生产的"汪洋大海"。在唐代以前，由于汉朝政府实行"均田"政策和沿袭过去的"禁民二业"（陈英，2007）的做法，导致农户家庭农场的经营模式千篇一律，男耕女织[25]，农忙时从事农业，农闲时从事手工业。农副产品生产专业化程度普遍较低。虽然农副产品商品率30%，但农户的年终盈余并不多。[26]唐宋以后，土地私有化程度不断提高，农业内部专业化分工加强，粮食作物和茶叶、甘蔗、桑、麻、棉花、蔬菜、水果、花卉、药材等经济作物，以及畜牧业、林业、渔业和副业等方面也形成了区域性专业分工，以农产品为原料的轻工业有大的发展，如磨粉、酿酒、榨油等已经专业化。这种商品生产特色区域化、专业化的模式成为中国社会的传统。近代的晋商、徽商、福建的海商等，都是以区域性的面貌出现（傅衣凌，2007）。[27]同时，随着商品经济的发展，金融业也得到发展。每当租赋暴急、农民青黄不接急需告贷，而资本稀缺，刺激高利贷发展，秦汉到清中叶，私贷利率最低达100%，汉代达到190%（熊正文，p. 158）。在此，必须指出，中国古代商业资本的增殖方法，“多不由正当的途径，而是利用封建的独占方式，以巧取豪夺致富。自然，这赋予中国的商业资本极富于游离的性质，缺乏坚实的基础。”（傅衣凌，p. 83）这种唯利是图的营利心态，也造成了我国传统社会世俗生活中的实用主义普遍性漫延。

六、国有经济低效运行

在先秦时代，我国就有比较发达的国有经济。国有经济包括矿业、工业和手工业、商业和畜牧业（朱红林，2010）。秦汉统一中国之后，加强了国有经济的管理。王亚南指出：“在分离的封建局面下，商业资本的活动，是要遭受严厉限制的；而在集权的封建局面下，集权政治在交通、货币、税制统一上的诸般努力，都大有助于商业的发展。农业劳动剩余，既须以现物地租或算赋、更赋的方式，提供政府，政府又须以所收得的谷物、米、丝、大麻等投出市场，获得其支付官吏及其他开销的货币，于是商品货币关系的基础，便被好好安放在农业剩余劳动生产物或其价值的转移上。商业资本与租税，或者商人与官僚，在这里发生了利害与共的密切联系。官僚愈是以超经济榨取的方式，使农业生产者占有的必要劳动生产物部分愈少，剩余部分愈多，商业流通循环的规模就愈大。”（王亚南，1981，p. 85）[28]而国有经济规模的扩大与发展，一方面保证了皇室和政府部门、军队的需要，增加了财政收入；另一方面也因寻租活动猖獗，官营产品质量差、价格高，殃及平民，并且限制了民间资本的发展，使中国社会很难自发产生近代资本主义制度。

汉代的国有经济包括国营（中央政府经营）和官营（地方政府经营）。按照产业划分，国有经济可分为国有农牧业、国有工业和国有商业。国有农牧业主要包括民屯、军屯和国有牧业；汉代重要的官营手工业有煮盐业、冶铁业、铸钱业、丝织业、漆器业、酿酒业等，重要的官营商业有均输平准。公元前119年，汉武帝为了增加财政收入，以提高防范匈奴侵略的军备，铸铁、煮盐和酿酒业实行禁榷（或政府专营）（《盐铁论·本议第一》）。公元前115年，根据桑弘羊的建议，实行“齐劳逸而便贡输”（《盐铁论·本议》）的“均输”政策。[29]国有经济的从业人员为军人、刑徒、官奴和承担徭役的农民。公元9年，王莽批准羲和鲁匡的建议，酿酒实行专卖，对酒价、成本和盈利实行定额管理（《汉书·食货志》）。实际上，汉代的国有经济成了承上启下的基础，以后各朝各代，根据当时的实际需要进行调整。唐宋对边地的茶马贸易实行官营（王晓燕，p.38），宋代的禁榷范围进一步扩大，茶、矾、煤等都进入禁榷之列。而这些产品都是千家万户日常消费的必需品，消费量大。同时，国家还直接经营军工、陶瓷等“百工”。虽然明清时期私营手工业超过官营手工业，但国家控制着国家经济命脉。而国家直接从事生产经营，一方面会出现X-非效率（Dsavid L. Weimer，p.102）；另一方面会因垄断而导致“福利损失”。

七、兵制与中国传统社会的经济、政治

“军队是国家政权的主要成分。谁想夺取国家政权，并想保持它，谁就应有强大的军队。”（毛泽东，1991b，p.535）毫不例外，历代统治者对兵制都十分重视。兵制与当时的社会经济发展相关，实际上有自身的发展规律。

在夏商周封建社会时期，由于商品经济发展水平低，国家不可能承担庞大的军队。在西周、春秋以前，是寓兵于农的。所谓寓兵于农，就是以农器为兵器（《六韬·农器篇》）。古代兵器是铜做的，农器是铁做的。兵器都藏在公家，临战才发给参战人员。所以，“兵农合一体制”是农耕时代初期的普遍现象。在商代，军队的主体是商贵族家族全体成员。商军的基本来源除充任甲士的自由民之外，大量的沦为奴隶的俘虏和罪犯充任徒兵（陈群，p.4）。据南宋陈傅良《历代兵制》考证，西周兵制是建立在井田制基础之上的。西周军队主要是从“六乡”平农（来自城中的“国人”）中征集来的甲士为战斗的主力。甲士是“职业军人”。而徒兵的主力是自由民和“庶人”，“野人”不当兵，“任田事而令贡赋”。显然，周代的军队结构与当时的社会组织、阶级结构是一致的。陈傅良指出：“率三百五十家赋一乘（四丘为乘，故曰丘乘），积六乡为千乘，而余率七家赋一兵，积六乡为七万五千人。此六军之制也。”（《历代兵制》）由此推算，周代的军队情况如表4-3所示（王晓卫，p.29）。商周时期，战争博斗是以“战车”为中心，每辆车上有驾车、持干、戈和拿弓矢的作战人员，在每辆战车的两侧与车后，随有步兵（徒兵）若干人。但这种“乘卒制度”是变化的，《司马法》：“军车一乘，士10人，徒20人。”这里“士”为甲士，是职业军人。甲士平时专习射御，生活来源为田的租税。“大夫食邑，士食田。庶人食力。”（《国语·晋语四》）也就是说，王或诸侯将土地分封给大夫和甲士，大夫和甲士有义务自带兵器、兵车和徒兵参加战争。但到春秋晚期，甲士和车战的地位下降，徒兵和野战的地位日益上升，军官不再由贵族垄断（王晓卫，p.10）。因而，上古时期我国并没有形成像斯巴达那样的“重装备步兵”，更不可能形成欧洲中世纪那样的“骑士精神”[30]。赵武

灵王(前340—前295年)采用"胡服骑射"结束了"战车"的历史,商鞅(前390—前338年)废除世卿世禄制度,明令军法,奖励军功,改变了军队原来由贵族主导的局面,"斩一首者爵一级,欲为官者为五十石之官;斩二首者爵二级,欲为官者为百石之官。"(《韩非子·定法》)由此,"士"成了知识阶层,"学以居位曰士"(《汉书·食货志》),"以才智用者谓之士"(《后汉书·仲长统传》)。在历史的选择过程中,"士大夫精神"成了中国古代文化的中坚。

表4-3　　　　　　　　　　　　**周代的军队情况**

等级	方里	总车数	总军个数	递增用常规军个数	递增用车数	用兵率
天子	1000	10000	60	6	100	1/10
大国	100	1000	6	3	500	5/10
次国	70	700	4	2	330	5/10
小国	50	500	3	1	165	1/3

秦、汉为巩固和加强中央集权,建立了全国统一的军队,并置于皇帝的严格控制之下。负责全国军事行政的官吏,秦为国尉,汉为太尉,汉武帝时改称大司马。军队可分为京师兵、地方兵和边兵三部分。秦朝沿袭战国时的郡县征兵制,征兵制成了以后的一种重要的兵制。征兵制与当时的社会经济制度是相统一的。国家授田农户,农户就有义务应征入伍,并且在发生战争的情况下可随时征兵。但各朝各代推行的兵制并不一致。像西汉还实行"谪发制",用罪人为兵。东汉时期随着商品经济的发展,实行"募兵制",国家以钱征集兵员,这种"募兵制"在北宋、南宋以及元、清继续实施。因"募兵制"需要国家财政负担,迫于财政的压力,政府常常把罪犯、刑徒、无业游民、各种为社会不齿的人拉入军队,造成士兵素质低下。当政者在提高士兵素养方面无所建树,听之任之,严重影响士兵在公众中的形象,以至于民间有"好男不当兵,好铁不打钉"的说法(屈新儒,2002)。从中西方古代兵制来看,当兵源是公民兵制的时候,国家的政治生活就会多一些民主,少一些专制;而实行雇佣兵制的国家,就有利于推行专制独裁(孙永芬,2003)。同时,由于征兵制条件下的服役时期短,又疏于平时训练,"募兵制"条件下因军队腐败和兵源素质不高,一旦发生"农民起义"或异族入侵,实际上是"生力军"打"老兵油子",而腐败的王朝总是不堪一击。

八、中国传统社会的治乱与朝代更迭的周期率问题

中国传统文化的历史观不是"进步观"而是"循环观"。这种"循环观"贯彻着"天命论"的宗教思想。

关于中国社会治乱循环思想，最早见于孟子。孟子说："一治一乱。当尧之时，水逆行，泛滥于中国；蛇龙居之，民无所定；下者为巢，上者为营窟。书曰：'洚水警馀。'洚水者，洪水也。使禹治之。禹掘地而注之海，驱蛇龙而放之菹；水由地中行，江、淮、河、汉是也。险阻既远，鸟兽之害人者消；然后人得平土而居之。尧、舜既没，圣人之道衰，暴君代作；坏宫室以为污池，民无所安息；弃田以为园囿，使民不得衣食；邪说暴行又作；园囿污池，沛泽多而禽兽至。及纣之身，天下又大乱。周公相武王，诛纣伐奄；三年讨其君，驱飞廉于海隅而戮之；灭国者五十，区虎豹犀像而远之：天下大悦……世衰道微，邪说暴行有作；臣弑其君者有之，子弑其父者有之。"(《孟子·滕文公》)孟子阐述了自虞夏以来，尧、舜、禹、周公之治和商纣、春秋战国之乱的治乱循环。实际上，孟子认为治乱主要取决于"王者"的品德和才能。这种"英雄史观"对后世重人治、轻视民主制度建设影响极大，对中国社会的历史观、政治观产生很大的消极影响。

秦始皇统一中国之后，对郡臣说："自今已来，除谥法，朕为始皇帝，后世以计数，二世、三世至于万世，传之无穷。"(《史记·秦始皇本纪》)然而，传至秦二世就国破家亡。自秦至清，40多个家族，在中国政坛上粉墨登场，政权更迭，国家分分合合，社会治乱循环。而导致循环的原因是错综复杂的。

气候的变化是一个基本原因。中国传统社会以农业为主要产业，而农业收成的好坏在很大程度上取决于自然条件尤其是气候因素。竺可桢根据历史和考古发掘材料，从地理学、物候学、气象学等方面深入研究，绘制了中国近五千年来气候变迁规律图(图4－1)，证明我国在近五千年中，最初2000年，即从仰韶文化时代到河南安阳殷墟时代，年平均温度比20世纪70年代高2℃左右。在这以后，年平均温度有2℃～3℃的摆动，寒冷时期出现在公元前1000年(殷末周初)、公元400年(六朝)、公元1200年(南宋)和公元1700年(明末清初)时代。汉唐两代则是比较温暖的时代。这种气候变迁是全球性的。气候变冷时先从太平洋西岸开始，由日本、中国东部逐渐向西移到西欧。温度回升时则自西向东行(竺可桢，1972)。气温升高，会导致中原地区及北方地区出现严重干旱。公元前5000—前1000年，我国处于高温时期，根据《国语·周语》记载，"昔伊、洛竭而夏亡，河竭而商亡。"[31]幽王二年，西周三川皆震。伯阳父曰："周将亡矣！……今三川实震，是阳失其所而镇阴也。阳失而在阴，川源必塞；源塞，国必亡。夫水土演而民用也。水土无所演，民乏财用，不亡何待？……是岁也，三川竭，岐山崩。十一年，幽王乃灭，周乃东迁。"(《国语·周语》)而气温降低使北方的草类生长期缩短，从而影响草原生长及引起牲畜大量死亡，这迫使北方部落南下侵略。数千年来气候变化与中国北方民族政权疆域南界的纬度变化(表4-4),甚至王朝的兴衰,存在着大体同步的对应关系(王会昌,1996)。有关研究进一步表明,从公元850年起,所有7次国家大动乱都发生在冷期中,在24次王朝建立和灭亡的事件中,只有元朝的灭亡和明朝的建立,以及西夏王朝的建立发生在暖期中;元朝覆灭和明朝建立两次事件是冷期时元末农民起义延续的结果。8个冷期有7个导致朝代的更迭和国家的大动乱(章典,詹志勇等,2004)。

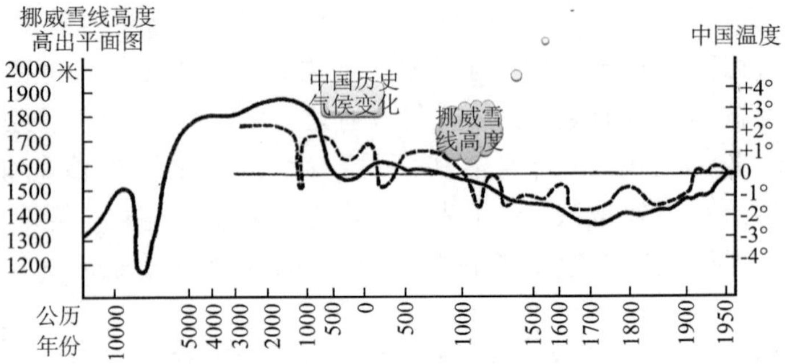

图4-1 中国近五千年来气候变迁图

表4-4 历代游牧民族政权疆域南界的纬度变化

阶段	时代	政权界限(北/南)	纬度(N)	相当于今地名
Ⅰ	秦	匈奴/上谷郡	41°42′	内蒙古锡林郭勒盟太仆寺旗炮台营子
	西汉	乌桓/幽州刺史部上谷郡	41°18′	河北省张家口市二台东
	东汉	鲜卑/幽州刺史部上谷郡	40°56′	河北省张家口市东北
Ⅱ	三国	鲜卑/魏·幽州上谷郡	40°56′	河北省张家口市东北
	西晋	鲜卑/幽州上谷郡	40°56′	同上
	东晋	前秦/东晋·豫州弋阳郡	32°18′	河南省息县临河镇
	南北朝	北朝·北齐/南朝·陈	30°24′	湖北省浠水县下巴河镇
间歇期	隋 唐	突厥/涿郡 回纥/河北道·妫州	44°00′ 43°30′	内蒙古锡林郭勒盟阿巴嘎旗南 内蒙古锡林郭勒盟查干诺尔
Ⅲ	五代十国	契丹/北周	39°24′	河北省涞源县塔崖驿
	北宋	辽/北宋	39°6′	河北省易县南管头
	南宋	金/南宋	32°18′	河南省息县临河镇
Ⅳ	元	中国大陆南缘	22°30′	广东省惠东县港口
	明	鞑靼/京师开平卫	42°40′	内蒙古锡林郭勒盟正镶白旗北
	清	中国大陆南缘	22°30′	广东省惠东县港口

但是,气候变冷并不是王朝更迭的必然条件,我们也可以找到例外。汉武帝在位时期为公元前141—前87年。根据图4-1,属于气温下降期。汉武帝在

位54年，各种自然灾害交替发生，总计达43次，其中旱灾10次、蝗灾11次、水灾6次、地震3次、风灾3次、寒（包括霜、冻、雪）4次、雹灾3次、饥荒2次、瘟疫1次（魏爽，2007）。而北方游牧民族匈奴连年南下掠夺，甚至一年数次盗边。公元前119年，汉武帝派霍去病、卫青出击匈奴。匈奴被击败远遁，从而一举解除北方边际侵害之患。当然，中国历史上像汉武帝这样有作为的皇帝毕竟是少数。而这种特例，充分说明了气候变化不是王朝更迭、治乱循环的根本原因。其根本原因是皇帝制度本身。

中国的皇帝制度是世界上独一无二的。皇帝制度与郡县制相结合，皇帝权力高度集中。而任何一个猎取“天下”的家族都不肯改变皇帝制度，更多的家族在觊觎着皇帝的宝座。皇帝们都清楚，国家经营不好，必然是国破家亡，身首异处。为了防止皇族内部的争夺，皇帝制度规定，皇帝的长子在继任上有优先权。开国皇帝可能是英雄或枭雄，但在这么小的范围内选择继任者很难保证他们能够胜任。秦始皇是枭雄，而秦二世却是一个傀儡，国家大权旁落于宦官赵高手中，最后导致秦帝国覆灭。从秦至清帝国，皇帝的平均寿命短，其长子登基的年龄就相应地小（见表4－5）。例如，西汉12任皇帝平均寿命36岁，只有汉高祖刘邦（61岁）、武帝刘彻（70岁）两人活过花甲（60岁），其他都为短命皇帝。东汉12任皇帝平均寿命为29岁，没有一人活过花甲之年的，都是短命皇帝，有9个皇帝登基时是未满18岁的未成年人，占比75%。国家分裂、王朝覆灭时期，登基做皇帝的都是青少年和儿童。而这个时期，有的太后“垂帘听政”，有的外戚、宦官把持朝政，有的政权旁落大臣之手。国家军备废弛，朝纲败坏，社会腐败成风；国民经济停滞不前，而国家财政开支和皇家消费刚性增长，民不聊生，人民怨声载道。如果遇到气候进入冷期而导致北方民族南下侵略和国内农民起义造反或军阀混战，这时还能阻止改朝换代吗？历史常有惊人的相似之处（高凯，1995）。在中国的传统农耕文明时代，每一次气候进入冷期，同时又是少年儿童做皇帝，政府没有人监督而腐败成风，国家就会陷入分裂，旧的王朝覆灭，新的王朝产生，国家恢复统一，由乱到治而循环不已。

九、小结

秦朝（公元前221—前207年）至清朝“洋务运动”[1861年底（清咸丰十年）至1895年]历史跨度2116年（我们此后称其为中国传统社会）。中国历史是缓慢向前发展的。导致这种社会发展近乎“静止”状态的根本原因之一是“家产诸子均析继承制”。在中国传统社会，“家产诸子均析继承制”得到了国家法律保护和强制推行。在这种制度环境下，任何家庭富贵难过三代。社会创造的

表 4-5　　　　中国历史上统一时期皇帝年龄统计分析表

单位:年

朝代	皇帝任数	皇帝平均寿命	登基平均年龄	王朝最后一任皇帝	
				登基年龄	在位时间
秦	2	37	30	20	4
西汉	12	36	20	6	3
东汉	12	29	12	8	31(2)
西晋	4	37	24	13	4
隋	5	30	23	13	1
唐	21	43	27	16	12
宋	18	40	23	6	1
元	12	32	22	13	35(3)
明	16	42	24	16	17
清	11	51	20	3	3(4)

注:(1)本表均以年为计算单位,没有考虑月份问题。有的皇帝在位月余也按一年计算,有的年底登基也按一年计算,武则天、王莽等没有计算在内。这可能会影响精确性,但不影响我们用来说明问题。

(2)东汉献帝刘协由董卓拥立,虽然在位 31 年,实为傀儡皇帝。196 年,曹操迎汉献帝到许昌。之后,曹操逐渐掌握朝廷权力。220 年,献帝被逼禅位,曹丕称帝,改国号为魏,中国历史进入三国时期。

(3)在计算元朝皇帝时,我们没有把太祖铁木真、太宗窝阔台、定宗贵由、宪宗蒙哥计算在内,而是从世祖忽必烈算起。倒数第二任皇帝宁宗懿璘质班 6 岁登基,在位仅月余;顺帝妥欢帖木儿 13 岁(1333 年)登基,虽然在位 35 年,但 1351 年开始爆发农民起义,直到明统一中国。在这 18 年里,顺帝妥欢帖木儿并不是一统天下的皇帝,而是偏居一方的诸侯。

(4)清朝皇帝上从皇太极开始,下至溥仪。溥仪于 1908 年 12 月 2 日登基,辛亥革命后,1912 年 2 月 12 日宣布和平退位。

财富不能有效集中地形成“资本”,形成规模经济和范围经济。在中国传统社会只能是小农经济和小商品经济。

在中国传统社会,往往是以家族集团为基础,通过暴力将“天下”猎为“家产”。既然“天下”是可以“私有”的,每个家族都有平等的机会。猎取“天下”的家族,要保住这份“家产”就得防范其他家族集团抢夺。统治者采取各种政策和策略。例如,通过分赃或联姻等办法缔成家族集团联盟;通过科举考试取士,笼络天下最不“安分守己”的知识分子为己所用,也以此打破社会利益固化,激活社会上下层人才流通;用儒教、道教和佛教等宗教来“教化”社会培养“顺民”。[32]统治者知道农村农民虽然是“一盘散沙”,但不能把他们逼上绝路,“水能载舟,也能覆舟”,因而历朝统治者通过“均田”等平均主义政策使人民能安居乐业。而工商业是能快速聚财的行业,巨贾豪族是家族政权的巨大威胁,统治者采取所谓的“抑商”政策,同时,自汉武帝开始,各朝代都推行禁榷制度,使得国有经济和官僚经济在传统社会经济中居主导地位。在这样一种社会历史环境下,传统社会是不可能产生资本主义企业制度的。这是中国传统社会两千多年来缓慢发展的另一个根本原因,也是宏观层面上的"家族主义"。

中国传统社会的人文精神是由士大夫精神所主导。士大夫是知识分子与官僚相结合的产物。自汉武帝实行"罢黜百家,独尊儒术"政策之后,孔子及其弟子的儒家学说开始成为历朝历代统治的指导思想,尤其是隋唐科举取士之后,强化了对士大夫的儒家思想的教化。士大夫精神集中表现为重名节、道义,贵义轻利和以天下为己任的社会责任意识(诸葛忆,2001;马斗成,王滨,2007)。宋代最高统治者提出与士大夫共治天下的策略[33],从而以文抑武,并促进了社会文化的发展。1905 年科举考试取缔,士大夫群体消失,政府官僚阶层不再是以知识分子为主体,传统士大夫逐渐向现代知识分子转型(俞祖华,2012)。而在中国传统社会,尽管商品经济是比较发达的,但商人却成为社会的异类。梁启超指出:"我国自昔贱商,商人除株守故业、计较锱铢外,无他思想。"(梁启超,1985,p. 578)由于商人没有受到法律保护,也被称为"无法之商"(马敏,p. 143)。实际上,古代商人精神也受到儒家经济伦理的影响(彭正穗,1996),他们大多数人勤劳敬业、诚实守信,恪守"在商言商"的原则而逃避政治,但为了守住家业不得不巴结官僚,有的借助官僚的力量而成为"红顶商人"。制度导致商人陷于尴尬的局面。中国传统社会的人口主体是庶民。庶民们沿袭远古流传下来的多神崇拜,不断祈求各路神鬼的保佑,繁衍不息,自生自灭;他们卑鄙自私,却用双手和血汗创造属于自己但更多地由他人所占有的财富;他们没有慷慨激昂的宣誓,没有美丽动人的赞歌,只有无声的呻吟。他们用苍老的声音为自己也为腐败的王朝诉唱悲愤的挽歌。因此,"庶民不望高官厚禄,不慕富贵荣显。一切表现于最普通、最习见、最庸俗、最简单之衣食住行嬉戏游乐,此即大众文化主体,实涵泳于世俗生活之中,却是多数人所有,是以颇值得看重。"(王尔敏,pp. 5 ~6)

关于中国传统社会的经济形态问题,我国学术界存在较大的争议。20 世纪 30 年代有过一场大的争论,50—60 年代又有过一场争论,90 年代还出现新的争论。中国社会科学院 2007 年中国古代史论坛以"'封建'名实问题与马列主义封建观"为主题展开了探讨。有的人认为这样使用"封建"概念,既不符合"封建"的本义,亦"与马克思封建社会的原论相悖",是概念的"误植",属于"泛封建"论;有的人认为,"封建"名实的争论表面上是对"封建"概念的不同理解,实质是承认不承认封建生产方式的普遍性、承认不承认马克思主义社会经济形态学说的正确性、承认不承认历史发展规律存在的问题。否定论者否定的不是"封建"之"名",而是"封建"之"实"。如果奴隶社会没有了,封建社会没有了,马克思主义社会经济形态的学说就基本上被否掉,中国近代是半殖民地半封建社会的论断也就失去依据，中国共产党反帝反封建的新民主主义革命的纲领和理论也就不能成立。因此，这是一个需要严肃对待的重大问题。[34]

我们认为，关于这一时期的社会形态是不是“封建社会”，首先要弄清马克思的“封建社会观”和斯大林主义的“封建社会观”的差别，更为关键的是中国的历史是不是封建社会。正如康德所说：“如果真理在于一种知识与其对象的一致，那么，这个对象就必须由此而与别的对象区别开来；因为一种知识如果与它所关联的对象不一致，那么，即使它包含着某种可能适用于其他对象的东西，它也是错误的。”（康德，2007a，pp. 75～76）

根据马克思、恩格斯的论述，封建社会的主要特点是：第一，“封建时代的所有制的主要形式，一方面是土地所有制和束缚于土地所有制的农奴劳动，另一方面是拥有少量资本并支配着帮工劳动的自身劳动”（马克思，恩格斯，1995a，p. 71）。第二，分工不发达，“在封建制度的繁荣时代，分工是很少的。每一个国家都存在着城乡之间的对立；等级结构固然表现得非常鲜明，但是除了在乡村里有王公、贵族、僧侣和农民的划分，在城市里有师傅、帮工、学徒以及后来的平民短工的划分之外，就再没有什么大的分工了”（马克思，恩格斯，1995a，p. 71）。第三，生产以人力和畜力为主。这种生产力状况决定着人类社会以农业为主。因而，马克思说，“手推磨产生的是以封建主为首的社会，蒸汽磨产生的是以资本家为首的社会”（马克思，恩格斯，1995a，p. 108）。第四，产品不具有商品性质。“在中世纪的社会里，特别是在最初几个世纪，生产基本上是为了供自己消费。它主要只是满足生产者及其家属的需要”（马克思，恩格斯，1995c，p. 746）。第五，没有商品流通，货币的作用不大，“货币在中世纪早期的典型封建经济中几乎是没有地位的。封建主或者是用劳役形式，或者是用实物形式，从他的农奴那里取得他所需要的一切。妇女纺织亚麻和羊毛，缝制衣服；男人耕田；儿童放牧主人的牲口，给主人采集林果、鸟窝和垫圈草；此外，全家还要缴纳谷物、蔬菜、蛋类、奶油、干酪、家禽、幼畜以及其他许多东西。每一座封建庄园都自给自足，甚至军费也是征收实物。没有商业来往和交换，用不着货币”（恩格斯，1965，p. 449）。根据马克思、恩格斯的上述观点，对照中国的历史，第二、三点符合中国的历史。但第三点属于“技术决定论”，符合中国的情况，而技术的发明与引进对中国社会的影响力值得进一步探讨。[35]其他三点并不符合中国的历史。中国传统社会的农村严格上并不存在封建主和农奴；同时，在春秋战国时期随着商品经济的发展，封建社会就开始瓦解。因为“商品流通是资本的起点。商品生产和发达的商品流通，即贸易，是资本产生的历史前提”（马克思，1976a，p. 167）。恩格斯也指出：“凡是在货币关系排挤了人身关系和货币贡赋排挤了实物贡赋的地方，封建关系就让位于资产阶级关系。”（恩格斯，1965，p. 450）显然，无论“封建”或是

“feudalism”概念如何演化(李根蟠,2004),一定要让中国传统社会的“足”穿“封建社会”这双鞋,只能削足适履。这样,就不能正确认识中国这段历史,就会陷入历史虚无主义或历史唯心主义的泥潭。

中国传统社会是一个农商社会。尽管城镇人口在不断增加,但农村人口无论相对数还是绝对数都是不断增加的。社会结构不断演进,农民的概念也是发展变化的。《谷梁传·成公元年》:“古者有四民。有士民,有商民,有农民,有工民。”范宁注:“农民,播殖耕稼者。”实际上,农民包括以种植业、畜牧养殖业、林业等自然经济产业为职业的人群。就职业意义上讲,普通地主也属于农民。而在传统社会,农村地区的农民家庭,其成员有的从事农业,有的从事手工业,有的从事商业,或者农忙从事农业,农闲从事非农业。在梁漱溟看来,旧中国没有阶级。原因在于中国社会里“独立生产者之大量存在”;在经济上,土地和资本皆分散而不甚集中,尤其是常在流动转变,绝未固定地垄断于一部分人之手;政治上机会亦是开放的。科举考试且注意给予了各地方以较均平之机会(梁漱溟,1990c,pp. 155 ~ 157);钱穆认为:“西方社会有阶级,无流品。中国社会则有流品,无阶级。”(钱穆,2001a,p. 126)但是,这种“无阶级论”极端化,就会陷入形而上学的泥潭。[36]

马克思在《路易·波拿巴的雾月十八日》中对法国农民及小农经济特点的精辟分析可用于我们对中国传统社会农村经济分析的借鉴。马克思认为,小农人数众多,他们的生活条件相同,但是彼此间并没有发生多种多样的关系。小农的生产方式不是使他们互相交往,而是使他们隔离。法国农民好像一袋“马铃薯”,从“他们的生活方式、利益和教育程度与其他阶级的生活方式、利益和教育程度各不相同并互相敌对,所以他们就形成一个阶级……由于各个小农彼此间只存在有地域的联系……使他们彼此间没有形成任何共同关系,形成任何全国性的联系,形成任何一种政治组织,所以他们就没有形成一个阶级……他们不能代表自己,一定要别人来代表他们。他们的代表一定要同时是他们的主宰,是高高站在他们上面的权威,是不受限制的政府权力,这种权力保护他们不受其他阶级侵犯,并从上面赐给他们雨水和阳光。所以,归根到底,小农的政治影响表现为行政权力支配社会”(马克思,恩格斯,1995a,p. 673)。马克思又说“波拿巴王朝所代表的不是革命的农民,而是保守的农民……不是农民的开化,而是农民的迷信;不是农民的理智,而是农民的偏见;不是农民的未来,而是农民的过去;不是农民的现代塞文,而是农民的现代万第”(马克思,恩格斯,1995a,p. 694)。中国传统社会,农民是以家庭为基本经济单位,虽然他们也从事商品生产与商品交换,但与资本主义企业不同,不是大量雇佣劳动力,并且建立稳定的原材料供应关系和产品销售渠道。在生产上只是在农业用水等基础设施建设方面存在协作关系，在市场上还是竞争关系。因而，农民最紧密的社会关系还是宗族关系和与政府官僚机构的关系。虽然广大贫困农民是一个阶级，但他们并无阶级意识。因此，中国传统社会的基本矛盾不可能是地主与农民（雇农）之间的矛盾，而是统治阶级与被统治阶级之间的矛盾。[37]

注释

[1] 梅思平认为，自秦以后“中国的政权，乃完全是在资本阶级的手中。为资本阶级所用的，乃是官僚。地主阶级乃为商业资本阶级的别动队。大概在中央政府或都市中，商人则利用官僚为工具。在农村中，则地主操有较大之权威。可中国社会，绝对不是封建的社会，乃完全是一个商业的资本主义的社会”。并认为商业资本主义的制度，一直沿袭到近代［梅思平．中国社会变迁的概略［J］．新生命．1928，1（11）］。李立中持相同观点［李立中．试谈谈中国社会史上的一个“谜”［J］．食货．1935，2（11）］。

[2] 梁启超指出：“旧时的断代，以一姓兴亡作标准，殊不合宜……若不根据重大变迁，而根据一姓兴亡，那便毫无意义了……皇帝换姓而社会不变的，虽然是分，应当合拢来研究。也有皇帝姓氏不换而社会变迁剧烈的，虽然是合，应当分开来研究。”（梁启超，1996，p. 190）

[3]《资治通鉴》：“高祖入关，得秦始皇蓝田玉玺，螭虎钮，文曰：‘受天之命，皇帝寿昌。’”《玉玺谱》：“传国玺是秦始皇所刻，其玉出蓝田山，是丞相李斯所书，其文曰：‘受命于天，既寿永昌。’”《后汉书・光武帝》：“冉闵大将军蒋干以传国玺付河南太守戴施，施献之……书曰：‘（昊）天之命，皇帝寿昌’，秦旧玺也。”

[4] 严复指出：“中国自秦以来，无所谓天下也，无所谓国也，皆家而已。一姓之兴，则亿兆为之臣妾。其兴也，此一家之兴也；其亡也，此一家之亡。天子之身，兼宪法、国家、王者三大物，其家亡，则一切与之俱亡，而民人对奴婢之易主耳。”（孟德斯鸠，1981，p. 87）

[5] 黑格尔说：“专制就是无法无天，特殊的意志本身就具有法律的效力。”（黑格尔，1961，p. 295）

[6] 梁漱溟认为中国古代文化的基本特征是“理性早启”、“文化早熟”（梁漱溟，1990c，p. 256）。其理由是：中国人在孔子的时代就有见于人类生命的和谐，人类与宇宙的和谐，形成了“伦理本位”的社会。伦理关系始于家庭，而不止于家庭，从父母兄弟开始，由近及远，儒家将一切社会关系纳入伦理关系，结果是，“纳国家于伦理，合法律于道德，而以教化代政治”（梁漱溟，1990c，p. 137）。梁漱溟将这种理性又概括为“道德自觉”，当西方还处于中世纪的宗教蒙昧时期，中国人早已经用“道德自觉”的理性代替了宗教，同时用“礼俗”代替了法律。也就是说，“西洋走宗教法律之路，中国走道德礼俗之路。宗教自来为集团形成之本，而集团内部组织秩序之厘定，即是法律。所以宗教与法律是相联的。道德之异乎宗教者，在其以自觉自律为本，而非秉受教诫于神。礼俗之异乎法律者，亦在其慢慢由社会自然演成，而非强加制定于国家。其间精神正是一贯的。”（梁漱溟，1990c，p. 291）

[7] 实际上,马克思、恩格斯所指的“封建社会”是从476年西罗马帝国灭亡到1500年左右的欧洲历史或称为“中世纪”。中世纪的封建制度核心内容为“采邑制”或严格的等级制。其基本特征形成于8世纪的法兰克,村庄、森林和荒地被强行分成大大小小的地块。国王将土地分封给领主的同时还将一些国家行使的主权让与封建领主。而领主是拥有土地的贵族,他们再将土地分封给封臣,而这些分封出的土地就是采邑。封臣要为领主战斗,作为对领主给予采邑的回报。在领主、封臣和采邑之间的关系与责任构成了封建制度的基础。然而,在整个中古时期,罗马天主教占据了当时西欧土地的三分之一,政治上与世俗王权分庭抗礼,在思想文化方面形成垄断。同时,城市发展是其文明形成的一个重要标志,也是西方文明与东方文明存在着明显差异的重要原因。在采邑里,农民可能是自由农,也可能是农奴。到11世纪,农奴的数量大幅度上升,先前的奴隶和自由农加入了农奴的行列(朱迪斯·M.本内特,C.沃伦·霍利斯特,p.173),大部分耕地占有形式为庄园制。

[8] 吕思勉认为有过四次封建制度的反动:第一次是秦楚之际项羽尊楚怀王为义帝后的分封,为时甚短;第二次是汉初刘邦封七个异姓王和九个同姓王,异姓之王除长沙王外都旋踵而亡,同姓王则酿成后来的七国之乱,七国乱后,诸侯被摧抑,不能够自己治民补吏,仅“衣食租税而已”,后武帝又用主父偃之议,令诸侯将其邑推恩分子弟,实现了贾谊“众建诸侯而少其力”之策,诸侯名存实亡;第三次是晋朝有鉴于魏对宗室少恩而寡助,又想众建亲戚,以为屏藩,结果导致八王之乱,兄弟自相残杀;第四次是明朱元璋定天下,封诸子三十九人,使设官属,傅相,置卫兵,但诸王不得干预政事,封建实已成强弩之末,而清初之封三藩,只能算是权宜之计。至于历代其他时候的封建子弟,则大都只不过是以爵名受廪禄而已。(吕思勉,1985,pp.435~442)

[9] 马克思说:“价值表现的秘密,即一切劳动由于而且只是由于一般人类劳动而具有的等性和同等意义,只有在人类平等观念已经成为国民的牢固的成见的时候,才能揭示出来。而这只有在这样的社会里才有可能,在那里,商品形式成为劳动产品的一般形式,而人们彼此作为商品所有者的关系成为占统治地位的社会关系。”(马克思1976,p.75)显然,商品经济的发展要求在一个社会形成“等价交换”的“平等”伦理观念。

[10] 策问是以经义或政事等设问要求解答以试士。《后汉书·和帝纪》:“帝乃亲临策问,选补郎吏。”“策问”亦作“对册”,是指就政事、经义等设问,由应试者对答,称为对策。汉桓宽《盐铁论·利议》:“诸生对册,殊路同归。”《汉书·萧望之传》:“望之以射策甲科为郎。”颜师古注:“射策者,谓为难问疑义书之于策,量其大小署为甲乙之科,列而置之,不使彰显。有欲射者,随其所取得而释之,以知优劣。射之言投射也。”后来“策问”的形式定型化了,所以后世把它看成为一种文体,萧统《文选》称之为“文”。

[11] 在汉代,“凡郡国一百三,县邑千三百一十四,道三十二,侯国二百四十一”(《汉书·地理志》)。“邑”有两种解读:其一是“皇后、公主所食曰邑”(《汉书·高帝纪》张晏注),“皇太后、皇后、公主所食曰邑”(注:《汉书·百官公卿表》);二是将相王侯所封食户称为邑(《汉书·武帝纪》元朔二年诏)。汉代列侯所食之县曰侯国,有少数族居住之县曰道。

[12] 宋岩,1994;中国农业科学院农业自然资源和农业区划研究所,p. 27 ~ 28。根据郑正、马力、王兴平的研究,清朝的耕地面积不只有6亿多亩,应约为20亿(郑正,马力,王兴平,1998)。

[13] 中国农业科学院农业自然资源和农业区划研究所. 中国耕地[M]. 北京:中国农业科技出版社,1995:27 ~ 28。

[14] 1905年同盟会宣言发布以前,孙中山提出了“平均地权”的口号。同盟会成立,“平均地权”成了国民党的正式纲领。此后,孙中山先生在自己不断的革命实践中,加以充实、发展,并将“平均地权”写进了其著作《三民主义》中,成为其民生主义的两大理论——“平均地权”、“节制资本”——之一。

[15] 马克斯·韦伯认为,传统中国出现了一种独特的资本主义即“内政的掠夺性资本主义”:“具有典型意义的,主要并不是理性的经济活动,而是……内政的掠夺性资本主义,它不仅控制着财富积累,而且特别控制着土地的积累”(韦伯,1993,p. 104)。

[16] 根据桓谭《新论》记载:“汉宣以来,百姓赋钱一岁为四十余万万,吏俸用其半,余二十万万藏于都内,为禁钱。”[(汉)桓谭. 新论·谴非[M]. 上海:上海人民出版社,1967:22]。

[17] 根据黄今言考证,汉平帝时国家财政中的租、赋总收入为12772359020钱(黄今言,1988,p. 227);马大英认为汉代的财政收入来源主要是人头税(马大英,p. 15)。

[18] (唐)李翱:《李文公集》卷三,《进士策问第一道》。

[19] 参见:李文治. 明清时代封建土地关系的松解[M]. 北京:中国社会科学出版社,1993;田余庆. 秦汉魏晋南北朝封建依附关系发展的历史历程[J]. 中国史研究,1983(3);林甘泉. 中国封建土地制度史[M]:1卷. 北京:中国社会科学出版社,1991;汤明檖. 从户籍制度看中国封建制度下的小农[C]//中国封建社会经济结构研究. 北京:中国社会科学出版社,1985;经君健. 明清两代“雇工人”的法律地位问题[C];明清两代农业雇工法律上人身隶属关系的解放[C];魏金玉. 明清时代农业中等级性雇佣劳动向非等级性雇佣劳动的过渡[C]//李文治. 明清时代的农业资本主义萌芽问题. 北京:中国社会科学出版社,1983。

[20] 贝的甲骨文为“”(《一期》乙5600)、“”(《一期》前5·10·4)。《说文》:“海介虫也。古者货贝而宝龟,周而有泉,至秦废贝行钱。”《易·震卦》:“亿丧贝。”《注》:贝,资货粮用之属也;《书·盘庚》:具乃贝玉。《疏》:贝者,水虫。古人取其甲以为货,如今之用钱然。《盐铁论·错币》:“夏后以玄贝”,等等。说明我国古代曾经将海贝作为货币来使用。

[21] 恰亚诺夫(1925年)认为,农民家庭是一个不同于资本主义企业的独立体系,有自己独特的运行逻辑和规则。小农家庭的生产,主要是为了满足其家庭的消费需要,而不是为了追求最大利润。农民的经济活动量由边际产品带来的满足程度和边际劳动的辛苦程度的均衡决定,而不是由边际收益和边际成本的均衡决定(A. 恰亚诺夫,p. 12)。舒尔茨则认为,同企业家一样,农民也是利润最大化的追求者。农民的行为选择,完全符合经济学的理性原则,传统农民缺乏的不是经济理性,而是廉价的有效投入。“一旦

有了投资机会和有效的激励，农民将会点石成金。”（舒尔茨，p. 5）黄宗智提出，中国的农民既不完全是恰亚诺夫设想的生计生产者，也不完全是舒尔茨意义上的追逐利润最大化的“理性的农民”。“小农既是一个追求利润者，又是维持生计的生产者。”（黄宗智，p. 5）“农民耕种者力图避免的是可能毁灭自己的歉收，并不想通过冒险获得大成功、发大财。”（斯科特，p. 6）实际上，恰亚诺夫、黄宗智、斯科特更多的是强调农民是风险厌恶型群体，在经济活动中，农民是追求利益最大化的。

[22] 汉代粮食的平均产量是同期的罗马西部的8倍（艾兹赫德，2009，p. 11）。

[23] 陈勇勤认为秦汉至清代平均每亩产量没有多大变化（陈勇勤. 中国经济史[M]. 北京：人民出版社，2012：47）。

[24] 根据马克思、恩格斯的论述，原始社会、古典古代社会、封建社会为“资本主义生产以前的各种形式”，属于“自然经济”（马克思. 评阿·瓦格纳的《政治经济学教科书》[M]//马克思恩格斯全集：19卷. 北京：人民出版社，1972：413；恩格斯. 社会主义从空想到科学的发展[M]//马克思恩格斯选集：3卷. 北京：人民出版社，1995：746.）；资产阶级社会属于“商品经济”；共产主义社会属于“产品经济”。我国学术界将中国传统社会视为封建社会。由于是封建社会，必然就是“自然经济”。这是典型的削足适履的做法。

[25] 宋末元初，中国本土开始有植棉，而理想的植棉地为江、淮、河中下游[严中平. 中国棉纺织史稿（1289—1937）——从棉纺织工业史看中国资本主义的发生与发展过程[M]. 北京：中国科学出版社，1955：7；16]。徐新吾估计，1840年大约45%的农户生产棉织品，55%的农户和城镇居民是不生产棉织品的（徐新吾. 1840—1936年中国棉手工业产销估计[C]//许涤新，吴承明. 中国资本主义发展史：2卷. 北京：人民出版社，2003：313）。

[26] 秦汉时期，自耕农经济收支情况大概为：五口之家，占地约60亩，亩产2石，以每石60钱计算，粮食收入7200钱；织布10匹，匹400钱计算，纺织布收入4000钱，总收入为11200钱。口粮、食盐、衣着等生存消费需7700钱，留种、饲料、农具等简单再生产费用需要1380钱，田租、赋敛等租赋需要900钱，祭祀、人际交往、医药等其他费用需要360钱。总支出为10340钱。收支基本相抵，略有1025钱剩余（黄今言. 秦汉经济史论考[M]. 北京：中国社会科学出版社，2000：30～36.）。当然，这里没有计算副产品等收入。

[27] 实际上，20世纪80年代以后形成的“温州商人”与晋商、徽商的起源与发展有相似性。另外，农民进城务工从事的职业如修脚、理发、房屋装修、进城卖菜等均呈现区域性。也就是说，农民只相信事实，谁干什么挣了钱就仿照谁干什么。这是千百年来中国人从事商业活动的基本模式。

[28] 作为人头税的“赋”主要还是由农民来承担。农民的收入又主要来自土地。王亚南指出：“封建制度的存废，最基本的要看社会的统治阶层是否还是寄生在对于农奴或形式上自由农民的剩余劳动或剩余劳动生产物的剥削上。”（王亚南，p. 60.）这也是赞成秦以降为封建社会观点的传统的马克思主义经济学家们的共识。从理论上讲，租赋是农民购买公共物品的价格。但由于各朝代是通过武力抢夺国家政权，国家就像霍布斯笔下的“利维坦”（怪兽），过多地掠夺农民的剩余价值。但这并不能成为封建社会论的合理基础。这种情况也有可能发生在资本主义社会。同时，唐以后，土地私有化加快

发展,佃农与地主并不存在人身依附关系(葛金芳,p. 254),到明清,有的“久佃成业”。

[29] 根据《尚书·禹贡》记载,虞夏时,各地诸侯每年要向共主贡献当地土特产品。这种做法一直延续至西汉。当时,各郡国诸侯都必须把本地的土特产品作为贡物输送到长安,不仅要征用大量农民从事劳役,妨碍农业生产,而且贡物运到京师后按市价售卖,还不足以偿付车船的运费,有些贡品在当地为优品,运到京师后与其他地区同类产品比较,则属于劣品,其市场价格更不能抵偿运费。桑弘羊创行均输,主要就是为了克服这些弊端。均输政策主要包括:在各郡国设置均输官吏,令工官造车辆,加强运输力量,各郡国应交的贡品,除特优者仍应直接运送京师外,一般贡品则按当地市场价格,折合成当地丰饶而价廉的土特产品,交给均输官,由其负责运到其他价高地区销售。此后,均输法长期为政府财政部门所推崇和引用。如唐代刘晏管理东南财赋时,曾把“均输”的基本精神运用到粮食转运和盐政、常平业务等方面,即以租赋和盐利收入采买当地土特产品,通过漕船运往汴州及关中一带出售,同样在财政上取得了“敛不及民而用度足”(《新唐书·刘晏列传》)的好效果。宋代王安石在其变法中也推行了均输法。此后由于商品经济进一步发展,除漕粮外,实物贡赋形态及封建劳役日益退居次要地位,均输措施才随之消逝。

[30] “骑士精神”(Chivalry)起源于法兰克王国加洛林王朝查理曼大帝(公元 732—814 年)时代的重装备骑兵(Chivalry:http://en.wikipedia.org/wiki)。法兰克人是日耳曼人中强大的一支,在法兰克国土上诞生的骑士自然不可避免地带有蛮族风气的遗留。“日耳曼蛮人骨子里却有一股纯朴的风气和高尚的道德境界:勇敢忠诚、积极进取,这些优秀的道德品质是塑造骑士精精神的先天优势。另外,这个民族的军事组织、社会关系为骑士制度的形成提供了自然的模型,可以说中世纪西欧的骑士、骑士制度承袭了日耳曼族诸方面的内容。”(塔西陀. 阿古利可拉传日耳曼尼亚志[M]. 马庸,傅正元,译. 北京:商务印书馆,1959:55)同时,诸多蛮族中日耳曼族是唯一满足一夫一妻制的种族。由于用了马鞍、马蹬和缰绳,骑士的“座位”非常牢固,从头盔、面甲、护腿,到盾牌、短剑、长矛等全副武装,成了“人体坦克”(本内特等,p. 194)。骑士在领主军队中服役并获得封地,需要自备武器、马匹。骑士在 8 世纪时法兰克人反对阿拉伯人侵略中崭露锋芒。从 11 世纪开始,直到 15 世纪,骑士制度在欧洲非常盛行,是十字军的主力。在 16 世纪火枪与火炮等火药武器逐渐完善之时,骑士阶层逐渐衰落。由于高昂的骑兵装备费用持续攀升,逐步形成了一个垄断军人职业、主导战争艺术的独立的社会阶层即骑士阶层。“骑士”不过是“武装暴徒”而已(本内特等,p. 193)。但在骑士文学中,骑士往往是勇敢、荣誉、忠贞的象征([德]弗里德里希·黑格尔. 美学[M]. 北京:人民日报出版社,2005:98),是英雄的化身。后冷兵器时代,骑士精神转化成了绅士风度。这种骑士精神对于欧洲民族的民族性的塑造起着极其重大的作用[张云玮. 试述中世纪骑士文化及其影响[J]. 法制与社会,2008(5)]。

[31] 所谓“河竭而商亡”,其中“河”为洹水(丁山,2008,p. 10)。

[32] 卫滕沈吉指出:“清代的皇帝在维护其中央政权方面曾经很有成效,这个政权统治着满洲、蒙古、新疆和西藏这样一些边缘地带,以及汉人密集的中心地区。军事力量、封建

制度、宗教和商业都曾为清帝国的政治服务，混合使用，因地区和民族而异。在所有这些亚洲腹地，清朝曾经用战争建立统治，并用驻军维持统治。在满洲和蒙古，皇帝把部族首领变为他个人的附庸。在西藏和蒙古，他庇护喇嘛教的领袖。在喀什噶尔（南疆），他任命当地的伊斯兰教首领（‘伯克’）为官员，并认可穆斯林的教规和伊斯兰教的宗教机构。满族统治亚洲腹地时，对喇嘛教和伊斯兰教的利用，像统治中国对儒教的利用一样，显示了高超的技巧。”[费正清，费维恺. 剑桥中华民国史（1912—1949 年）[M]. 下卷. 刘敬坤，叶宗敭，曾景忠，等，译. 北京：中国社会科学出版社，2007:77～78]

[33] 根据李焘（1115—1184）的记载，宋太宗对宰相李昉等说：“天下广大，卿等与朕共理，当各竭公忠，以副任用。”（《续资治通鉴长编》卷 26）文彦博也曾对宋神宗说：“为与士大夫治天下，非与百姓治天下也。”（《续资治通鉴长编》卷 221）

[34] 李根蟠. 如何科学理解马列主义封建观——“封建”名实问题与马列主义封建观学术研讨会纪要[N]. 光明日报，2008-10-05。

[35] 鲁迅指出：“外国用火药制造子弹御敌，中国却用它做爆竹敬神；外国用罗盘针航海，中国却用它看风水；外国用鸦片医病，中国却拿来当饭吃。”（鲁迅. 自由谈·电的利弊[N]. 申报，1933-02-16）马克思说：“火药、指南针、印刷术——这是预告资产阶级社会到来的三大发明。火药把骑士阶层炸得粉碎，指南针打开了世界市场并建立了殖民地，而印刷术则变成了新教的工具，总的说变成科学复兴的手段，变成对精神发展创造必要前提的最强大的杠杆。”（马克思恩格斯全集[M]. 47 卷. 北京：人民出版社，1979:427）。所以，技术对社会经济形态的影响在东方与西方是有差别的，这种差别不仅在于生产关系的不同，而且包括上层建筑的差别。

[36] 1941 年，梁漱溟通过亲访延安，与毛泽东就阶级斗争问题彻夜辩论。毛泽东指出：“中国社会亦还有其一般性；你太重视其特殊性而忽视一般性了。”毛泽东对梁漱溟“无阶级论”观点的评论是正确的。但是，在以生产资料公有制为基础的社会主义建设时期，毛泽东要求全党对于“阶级斗争”，“必须年年讲，月月讲，天天讲，使我们对这个问题，有比较清醒的认识，有一条马克思列宁主义的路线。”[毛泽东. 在党的八届十中全会上的讲话[J]，红旗，1978(10)]

[37] 中国历史上的“农民起义”，其领袖都不是地地道道的农民。陈胜、吴广是秦王朝的基层官员“屯长”（相当现在的团长）；项羽是贵族，刘邦是“亭长”；唐朝后期的王仙芝、黄巢是贩私盐为业的商人；宋江是县“押司”、晁盖是乡村豪强；朱元璋是云游的和尚，其起义领导人郭子兴则是地主；明末的李自成是银川驿卒，张献忠是军官出身；洪秀全是乡村塾师。

第五章

官僚资本主义社会

——晚清至1949年的社会经济形态

一、引言

资本主义被称为自由市场经济或者自由企业经济[1]，也常常被经济学家称为“市场社会”。实际上，资本主义是一种经济制度或生产方式，资本财货由私人或企业占有，私人投资自主决策，价格、生产和财货的分配由自由市场的竞争所决定。资本主义的核心要素包括资本积累、竞争激烈的市场和价格体系（伊特韦尔等，1992a，p. 377）。但是，纯粹的资本主义在现实世界中是不存在的。资本主义有多个变种，包括自由放任的资本主义、福利资本主义和国家资本主义，等等。现在大多数国家都被视为“混合经济”[2]，在这种体制下政府以不同程度的计划政策干预市场的自由运作。[3]

在中国传统社会，商品经济不断发展，市场体系不断完善，社会经济基本上具备资本主义的一般特征。但是，由于“家产诸子均析继承制”和国家尚未建立适合资本主义发展的产权制度，以致不能保障私有资本的持续积累。因而，中国传统社会既不是封建社会，也不是资本主义社会，也不是前者向后者的过渡，它是一种有中国特色的社会经济形态。[4]

我们知道，17世纪欧洲资本主义社会是直接在封建社会的废墟之上建立起来的，其标志是英国资产阶级革命建立起了资产阶级国家。如果在没有外力的助推下，中国传统社会是很难想象在什么时候才会形成资产阶级上层建筑的。[5]

欧洲资本主义制度建立之后，资本追逐利润的特性和西方文明与生俱来的对外开拓创业或对外殖民侵略的传统相结合，从而出现资本主义对外[6]侵略浪潮。19世纪末至20世纪初，欧洲国家完成了对非洲的瓜分，俄国从19世纪60年代起加速了对外高加索、中亚、西伯利亚及远东的殖民和征服，并向中国的新疆、外蒙古和满洲地区渗透；法国征服了安南、寮国、柬埔寨，英国占领了马来半岛和北婆罗洲,控制了波斯湾和阿拉伯半岛南部。在大洋洲,新兴的德国从西班牙手中购买了加罗林群岛、马里亚纳群岛等殖民地。同时,殖民国家还对中国、朝鲜、暹罗、波斯、阿富汗、日本等一些经济落后的国家,通过攫取海关、交通、通商、筑路、开矿、建厂、开办银行、训练军队等方式进行殖民侵略,占领殖民地的高潮迭起。至20世纪初,殖民国家及殖民地已占全世界85%的陆地面积。各国的殖民地分布是不均衡的,从而引发列强之间重新瓜分殖民地的战争以致引发两次世界大战。从清晚期的"洋务运动"至1949年,正好就处在这个动荡不安的时代。在西方武力和文化的侵略下,中国开始急剧蜕变;灾难深重的中华民族犹如凤凰涅槃,浴火重生;工人阶级和资产阶级首次登上了历史舞台,资产阶级上层建筑在动荡中初步建立起来了。因而,我们把这一时期称为官僚资本主义社会。

二、西风东渐,激化中国社会蜕变

中西方文化交流源远流长。在明代以前,中国主要从西亚接受先进文化与科技,主要通过和平的商品贸易方式向西方传送文化与技术,技术输出多于文化输出。明清之际,我国和欧洲的文化交往出现了前所未有的局面。明末清初耶稣会士(天主教)来中国传教,晚清新教(基督教)来中国传教。传教士们在传教的同时,也带来了欧洲的天文历法、地理知识、物理学、水利科学、医学、望远镜、数学等科学文化知识。[7] 1830年美国传教士裨治文在广州创办《中国丛报》,1868年在上海创办的《教会新报》在中国教育文化界影响巨大;1843年,英国伦敦会传教士在上海创办了墨海书馆,出书介绍西方气象学、物理学、化学、天文学、动物学等方面的知识;1845年,美国长老会传教士在宁波开办美华书馆(黄友珍,p. 26)。1846年,清政府颁布法令,晓谕臣民弛禁天主教。由此,外国传教士获得了在香港和五个通商口岸自由传教的特权,凭此设立教会学校。1871年美国基督教圣公会创办文华大学。从戊戌变法后到"五四"运动为教会学校发展的成熟时期,到1919年,各国在中国经营高等学校39所,在校学生9672人(吴洪虎,p. 108)。教会大学把现代教育模式移植到了中国。相应地,中国知识分子积极将西方的科技知识、政治制度文化有机地结合到中华文化的逻辑体系中来,组织编写出版了各种系列的经世文编或百科全书(李孝悌,2012;滨下武志,2008a,pp. 10~48)。

同时,为适应"洋务运动"的需要,清政府内的洋务派在全国各地掀起了"师夷之长技以自强"的改良运动,发展自己的军事工业和与之配套的普通工业。而要创办新式工业,需要工人和技术人才,需要培养这类人才的学校。郑观应指出，“夫欲制胜于人，必尽知其成法而后能变通，而后能克敌”（陈学恂，p. 48）。1862年，清政府设立京师同文馆。这是我国近代新式教育的滥觞。洋务运动时期开办的外语学堂、技术学堂、军事学堂等虽然受到“中体西用”的教育思想束缚，但毕竟引入了近代教育模式。1902年，清政府颁布《钦定学堂》（壬寅学制）确立了近代学校体制；1904年又实行“癸卯学制”；1905年，废除科举制。到戊戌变法前，以京师同文馆为代表的外国语学堂7所；以1880年开办的北洋水师学堂为代表的军事学堂10所；以1867年开办的福建船政学堂为代表的科学技术学堂13所。同时，清政府支持学子到国外留学，在洋务运动期间的留学生计划大都留学英美法等国家。由于庚子赔款后政府财政紧绌，清政府于1903年10月颁布《奖励游学毕业生章程》，鼓励学子到日本留学。至1907年，留日学生总数达15000多人。进入民国时期，新式教育进一步发展，1912—1916年，全国高校122所，其中师范学校12所，法政、医学、农业、工业、商业和外语等专门学校94所，大学预科10所，本科1所，在校学生41709人（潘懋元，p. 822～823）。新式教育的发展和西方文化的传播，对中国社会的思想观念、政治格局、社会结构、生产力发展的影响是全面的、深远的。

西方文化的传播，对中国传统文化是一个极大的冲击。最早对此做出反应的是洪秀全领导的太平天国运动。太平天国在指导思想上是以基督教为大旗，既反儒又用儒。洪秀全在选取西方基督教文化时，抛弃了它的灵魂至上、原始平等以及原罪意识等最能体现基督精神的内核，但接受了上帝、天堂、地狱之说，将上帝与天子合二为一。《天父诗》：“万事爷哥朕作主”，“敬主方是真敬天”。同时，太平天国认为：“推勘妖魔作怪之由，总追究孔丘教人之书多错。”（中国史学会，1953b，p. 635）“凡一切孔孟诸子妖书邪说者尽行焚除，皆不准买卖藏读也，否则问罪。”（中国史学会，1953a，p. 313）但太平天国指导思想的实质又是儒家的，如它所追求的社会政治理想是儒家的“大同”思想；在伦理道德方面，“学尧舜之孝悌忠信，学孔孟之仁义道德”（中国史学会，1953b，pp. 232～234），讲究“三纲五常”。正如萧公权所指出：“学西洋而未得其富强立国真谛，攻旧习而反醉心于君主政治之恶套。”（萧公权 2011b，p. 648）

1894年，中国在甲午战争中的失败，也标志着历时三十余年的洋务运动的失败。中国一些知识分子借鉴日本明治维新（1867—1872年）的经验，认为中国不但应当学习西方国家的科学技术，更要效仿它们的议院制，改革君主专制制度。1898年光绪皇帝下诏变法，百日维新开始。守旧势力和改革势力激烈对抗。张之洞提出“中学为体，西学为用”（张之洞，2002，p. 41）的主张。实际上，所谓“中学”是指以孔孟之道为核心的儒家学说，“西学”是指近代西方的先进科技。"西学"为"中体"服务。日本明治维新运动关于旧传统与新制度的问题也曾存在不同看法。日本明治维新的思想家横井小楠指出:"明尧舜孔子之道,尽西洋器械之术,何止富国,何止强兵,而大义于四海。"(吴雁南,1988)同样,儒学也遭受了批判。日本明治时期的教育家福泽谕吉认为,儒学是造成日本社会停滞不前的一个重要因素。虽然从前儒学对于教化日本人有贡献,犹如物资缺乏时,破席也可以作被褥,糠麸也可以抵食粮,何况是儒学(福泽谕吉,p.149)。因此,明治维新需要抛弃儒学,实为"以西学为体"或"全盘西化"。

然而,主张君主立宪的中国维新派反对张之洞的"中体西用"的主张。严复把"中体西用"主张斥之为非牛非马的谬论。"体用者,即一物而言之也,有牛之体则有负重之用,有马之体则有致远之用,未闻以牛为体,以马为用者也……故中学有中学之体用,西学有西学之体用,合之则两立,分之则两亡。"(陈学恂,p.218)同时,维新派也没有照搬日本明治维新的全盘西化的做法,而是主张"以群为体,以变为用"。所谓"变",是行变法;关于"群",康有为与梁启超的理解是有重大差别的,也是导致他们师生思想杆格的重要起因。康有为认为"托古改制",推行维新变法,目标是从"居乱世"达到"升平世",而人类社会的进化发展,最终必然要达到"太平世",即"大同","大同"是无国家的。在康有为看来,"群者,又分为三种:国群曰议会,商群曰公司,士群曰学会。而学会又是前二者之母。"梁启超认为,"群者,天下之公理也"、"群者万物之公性也"、"民族意力者"(梁启超,1999,p.93),"物之以群相竞,斯固然矣,至其势逼而率相近者,则其相竞也尤甚。"(梁启超,1984a,pp.12~13)梁启超认为,国家是"合群"的产物,而"合群"就是"合多数之独而成群也"(梁启超,1984b,p.157),梁启超的思想由"群"发展到民族国家主义,与康有为的"大同社会"是迥然有别的。

康有为、严复、梁启超等维新派主张平等看待中西文化,中西两学要并重。[8]但"康氏自幼深受孔学熏陶,先入为主。朱九江汉宋兼融之家法,遂成为其全部思想之主干"(萧公权,2011b,p.671)。康有为属于今文经学派,反对乾嘉学派,以及上溯到宋代理学和汉代儒学。康有为认为,历代统治者所尊崇的"古文"经典,如《周礼》、《逸礼》、《古文尚书》、《左传》、《毛诗》等都是西汉末年刘歆伪造的,"盖人以为《七略》出于刘向而信之,不知其尽出于歆也;又以为《别录》出于刘向而信之,不知其亦伪于歆也。"(康有为,1956,p.352)在《新学伪经考》中,通过对孔子和周公的辨析,强化孔子为万世制法的"素王"形象。康有为认为,"孔子道主进化,不主泥古,道主维新,不主守旧,时时进化,故时时维新"(《孟子微·仁政第九》)。然而,"孔子太平之道,暗而未明,郁而不发,盖二千年矣"(《大学注序》)。《孔子改制考》认为孔子以前的历史,是孔子为了改制目的而假托的宣传作品,都是不可考证的。春秋战国时期诸子百家纷纷建立独家学说,企图按自己的理想建立最好的社会制度,并把这种制度说成是古代曾经实施,借以取得人们的信仰。孔子也不例外。孔子创立儒家学派,是作为托古改制的依据。康有为本来是为了改变以前人们认为孔子只是"述而不作"的印象,却弄巧成拙,加剧了人们对"尊孔"活动的反感。

一股以"研究国学,保存国粹"为宗旨的社会思潮也随之兴起。1905 年"国学保存会"的成立以及《国粹学报》创刊是这股国粹主义思潮出现的标志。国粹派的主要代表人物有章太炎、刘师培、邓实、黄节、陈去病、黄侃、马叙伦等。他们认为,"国粹"是"我们汉种的历史",包括"语言文字"、"典章制度"、"人物事迹"(章太炎,1977a,pp. 446 ~ 455)。章太炎指出:"不自主其国,而奴隶于人之国,谓之国奴;不自主其学,而奴隶于人之学,谓之学奴。奴于外族之专制谓之国奴,奴于东西之学,亦何得而非奴也。同人痛国之不立而学之日亡,于是瞻天与火,类族辨物,创为《国粹学报》,以告海内。"(章太炎,1905)他们甚至认为,"西学中源",王仁俊在《格致古微》一书中从儒家典籍、史书及诸子著作中,辑出近 200 则史料,分别从自然科学、商、工、政、俗等 21 个方面说明"西学、西法、西政皆出于中国"。《格致古微》在戊戌维新时期问世,是西学中源思潮达到高潮的产物,又反过来将这一思潮推至顶峰。实际上,其所举史料多为牵强附会,可谓荒唐。而国粹派的"复兴古学",不是仅复兴孔学,而是"复兴诸子学",即重新宣传先秦诸子思想(章太炎,1977b,p. 285)。章太炎是古文经学派,与康有为是对立的,但他们都全面否定汉儒和宋儒。当时社会对儒家学说日益轻视。1912 年 1 月 3 日,蔡元培被任命为民国首任教育总长,颁布《普通教育暂行办法》并规定"小学读经科一律废止",同时颁布的《普通教育暂行课程标准》,中学课程和师范课程中也没有读经科。"五四"新文化运动提出"打倒孔家店"[9] 的口号,反对礼教和传统道德。

综上可见,清末民初,又出现"反孔"与"尊孔"的斗争。"反孔"是"造反"或"犯上作乱"、推翻王朝的革命需要;"尊孔"是为了建立和维护新的君主统治和社会秩序的需要。洪秀全打着"反孔"大旗反对清王朝,建立政权之后,需要建立和维护其天王统治和社会等级制度,后又"借尸还魂"运用儒术;辛亥革命和"五四"运动高举"打倒孔家店"的大旗推翻了清王朝,建立民国之后,执政者为了建立和维护新的专制统治和社会秩序的需要又不得不恢复"尊孔"活动。显然,跳出这种历史循环需要新的制度文化。我们认为,"孔孟之道"是夏商周文化的传承。它是家族主义的,是道德实践理性的,是与农耕文明相适应的。由"亲亲"、"尊尊"所形成的社会等级制度或礼教制度与资产阶级或现代市场经济法律制度是冲突的。因为后者要求等价交换、要求取消“刑不上大夫”的特权,在法律面前人人平等。但是,“孔孟之道”或家族主义文化早已渗入到中国社会世俗生活的各个方面。这种文化就像遗传基因一样支配着中国人的行为。引进外来政治制度、经济制度和社会制度,首先需要处理的是与家族主义文化的整合问题,避免其缺陷,发扬其优点。

三、资产阶级上层建筑的建设与反动

资产阶级上层建筑的建设实际上是按照西方代议民主制度重建中国的政治制度。所谓“反动”,就是中国传统的家族主义或泛家族主义[10]内敛性的集权意识将代议民主制改造成专制控制中的一种工具。同时,家族主义或泛家族主义对外往往表现为“抱团行为”,注重的是宗派团体或以血缘、亲缘、学缘、地缘、业缘等形成的人际圈子的“私利”,缺乏“公共精神”[11],在投票选举过程或人事安排等方面优先考虑所谓的“自己人”,从而使代议民主制度难以正常建设与运行。这是中西方制度文化整合与冲突的一个动态过程。

(一)民主政治建设的酝酿与论争

自从甲午中日战争失败以来,知识界就一直在研讨、酝酿民主政治。维新运动(戊戌变法)(1898年)失败之后,清朝推行“新政”,1906年9月1日,朝廷宣布实行仿行立宪或“预备立宪”。1911年辛亥革命,清朝灭亡,1912年建立中华民国。在这十几年的民主政治运动中,理论研讨和革命酝酿所围绕的主要问题包括:君主立宪与共和、“三权分立”的政治原则与应用问题、共和制的总统制与责任内阁制、集权制与联邦制等。

1. 君主立宪制与共和制

无论是君主立宪派还是共和派(革命党人),其共同点都是希望推进中国政治民主化建设。但两者的道路是不同的。实行君主立宪制,就是由君主作为国家元首,通过议会民主来推进中国的政治民主。它是改良主义的。而实行共和制,是国家代表机关或国家元首由选举产生。在当时的历史条件下,实行共和制就必须用革命的方式推翻清朝的政治制度。当时,以宋教仁为首的国民党力主在中国推行代议民主共和制;而以梁启超、康有为、杨度为首的君主立宪派力主在中国建立君主立宪制。

前文已述,在维新运动之前,维新派就通过各种方式推动立宪和议会民主运动。康有为设想用“立宪”来限制君权,用议院来反对官僚体制。康有为认为:“王者称为天子,不过取尊称云尔,实则凡人皆天之子也。”(中国史学会,1953b,p.236)“人君与千百万万国民合为一体,国安得不强?”(中国史学会,1953b,

p. 233)以破除几千年来君权神授的正统观念,表明人民在历史创造中的力量。康有为君主立宪思想的核心是建立资产阶级的议会制。他说:"欲除壅蔽,莫如仿照泰西,设立议院……拟请设立上下议院,无事讲求时务,有事集群会议,议妥由总理衙门代奏,外省由督抚代奏。"[12]在中央设立议院,使资产阶级取得合法的地位,利用合法的机构来表达自己的政治要求。为此,要通过制定宪法的形式来巩固政治权力,变法时期的许多举措,也都为此而提出。戊戌政变发生后,康有为、梁启超等逃往海外。1899 年 7 月,康有为在加拿大成立保皇会,接着乘义和团运动之机,策划了两湖与两广的武装"勤王"。在"保皇"的旗号下,康有为既同君主专制的顽固派展开斗争,又反对共和。康有为认为,近代以来,欧美一些国家确实建立起了不同形式的共和政体,但"自美、法外,妄立共和政体者,未有不大乱无已者也"。有鉴于此,欧美不少国家,"必不共和,必立君主,甚至于无君,犹且薰丹穴而求之,迎异族外国人而宗之为君"(康有为,1998, p. 405)。康有为认为,国外的经验证明,共和政体不宜采用,君主立宪政体最为适宜,但考虑到当时国内的形势,中国应吸取两种体制的优点,创造一种新体制,即"虚君共和"。在"虚君共和"体制下,在总理大臣之上有一无权无为"土木偶"神式的虚君,它的好处则能免去共和政体下为争总统而不断发生的政争与动乱,而且由于人民信奉,群臣敬畏,更有利于国家的安定(康有为,1998, p. 403)。康有为认为,虽然虚君无事无权,不须有才能,但虚君又是"神",固须有极高的资格地位,国内无一人可比,"然后有定分而不争焉"(康有为,1998, p. 405)。

梁启超与其师康有为一样主张改良主义。1901 年 6 月 7 日,梁启超在清议报刊登"立宪法议"一文,他认为:"立宪政体,亦名为有限权之政体;专制政体,亦名为无限权之政体。有限权云者,君有君之权,权有限;官有官之权,权有限;民有民之权,权有限。故各国宪法,皆首言君主统治之大权及皇位继袭之典例,明君之权限也;次言政府及地方政治之职分,明官之权限也;次言议会职分及人民自由之事件,明民之权限也。"但他同时认为,"立宪政体者,必民智稍开而后能行之"。所以,梁启超建议皇帝"涣降明诏,普告臣民,定中国为君主立宪之帝国,万世不替"。1905 年清廷派出五大臣出洋考察宪政,是年底,梁启超以海外政治流亡者的身份,私下应邀为政府宪政考察团代拟了考察报告。报告建议清政府赦免戊戌维新党人,以孟德斯鸠所倡立法、行政、司法三权鼎立之说"定国基","采用今世各文明国之立宪政体,更新百度,与民同治"。梁启超在《开明专制论》中明白地说,实行"开明专制"是"实立宪之过渡也,立宪之预备也"。武昌起义爆发后,他的君主立宪计划再次失败,从而开始向共和政治靠拢。1911 年,梁启超在《新中国建设问题》一文中将世界上的政体归纳为六种,并进行利弊分析，最后认为英国的虚君共和制适合中国，但指出："夫民主共和制之种种不可行也既如彼，虚君共和制之种种不能行也又如此。"

开明专制的思潮，在法国路易十四时代兴起。该思想主要是由魁奈为首的重农学派学者以及孟德斯鸠所推动。梁启超把专制政体分为野蛮专制和开明专制两种。实际上，梁启超提出实行"开明专制"不是为了"保皇"，而是通过立宪最终达到民主政治的一个过渡。之所以要实行开明专制主义，一是中国人没有马上实行宪政民主的能力与资格。[13]梁启超认为，共和国民的心理和资格不是可以在短期内养成的。即使是君主立宪，也要在10年乃至20年以后。那么，在此欲立宪而未能立宪之时，旧的专制政府仍然存在。从策略上考虑，应该实行开明专制。梁启超从《新民丛报》1906年1月出版的第73号起连续登载《开明专制论》和《申论种族革命与政治革命之得失》两篇文章，竭力反对暴力革命，主张先实行"开明专制"，确立君主立宪：反对土地国有，维护私有制度。革命党人予以迎头痛击。4月18日，《民报》第3号以号外形式公布了《〈民报〉与〈新民丛报〉辩驳之纲领》，全面揭示了革命党人与立宪派的原则分歧。

首先，革命党人认为君主立宪比君主专制要好[14]，但反对拥异族"君主"立宪。实际上，同盟会的宗旨是："驱除鞑虏，恢复中华，创立民国，平均地权。"而辛亥革命可以"看成骨子里排满的革命，而不是反对帝制的革命"（费正清，1993a，p.275）。1905年，黄兴在批评陈天华上书政府要求立宪时说："吾辈以排满为宗旨，今悖党纲，请立宪，创利税君主奴隶尔。"[15]汪精卫说过，"满洲人非中国之人民"，"满洲建国之后为中国之敌国"[16]。孙中山曾指出："此时全国的大权都落在人家手里，我们要立宪，也要从人家手里夺来，与其能夺来成立宪国，又何必不夺来成共和国呢?"（孙中山，1981，p.281）另外，还有些出于其他方面理由反对君主立宪，主要有：章太炎等人认为君主立宪就是专制，甚至比专制还坏；受无政府主义思潮影响，山西同盟会会员景定成认为不需立宪，以农民的平均主义、空想社会主义反对立宪，以"平民主义"反对立宪（侯宜杰，1992）。

革命党人为了驳斥梁启超所说的国民程度不足的说法，提出了一个逻辑推理，他们认为自由、平等、博爱三者是人类的普遍性。他们不同意梁启超关于国民自有历史以来绝无自由、博爱、平等思想的论调，认为国民既有自由、平等、博爱的精神，而民权立宪则是其根本。这种精神之制度也是这种制度之精神，必适合于我国国民。[17]这就是说中国人民做共和国民的资格是天然具备的。

革命党人针对梁启超关于中国人没有运用议会政治能力的观点进行反驳。汪精卫认为，既然不能否认国民具有自由、平等、博爱之精神，中国人有博爱心自然也有公益心；有自由精神，自然也就有自治之能力。思黄认为中国人聪与明由天所赋，只要推翻清朝专制政府，人民的这种能力即可迅速恢复。[18]

革命党人还针对梁启超所说的为立宪政治做准备应先行开明专制的说法，引证日本学者的论点进行反驳，认为中国在汉唐时期已实行开明专制，这种预备工夫早已有了，故实行共和立宪毫无问题。[19]唯一的障碍在于满洲人的统治，驱除鞑虏，共和立宪之制自然树立。

梁启超曾指出，千年专制之国一旦革命而后实行民主宪政是绝无可能的。革命党人则承认革命之际及革命之后有一个短暂的过渡时期。思黄认为立宪之政，五年小成，七年大成。他说孙中山比一般革命党人要高明，早就提出由革命之起到实行宪政必须经过军法与约法两个过渡时期。在军法时期，军队与人民同受治于军法之下，军队为人民破敌，保其安宁；人民则供军队之需要。每县以三年为限，解除军法进入约法时期。这个时期由军政府与人民互相约定，彼此的权利、义务各自遵守，以六年为限，实行宪政。[20]对此，梁启超曾针对孙中山的说法提出质疑，认为约法在事实上不可能。他说军政府有办法要人民尽其义务，人民有何办法要军政府必尽其义务呢？如果人民拒纳税，军政府只派一队人马下去督催，人民还能拒纳租税吗？

梁启超认为在当时的中国，欲求民主共和是必不可得之事。他不但认为以革命求共和必不可得，以和平改革求之亦非近期所能得到。在他看来，在中国建立民主共和制度是极难极难的事。首先他极力证明以暴力革命推翻清政府绝不能得民主共和，可能形成更加倍的专制。他认为，历史上久困君主专制的国家，一旦以武力颠覆中央政府，那时也只能实行专制，甚至比以前更加专制。即所谓刑乱国用重典是也（梁启超，1989，pp. 13 ~ 14）。梁启超引用波仑哈克的观点来分析革命后的形势。他认为革命一旦爆发，必然使倡义者纷起，即使革命领袖分子真诚信仰共和民主，人格高尚，但不能必保证革命者皆如此。即使首义之军皆能如此，而不能必保证其他地方的起义军皆能如此。革命队伍中人既不能保证皆具革命前所理想的人格，则有一部分人或一部分起义军队不能严格律己、恪守民主共和所必要的种种条件，则纷争必不能免，棼乱必不能免。争乱久了，人民厌乱，只好将自由权力委诸一强有力者，如此则必定仍然是专制，人民只有服从的份儿（梁启超，1989，pp. 50 ~ 52）。

立宪派对同盟会的“平均地权”表示了最为坚决的反对。他们说土地私有乃天经地义，“土地国有”则违背社会经济的“自然法则”，“行土地国有于政治革命时，同于攘夺”[21]，会妨害社会生产力的发展，从而危及“国本”。革命党人辩驳说，土地为生产要素，不应当私有，同为一国之民而土地多寡不均，是“地权失平”，要改变这种不合理的现象，只能靠土地国有政策，也只有如此，方能调动劳动者的生产积极性。一些人往往把“平均地权”当作社会主义纲领来宣传,结果被梁启超抓住把柄。梁启超指出:“社会主义学说,其属于改良主义者,吾固绝对表同情;其关于革命主义,则吾亦未始不赞美之,而谓其必不可行,即行亦在千数百年之后。”[22]

2. 三权分立问题

三权分立问题是君主立宪派和革命党人之间争论的一大议题。我们知道,近代的三权分立最早由17世纪英国的洛克提出,用以巩固当时英国的资产阶级革命成果。法国的孟德斯鸠将其诠释为行政、司法、立法三权分立的形式,用以解决政治制度中可能出现的部分问题,以作为民主制度的有力保证。梁启超是当时介绍孟德斯鸠“三权分立”的核心人物。梁启超专门在《新民丛报》第4、5号上发表了《法理学大家孟德斯鸠之学说》等文章,对孟德斯鸠的学说表示赞扬,认为“孟氏既叙述各种政体,乃论各政体所由立之本原,于是举英国政体,谓此所谓立宪政体,最适于用,而施行亦易,实堪为各国模范”[23]。在梁启超看来,三权分立的核心思想是权力制衡原则,如果两权合一,就会出现统治者的某部分人为了自己的目的制定苛法,然后借助自己的行政权力再实施苛法的情况。在这种制度背景下人民的生命财产都难以保护,“盖司法权与立法权合,则国人之性命及自由权必至危殆”,国家也必将陷于动乱之中。“故惟不许一人总揽大权,并不许一机关总揽大权。立宪大义,实自兹出”,同时“各国宪法之精神未有不本于是,此则尽人所同认也”[24]。同时,梁启超在《各国宪法异同论》一文中介绍了当时学术界对于该学说的争议。梁启超认为孟德斯鸠把立法权归之国民是对的,但把行法权(即行政权)归于享有特权的“累世相承不受谴责的君主”一人之手,“又欲调剂二权,置贵族于君民之间以成所谓混合政体者”即把司法权给予贵族的观点,却是错误的。梁启超认为,三权分立不符合当时中国的实际情况,不赞成在中国推行三权分立的政治原则,“三权分立之政治,即最高主权在国民之政治也,而最高主权在国民之政治,绝非久困专制骤获自由之民所能运用而无弊也。准是以谈,则虽当革命后新建共和政府之时,幸免于循环反动以取灭亡,而此政体,终无术而持久,断断然矣。不持久奈何?其终必复返于专制(或返于共和专制或君主专制)。然则其去政治革命以救国之目的,不亦远乎?”[25]但梁启超强调立法权的重要性。梁启超认为国家的意志就是国家的立法,西方列强优于中国的本原在于立法,所以中国人必须争立法权为第一要义,“法治主义为今日救时唯一之主义”[26]。然后再确定立法权与行政权的区别。他认为只要中国人争取立法权,以议会数百人之力,足以干涉国家施政,因而争立法权是中国人独一无二之法门。[27]

针对梁启超有关三权分立原则不能在当时的中国应用的观点，以汪精卫为旗手的革命党人以《民报》为阵地进行了抨击。朱执信认为立宪之特质在“机关组织之完全而不任独夫之自由意思以运转政治权，即有监督机关也，而其为监督机关又以独立而有实力为要素”[28]。汪精卫指出，三权分立学说是“摧破专制政体而为立宪制度之不可缺乏之精神”[29]。但是，两派主要对各自所认为的三权分立学说从不同的方面来进行辩论。梁启超强调中国的国民性，而认为中国当时不宜推行三权分立。汪精卫则强调机关的分立并不是国权的分立，但汪精卫缺乏对中国国民性的分析。同时，梁启超认为共和立宪的统治形式必须采用孟德斯鸠的三权分立学说，否则只能是一机关之专制。汪精卫针锋相对地指出了这一点，认为如果孟氏的学说不能实现，则立宪制度也不能实现。实际上，三权分立原则有它的合理性，但它也是存在重大缺陷的，如“三权”之间的矛盾如何协调等问题都没有提出很好的解决办法。梁启超与汪精卫之间的争论没有结论。在实际中，袁世凯没有应用三权分立原则，国民党在“三权”之外又加中国传统的监察权和考试权，提出了“五权”宪法，但效果并不好。“五权”宪法最终被1949年取得政权的共产党所否定。

3. 总统制与内阁制

实行总统制，总统既是国家元首又是政府首脑，总揽行政权力，公布法律、发布命令不需副署，政府官员由总统任命，向总统负责，行政机关和立法机关相互独立。作为立法机关的议会，其议员不能兼任行政职务；而作为行政机关的政府官员，也不能兼任议员。总统的选举与国会的选举分别进行，国会中的多数党不一定是执政党。在责任内阁制下，总统仅是国家元首，议会（国会）是权力核心，行政系统受参议会（国会）的节制，行政权与立法权合一，政府（内阁）则对议会负责，而不受总统的制衡，也称责任内阁制或议会内阁制。美国是总统制的典型，英国、法国是内阁制的典型。

1911年12月3日，由各省都督府代表联合会议决通过了《中华民国临时政府组织大纲》，确立的是“总统制”。同年12月29日，各省代表又在南京开会，选举刚刚回国的孙中山为临时大总统。1912年3月8日临时参议院通过了《中华民国临时约法》，并于3月11日公布实施，取代《中华民国临时组织大纲》。《临时约法》与《临时政府组织大纲》的差异主要集中在两个方面：一是对人民权利的强调，《临时政府组织大纲》中并没有关于人民权利的部分，而《临时约法》则首先强调了人民的权利。二是将政治体制从总统制改成了责任内阁制。这种内阁制是仿法国式的责任内阁制，总统成了“虚位总统”，因总统和国务委员（总理）都是由参议院选举产生，故称双元内阁制。据考证，发生这种变化不是以往人们认为的是因宋教仁对责任内阁制度的推崇而所作出的,因为宋教仁并未参与《临时约法》的修订。对责任内阁制的推崇是当时很多人的共同看法[30],与《临时约法》法律顾问寺尾亨的贡献也有关系(刘耀,2012)。

在同盟会主要领导中,孙中山主张总统制,并提出实业建国的口号。宋教仁则主张责任内阁制,并以政党政治相号召。孙中山在1906年《革命方略》一书中就明确规定:革命胜利后,国家要经过长达九年的"军法之治"和"约法之治",而后,才能实行"宪法之治",即"制定宪法,军政府解除兵权、行政权,国民公举大总统,及公举议员以组织国会。一国之政治,依于宪法以行之"[31]。孙中山明确表示:"内阁制乃平时不使元首当政治之冲,故以总理对国会负责,断非此非常时代所宜。吾人对于惟一置信推举之人,而复设防制之法度。余亦不肯徇诸人之意见,自居于神圣赘疣,以误革命之大计。"[32]1924年孙先生提出"以党建国"、"以党治国"[33]、"党在国上"[34]等一系列为党天下的口号。显然,孙中山并不赞成政党政治,隐约可见对议会的轻视。

宋教仁力主内阁制。早在辛亥革命前日本留学期间,宋教仁就亲身体会到日本军阀干政的严重危害,他说:"日本之政治,号称立宪几三十年,而犹不能脱少数人垄断专制之习,左右国务者,总不离乎藩阀武人者近是。"(宋教仁,1981,p.305)日本的"武人政治"和孙中山所设计的"军法之治"、"约法之治"有相似之处,容易造成军人把持政权的局面。同时,宋教仁认为"世界上的民主国家,政治的权威是集中于国会的"(宋教仁,1981,p.456),权力集中于国会,即指内阁制。在实行内阁制的国家,政府首脑由获得议会多数议席的政党担任,对议会负责并接受议会的监督;总统只是国家元首,没有实际权力。他说:"关于总统及国务院制度,有主张总统制者,有主张内阁制者。而吾人则主张内阁制,以期造成议院政治者也。盖内阁不善而可以更迭之,总统不善则无术变易之。如必欲变易之,必致动摇国本。此吾人所以不取总统制,而取内阁制也。"(宋教仁,1981,p.460)他还强调,"总统当为不负责任,由国务院负责",此"内阁制之精神,实为共和国之良好制也,国务院宜以完全政党组织之"(宋教仁,1981,p.467)。

宋教仁认为:"吾党惜为革命团体,今为政党……革命党与政党,本非同物。"(宋教仁,1981,p.486)宋教仁起草的《鄂州约法》,规定了立法、行政、司法三权分立的原则;都督总揽政务大权,但在执行权力时,必须由政务委员副署;政务长相当一个省的内阁总理,行使行政权力。显然,《鄂州约法》已不同于孙中山《革命方略》中的设想,而是一部体现了内阁制精神的资产阶级宪法。客观上讲,宋教仁民主政治思想更符合西方民主政治的精髓,强调议会和政党政治的作用。

由于孙中山坚持总统制,加上黄兴、张静江、胡汉民等多数同盟会领导的支持,故在12月27日各省代表讨论政府组织方案时,决定实行总统制,并选举孙中山为临时大总统。但商定《中华民国临时约法》时,参议院的43名参议员中,同盟会会员33人,立宪派仅8人,鉴于当时南北和谈已成定局,袁世凯必将就任总统的现实,《临时约法》最后关于政体的设计临时改弦易辙,既规定了总统的各项实际权力,又极尽可能地赋予参议院和国务员各种广泛的权力和实际的责任,以限制总统的权力,使得行政权力的划分极其混乱,成为一种介于总统制和内阁制之间的特殊的体制,表现出典型的因人设法的工具主义倾向。陈茹玄指出:"约法虽有责任内阁制之精神,而实未备责任内阁制之体用。"(陈茹玄,p.32)在制宪过程中,袁世凯就两项权力与制宪会议反复交涉:一项是总统不经国会同意任命国务员的权力;另一项是大总统对于国会的解散权(张玉法,1983)。这两项权力并没有超出责任内阁制的要求,但遭到制宪国会断然拒绝。在权力要求得不到制宪会议满足之后,袁世凯通电地方督军和地方议会,指责《天坛宪法草案》不合理,既而取缔制宪会议中国民党议员的议员资格,致使制宪会议不足合法召开人数。1914年年初,袁世凯干脆解散国会。炮制《中华民国约法》来取代《中华民国临时约法》,设制了一个"超级总统制",比孙中山的临时大总统权利大得多。这个超级大总统,既扩大了"一般总统"的权力,又取消了对总统权力的有效约束,将大总统置于一切政府机关之上(李新,李宗一,1987,p.503)。这样,中国就由民主走向了独裁。

4. 中央集权与联邦制

前文已述,夏商周封建时代,分封既是政治制度也是军事制度,诸侯国拥有自己的军队和相对独立的财权。中央与地方政府的关系比联邦制更加松散。秦帝国建立之后,军队是国家的,财权集中于中央,属于极端的中央集权制。这种中央集权制一直沿用到清代。在康熙、雍正时代,秉承"量出为入"为"仁政"的财政理念[35],大量压缩开支,并形成了中央集权的、僵化的财政体制。到后来,中央财政没有钱只有向外国银行借贷,以致用海关做质押;地方政府没有钱只能向民间"括地皮"。1860年,清军江南大营被太平天国军队打垮,清廷允许曾国藩"筹饷练兵"。"筹饷练兵"成了清代后期的普遍做法,从而使各地督抚拥兵自重,形成军阀割据局面。[36]

在辛亥革命前后,立宪派、革命派和旧官僚都对欧美的联邦制国体感兴趣,但各自的目的不同。1902年,梁启超在《新民丛报》上发表了《民约论钜子卢梭之学说》(梁启超,1902),介绍西方的联邦制。1903年,梁启超游历美国,认为联邦制是美国政治的一大特色,"共和政体所以能实行持久之原因"(董世礼,p.450)。1906年同盟会机关报《民报》第4号刊登冯自由的《民生主义与中国革命之前途》一文,声称:"共和政治也,联邦政体也,非吾党日以为建设新中国无上之宗旨乎?然使吾党之目的而达,则中国之政体将变为法国之共和、美国之联邦。"孙中山对联邦制也情有独钟,但孙中山对联邦制的兴趣的侧重点在于"统一"或"中央集权"。[37]孙中山指出,"我们为志士的,总要择地球上最文明的政治法律来救我们中国"(孙中山,1997,p.605)。同时,孙中山也认识到,中国经历几千年集权专制统治,国家一旦发生扰乱,"地方豪杰互争雄长,亘数十年不能统一,无辜之民为之受祸者不知几许",究其原因,"皆由于举事者无共和之思想"(孙中山,1997,p.348)。而官僚对联邦制感兴趣,主要原因是在新的历史条件下,国家统一的观念深入人心,"封地建国"不得人心,而以联邦之名,行封建诸侯"分权"之实。辛亥革命爆发后,各省相继宣布独立,建立政权。黎元洪担任中华民国武昌都督府都督之后,为争取各省的支持,在邀请各省派遣代表到武昌会商的电文中,强调"建立联邦国家,作为对外交涉"的主张,以争取各省的支持(谢俊美,p.277)。临时政府成立后,联邦制的思潮因形势的变化被中央集权的思想所淹没。孙中山在就任临时大总统所发布的宣言书中指出:"国家幅员辽阔,各省自有其风气所宜,前次清廷强以中央集权之法行之,遂其伪立宪之术,今者各省联合,互谋自治,此后行政期于中央政府与各省之关系,调剂得宜,大纲既挈,条目自举,是曰内政之统一。"(广宇主,p.1928)袁世凯上台之后不断强行推行中央集权和个人独裁统治的措施,又一次激发了联邦制思潮的涌起。1920年7月,湖南省首先发动了联省自治运动,这一运动很快波及全国,至1921年,全国许多省份都开始了省宪运动。实际上,省宪运动实为"督军自治"(陈独秀,1922),是长期军阀割据与混战的重要推动力。这也说明,借鉴国外的制度文化必须要适合中国的国情。托克维尔指出,美国宪法所确立的联邦制度,"好像能工巧匠创造的一件只能使发明人成名发财,而落到他人之手就变成一无用处的美丽艺术品"(托克维尔,2002,p.186)。因此,客观上讲,袁世凯不断强行推行中央集权制也有其实际需要的一面,不能一概视为个人独裁专制。

(二)民主政治建设

1901年,经"八国联军"打击之后,慈禧太后默许,满清政府进行改革,但改革内容多与1898年的戊戌变法雷同。慈禧太后有意效仿欧日的改革而推行清末新政,即主要推行君主立宪、建立清朝新军、废除科举、整顿财政等一系列改革。1908年7月颁布《各省咨议局章程及议员选举章程》,命令各省在一年之内成立咨议局。同年颁布由宪政编查馆参照1889年由明治天皇颁布的《日本帝国宪法》制定的《钦定宪法大纲》,以确立君主立宪制政体,成立代议会,同时,分别制定了《重大信条十九条》、《大清新刑律》、《大清民律草案》、《钦定大清商律》

以及刑事、民事诉讼律草案等为骨干的系统的成文法体系(张国福,pp. 24~53)。在立宪派成员的请愿下,清廷宣布把预备立宪缩短三年,预定在1913年召开国会。同年光绪帝与慈禧太后去世,溥仪继位,即宣统帝,其父载沣担任监国摄政王。1911年5月,清廷组成由庆亲王奕劻领导的"责任内阁",实际为"皇族内阁",引发立宪派的不满和失望,很多人转向与革命党人合作(史景迁,p. 303)。

1912年1月1日,中华民国于南京宣布立国,孙中山在南京就任临时大总统。2月12日,袁世凯迫使宣统帝溥仪颁布退位诏书,将权力交给袁世凯政府。清朝灭亡,标志着中国两千多年来的君主制度正式结束。随后孙中山让位予袁世凯,南北统一。1912年8月27日,临时大总统袁世凯颁布了临时参议院制定的《中华民国国会组织法》、《参议院议员选举法》和《众议院议员选举法》,并成立了一个办事临时机构"筹备国会事务局"。国会分参议院和众议院上下两院。参议员,22行省,每省各10名;内外蒙古、西藏、青海,各设选举会,分别选出27名、10名、3名;另由中央学会选出8名;各地华侨选出6名。按法定名额,则参议员共有274人。仿照美国制度,六年一任,两年一选,以保持其新陈代谢。众议员的名额,则依各地区人口多寡来确定。每80万人口选众议员一人,然每省至少有众议员10人,人口不足800万的小省份亦照选。唯蒙古、西藏、青海则参众议员人数相等。22行省中以直隶(河北)人口最多,有众议员46人。人口最少的省份如新疆、吉林、黑龙江,各选众议员10人。其他各省多寡不等。任期三年为一届,三年一选。选举分初选和复选。按法定名额,全国共有众议员596人。由于受教育资格和财产资格的限制,登记选民共四千万以上,占全国人口9.98%(张亦工,1984),但比清末谘议局选举增加了24倍以上(李新,李宗一,1987a,p. 177)。选出的议员,主要包括政治活动家、自由职业者、原清朝官吏等。其中,国民党籍议员约占45%,是国会第一大党。但是,在选举过程中,各政党不是通过宣传政见,而是通过倚仗行政手段来控制选举,使选举出现种种怪状与丑闻,如浮报选民、拉票、冒投、抢票、毁票、金钱收买、威逼胁迫、议员故意不到会(李新,李宗一,1987a,pp. 181~85),等等。1913年7月,孙中山组织二次革命并失败。10月6日,袁世凯经国会选举,当选正式大总统。11月4日,袁世凯以"叛乱"罪名下令解散国民党,并驱逐国民党籍的国会议员,导致国会由于人数不足无法运作而休会,袁世凯另行召集"政治会议"和"约法会议",取代国会。1914年1月10日,袁世凯正式解散国会。2月28日,袁世凯更下令解散各省议会。5月,根据《中华民国约法》,袁世凯成立参政院,行使立法职能。

袁世凯定都于北京出任总统。1916年6月袁世凯死后,继任总统黎元洪6月29日申令恢复民国元年约法和恢复国会。8月1日,国会在北京重行开幕。

黎元洪宣誓就任总统。

从中华民国成立到袁世凯称帝和1917年张勋复辟,中国议会民主运动演变为独裁统治。北洋政府(1912—1928年)时期由北洋派领袖袁世凯及其后继者先后担任国家元首与政府首脑,大致可分为袁世凯统治时期、皖系统治时期、直系统治时期、奉系统治时期四个阶段。16年时间共换了15任总统。地方采取"自治"形式,但军阀混战不断。1928年6月8日国民政府军队进入北京时,中国议会民主政治的试验结束(费正清,1993a,p.314)。

(三)议会民主建设失败的原因

清末民初议会民主政治的失败,原因是多方面的,对后世的影响深远。毛泽东曾指出,辛亥革命没有成功,客观方面,"是敌人力量太强"。这主要是帝国主义列强与以袁世凯为代表的封建势力互相勾结,干涉和破坏辛亥革命;主观原因"是自己的力量太弱","有军事、政治、经济、文化各方面表现的弱点"(毛泽东,1991b,p.564)。下面我们具体来分析这二十多年的议会民主政治运动失败的主要原因。

第一,对议会民主政治尚未达成共识,议会民主制度建设在少数人中博弈,随意性大。"民主是一种国家形式,一种国家形态"(列宁,1978c,p.257),"国家是阶级矛盾不可调和的产物和表现。在阶级矛盾客观上达到不能调和的地方、时候和程度,便产生国家。反过来说,国家的存在表明阶级矛盾的不可调和。"(列宁,1978c,p.175)实际上,在现代国家,调和不同阶级和集团利益矛盾的地方就是议会,议会是国家权力机构。如何来保证人民权利的行使,如何来保障议会正确行使国家权力,需要有宪法来保障。然而,在民主政治酝酿、论争和建设过程中,都没有解决好这个问题。宪法形成与执行都存在随意性。袁世凯、孙中山对议会并不重视,宋教仁对议会和政党政治有足够的重视,但没有成为共识。梁启超等立宪派甚至认为中国人还没有参政议政的能力,对参议院的作用也不看好。美国的中央集权的总统制与地方分权的联邦制搭配是合理的,法国的中央分权的内阁制与地方权力集权到中央的模式也是合理的。但是,孙中山、袁世凯都选择总统制和中央集权制,注重的是权力集中问题。这与共和制的基本原理是有差距的。所以,议会民主政治的失败不仅仅是因为当时的中国没有华盛顿和杰弗逊式的人物问题。

第二,以袁世凯为首的旧官僚操纵了国家的行政权力,旧势力强大。袁世凯是一个复杂多变的历史关键人物。袁世凯积极助推1898年"百日维新",但他背叛了改良主义者;他是推动清末"新政"的重臣,又是迫使宣统帝溥仪颁布退位诏书而使清朝灭亡的关键人物;他是辛亥革命能否胜利的关键人物,而当上了民国总统后又背叛了民国(列宁,1978b,p.425)。客观地讲,辛亥革命之后,正如孙中山所说:“故欲治民国,非具新思想、旧经练旧手段者不可,而袁总统适足当之。”(孙中山,1985b,p.484~485)袁世凯主张中央集权制。他当选总统之后,将计划实行“责任内阁”的熊希龄“第一流人才的内阁”的权力不断剥夺。梁启超劝袁世凯实行“开明专制”(丁文江,赵丰田,p675),他的外国政治顾问、法律顾问都建议实行专制统治(李新,李宗一,1987b,pp.485~486)。袁世凯就任大总统之后不到半年,就扫除了自由主义制度和省自治状况,共和政体的独裁统治已经按照行政上中央集权和官僚政治秩序的原则建立起来了(费正清,1998a,pp.265)。显然,袁世凯的中央集权思想是中国几千年的政治传统,在新思想与旧传统之间,袁世凯更多的是偏爱传统。1913年12月15日,袁世凯在政治会议上讲到:“今天人人嘴上都谈平等一词,而平等只是在法律面前人人平等,并不意味着等级之分应予取消,个人皆可否定法律,自立准绳。自由是另一华丽的现代词,但它是限制在法律范围之内的,在此范围之内人是自由的。不受限制的自由,这个东西是不存在的。那些主张平等、自由,而又不问对不顾法律的放肆是否要给予制裁的人,清清楚楚地知道这个东西是没有的:他们把堂皇的口号当作推动叛乱的号召而加以利用。再者,共和也是一个雅致的词,但外国人对这个术语的理解,只是在国内有普遍的发言权,而不是全民都必须干涉政府的行动。这种干涉除了造成混乱之外,还可能造成什么结果呢?至于民权这个术语,除了选举总统的最高特权外,它还包括代议权、选举权;它切不可理解为包括处理行政。”[38]袁世凯的思想观念是传统的[39],也在旧官僚中具有普遍性。袁世凯死后,中国进入军阀割据、旧势力轮流执政,宪政和议会民主只是一种形式或摆设。显然,1928年以前的立宪政府的失败不应当理解为有效政体的衰落,而应当理解为从来没有能力建立这样的政府(费正清,1998a,p.352)。

第三,当时深受家族主义或泛家族主义影响的参政人员,缺乏民主政治精神,从而导致党争不断、派系之间倾轧,使议会民主成为派系谋求政治权利的工具。在中国传统社会,只有朋党而没有政党。道咸以后,西学东渐,士绅开始觉醒,社会团体组织不断发展。[40]辛亥革命后,“党”、“会”勃兴。一是随着立宪运动和西方政治思潮的输入而发展;二是1905年科举考试制度的废除,文人以此途径跻身政治。19世纪90年代戊戌变法期间,曾出现强学会、保国会等政治团体。1894年,在美国檀香山成立的兴中会是中国第一个现代政党。1905年,孙中山联合兴中会、华兴会、光复会和科学补习所等组织在日本秘密成立了中国同盟会(孙关宏,p.249)。1910年,康有为将帝国宪政会改组为帝国统一党,并以政党名义在清政府登记注册,成为中国第一个合法政党(梁琴,钟德涛,p.51)。到

1913年年底，政治类团体达312个（张玉法，p. 35），各政治团体分化组合多变，骤生骤灭，泡沫政党居多，政党政治热闹非凡，乱象环生，为世人所诟病。有影响的是国民党、共和党、民主党、统一党四党，但就政治倾向而言，却只有同盟会和非同盟会之分，其基本政治立场和精神，大体是清末革命党人和立宪改良派的延续。但不同党籍的议员，在议会内的活动，互相拆台，甚至为一党私利，不惜违反基本的政治道德，不惜牺牲国家利益和民族利益。最后因“宋教仁案”而导致政党政治的失败。同时，军阀割据、派系林立，加上如同乡、同学、师生等私人关系甚至人身依附关系，使议会民主政治变成了一个个人逐利的场所。宪法体制由于参与的分子热衷于派系斗争而耗尽了自身的活力（费正清，1998a，p. 315）。

四、战乱中运行的国民政府及其计划经济体制

（一）三民主义与国民政府的构建

《国民政府建国大纲》：“国民政府本革命之三民主义、五权宪法，以建设中华民国。”（孙中山，2012，p. 334）孙中山的三民主义思想不断得到发展。虽然它吸收了西方制度文化的精神，但其思想基础是“儒家思想”[41]。孙中山指出：“民族主义就是国族主义。中国人最崇拜的是家族主义和宗族主义，所以中国只有家族主义和宗族主义，没有国族主义。”（孙中山，2012，p. 3）所以要提倡民族主义。所谓民权主义，是指废除君主专制，实现民主共和，建立中华民国；国家的一切权力属于人民。孙中山指出：“专制国以君主为主体，人民皆其奴隶，共和国以人民为主体”（孙中山，1985b，p. 412），“人民管理政事，便叫作民权”（孙中山，2012，p. 58）[42]。为了保证人民能够行使国家主权，孙中山将国家的政治权力分为“政权”和“治权”，人民之权又称为政权，有选举、罢免、创制、复决四种，人民行使政权的基本训练与条件为民权初步，即议事规则；政府之能又称为治权，包括立法、行政、司法、考试、监察五权分立，也为“五权宪法”，中央与地方的“均权制度”，以县为单位的“地方自治”。所谓民生主义，其宗旨就是“富国”和“养民”。在《国民党一大宣言》中，孙中山指出：“国民党之民生主义，其最要之原则不外二者：一曰平均地权；二曰节制资本。”（孙中山，1986，pp. 346 ~ 347）孙中山认为，实行民生主义应该发展实业，采用和平的方式，其根本目的在于预防少数资本家“压迫贫民”，而不是反对资本和资本家。孙中山说：“仆之宗旨在提供实业，实行民生主义，而以社会主义为归宿，俾全国之人，无一贫者，同享安乐之幸福。”（孙中山，1985a，p. 338）[43]这里，孙中山观念里的“社会主义”并不是“科学社会主义”，但这是孙中山“联俄容共”政策的重要的思想基础。

《国民政府建国大纲》：“建设之程序分为三期：一曰军政时期；二曰训政时

期；三曰宪政时期。”但孙中山于1925年3月12日逝世。建国的任务由国民党完成。1925年7月1日，中华民国政府在广州成立。随着北伐的胜利，1927年4月18日南京国民政府成立。在成立大会上发布了中国国民党中央政治会议关于奠都南京的宣言以及《国民政府宣言》，提出国民革命方略四条：密切革命军与人民的配合；造成廉洁政府；提倡保护国内实业；保障农工团体利益并扶助其发展。1928年2月3—7日，国民党二届四中全会决定推行“训政”，放弃了孙中山“联俄、联共、扶助农工”三大政策，并着手改组政府。1928年2月13日，国民政府公布《修正〈中华民国国民政府组织法〉令》，规定国民政府总揽中华民国之治权，政府由行政院、立法院、司法院、考试院、监察院组成，设主席一人，委员10~12人，国民政府主席兼任陆海空军总司令。同时，任命蒋中正为国民政府主席兼陆海空军总司令。至此，国民政府的政权组织形式渐趋完备。

1928年6月15日，南京国民政府发表《统一宣言》并宣布“军政时期将告终结”，国民政府今后任务，对内实现三民主义，过去时代的军阀要排除，“根本破坏现时社会之组织，若共产党等，亦必不容其存在”；对外愿意与国家谋求“邦交之亲睦”。同日，国民政府发表的《修改不平等条约宣言》提出：“中国八十余年间，备受不平等条约之束缚，此种束缚既与国际相互尊重主权之原则相违背，亦为独立国家所不许。当今中国统一告成之际，实行重订新约，以期完成平等及相互尊重主权之宗旨。国民政府深信一切国际间束缚解除之后，中国与各友邦物质上精神上互相援助，必能促进世界文化之进步。”1928年10月3日，国民党中央执行委员会通过了一部临时宪法即《训政纲领》，目的是令国民党对政府的指导成为合法。国民党获授予双重责任：督导人们行使选举、罢免、创制和复决四权；并监督政府行使行政、立法、司法、监察和考试五权。党的最高机关是全国代表大会，闭会期间权力将委托给中央执行委员会，而这个委员会又设有常委会权力的真正所在地。与中央执行委员会并列的是中央监察委员会，负责纪律事务和监察财政；政府的主要特色是民国主席之下的五院结构。五院中最重要的是行政院，即通称为“内阁”的行政管理机构。与西方的惯例相反，行政院不对政府的立法机构负责，而是对党和国家主席负责。同时，实行省县政府模式，并参照苏俄党的组织形式，相应地设立与行政机构并行的党部，如省、县、区、乡党部，省、县都设立了“参议会”等民意组织。

1937年7月7日卢沟桥事变后，抗日战争全面爆发。随着日军南下，1937年11月17日，国民政府迁至武汉。11月21日正式迁至重庆。1939年9月6日，国民政府明令定重庆为陪都。1940年，汪精卫在日本侵略军的扶持下成立了另一个“南京国民政府”，和以蒋介石为首的重庆国民政府分庭抗礼，并在上海发表《和平建国宣言》。成立之初,伪汪政权仍奉在重庆的林森为国民政府主席,汪精卫本人作“代主席”,兼领行政院长及中国国民党总裁,同时有五院院长设置及中国国民党各级党部,恢复战前一切体制。伪汪政权名义上统有华北政务委员会及蒙疆联合自治政府,但直接管辖的是江苏、淮海、安徽、浙江、江西、湖北、湖南、广东、中原、福建(部分被占领地区)等省份及南京、上海、汉口、厦门等特别市。然而美国、法国等国均拒绝承认该政权,直到汪精卫病逝后,代主席陈公博于1945年日本投降后宣布解散。1943年8月,林森在重庆车祸逝世。同年9月,蒋中正被推选为国民政府主席兼陆海空军大元帅,并兼军事委员会委员长和行政院院长。

1945年8月14日,日本宣布无条件投降。国民党开始进入“宪政时期”。实际上,在抗战期间的1939—1944年,民主党派和各种群众团体通过提案和会议等方式要求民主自由,实行宪政,美国通过种种渠道向蒋介石表示“中国宜从速实施宪政”和“国民党退为平民,与国内各党处同等地位以解纠纷”的希望(闻黎明,2006)[44],但是,国民党内部宪法政思想极不统一,有民主派、私利派和实权派;国民党在宪法制定和政治制度上都有极大的保守性(李先伦,张福记,2006)。1946年5月1日重庆国民政府还都南京,1947年颁布《中华民国宪法》,1948年5月20日蒋中正依《中华民国宪法》就任行宪后首任中华民国总统,国民政府改组为总统府,政府主席改中华民国总统,进入宪政时期。

综上可见,国民政府的建设,遵循了孙中山《国民政府建国大纲》的基本思想。但蒋介石放弃了孙中山“联俄、联共、扶助农工”三大政策。孙中山曾认为,“能知必能行”、“不知亦能行”(孙中山,1986,p. 227;p. 236)。1939年1月30日,蒋介石在日记中写道:“孙总理云:不知不能行。吾则继之曰:不行不能知。惟行而后乃能知其知之真伪与是非也。”(黄仁宇,2012,p. 323)[45]早在1934年,蒋介石在演讲中提到:“鉴于以往的失败,我们应当觉悟,以后再不要有新旧和中西的成见,只应选择合乎中国国情和需要的办法来做。”(蒋介石,1938,p. 222)因此,蒋介石不可能完全按照孙中山的设计来“施工”。历史表明,蒋介石是中国迈步现代化的关键性历史人物。他和袁世凯一样,注重行政权力,强调军令、政令统一的中央集权。他在苏联和中国共产党的帮助下,创建了黄埔军校。1925年,国民党师法当时苏联共产党军事制度创建新式的国民革命军。1926年7月,国民革命军誓师北伐,当时的国民革命军号称八个军,总兵力约十万人,蒋介石任总司令。自此之后,蒋介石通过黄埔系牢固地控制了中央国民革命军。“清党”之后,尽管两度出现“一国多府”,但蒋介石通过军权控制党权和政权。蒋介石两度被迫“下野”,但又两度被邀复位。

虽然国民党在制度安排上也是讲究“集体领导”，但由于“训政时期”要求一党专政、“抗日战争”要求军令统一，最终党政军权力集于蒋介石一身。蒋介石本人事无巨细亲力亲为，并大量兼职[46][47]，一方面说明蒋介石揽权擅权；另一方面也是国民党内部各派系斗争与调和的结果。

（二）国民政府公务员制度

国民政府公务员制度是在吸收西方（日本）公务员制度和对北洋政府文官制度改造的基础上形成的，并在制度形式上不断完善。

我们知道，清代对官吏的选举、铨任、俸禄、休假、保障及惩戒等形成了一整套严格的制度。清代的官和吏有巨大的差别。官由朝廷任命，吏由“命官”选用。吏的社会地位非常低，以至于其子孙不被允许参加科举考试（郭松义，李新达，李尚英，p. 310）。官员的选举主要通过科举和学校。由学校入仕者不经过科举，国家专设有培养予直接进入官员的学校（如国子监）。同时也通过保举、捐纳、世爵世职为官、吏员（任职5年以上）考职选官等“异途”选用官员。新科进士授权官主要为主事、知事和知县等。《清代朱卷集成》记载同治和光绪时期的进士1176人，被直接钦点为知县的只有8人，即用知县220人，其余为候选知县、即选知县、铨选知县、归部选用知县、部选知县等品衔（方芳，2009）。据瞿同祖对乾隆十年（1745年）和道光三十年（1850年）的《缙绅全书》的考察发现，知县出身“正途”者，1745年的比例为74.4%，其中进士占44.6%，举人占22.3%；1850年的比例为69.5%，其中进士占34.7%，举人占26.2%；而1745年和1850年这两年通过捐纳等“异途”为知县者的比例仅分别为16.5%和19.4%（瞿同祖，2003，p. 35）。以科举考试取士具有公正、公开和客观性，是对官僚选拔过程中的中国式的家族主义或泛家族主义干扰的有力制约。但同治光绪年间，由于捐纳、保举的扩张，州县候选人员激增，流品混杂。与此同时，各省督抚选用州县官常常不拘文法，突破成例（刘伟，2010）。到清末，这种中国式的家族主义或泛家族主义干扰更加严重。科举考试以儒家学说为主要内容，虽然有利于塑造“士大夫精神”，但由此被选拔出来的官员大多不熟悉兵、刑、钱、谷等具体行政业务，“司员不习公事，奉吏为师”[48]。随着资本主义的发展和被迫对外开放的深化，各级政府的具体行政事务更需要“幕友”[49]或胥吏完成。而胥吏不能上升为官，从事的行政事务繁重，且与其社会地位、薪金待遇大不相称。这种人事制度不公平，必然滋生腐败。因而，清廷为了改变面临的严重的政治危机，着手推行官制改革在内的新政，1905年取消运行了1300年的科举考试制度，但各项改革并没有达到预期目标，尚未调整革命就不期来临。

北洋政府从1912年建立时起就开始制定各种文官管理法规，到1921年止，中国已初步形成了近代化的文官管理法规、法令体系。北洋政府废除官与吏之间的等级差别，极大地激发了行政事务人员的积极性。同时，废除了帝制时代的九品十八级官制，实行文官等级品位分类制。1912年10月16日，北洋政府公布的《中央行政官官等法》将行政官分特任官、简任官、荐任官和委任官4级。特任官由大总统以特令任命，简任官由大总统直接选任，荐任官由各主管长官推荐呈请大总统任命，委任官由主管长官直接任命。前三种文官被称为高等文官，委任官被称为普通文官。

北洋政府在法律上最终废除了传统的"恩荫制"与"捐纳制"，但保留了"保荐制"。对文官的任用采取留任旧任官吏与通过新式考试任用相结合的办法。考试分为文官高等考试和文官普通考试两种。文官高等考试在北京进行，由政府组织中央文官高等考试典试委员会负责，参考者必须是大专以上毕业的年满25岁的男性，共考四次，第一次考法律、经史等；第二、第三次考专业；第四次是口试。考试平均成绩合格即授予补官证书，分配到各机关实习2年，成绩优良者补实职。参加文官普通考试者必须是中学毕业、年满20周岁的男性。普通考试只考三次，最后一次也是口试，考试平均成绩合格者可被录取。1912—1928年，北洋政府共举行了五届考试，录取1630人（鲁卫东，2008）。实际上，考用是分离的，按照规定，录取学习两年之后应该铨任实用，但实际上做不到。1914年2月至1915年5月，北洋政府共举办了四届知事试验和保荐免试资格审查。试验及格录取2805人，保荐免试资格审查通过3492人，并且，保荐免试资格审查通过人数一届比一届多（魏光奇，2004）。根据《知事任用暂行条例》，取得知事试验和保荐免试资格审查通过资格的，分发各省候补；根据《文官甄别法草案》，对合格者授予甄别合格证书，可继任原职，不合格者予以免职，并由中央直接任命。但由于北洋政府时期的中国并不具备统一实施近代文官制度的政治条件，因而上述文官制度的实际施行范围主要限于中央政府。"当时北京政府命令是不出都门的，故中央简派的地方官吏恒遭当地军阀予以挡驾。"[50]

1928年国民政府定都南京之后，为适应新形势的需要，颁布了一系列法规，筹建考试院主管公务员的考试与铨叙，公务员制度逐渐完备起来。根据1933年重新制订的《暂行文官官等官俸表》的规定，公务员分为特任、简任、荐任、委任4等，其中，特任1级，简任8级，荐任12级，委任16级，共计4等37级。省部级或以上官员一般为"特任官"，各部次长、司长、各省厅长、高等审判厅厅长等一般为"简任官"。特任和简任不经过考试。各部秘书、科长，各县县知事，高等审判厅的推事、庭长，地方审判厅的厅长、庭长、推事等一般为"荐任官"。各部的主事、科员，各县的科长、县佐，各级审判厅、检察厅的书记官等一般为"委任官”。1928年之前，各省政府下属的“厅”由省政府委员中选任，由中央政府任命。1928年修改的《省政府组织法》规定由省政府委员和中央各部委联合报中央政府核准任命，1930年修改的《省政府组织法》规定不再由省政府参与（向青等，1996，p. 58）。1929年6月颁布的《修正县组织法》规定县长的任用必须由民政厅提出合格人员1～2名，由省政府择而用之。1932年12月第二次全国内政会议通过《实行县长久任并严禁滥竽以期政治修明案》规定，如果县长任期未满而被调动工作或撤销职务，须由内政部检查其原因，如有不当之处，当事的长官应受处分。实际上把县长任免权收归到了内政部。根据《公务员任用条例》规定，荐任官的资格之一是“经高等考试及格者”，委任官资格之一是“经普通考试及格者”。

国民政府公务员考试分普通考试、高等考试和特种考试三种。普通考试是指警察、外交、教育、会计、普通财务、统计、审计、法院书纪官、卫生行政人员的录用考试；高等考试是通过普通考试而再次进行选拔的录用考试；特种考试是指任用机关认为普通考试和高等考试不能满足其选用要求的，而向考试院申请所进行的专门考试，主要包括县长、海关、会计、盐务、邮政及教育的录用考试。后来，县长考试收归考试院统一进行。1933—1947年的14年时间共举行高等考试14次，录取总人数3746，及格率11.58%；普通考试14次，录取总人数2906，及格率11.27%（曹必宏，1997，p. 4391）；1933—1937年，特种考试各类及格人数分别是43人、104人、49人、973人、938人，共计2107人。[51]抗日战争胜利后，考试院组织过县长挑选的考试，1946年的县长挑选考试分笔试和口试，笔试是一篇文章即《按照地方自治法规的规定，就地方自治和县政建设，抒发你自己的意见》，录取186名。[52]但是，考试录取学习期满后并不是都安排岗位工作。最终导致一般士子“宁可奔竞钻营，以求夤缘悻进，不愿勤劳苦学，以循考试之途”[53]。公务员选用过程中受泛家族主义影响严重，公务员通过考试而来的不足百分之一，多为私人推荐。[54]1931年中央和各地公务员约46万人，1946年达到70多万人，1947年达到88万多人。1937—1944年政务费用占财政总支出的份额平均为16.83%（何家伟，2009）。

特任官和简任官的任用同样受到家族主义和泛家族主义的严重影响。1927—1949年国民政府共任命了253人次的省主席，75%为军人（崔之清，2013，p. 569），在党政军的高级官员中，明显存在地缘、学缘、血缘、亲缘的关系网络。导致这种家族主义和泛家族主义泛滥的首要根源是蒋介石。张治中指出：“蒋一切用人行政不外三缘（地缘、血缘、学缘）。”（张治中，1985，p. 763）在血缘、亲缘方面，蒋介石重用宋子文家族、孔祥熙家族。宋子文历任财政部长、中央银行总裁、中国银行董事长、行政院院长等要职;孔祥熙是蒋介石的连襟,历任实业部长、财政部长、中央银行总裁、中国银行董事长、四行联合办事处副主席,行政院副院长、院长等要职,宋孔两人轮流为蒋介石执掌财政、金融以及行政大权。蒋介石还任用了不少蒋家的族亲及外婆家的亲戚。在地缘方面,蒋介石特别重用浙江同乡,国民党第三届执委中,浙江人占22%;三届中监委中,浙江人占25%(崔之清,2013,p.586)。浙江籍的幕僚人数众多,如张静江、戴季陶、黄郛、邵力子、陈果夫、陈立夫、陈诚、陈布雷、朱家骅、胡宗南、蒋鼎文、汤恩伯、陈仪、戴笠、毛人凤、徐恩曾、叶秀峰、周至柔、俞飞鹏、俞大维、俞济时、林蔚、潘公展、董显光等。同时,蒋介石通过同学、同事、师生、结拜兄弟等多种学缘、业缘关系建立泛家族主义网络关系。蒋介石在保定军校和日本陆军士官学校的同学、校友以及日后黄埔学生多受重用,相当一部分成为蒋介石的股肱之臣。蒋介石如此,其他人也会如此建立泛家族主义网络。国民党的众多派系,大致可分为蒋介石的嫡系派系和非蒋嫡系派系。蒋介石的嫡系派系主要有CC系、中统、复兴社、军统、新政学系、陈诚系、胡宗南系、汤恩伯系、朱家骅系、宋子文系、孔祥熙系、蒋经国系、侍从系等。非蒋嫡系派系是指不以拥戴蒋介石在全国的统治地位为最高宗旨,甚至力图否定其统治地位的派系,主要有西山会议派、胡汉民派、汪精卫派、孙科派、丁惟汾派、唐生智系、桂系、晋系、冯玉祥系、李济深系、邓演达派、张学良系、陈济棠系、陈铭枢系、杨虎城系、韩复榘系、西北诸马系、川康实力派、宋哲元系、盛世才系、龙云系等。[55]所以,国民政府的官员的产生是泛家族主义派系斗争的结果。

由于家族主义和泛家族主义在国民政府公务员的选举和任用过程中泛滥成灾,形成了一种"劣币驱逐良币"的选人用人机制,所以国民政府的官员群体实为乌合之众;而由于国民政府的官员都是属于不同泛家族主义"圈子"的,"圈子"的利益高于国家和社会的利益,法律和制度成了摆设。"圈子"之间缺乏信任,为争夺公共资源钩心斗角,从而导致政府腐败不堪。而腐败无能的政府必然要被人民所唾弃。因此,民国的历史经验告诉我们,公共部门的公务人员和政府官员,必须坚持用客观性的考试等竞争方式来选举,用客观指标来考核,由人民群众来决定。如果由少数官员来选举官员,就会不断形成新的泛家族主义关系网络,我国将无法走出民国。

(三)南京国民政府的计划经济体制

国民党在经济管理上执行的是计划经济政策,由此形成了计划经济体制。实际上,国民党的计划经济思想起源于孙中山的《实业计划》(1920年)。孙中山将实施计划经济视为中国工业化的必由之路[56],将大力发展国营企业视为促进中国经济发展的两大支柱之一。尽管《实业计划》只是一个设想,但孙中山有关实施计划经济、发展国营企业的思想却给近代中国的思想界留下了持久的影响。最初10年,国家格外注重在重工业等基础工业的发展,各个部委、各地方政府建设国有企业,即"条条块块"管辖。同时,因战争动员、社会主义思潮和"罗斯福新政"的影响,国家采取计划经济政策,蒋介石明确指出:"中国经济建设之政策,应为计划经济,即政府根据国情与需要,将整个国家经济如生产、交易、分配、消费诸方面制成彼此互相联系之精密计划,以为一切经济建设进行之方针。"(周进庆,p.52)国民政府财政部长宋子文也承认,"国家对经济的干涉日渐增加,自由的不受干涉的经济已经过时。"他要求在国民政府内创立一个"真正有效的计划机关"来"指导国家的生产,协调各部的活动,正确规划出在特定的年份内每一个不同的部门应该追求的目标"。[57]许多党派和知识分子也主张工业化必须以国营经济和国家计划为主导(周代启,pp.291~314)。自由派知识分子领袖胡适指出,采用统制经济或计划经济的模式来促进中国工业化,成了当时中国"最风行的口号"(胡适,1993,p.147;程麟荪,2007)。

1927年国民党政府成立后,首先对税收制度进行了一些重大变革。1928年11月,国民政府公布施行《划分国家收入地方收入标准案》,重新划分中央税与地方税,改变了过去地方割据和各自为政的分散局面;提高税收在财政收入中的比重,1929年公布实施《海关进出口税则》,宣告了中国的关税自主。1936年国民政府公布实施《所得税暂行条例》,同年拟定《遗产税原则》与《遗产税条例》,对遗产总额超过50000元者实行超额累进征收。1928年通过了裁撤厘金方案。1934年国民政府第二次全国财政会议提出了整理地方财政、改良税制、取消苛捐杂税、减轻田赋及附加并规定不再增加新的附加项目等政策,同时还规定凡妨害公共秩序、中央收入来源、交通和为一地方利益而对其他地方输入之货物为不公平课税和各地的货品通过税一律予以废止。税制的改革,对于资本主义发展是极为有利的,也便于中央集中掌握财力。同时,国民政府也进行了金融体制改革。1935年11月3日,财政部发布公告,宣布在全国范围内推行法币制度,由此宣告了运行了二千多年的银铜复本位制的货币制度的废止。同时规定法币的发行机关是中央银行、中国银行、交通银行,首次确立了"中央银行制度"。金融改革促进了中国国民经济的发展,稳定了国内的金融形势,使"昔日彷徨中道、莫之适从者,今日已得有根据,可转为未来计划之预筹"(杨阴浦,p.16)。实际上,财政金融制度的改革,为建立中央集权体制下的宏观调控体制奠定了基础。但是,由于对日战争和以后的国内战争,国民政府军费开支过大,财政赤字严重,法币空前贬值,使国民政府的宏观调控体制彻底崩溃。

五、各地区工业化、城市化不平衡发展

中国的近代工业始于洋务运动。19世纪60年代建立了一批军工企业，如江南制造局、金陵机器局、福州船政局、天津机器局等。19世纪70年代筹办海防后，开始建立燃料、采掘工业和交通、通讯业以满足动力、原材料和运输的需要，并开辟财源以支持"洋务新政"。因此，由官方出面筹集商款，以官督商办或官商合办形式经营采矿、冶炼、运输等工业交通事业成为一时的风尚。1872年朱其昂创办轮船招商局，1878年唐廷枢创办开平煤矿，1879年盛宣怀创办湖北荆门煤矿，1882年盛宣怀、郑观应创办电报总局。这些是其中最为著名的事件。1861—1894年，洋务运动期间，中国民族资本近代企业中有数据可查的，包括由洋务派经营的19个较大的军事工业，27个官办、官督商办、民用企业暨170个民办企业在内，其投资总额约为80448311两银。其中官款是最主要的来源，共约64865442两银，占比80.63%（许涤新，吴承明，pp. 341 ~ 342；pp. 380 ~ 381）。随着洋务运动时期大量新兴产业的发展，对传统产业产生了巨大的冲击。邮局（1878年）、电报（1881年）和电话（1882年）的引进，改变了传统的信息传递业态；火车的引进（1874年）改变了传统的运输格局，更好地适应了工业大规模生产的要求；银行的设立（1847年）与发展逐步淘汰了传统的钱庄与票号。这一切又促进了资本主义发展。

实际上，中国传统社会的商号源远流长，在儒家文化的影响下形成了其独特的经营管理模式。根据文献记载，至少在清代中期，中国的商号已经出现所有权与经营权相分离（或东掌分离）的做法，除合伙制商号之外，大型商号往往以股份制为基础，实行银股和人身股的合股办法，并辅以薪金制（王夷典，pp. 14 ~ 20）。虽然国家没有立法对商号进行无形资产产权保护，但行业协会有行规来加以保护（欧阳恩剑，2009），保障了商号对商誉的合理投入。西方列强进入中国之后，中国开始建立股份制企业。[58] 1873年在上海成立的轮船招商局，规定官督商办，招商集股，普遍实行官利制。"官利制"带有特定的时代特征，股票在权力上是普通股份，在权益上是债券。如1877年由唐廷枢拟定的《直隶开平矿务局章程》规定："每年所得利息，先提官利一分，后提办事者花红二成，其余仍按股均分。"（孙毓棠，1957，p. 630）1896年，湖广总督张之洞在《铁厂招商承办议定章程折》中，规定汉阳铁厂商股"自入本之日起，第一年至第四年按年息八厘，第五年起提息一分……办无成效，额患必不短欠"（孙毓棠，1957，p. 832）。1904年晚清政府颁布《公司律》对合资、股份公司进行了法律规范。对股份公司的分配作了规定："公司结账，必有赢余方能分派股息，其无赢余者不得移本分派。"[59] 但

《公司律》有关官利的规定并未得到切实遵循,各股份企业仍照执行官利制。

由于受中国传统的家族主义文化的影响,中国的民营工商企业多以家族或亲朋好友共同集资为主,并且具有极强的竞争力。日本考察团在其《清国商况视察复命书》中记载:"清商业虽多目不识丁未受过教育,但积年成熟练,对商务之畅达,意气亦豪放豁达,而在商务交易上更以信用为主,一言一诺为取舍,决不苟且。"(滨下武志,2008a,p.54)但是,股份公司需要让不熟悉的人入股非常困难,也必须实行"官利制"。张謇创办的大生纱厂崇明分厂就是一个典型(卢征良,2007)。由于"官利制"挥之不去,企业经营风险全部由创办人承担,使得民营企业资金短缺,难以做强做大。同时,晚清的官办企业不断实行股份制改造而向商办转型。[60]但当时中国的资本主义工业生产企业管理相对落后。而与此同时的西方已经通行科学管理。企业家穆藕初(1876—1943年)在《工厂适用学理的管理法》"译者序"中指出,中国尚未进入持续发展的轨道,主要是缺乏实用性人才。在企业经营中的适用人才包括科技人才和管理人才,管理人才尤其重要,"增进精良之产额,节省无谓之消费,直接发展工厂之隆运,开拓国家之富源,皆为管理人才的职责。"[61]但我国当时的企业管理人员懂得应用近代管理学知识的并不多。

我国工商业企业和运用大机器生产的工厂云集在东部沿海一带。1896—1913年,帝国主义各国在中国设立的各类工厂114家,其中上海41家,大连13家,汉口7家,天津5家,占57.9%,其余福州、武昌、苏州、哈尔滨、营口、长春占42.1%(汪敬虞,p.1166~1169);1912—1927年,上海开设各类华资工厂近500家,各类华资银行45家。[62]实际上,随着工业化的发展和国内外贸易的繁荣,一大批城市脱颖而出,也推动着中国又一轮大规模城市化发展(郑忠,2008)[63]和乡村工业的产生与发展(顾琳,2009)。

中国近代的工业化、城市化是在城乡连动和国内外自由竞争的市场环境下艰难演进的。随着中国与列强所签订的一系列不平等条约的生效,东南沿海的广州、厦门、福州、宁波、上海作为首批对外通商口岸或称为"条约口岸",后来陆续开埠的地点达111处(严中平,2012,pp.35~39),中国的"门户"敞开。外国资本主义企业生产的日用品大量涌入中国市场。1882年,中国进口贸易商品比率分别为:鸦片34.42%、棉布29.22%、毛织物5.78%、金属和矿石6.05%、杂货24.53%。1910年,进口商品增加了大米、小麦面粉、烟、颜料、桐油、纸、煤与焦炭、木地、木材、机械和棉花等。出口为生丝、丝、砂糖、大豆粕、棉花、杂货等,但鸦片只占11.97%,棉布(29.22%)占比最高。1882—1931年,我国的进口额一直大于出口额(入超)(滨下武志,2008b,pp.539~540;pp.542~544)。由于中国一直实行铜银复本位制，长期入超，白银外流，导致国内银价和市场物价上涨，对商品生产有利，但对普通老百姓的生活是一种严重的侵害。为了维持社会的稳定，清末民初政府实行了一系列实业振兴政策，以致进口替代。1903年，商部在《奖励公司章程》中，对集股50万～5000万元以上兴办公司者，分10等给予顾问官、议员，加授顶戴并赐给牌、匾，准子孙世袭议员等奖励。1907年的《改订奖励公司章程》将授奖由原来的50万～5000万元以上，降为20万～2000万元以上。同时还颁布了《华商办理实业爵赏章程》，以鼓励国内巨富和海外侨商投资兴办实业。同时，对新式工业、交通运输业、农业和传统手工业、农业奖励，特别强调对"有创制新法、新器以及仿造各项工艺，确能挽回利权，足资民用"。[64]北洋政府延续了清末与南京临时政府确定的自由资本主义的市场经济体制，表示"民国成立，宜以实业为先"，并把"在法律范围内，人民有保有财产及营业之自由"的规定写入《中华民国约法》。南京国民政府按照孙中山的实业振兴计划进一步加强了组织制度建设。因此，近代的中国经济状况，"既是将外国事物有机地纳入自身逻辑体系中并充分发挥其作用，又是与亚洲地域内部密切关联的"（滨下武志，2008a，p.2）。汪敬虞认为近代存在着"中国资本主义的发展和不发展"这样一条中心线索（汪敬虞，1989）。

中国的民族资本主义企业的发展，与其他工业化革命的国家一样，最先从纺织业开始。但中国棉织业的发展比英国晚105年，比印度晚34年，比日本晚23年（严中平，1955b，p.11）。起初，从日本进口铁轮纺机和从英国、德国、意大利等国进口机械动力纺织机及其零配件、颜料等，从美国进口棉花，从日本、印度进口棉纱。当然，纺织企业不是直接从国外进口，而是通过洋行及其中国的买办。清末民初，日本与印度的棉纱在中国市场的竞争是十分激烈的（严中平，1955b，pp.125～132），这对中国纺织企业是有利的。如河北的高阳地区，通过向洋行赊购的方式购进棉纱（顾琳，pp.66～67），进行"来料加工"。并且，此后由国内企业生产铁轮纺织机械及其配件，经过不懈的努力，无论是纺织机械还是纺织品，在一定程度上实现了"进口替代"。据统计，1913年，中国国内市场大约32%的布来自于进口，1920年为24%，1936年为12%（顾琳，p.105）。中国的机械缫丝生产、丝绸生产和棉纺织业相似，在国内外市场也面临着与日本企业的竞争（城山智子，pp.52～60）。中国资本主义纺织工业的发展，也进一步促进了农村商品生产的进一步发展。据统计，1932年，无锡全县工业产值7726万元，农业产值869万元，相当于工业产值的11.2%。在农业产值中，生丝占比70.3%，棉花占比8.1%，稻米、小麦、大麦、大豆占比21.6%（曹幸穗，p.132）。这种工业化促进农业商品化的局面在第一次世界大战期间得到了充分的发展。同时，其他近代工商业、铁路、银行等现代部门，由起初外国企业占主要地位的局面逐渐变为国内资本居主导地位的格局（严中平，2012，p. 83；p. 125）。1948 年，国家资本控制了全国银行的 70%、纺锭的 40%、织布机的 60%。国民政府控制工业的主要机构是资源委员会。它掌握了全国钢产量的 90%、煤产量的 33%、电力的 67%、糖产量的 90%，以及全部石油和有色金属。在全国产业资本中，国家资本占 64% 以上。在交通运输方面，它控制全部铁路、公路和 43% 以上的轮船吨位。在流通领域，它掌握十几个具有垄断性质的大贸易公司。但因政企不分、治理结构等原因，“政府企业同政府其他行政部门一样，通常是低效能的、官僚主义的和腐败的”（费正清，费维恺，1994b，p. 590）。但这笔巨大的物质资产和制度文化留给了新中国。类似河北高阳和江苏、浙江等地的乡村工业为 20 世纪 80 年代中国乡镇企业“异军突起”积淀了厚实的商业文化基础。

六、农村、农业、农民

梁启超曾指出：“中国古代的政治是家族本位的政治。”（梁启超，1986，p. 40）而中国农村是维持得比较完整的家庭制度的地区。研究社会经济形态不能不对农村宗族的性质进行研究。[65]

前文已述，西周完善的宗法制度在春秋战国时期逐渐衰败。秦汉“豪族”（马彪，p. 7）的出现实际上是宗法制度以一种新的形态登上历史舞台。东汉至魏晋南北朝时期，宗族表现为门阀士族。隋唐时期因科举制度的实行，门阀士族不断衰败。宋明时期宗族得到了复兴，清代宗族组织发展极为盛行。

宗族的标志是宗祠，通过编制宗谱来联系宗族。宗族有族长和族规，还有族田（祠堂田、寺庙田、墓田、祭田、义田、学田、公会田）。族田约始于宋代。苏州范仲淹于 1049 年捐田千亩以养族人，首创义庄。由于得到国家的鼓励和推广，各地纷纷仿效。明代有所发展，安徽、广东、陕西、直隶（今河北）等省都有关于设置族田创建义庄的记载。清代又有进一步发展。如江西省，据乾隆二十九年（1764）调查，各族建祠 8093 处，其中置有祠田的有 6739 处（李文治，p. 198）。根据严中平的统计，1929—1933 年，中国庙田族田及其他公田由 16 世纪末的 13.6% 下降为 3.4%（严中平，1955a，p. 185）。族田对于赡贫睦族、维护宗族、加强宗族共同体是有巨大作用的。

宗族一般聚族而居，有的地区“一族所聚，动辄数百数十里，即在城中亦各占一区，无异姓杂处”（戴逸，1984，p. 13）。由此，历代统治者十分重视对宗族组织的利用，国家通过法律的形式对宗族制度进行确认、维护和限制（郑定，马建兴，2002）。同时，明清科举考试的标准是理学及经、史。[66]这种文化浸润着国家体制和社会宗族制度。1905年,“废科举,兴学堂”,1915年新文化运动,儒家道统遭到全面批判。与此同时,知识人士往城市聚集,乡绅衰落。而晚清各地举办团练,在中国社会形成一种新的势力,并成为宗族社会的领导层,毛泽东《湖南农民运动考察报告》(1927年)把其称为“土豪劣绅”。20世纪20年代末期的国民革命把“土豪劣绅”扫出历史舞台。伴随着乡村社会管理中的低效及广泛存在的士绅阶层劣质化,南京国民政府开始通过保甲制等具体政权建设直接干涉和控制基层政权,“国家政权日益下沉”(李涛,2010)。由此,新乡绅在农村形成(林济,2002),新乡绅的家族观以三民主义为基础,形成“民族为纲而家族为目”的新理念。[67]他们在宗族活动中以孙中山的民族主义相号召,所谓“由敬宗而收族,由收族而精诚团结,以跻于总理之国家民族主义,进而世界大同不难矣”[68]。同时,南京国民政府时期的“乡村建设运动”,对降低封闭的传统农村宗族组织的影响及社会风俗的改造有一定的意义(杜赞奇,p.234)。

宗族制度与国家基层政权共同治理农村,导致民国乡村内卷化的发展(王奇生,p.549~590;陈益元,2008)。农村的经济活动是以家庭为单位的。这种以家庭为单位的生产组织相当于“家庭农场”。家庭农场一般根据其土地资源和人力资源,在市场信息的指导下合理配置其资源。[69]因而,中国广大农村是小农经济的汪洋大海,也是小商品经济的汪洋大海。由于各地乡村工业和农产品商品生产发展不平衡,在中西部地区,农民生存主要还是以土地资源为基础(戴鞍钢,2006)。而由于人口的过快增长和土地相对集中化、私有化程度的提高,少地的家庭越来越多。1927年,全国占人口6%的地主占有土地达62%,占人口55%的雇农、佃农和游民却缺少基本的地权(于长清,慈鸿飞,p.55)。1947年,自耕农占比42%,半佃农占比25%,佃农占比33%(严中平,2012,p.185)。在东南地区大多数调查中,占人口一半左右的农村贫困阶层,其人均占有土地不足一亩。[70]

华北地区以小自耕农为主,江南地区普遍流行一田二主的租佃制,华南地区普通流行一田三主制度等多重地权制度。实际上,地主也可分为乡居地主和城居地主。乡居地主相对较少有特权,这类地主一般与同姓家族世居或长居在某一地,比较注重口碑和邻里的评价,大多数地主修桥铺路、建设私塾学堂,为宗族提供赞助。因而,租佃关系中有人情的因素。地租主要受租佃供求关系决定。晚清以来的地租率平均为50%以上(严中平,2012,p.201)。民国时期地租率没有明显上涨,或者可能低于晚清,但江南地区国民党的税收和繁多的附加税、捐税的增加,使得1923—1926年至1931—1933年各县的实际负担增加了36%~98%,地主的利益受到强力挤压,逼迫地主提高地租,因而农民也从抗租变成了抗税(吕新雨,2012)。

城居地主主要是军阀、官僚和商人。江苏省民政厅于1930年对占地千亩以上的514户大地主的职业调查结果表明,苏南大地主中,军政人员占27.33%,高利贷者占42.86%,商人占22.36%,资本家占7.45%。[71]经商、办企业的城居地主,其原料的来源,其商品的销售,都离不开农村,因而他们和农村有着天然联系。另外,在"一田二主"(田骨和田面)条件下,田骨(所有权)变成了农村的金融工具。村民通过代理人把自己的地抵押给城居地主而自己作为佃农继续耕种,在土地涨价时地主提高押金,村民需要延长付款期限等,因租佃供求关系偏利于地主,祈求代理人不再起作用,需要另外祈求与城居地主有关系的人。而代理人往往通过租佃和借贷关系收取佣金,从地主那里获得优惠条件租种土地和获取低息无息贷款,从未站在村民一边。他们不但将担任公职视为捞油水的权力,而且勾结县衙中的营利型国家经纪作威作福(杜赞奇,p.126)。各地大规模的抗租抗税运动,虽然矛头直指的是警察局(费正清,崔瑞德,2007b,pp.176~186),但其深层原因是国家的农地分配政策。

从晚清以来,也出现了一些具有资本主义性质的农垦公司。1901年,张謇创办通海垦牧公司。自1915年起,由张謇等人牵头,兴起了废灶兴垦、募股集资大办垦牧公司热潮。至1936年,在黄海滩涂、草荡上,先后办起了有正式公司名称的盐垦(垦殖)公司42家,加上派生小公司77家(姚恩荣,邹迎曦,1988,pp.94~130)。这些农垦公司以大工业企业为核心,聚集大量社会资本,用"公司加农户"的经营方式开发沿海滩涂,为大工业生产原料,也较好地解决了"家庭农场"无法解决的农田基础设施建设问题,并且部分地引入了新式生产工具和科学技术,提高了土地利用效益。垦牧公司除少量"岸台"(堤面)土地系户工自行经营外,绝大部分是佃给赤贫移民耕种。承佃者每亩需交"顶首"(押租)钱2000文(后提高到6元),田地收获"公司得四,佃人得六"。与当地的通例"包三石"相比,可少交地租一半左右(章开沅,p.145)。在公司内部实行传统的农业生产制而不是雇佣工资制,与机械化程度低和中国传统的家庭主义有密切关系。但农垦公司的经营模式是一项重大的制度创新。

但是,晚清以来,我国农业的主要形态是"家庭农场",土地分配、地租和农业税费是影响"三农"问题的主要因素。为了减轻农民负担,维持农村稳定,1927年南京政府颁布《佃农保护法》,规定"佃农缴纳租项不得超过所租地收获量百分之四十","佃农对于地主除缴纳租项外,所有额外苛例一概取消","佃农对于所耕土地有永佃权"。根据这些精神,湖南、湖北、江苏都曾制定过相应条例,但真正实行过的只有浙江省。1946年12月25日国民大会通过的《中华民国宪法》在维护地主阶级的利益的同时,也体现了孙中山平均地权学说的精神,但并没有付诸实施。实际上,由于农地分配问题没有解决好,导致民心丧失殆尽,最后败退台湾。

七、小结

1840—1949年是中国历史上的“乱世”。这种乱世直接导致物质财富的严重破坏和人口的大量损耗。但相伴而生的是思想市场的繁荣和制度得到不断创新。

从洋务运动开始,清廷虽然主动采取了一系列资产阶级改良活动,但辛亥革命还是不期暴发了。[72]辛亥革命虽然和历次“农民起义”一样一开始矛头对准的是专制的王朝,但辛亥革命是一次资产阶级民主革命。孙中山倡导“天下为公”,设想通过宪政和议会民主方式终结几千年来国家政权交替的暴力方式和政权的专制统治。但是,中国社会“家族主义”和“天下为私”的流毒太深,虽然清末民初热热闹闹搞了二十多年的宪政和议会民主,但这一切都是形式主义的,实质上还是中央集权式的专制。后来国民党搞的所谓“宪政”也是形式主义的。当然,这种形式主义宪政就中国历史发展而言也是一种历史进步。

形式主义的宪政往往与专制主义(利己主义)是相伴而生的。但它对资本主义法律体系的快速形成与发展的作用是积极的,极大地促进了资本主义的发展,加速了中国社会工业化、城市化的进程。现代自由主义代表人物哈耶克指出:“一个独裁者是有可能以自由主义的方式进行统治的。而且一个民主政体也可能以全无自由的方式统治。我个人偏向于自由的独裁者,而不喜欢缺乏自由主义的民主政府。”(鲍尔斯等,2012,p. 19)[73]

中国式的家族主义和泛家族主义是一种制度文化,也是中国人的行为模式。只要是中国人聚集起来从事一种事业,或者“正式组织”会按照家族主义来建构,或者“非正式组织”按照家族主义来联络。实际上,家族主义和泛家族主义是可以转换升华成为一种集体主义精神的。赫尔曼康·恩(Herman Kahn)在《世界经济发展》一书中以儒家伦理解析东亚经济奇迹之谜。他认为东亚人民之所以善于组织,获得经济上的成功,主要是他们具有一些源自儒家的共同的文化特质:家庭内的社会化过程特别强调自制、教育、学习技艺和以严肃的态度对待工作与履行家庭义务;协助个人所认同的群体;重视阶层并认为理所当然,重视人际关系的互补性,并由此能增加个人在机构中所能知觉到的公平性而不是绝对平均主义,等等。他认为这种文化更加适于经济增长。Peter Berger认为东亚现代化的根源在儒家思想[74],等等。但是,家族主义和泛家族主义重视集团利益,缺乏公共精神,并成为导致晚清民初议会民主政治运动失败的一个基本原因。晚清以来,民国政府在制度建设方面,有许多可圈可点的地方,值得我们今天借鉴。更为重要的是,我国1979年改革开放以来的社会发展,是对民国社会经济形态的回归与超越,民国时期的许多社会现象以惊人的相似性在21世纪中国社会的今天得以重现,值得我们警惕和深思!

就世界历史来看,近代殖民地是资本主义发展的产物。马克思指出:“有两种殖民地要加以区别,第一种是真正的殖民地,如北美、澳大利亚和新西兰等地,即移民垦殖殖民地;第二种是种植园殖民地,如亚、非、拉某些国家和地区,即奴役土著殖民地。”(马克思,1975c,pp. 338 ~ 339)清朝是主权国家,中华民国是两次世界大战的战胜国之一,都不属于马克思所定义的两种殖民地之一。但1840年以来,台湾、香港、旅顺、大连、威海卫等沿海几个重要海港地区在不平等的条约下或被割让或被租借,实际上成了“奴役土著殖民地”,同时,列强控制海关以用于中国政府偿还借款与所谓的战争“赔偿”,在中国划分势力范围,进行经济掠夺,等等。马克思在《不列颠在印度统治的未来结果》一文中提出殖民地及殖民主义有“双重使命”,即破坏性使命和建设性使命,两者都是既有积极方面又有消极方面(马克思,恩格斯,1961,p. 247)。而帝国主义殖民地政策,既是对中国的经济掠夺,同时也促进了中国社会资本主义的发展。马克思指出:“亚洲各国不断瓦解、不断重建和经常改朝换代,与此截然相反,亚洲的社会却没有变化。这种社会的基本经济要素的结构不为政治领域中的风暴所触动。”(马克思,1976a,p. 396)

目前权威的判断是:“近代中国走向半殖民地半封建社会”(中共中央党史研究室,2002,p. 7)。这种定性有一个过程。1912年7月,列宁在《中国的民主主义和民粹主义革命》一文中认为当时的中国仍然是一个“落后的、半封建的农业国家”(列宁,1978b,p. 426)。1922年,陈独秀提出“半封建”的概念(陈独秀,1984,p. 185),蔡和森提出“半殖民地”的概念,后来,蔡和森将半封建和半殖民地两个概念结合起来使用(蔡和森,1980,p. 84;p. 103;p. 107),并在中国共产党内得到普遍认同。1924年,孙中山认为:“这‘半殖民地’的名词,是自己安慰自己。其实中国所受过了列强经济力的压迫,不只是半殖民地,比较全殖民地还要厉害”,可以叫做“次殖民地”(孙中山,2012,p. 16 ~ 17);蒋介石认为“现在的中国,是世界各国的公共殖民地”[75]。实际上,关于中国社会性质的论战,也在莫斯科展开,作为斯大林与托洛茨基政治交锋的组成部分。两派均以列宁所确立的“半殖民地”和“半封建”架构为基点,然而却向不同方向倾斜。托派向“半殖民地”方向倾斜,直至认为中国是资本主义压倒一切;斯大林派则向“半封建”方向倾斜,直至认为封建关系在中国占优势。以此交锋为背景,中共内部也发生分歧与分裂,国民党及自由马列学者也卷入进来,形成国内的社会性质大论战。而在论战中,各家均认可“半殖民地”之说,而于“半封建”歧义纷呈。经过论战,半殖民地半封建理论逐渐得以彰显,最后由毛泽东总其成(李洪岩,2005)。

所谓“半封建”、“半殖民地”是两类性质的范畴。“半封建”对应的是“半资本主义”;“半殖民地”对应的是“半主权独立国家”。因而,“半殖民地半封建社会”完整的表示应该是“半殖民地半主权独立国家;半封建半资本主义社会”。“半”是一个定量指标,无论是“殖民地”还是“封建制度”,在近代中国都达不到50%或接近50%。实际上,作为幅员广大、生产力发展不平衡的中国,不仅存在资本主义制度,还存在农奴制(西藏)、奴隶制(四川、云南两省大小凉山的彝族地区等),有的还处在原始公社制经济社会形态的末期(如云南西部地区的独龙、怒、傈僳、景颇、佤、布朗等民族,内蒙古东部的鄂伦春族、鄂温克族,以及海南岛五指山地区的部分黎族等)。[76]而毛泽东对封建主义的认识是有缺陷的。[77]毛泽东认为:“自周秦以来,中国是一个封建社会,其政治是封建的政治,其经济是封建的经济。而为这种政治和经济之反映的占统治地位的文化,则是封建的文化。”(毛泽东,1991b,p. 664)毛泽东对封建主义进行了猛烈的批判。毛泽东主张彻底地改造中国,移风易俗,通过革命斗争和思想文化领域内的斗争,最终消除封建主义(肖东波,1995)。毛泽东的这一认知,也是他晚年发动“无产阶级文化大革命”运动的理论依据之一。我们在第三章已经论述,自秦汉以来的中国传统社会是官僚主义商品经济社会,并不是所谓的“封建社会”,中国近代还存在封建主义残余,即使在乡村也不居主导地位。

同时,“殖民地”并不能反映社会经济形态的性质。古希腊、古罗马在它们的殖民地实行的是农奴制和奴隶制经济;工业革命之后,帝国主义在殖民地一般实行资本主义经济。帝国主义在中国的经济殖民也实行的是资本主义经济。实际上,清末政府日益衰败,但社会经济却充满活力。进入民国,中国社会基本上进入了一种无政府状态,内战和对外战争打打停停,此起彼伏,但资本主义发展却十分迅速,资本主义工商业逐渐成为中国最有活力、对国计民生最有影响的部分。因而,从社会经济形态来讲,中国近代社会是由资本主义所主导的,由官僚或权贵控制的国有经济起着支配作用,所以我们把近代中国社会经济形态定性为官僚资本主义社会。这种定性并不影响我们党领导的反对帝国主义(或反对帝国主义侵略)、封建主义和官僚资本主义的新民民主革命的总路线。因为社会经济形态问题主要是考察生产方式而不是上层建筑。过去反封建主义的内容包括封建礼教(儒家学说)、地主经济(家庭农场)和君主专制等。今天看来,“反封建主义”主要应该理解为反对专制主义和家族主义;另外,对外开放和国有经济也不能一概反掉。学术讨论必须实事求是。虽然中国传统社会几千年来实行“人治”,未能完全将历代的政治智慧和政治财富凝结为理性而不断完善的法律制度,往往随着朝代的更换而“推倒重来”,但社会历史发展是割裂不开的,因为“人们不能自由选择自己的生产力——这是他们的全部历史的基础”(马克思,恩格斯,1995d,p. 532)。

注释

[1] “capitalism”. Encyclopædia Britannica. Encyclopædia Britannica Online. Encyclopædia Britannica Inc., 2013. Web. 31 May, 2013.

[2] Case, Karl E., Fair, Ray C., Principles of Macroeconomics, Chapter 22 Globalization, Prentice Hall (2004).

[3] Stilwell, Frank. “Political Economy: the Contest of Economic Ideas.” First Edition. Oxford University Press. Melbourne, Australia, 2002.

[4] 顾准指出:“中国那些侈谈什么中国也可以从内部自然成长出资本主义来的人们,忘掉资本主义并不纯粹是一种经济现象,它也是一种法权体系……资本主义是从希腊罗马文明中产生出来的,印度、中国、波斯、阿拉伯、东正教文明都没有产生出来资本主义,这并不偶然的。”(顾准. 关于原始积累和资本主义发展的笔记[M]//顾准文稿. 北京:中国青年出版社,2002:335)

[5] 由于中国文化缺少(思辨)理性主义,在古代法律制度安排上,礼法不分,技术层面的东西多,而没有系统的法理,不可能产生清晰界定产权和严格保护产权的法律体系。黑格尔认为,“基于家长政治的原则,臣民都被看做还处于幼稚的状态里”,这就造成“一切都是由上面来指导和监督”(黑格尔,1956,p. 171)的习惯,造成“几乎等于一种奴隶制度”的表象,造成对人的肉体和精神任意侮辱的刑罚。在西方,法律包含有道德的本质规定;在中国,道德本身即是法律的规定,所以“中国人既没有我们所谓的法律,也没有我们所谓的道德”(黑格尔,1996a,p. 125)。黑格尔说,“中国的法律是形式发达,而内容却反倒是压制法律的东西”(黑格尔,1996a,p. 119)。当然,这种欧洲中心主义对中国文化批判采取了极端化的作法,但在缺乏(思辨)理性主义的文化里,就不可能有真正的法治与民主。就这种意义来讲,对外开放对中国具有特别重要的意义。

[6] 15 世纪,中国应该是当时头等海上强国,超过了葡萄牙、西班牙。中国已经具有向海外扩张的能力,但它没有这样去扩张。对此,西方学者不解,把其作为一个历史之谜[费正清. 剑桥中华人民共和国史(1912—1949)[M]. 上册. 北京:中国社会科学出版社,1993:17]。

[7] 早于 17 世纪,法国耶稣会教士皇尼阁(Trigault,1577—1628)携同当时教皇送华的 7000 多部欧陆印制的书籍,包括了当时的科技著作(徐振保. 中外文化交流记趣[M]. 上海:复旦大学出版,1996:118.)。耶稣会出版的外语中译或以中文撰写的书籍约共 400 部,把当时西方的科学新知带入中国。至新教宣教士进入中国后,着重出版与翻译的工作,如 Calvin Mateer、Timothy Richard、Wap Martin 等皆推动科学教育的工作(魏外扬. 宣教事业与近代中国[M]. 台北:宇宙光出版社,1978)。

[8] 康有为政论集[M]. 1集. 上海:上海古籍出版社,1987;严复集[M]. 1册. 北京:中华书局,1986;梁启超. 饮冰室内合集[M]. 北京:中华书局,1986。

[9] 1921年6月16日,胡适给吴虞出版的文集作序,第一次使用"打倒孔家店"一词(欧阳哲生,编. 胡适文集[M]. 2卷. 北京: 北京大学出版社,1999:610),此后,钱玄同做了积极响应,"孔家店真是千该打,万该打的东西;因为它是中国昏乱思想的大本营。它若不被打倒,则中国人的思想永无清明之一日;穆姑娘(Moral)无法来给我们治内,赛先生(Science)无法来给我们兴学理财,台先生(Democracy)无法来给我们经国惠民。"(刘思源,等. 钱玄同文集[M]. 2卷. 北京: 中国人民大学出版社,1999:58)。李大钊说:"余谓孔子为历代帝王专制之护符,闻者骇然,虽然,无骇也。孔子生于专制之社会,专制之时代,自不能不就当时之政治制度而立说,故其说确足以代表专制社会之道德,亦足为专制君主所利用资以为护符也。历代君主,莫不尊之祀之,奉为先师,崇为至圣。而孔子云者,遂非复个人之名称,而为保护君主政治之偶像矣。"(李大钊. 李大钊选集[M]. 北京:人民出版社,1978:80)。实际上,这些名人的著作中没有"打倒孔家店"一词,并不能证明五四运动时期就没有这个口号。

[10] 中国人的家族主义实际上具有一种明显的"泛化"趋势[樊江春. 中国微观组织中的"家族主义"[J]. 新华文摘,1992(5)];台湾学者杨国枢(杨国枢. 家族化历程、泛家族主义及组织管理[M]. 台北: 台北远流出版公司,1998)认为华人在家族中所集聚的生活经验、思维方式、行为习惯对其产生了强烈的影响,以至于他们在参与家族以外的组织活动时,往往会自然而然地将家族中的结构形态、关系模式及处事方式推广、泛化或带入这些非家族性的团体或组织。也就是说,在家族以外的团体或组织中,中国人会比照家族主义的取向而活动,其直接的表现形式是将自己和那些以血缘、亲缘和地缘为纽带联接而成的"自家人"看做是"圈里人",而将陌生人和外人看成是"圈外人",待人接物时以特殊主义而不是普遍主义为基础行事,对圈里人和圈外人的态度截然不同。费孝通先生曾以"差序格局"的概念形象地描述过这种泛家族主义:"它实际上是以'己'为中心,像石子一般投入水中,和别人所联系成的社会关系……像水的波纹一般,一圈圈推出去,愈推愈远,也愈推愈薄。"(费孝通,1985)更进一步的分析可以发现,随着社会的发展,上述"圈子"的范围可以随情境的变化而放大或缩小。一方面,亲缘的扩大化使认宗亲(即远祖同谱而认为宗亲)、认干亲(如干爹妈、干儿女)、认养亲(如养父母、养子女)、结义亲(如结义兄弟姊妹)成为我国人际关系中一道独特的风景线;另一方面,许多人又只把几个人当作自己可以推心置腹的"亲信"。这种家族主义在社会生活中的泛化决定了中国人在对待一个人时,首先将其定位在人际关系立体网络中的某一结点上,然后根据圈里人和圈外人的远近亲疏来选择行为方式,从而导致一个人在不同场合对待同一个人,或同一场合对待不同人的态度会有极大的差别[陈宏辉,王夏阳. 泛家族主义文化与浙江省家族制企业模式的演进[J]. 浙江社会科学,2002(6)]。泛家族主义是中国人行为处事的精髓[陈宏. 家族制企业管理模式的演进——基于泛家族主义文化视角的思考[J]. 社会科学,2007(2)]。

[11] "厶":甲骨文为"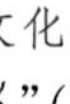"(四期后上25·7)、""(四期后下27·14)、""(三期粹1162)。学术界的解释很多。从字形上看,像绳套之形。《韩非子·五蠹》云:"仓颉之作书也,

自环者谓之厶,背厶者谓之公。”也就是说,在环内为“厶”,在环外为公。环内之厶,外人是不让知道的,是隐蔽性的。因而,《说文》释“厶”为:“奸衺也。”“私”尚未发现有甲骨文,《说文》释“私”:“禾也。从禾厶声。北道名禾,主人曰私主人。”“私”假借为“厶”。古人对“私”是有伦理判断的,如“臣邻家有远为吏者,其妻私人”(《战国策·燕策》),“私人”为通奸;生殖器为私处,排尿小便也为“私”。总之,在伦理上,“私”与“奸衺”是有关系的。安子介认为,“只有对禾谷的过分自私才算自私,所以加了一个‘禾’字”(安子介.解开汉字之谜[M].香港:香港瑞福有限公司,1991:637)。这样从经济方面来解释也是通的。

“公”的甲骨文为“”(三期甲17778),像“瓮”(徐中舒,p.71)。《说文》:“平分也。从八从厶。八犹背也。”《韩非子·五蠹》云:“背厶者谓之公”,但都不是本义。段玉裁在引用韩非的这句话后说:“自营为厶,六书之指事也;八厶为公,六书之会意也。”“公”有两方面的含义:第一层含义,“背厶者谓之公”,也可以理解为:解开围圈,与众人“共”,从而产生与众人“通”;第二层含义是指公官、公堂,公家。国家形成之后,“公”也指君主、官府或公家(沟口雄三,p.5)。由于第一层含义的“公”是会意的,在中国传统文化中不断赋予新的含义。孔子的“克己复礼”,其中己为私,礼为公;朱熹的“存天理,灭人欲”。其中“天理”为公,人欲为私。而“天理”是自然。“仁之意思……其理则天地生物之心”,“此意思才无私间隔,便自见得人与己一,物与己一,公道自流行。”(《朱子语类》六一七九)公的生生之仁和天理的自然,使得万物合成一体,在社会生活中表现为仁义礼智信。康有为认为:“以天之公理言之,人各有自主独立之权,当为平等。”(《大同书·去家界为天民》)按照这种逻辑,法律和道德都是“公”。遵守法律与道德为公,反之为私。

私的领域的合理性存在不断得到确定。嵇康指出:“夫私以不言为名,公以尽言为称。”“夫公私者,成败之途而吉凶之门也。”(嵇康《释私论》)公私性质具有时空上的相对性。到了17世纪前后,随着社会政治与经济的种种变化,进步思想家们提出了不同于以往的公私观。他们主张“众私之和”为公,公通过私表现出来,主张天下为公,斥责绝对专制君权是天下之“大私”[杨翠兰.中国17世纪前后公私观念的新变化[J].湖南大学学报(社会科学版),2001(3)],甚至“内公外私”成了一般组织的基本特征[何晓星.内公外私是一般组织的基本特征[J].社会科学,2009(3)]。随着1979年中国改革开放之后,“隐私权”得到了尊重,私有财产得到法律保护,“公民”概念已生根,还出现了公民文化(金耀基.中国人的“公”、“私”观念[C]//乔健,潘乃谷.中国人的观念与行为[M].天津:天津人民出版社,1993:40~42)。相对应地,人们的公共意识在不断提高。但是,在家族主义或泛家族主义影响下,“自环”、“自营”行为往往损害公共道德、法律和社会利益。人民的公共精神需要进一步提高。

[12] 中国第一历史档案馆藏:阔普通武奏折。

[13] 1900年年底,梁启超写的《中国积弱溯源论》一文指出,中国的传统文化中,“其善而可全贵者固不少,其误而当改者亦颇多。”其中“爱国之心薄弱,实为积弱之最大根源”。表现在:一、不知国家与天下之差别;二、不知国家与朝廷之界线;三、不知国家与国民之关系。以上三个方面,“实为中国弊端之端,病源之源,所有千疮百孔,万秽亿腥,皆

其子孙也。今不欲救中国则已耳,苟欲救之,非从此处拔其本塞其源,变数千年之学说,改四百兆之脑质,虽有善者,无能为功”(饮冰室合集文集之五[M]. 北京:中华书局,1989)。梁启超认为中国国民性最为突出的特点是奴隶性和缺乏公德。他在《中国积弱溯源论》中列举了旧国民性的六大弊端:奴性、愚昧、为我、好伪、怯懦、无动。然后说:“以上六者,仅举大端,自余恶风,更仆难尽,递相为因,递相为果,其深根固蒂也。”“我国民徒责人,而不知自责,徒望人而不知自勉,则吾恐中国之弱,正未有艾也。”(同上)“虽然彼之以奴隶视吾民,犹可言也。吾民之以奴隶自居,不可言也……故使我诚不甘为奴隶,则必无能奴隶我者。嗟乎!吾不解吾国民之秉奴隶性者何其多也。”(同上)梁启超在《新民说》中还列举了一些,如缺少公德,缺少进取冒险精神,缺乏自尊、义务思想乃至缺乏尚武精神、竞争意识,等等。他说:“人人独善其身者谓之私德,人人相善其群者谓之公德。二者皆人生所不可缺之具也……吾中国道德之发达,不可谓不早。虽然,偏于私德,而公德殆阙如。”(梁启超. 新民说[M]. 宋志明,选注. 沈阳:辽宁人民出版社,1994)。他认为:“欧洲民族所以优强于中国者,原因非一,而其富于进取冒险之精神,殆其尤要者也。”“危乎微哉!吾中国人无进取冒险之性质,自昔已然,而今且每况愈下也。”(同上)

[14] 无论是革命党人还是君主立宪派都认为君主立宪制度优越于君主专制,与民主立宪不是对立的,而是相等或属于同一层次的。如孙中山说:“无文宪法是英国最好。”(孙中山. 孙中山全集[M]. 1卷. 北京:中华书局,1981:281)汪东说:“革命与立宪,要非绝对的名词也”[寄生(汪东). 论支那立宪必先以革命[N]. 民报:第2期]汪精卫说:“君主立宪制下人民自由平等之程度亦近乎共和,而远乎专制”,“今日君主立宪各国,君主无责任,故亦无复重视之者”(精卫. 再驳新民丛报最近之政治革命论[N]. 民报:第6、7期)。

[15] 子虚子. 湘事记[N]//湘南反正记[M]. 长沙:湖南人民出版社,1981:60.

[16] 精卫. 斥为满足洲辩护者之无耻[N]. 民报:12期.

[17] 汪精卫. 驳《新民丛报》最近之非革命论[N]. 民报:第4号,1906年5月.

[18] 思黄. 论中国宜改创民主政体[N]. 民报:第1号,1905年12月.

[19] 胡汉民.《民报》之六大主义[N]. 民报:第3号,1906年4月.

[20] 思黄. 论中国宜改创民主政体[N]. 民报:第1号,1905年12月.

[21] 县解(朱执信)所写《论社会革命当与政治革命并行》一文中摘录《新民丛报》责难社会主义言论。见《民报》第5号(1906年6月30日行),合订本第1册,第44页。

[22] 梁启超. 驳孙中山演说中关于社会革命论者[N]. 新民丛报,第86期.

[23] 梁启超. 法理学大家孟德斯鸠之学说[C]//饮冰室合集·文集:第13册,第24页.

[24] 梁启超. 开明专制论[C]//饮冰室合集·文集:第17册,第43页.

[25] 梁启超. 开明专制论[C]//饮冰室合集·文集:第17册,第42页.

[26] 饮冰. 中国法理学发达史论[N]. 新民丛报:第77号,第16页.

[27] 立斋. 论今后民党之进行[N]. 新民丛报:第95号,第5、8页.

[28] 县解. 驳法律新闻之论清廷立宪[N]. 民报:第3号,第3~4页.

[29] 精卫. 再驳新民丛报之政治革命论[N]. 民报:第7号,第2页.

[30] 汤化龙对约法(《鄂州约法》)拟订提出重要建议:(1)共和国体;(2)民主政体;(3)立

宪政治;(4)责任内阁;(5)政党议员;(6)人民之权利义务[冯天瑜.法政大学中国留学生与《鄂州约法》的制定[J].江汉大学学报(人文科学版),2011(5)].

[31] 孙中山.孙中山全集[M].1卷.北京:中华书局,1981:288.

[32] 转引自胡汉民自传[M].近代史资料,1981(2).

[33] 孙中山.孙中山全集[M].9卷.北京:中华书局,1986:97~99.

[34] 王府民.孙中山详传[M].北京:中国广播电视出版社,1993:1092.

[35] 李康惠.定经制以裕国用疏[C]//皇明经世文编:卷一.李康惠,疏,第9~10页。

[36] 平定"三藩"之后,康熙将战时财权集中政策制度化(《石渠余纪》卷四纪库条)。雍正继位后,进一步加强中央财政集权,实行耗羡归公,地方物力尽输中央。各地上交中央财政("起运")占比为62%~85%不等,如山西"留存"占比仅为14.76%[陈锋.清代中央财政与地方财政的调整[J].历史研究,1997(5)]。1721年,清政府推行摊丁入亩政策,坚持"量出以制入"的财政原则。为此,地方按照中央的规定征收税粮,征收之后按照规定留存地方必用经费部分再起运中央。但这种政策使中央财政捉襟见肘,地方财政经常产生亏空,迫使地方政府采取"对策"。咸丰、同治年间,地方政府借"就地筹饷"之名大肆加征,收入基本归为地方所有,并且对财政收入任意加征的现象屡见不鲜;地方政府对京饷、协饷的欠解现象严重。京饷的欠解造成中央财政的困难,户部银库空虚;奏销制度形同虚设[叶丹.清代中央与地方财政分配关系的研究与借鉴[J].石家庄经济学院学报,2007(2)]。这种现象是中央高度集中的财权逼出来的,当然也与政治腐败、军队腐败有直接的关系,尤其是"筹饷练兵"更加剧了这种现象。

"八旗兵"腐败之后,没有了战斗力,清廷建设"绿营兵"。绿营兵实行的是"募兵制"。官兵薪饷差距悬殊,军官克扣士兵薪饷。兵卒薪饷低不愿卖命;军官贪污腐化、徇私舞弊,赌博嫖妓成风,军事训练废弛。在镇压白莲教的战斗中,清军不得不依靠地方民团和雇佣兵,1799年清廷宣布承认地方民团。叛乱结束后,大约有万余地方民兵加入绿营[《剑桥中国晚清史》(上卷),第134~136页]。清军在与太平天国的战争中屡屡败北,咸丰十年(1860年)清军江南大营被太平天国军队打垮,至此绿营彻底崩溃。清王朝不得不依赖曾国藩来镇压太平天国。湘军组创前,清国家经制之师八旗、绿营饷需,诸如官员俸、薪、马乾、心红纸张、蔬菜、米、豆、兵丁饷银,由掌财政大权的户部统一调拨,军前将帅无须自筹兵饷,也无权支配战时协饷。曾国藩的军队是地方团练,而打仗是需要钱财的,中央财政连年亏空,在这种危机的压迫下,清廷只能允许曾国藩筹饷。曾国藩在其"幕府"的协助下,充分运用捐输劝捐、协饷、盐务、厘金等方法筹饷。通过曾国藩自己筹饷、按照家族主义原则建立起来的湘军[熊熊.曾国藩湘军的宗法性及其命运[J].社会科学战线,1990(2)],虽然是国家的军队,也是曾家军。由此开启了清代军阀的先河。李鸿章的淮军也是如此建立的,袁世凯"筹饷练兵"也是如此。实际上,"筹饷练兵"成了晚清的救命符。庚子之变后,清政府再次认识到练兵的重要性,决定"振兴戎政",谕令各省督抚"将原有各营严行裁汰,精选若干营,分为常备、续备、巡警等军,一律操习新式枪炮,认真训练,以成劲旅"(《袁世凯奏议》,第428页)。军阀自筹军饷,自招兵士,军队成为私人的工具[敖四林,冯勇智,程海南.北洋军阀兴亡的军事经济原因[J].军事历史,1997(2)]。这也为北洋政府时期军阀割据与军阀混战埋下了祸根。

[37] 孙中山指出:“中国的各省在历史上向来都是统一的,不是分裂的,不是不能统属的;而且统一之时就是治,不统一之时就是乱的。美国之所以富强,不是由于各邦之独立自治,而是由于各邦联合后进化所成的一个统一国家。所以美国的富强,是各邦统一的结果,不是各邦分裂的结果。中国原来既是统一的,便不应该把各省再来分开。”(孙中山,2012,p.95)

[38]《总统在政治会议上发表的演说》//英国外交部档案(费正清,1998a,p.271)。

[39] 在中国传统社会,人们对“自由”、“平等”和“博爱”的话语是陌生的。孙中山指出,与欧美相比,中国人民并没有受到不自由的痛苦,理会不到争取自由的重要性,“不知自由,只知发财”。孙中山认为自由是与民族主义相对应的,因而自由是国家的自由;“平等”是与民权主义相对应的,是人们的政治地位的平等;“博爱”是全体人民谋幸福。因而,孙中山提出“三民主义”,三民主义包括了自由、平等、博爱和发财等(孙中山,2012,pp.71~79)。

[40] 清预备立宪诏令下达之后,会、社团体发展很快。根据不完全统计,清末时期社会团体680个,其中,商业类265个,教育类102个,政治类85个,学术类65个,外交类65个,农业、风俗类各26个,青年、艺文类各17个,宗教类4个,工业、慈善类各4个(张玉法,1971,p.144)。

[41] 1921年12月,共产国际的代表马林曾经问孙中山先生:“你的革命思想,基础是什么?”孙中山在回答时说:“中国有一个道统,尧、舜、禹、汤、文、武、周公、孔子相继不绝,我的思想基础,就是这个道统,我的革命,就是继承这个正统思想,来发扬光大”(与马林的谈话(1921年12月)[C]//马林在中国的资料. 北京:人民出版社,1984)。

[42] 沟口雄三指出:“革命派的民权意识基本上是地主和工商资产阶级的,广大农民是不在眼里的。”(沟口雄三,p.41)

[43] 1925年,蒋介石在《军校第三期同学录》序言中说:“……直接以实行我总理三民主义,即间接以实行国际共产主义也。三民主义之成功与共产主义之发展,实相为用而不相悖者也。”(黄仁宇,2012,p.40)

[44] 中国社会科学院近代史研究所中华民国史研究室. 黄炎培日记摘录(1943年9月10日)[M]. 北京:中华书局,1979.

[45] 秦孝仪. 孙中山先生“知难行易”学说与蒋中正先生“力行哲学”会通一贯之体认[M]//孙中山先生与近代中国学术讨论集编辑委员会. 孙中山先生与近代中国学术讨论集[M].1册. 1985:53~65.

[46] 蒋介石大量兼职始于抗日战争时期。据初步考证统计,抗战八年间,蒋介石兼职与日俱增,其先后担任五十多个职务(刘继兴. 蒋介石职场史上有“两多”[N]. 北京广播电视报,2011-10-03)。

[47] 黄仁宇:“蒋介石不是大独裁者,他缺乏做独裁者的工具。他也不可能成为一个民主斗士。纵使他有此宏愿,他也无此机会。他主持着人类历史里罕有的一次艰巨之群众运动,在过程中他将自己的天赋与几十年经营之成果用至最大限度。他的方法没有逻辑,有之则是他的目的——在于中国之独立自主。”(黄仁宇,2012,p.318)

[48]《清德宗实录》第482卷,第6页。

[49]"绍兴师爷,纪文达称之为四救先生是也。非必有兼人之才、过人之识,不过上自督抚,下至州县,凡官署皆有此席,而彼此各通声气,招呼便利,遂能盘踞把持,玩弄本官于股掌之上。"(《清稗类钞·幕僚类》)

[50]全国政协文史和学习委员会.文史资料选辑[M].51编.北京:中国文史出版社,1986:254.

[51]历年特种考试各类考试及格人数统计表(1933—1942年)[C]//行政院.国民政府年鉴,1944:23~25.

[52]金履德.国民党考试院对考试及格人员的县长挑选[C]//中国人民政治协商会议全国委员会.文史资料选辑[M].46卷(第136辑).北京:中国文史出版社,第103~104页。

[53]梁之硕.中国现行公务员考试制度之检讨及改进[C].1948年,中国第二历史档案馆藏。

[54]中国现代史资料编辑委员会.抗战中的中国政治[M].中国现代史资料编辑委员会,1957:7~8.

[55]郭绪印.国民党派系斗争史[M].上海:上海人民出版社,1992.

[56]苏联马克思主义经济学家认为,计划应囊括国民经济的一切部门,一切领域,其中包括价格制度。而考斯基主义认为,计划只限于工业(Д.К.特里福诺夫,希罗克拉德.社会主义政治经济学史[M].北京:商务印书馆,1994:197)。显然,孙中山的观点与考斯基主义的观点是一致的。现在看来,这种计划经济观点比全面的计划经济要合理得多。

[57] William C. Kirby, *Germany and Republican China*. Stanford, Calif.: Stanford University Press, 1984:84;82.

[58]19世纪60年代,"华商避税"、"洋行图利"(总署收上海通商大臣李鸿章(同治三年九月初六日)[A],台湾研究院近代研究所.海防档(甲,买船炮,下)[Z],1957:809)在通商口岸新式商人与洋商业合股经营已经十分普遍。因而,中国最早的资本主义企业是在洋务运动之痈的通商口岸的商人(汪敬虞,2000)。

[59]大清光绪新法令[M]//第十类实业.北京:商务印书馆,1909:7.

[60]罗肇前.由官办向商办的转变——张之洞经济思想研究之一[J].中国经济史研究,1997(3);刘森.晚清江南官办企业的股份制改造[J].中国经济史研究,2003(4).

[61]〔美〕戴乐尔原.工厂适用学理的管理法[M].穆藕初,等,译.北京:中华书局,1916.

[62]上海通志馆.上海通志(总述)[M].上海:上海辞书出版社,2004.

[63]中国近代新兴城市可分为两类:一类是列强利用不平等条约设立的租界,开辟商埠而兴起的城市;一类是资本主义的发展和铁路的敷设而兴起的城市。1843—1930年,列强在中国开设商埠111处,在天津、上海、广州等地设立租界,总面积达87553多亩,澳门、九龙、胶州湾、旅顺、大连湾、威海卫、广州湾、北京使馆区等为租借地(严中平.中国近代经济史统计资料选辑[M].北京:中国社会科学出版社,2012:35~39)。由此,上海、广州、厦门、福州、天津、汉口、杭州、苏州等原来具有一定规模的城市得到了进一步的发展;铁路枢纽或铁路与主要河道交叉处兴起了一批城市;原来已有的城市也得到了一定的发展,但也有一批城市衰落了。近代城市化发展,都得益于交通的发达,工业、商业的发展和农业专业化、商品化的发展,不存在人口自由流动的限制。这对于我

国现阶段推进城镇化发展有重要的启示意义。

[64] 大清光绪新法令[M]. 16册. 上海:商务印书馆,宣统二年版:47.

[65] 1903年,严复把英国学者甄克思(E. Jenks,pp. 1861~1939)的《A History of Politics》(译为《社会通诠》)翻译出版。甄克思认为社会形态进化的三阶段为图腾社会(又称蛮夷社会)、宗法社会、军国社会(又称国家社会)。宗法社会过渡到军国社会,中间经过了封建时代。军国社会与蛮社会、宗法社会的显著区别是:"一切治权,义由地起。所重者邦域,而种姓为轻。"(E. 甄克斯,1931,p. 80)。在军国社会里,个人是组成社会的基本细胞,人民是平等的;而在宗法社会中,社会细胞由家族构成,个人归各自的宗族统辖,并受到祖法的约束,没有自由。日本著名学者沟口雄三在对此问题考察后指出:"严复自己在序言中也将宗法与封建合在一起使用,自那以后,将封建社会等同于宗法社会,并备作是历史发展阶段中一个落后社会的认识得以迅速扩散。"(沟口雄三. 日本人视野中的中国学[M]. 李苏平,等,译. 北京:中国人民大学出版社,1996:70~71,29~30)。实际上,中国的宗族制度是不断变化的。把宗族制度与封建制度对等起来容易产生误导。

[66] 据《明清进士题名碑录索引》统计,在清代267年间,共举行会试112科,题名人数是27446人,平均每科录取245人,中试人数大约是应试人数的1/30(任立达,薛希洪. 中国古代官吏考选制度史[M]. 青岛:青岛出版社,2003:182)。梁启超曾描述:"邑聚千数百童生,擢十数人为生员;省聚万数千生员,而拔百数十人为举人;天下聚数千举人,而拔百数人为进士;复于百数进士,而拔数十人入翰林。"(梁启超. 饮冰室合集(之三)[M]. 北京:中华书局,1998:22.)

[67]《汪氏族谱》(黄冈),民国十九年序(1936年印本)。

[68]《胡氏宗谱》(广济),民国三十五年序(1946年印本)。

[69] 黄宗智借用格尔茨(Clifford Geertz)提出的"农业内卷化"(Agriculture Involution)概念,提出了其"内卷化发展"的观点,把关注重点转移到由人口增长导致的劳动力边际报酬递减上来,把这种条件下的经济增长称为"内卷化增长"或"过密化增长",并以此为基础研究中国农户经济的发展问题。在《华北的小农经济与社会变迁》中,黄宗智认为农业内卷化、社会分化和小农半无产化共同推动了农业商品化进程,并使小农的性质发生变化,佃农和雇农变得更像无产者。这个过程的核心是一个内卷而又分化了的小农经济的形成。在《长江三角洲小农家庭与乡村发展》中,黄宗智区分了三种农村经济变迁:一是密集化,即产出以与劳动力投入相同的速率扩展;二是过密化,即总产出以劳动力边际报酬递减为代价;三是发展,即产出扩展快于劳动投入带来的劳动边际报酬的增加。在此基础上,黄宗智认为中国传统农业商品化是一种"过密型商品化",中国的农业增长是一种无发展的"过密型增长"。因此,中国乡村发展的核心是"要实现劳动生产率的提高和单位工作日收入的改进,使得极少的农业人口得以养活全体人口"(黄宗智,2000,p. 12)。

[70] 黄道炫. 1920—1940年代中国东南地区的土地占有——兼谈地主、农民与土地革命[M]//中国社会科学院近代史研究所民国史研究室,四川师范大学历史文化学院. 一九二〇年代的中国,北京:社会科学文献出版社,2005:276。

[71] 实业部中国经济年鉴编纂委员会. 中国经济年鉴二十四年续编[M]. 上海:商务印书

馆,1936:114 ~ 117。

[72] 托克维尔指出:“革命的发生并非总因为人们的处境越来越坏。最经常的情况是,一向毫无怨言仿佛若无其事地忍受着最难以忍受的法律的人民,一旦法律的压力减轻,他们就将它猛力抛弃。被革命摧毁的政权几乎总是比它前面的那个政权更好。经验告诉我们,对于一个坏政府来说,最危险的时刻通常就是它开始改革的时刻。”(〔法〕托克维尔,2012,p. 215)。

[73] 哈耶克指出:“我们绝不能忘记,在一个专制统治下往往比在某些民主制度下有更多的文化和精神的自由——至少可能想见,在一个非常整齐划一的政府和一个教条主义的多数民主的政府统治下,民主制度也许和最坏的独裁制度同样暴虐。”(哈耶克,1997a,p. 71)

[74] 乔健,潘乃谷. 中国人的观念与行为[M]. 天津:天津人民出版社,1993:165 ~ 166.

[75] 国民政府军事委员会政治部. 领袖十年来抗战言论集[M]. 独立出版社,1938:189.

[76] 国家民族事务委员会研究室. 中国民族事务[M]. 北京:民族出版社,2006.

[77] 毛泽东把中国封建主义社会的特征概括为六个方面:第一,自给自足的自然经济占主要地位,交换在整个经济中不起决定的作用;第二,封建统治阶级地主、贵族、皇帝拥有大部分土地,而农民则很少土地,或者完全没有土地;第三,农民阶级和地主阶级是封建社会的两个主要阶级,他们之间的矛盾是封建社会的主要矛盾;第四,专制主义的中央集权制国家,皇帝有至高无上的权力,在各地方分设官职以掌兵、刑、钱、谷等事,并依靠地主绅士作为全部封建统治的基础;第五,形成为专制主义和地主阶级服务的封建思想体系和封建文化体系;第六,中国封建主义社会自周秦以来一直延续了三千年左右,社会经济政治结构变化不大,长期地陷在发展迟缓的状态之中(肖东波,1995)。

第六章

社会主义社会

一、引言

20 世纪是人类历史急剧变化的伟大世纪。在这个世纪,对人类历史发生最深刻的影响并且将继续影响 21 世纪的事件,莫过于社会主义的横空出世和社会主义国家的改革。

1917 年 3 月,沙皇政府被推翻。1917 年 10 月,在列宁和托洛茨基的领导下,建立了人类历史上第一个无产阶级政权——苏维埃政权和由马克思主义政党领导的第一个社会主义国家。1922 年 12 月 30 日,由布尔什维克所领导的俄罗斯与乌克兰、白俄罗斯和南高加索联邦共同组成苏维埃社会主义共和国联盟(简称苏联)。此后,东欧、朝鲜、中国、越南、老挝、古巴等国家和地区相继建立社会主义国家。十几个社会主义国家联成一体,地域上横跨欧亚,占全世界人口的三分之一。伴随着社会主义阵营的建立,亚非拉 100 多个国家先后获得独立,其中有 40 ~ 50 个国家执政的民族主义政党,宣布以社会主义为目标。苏联模式被推广到其他一些社会主义国家,并经历了从兴盛到僵化、衰败的复杂过程。1989 年东欧及中欧的社会主义国家发生推翻共产党统治的急剧政治变化。最先在波兰出现,后来扩展到东德、捷克斯洛伐克、匈牙利、保加利亚、罗马尼亚等前华沙条约组织国家,1991 年 12 月 26 日苏联解体。除了罗马尼亚出现流血事件外,其他国家都是用自由选举和平地推翻共产党政权的,而在所有东欧国家中,阿尔巴尼亚是最后一个共产党政权垮台的国家。同时,中国 20 世纪 80 年代开始进行了改革开放,此后越南等社会主义国家也进行了改革开放。

中国的社会主义革命、建设和改革开放与世界历史的发展是紧密相联的,但又是相对独立的。中国共产党从中国的实际出发,将世界各国的经验有机地结合到中国社会主义的逻辑体系中来,进一步探索中国特色的社会主义道路。

二、1949 年革命和社会主义制度的确立

1949 年 10 月 1 日,中华人民共和国在北京宣告成立。这是几代中国人浴

血奋斗的结果。

1949 年 9 月 21—30 日召开的中国人民政治协商会议第一届全体会议由中国共产党及各民主党派、人民团体和无党派民主人士等方面的代表(含候补代表)共 662 人参加。这些代表都亲历了自晚清以来的旧民主主义革命和新民主主义革命。[1]由于对国民党的战争仍然在西南地区展开,因而这次会议代行了国家权力机关——全国人民代表大会的职责。《中国人民政治协商会议共同纲领》(以下称《共同纲领》)具有临时宪法的性质。《共同纲领》第一条规定:“中华人民共和国为新民主主义即人民民主主义的国家,实行工人阶级领导的、以工农联盟为基础的、团结各民主阶级和国内各民族的人民民主专政,反对帝国主义、封建主义和官僚资本主义,为中国的独立、民主、和平、统一和富强而奋斗。”新中国的名称为中华人民共和国[2],国都定于北平(1949 年 9 月 27 日改名为北京),确立了纪年办法、国歌、国旗。会议选出了中央人民政府主席、副主席和中央人民政府委员、政协第一届全国委员会。

1952 年,全国土地改革基本完成。1953 年,全国开始了大规模经济建设。在 1953 年 6 月 15 日的中央财经会议上,毛泽东正式提出过渡时期总路线(中共中央文献研究室,2003a,p. 253)。1953 年 8 月毛泽东在一个批示中指出:“从中华人民共和国成立,到社会主义改造基本完成,这是一个过渡时期。党在这个过渡时期的总路线和总任务,是要在一个相当长的时间内,基本上实现国家工业化和对农业、手工业和资本主义工商业的社会主义改造。这条总路线应该是照耀我们各项工作的灯塔,各项工作离开它就要犯‘右倾’或‘左倾’的错误。”[3]“党在过渡时期的总路线的实质,就是使生产资料的社会主义所有制成为我国国家和社会的惟一的经济基础。”[4]毛泽东和党中央对过渡时期的总路线的制定和公布采取了谨慎的态度和稳妥的步骤(中共中央文献研究室,2003a,p. 265)[5]。

1954 年颁布的《中华人民共和国宪法》关于国体的规定是:“中华人民共和国是工人阶级领导的、以工农联盟为基础的人民民主国家。”政体为:“中华人民共和国的一切权力属于人民。人民行使权力的机关是全国人民代表大会和地方各级人民代表大会。”1956 年,我国基本完成了对农业、工业和商业的社会主义改造。因此,以生产资料公有制为基础的社会主义制度基本上建立起来了。

建立社会主义制度也是近代以来许多先贤的梦想,在中国传统文化中也能找到类似的思想。在西方,社会主义一词创造于 1832 年,但社会主义思想远比它早。第一批提出有鲜明社会主义因素的原则的人,他们信仰平等,希望财产为社会共同所有,反对私人财富的集中(伊特韦尔等,p. 427)。在中国战国时期,儒家就系统地提出了“大同”思想。“大同”思想对中国历代政治家、改革家都有深刻的影响,在历代的政策中也是有体现的,如"均田"政策就是一个典型。在近代,最早介绍社会主义思想的是江亢虎。[6]孙中山以社会主义者自居,认为自己所提倡的民生主义即为社会主义,"民生主义"一词本就是他根据西方"社会主义"的原文所译。孙中山指出:"我们中国国民党的民生主义,目的就是要把社会上的财源弄到平均,所以民生主义就是社会主义,也就是共产主义,不过办法各有不同。"(孙中山,2012,p. 157)[7]孙中山认为在资本主义社会里,由于"贫者愈贫,富者愈富","社会主义国家,一真自由、平等、博爱之境域也",政府"为人民谋福利",而不是"少数人得而私的工具"(孙中山,1985a,p. 510)。1925 年 12 月 5 日,蒋介石在《军校第三期同学录》的序言中提到:"直接实行我总理三民主义,即间接以实行国际之共产主义也。三民主义之成功与共产主义之发展,实相为用而不相悖者也。"(黄仁宇,2011,p. 40)但蒋介石从苏联考察回国之后,言行发生很大变化,认为苏俄共产革命不适合中国[8],从而放弃了孙中山的联俄、联共政策(叶世昌,丁孝智,2011)。蒋介石在败退大陆之后,1949—1953 年,台湾采取资本主义改良的办法推行土地改革,推行三七五减租,办理公地放领,实施耕者有其田(李仁,李松林,pp. 67 ~ 70)。表明蒋介石并没有完全背叛孙中山的旧三民主义。[9]

因此,毛泽东曾经说过:"对于中国共产党人,为本党的最低纲领而奋斗和为孙先生的革命的三民主义即新三民主义而奋斗,在基本上(不是在一切方面)是一件事情,并不是两件事情。因此,不但在过去和现在已经证明,而且在将来还要证明:中国共产党人是革命三民主义的最忠诚最彻底的实现者。"(毛泽东,1991c,pp. 321 ~ 322)

显然,新中国确立社会主义制度,实际上是在中国的历史发展轨迹上将苏联的做法有机地结合到自己的逻辑体系中来。中国的社会主义,可以明显地划分为不同的两个发展阶段:前一阶段为社会主义计划经济时期;现阶段为社会主义市场经济时期。

三、社会主义计划经济

1953 年 10 月 16 日,中共中央印发了《关于实行粮食的计划收购与计划供应的决议》,同时我国制订了《国民经济和社会发展的第一个五年计划(1953—1957 年)》,表明我国计划经济体制基本形成。但其并不是以生产资料公有制为基础的。到 1956 年我国全面完成农业、手工业和工商业的社会主义改造,社会主义计划经济体制基本形成。1992 年 10 月 12 日,党的十四大确立中国经济体制改革的目标是建立社会主义市场经济体制,标志我国正式放弃社会主义计划经济体制。但我国的社会主义计划经济的形成、发展和改革是一个渐进的历史过程。

(一)建立高度集权的计划经济体制,形成了完整的工业体系和国民经济体系

我国选择计划经济体制是自觉的,而不像东欧一些国家那样是勉强的。新中国成立之初,因连年战争,国民经济千疮百孔,经济凋敝,经济秩序紊乱,国内外反动势力颠覆破坏活动猖獗。为了壮大国有经济,便于国家直接参与经济生活,巩固新生的人民政权,维护较高的就业水平,保证人民最基本的生活需要,为实现工业化积累必要的资金,必然地选择了计划经济体制。正如泰韦斯所指出的,计划经济使经济目标与政治目标一致,并且,"计划精神的另一个结果是在生活的一切领域中推动了正规化"(麦克法夸尔等,1990,p.97)。起初,我国实际上是照搬苏联的经济模式,从生产技术、经营管理、机构设置、管理制度与办法、计划编制、计划经济和定价理论,都是根据苏联经济模式从头学起的,许多方面甚至是在苏联专家的指导下建立起来的。1956 年,毛泽东在《论十大关系》中明确指出了"斯大林模式"的弊端,也进行了许多调整,但计划经济在经济控制上有一种自我加强的惯性,经济管理"条条"、"块块"分割,行政化、高度集权化越演越烈。

新中国成立初期,实行计划经济管理体制,保证了把有限的财力、物力和人力集中到重点建设上。我国在没收外国资本、官僚资本和改造民族资本主义的基础上建立国有经济。"一五"时期,中苏双方共签订了 244 个工业援助项目协定,除此以外,还签订了 11 个非工业项目援助协定。在广大工人、干部和科研人员的共同努力下,我国逐步地建立起独立的、比较完整的工业体系和国民经济体系,并开始了国防现代化建设。[10] 1980 年,全民所有制企业拥有的固定资产原值达到 5000 多亿元,其中工业固定资产 3700 多亿元。全国职工人数达到 1 亿多人,形成了一支规模宏大的技术人员、管理干部和熟练工人的队伍。28 年间,工业平均每年增长 11.1%。[11] 为适应工业现代化发展的需要,在改造旧中国教育、科研和生产技术的基础上,在苏联的帮助下,我国很快建立和健全了较为全面的国民教育体系和科研体系。

但是,由于计划技术落后和政治运动频繁,1953—1980 年期间制订的 5 个五年计划中有 4 个未曾正式公布和真正实施,并且,"微观管死与宏观多变"(董志凯,2003)。工商企业所有制单一,国有和集体所有制比重过大。1956 年年底,全国私营工业户数占比 9%,私营商业户数占比 82.2%,分别纳入了公私合营或合作社的轨道。参加合作社的手工业人员已占全体手工业人员的 91.7%(胡绳,p.321)。同时,国有企业或集体企业由"条条块块"管辖,企业只是国家的"车间"[12],没有生产经营的自主权,企业"大而全、小而全",不负盈亏,不考核利润指标，职工干多干少在物质利益上没有差别，尤其是在“文革”期间，重政治活动轻生产活动，企业效益低下。

（二）国家农业计划管理体制和农村集体经济的建立

土地问题是农村、农业和农民问题的核心。在土地改革之前，52.37%的贫雇农占地14.28%，人均0.89亩；33.13%中农占地30.94%，人均3.05亩；4.66%富农占地13.66%，人均9.59亩；4.75%地主占地38.26%，人均26.32亩。[13]根据中央人民政府《关于划分农村阶级成分的决定》精神，自1950年6月30日开始，我国开始了全国范围的农村阶级成分的划分，后又颁布了《补充规定（草案）》，将农村阶级划分成地主、富农、中农、贫农、工人（刘培平，1992）。1950年6月30日中央人民政府公布的《中华人民共和国土地改革法》明确指出，土地改革的目的是废除地主阶级封建剥削的土地所有制，实行农民的土地所有制，借以解放农村生产力，发展农业生产，为新中国的工业化开辟道路。在施行过程中，采取中立富农的策略（中共中央文献研究室，2003a，p. 87），“用彻底发动农民群众的群众路线的方法”[14]，没收地主的土地，征收祠堂、庙宇、寺院、教堂、学校和团体等在农村的土地。除依法收归国家所有的外，应统一地、公平合理地分配给无地少地的贫苦农民所有。对地主同样分给一份土地，使其自食其力，在劳动中改造成为新人。[15]这是一场天翻地覆的变化，农村的宗族制度彻底地被摧毁。

1953年10月16日，中共中央发出了《关于实行粮食的计划收购与计划供应的决议》。后来，统购统销的范围扩大到棉花、纱布、食油和生猪等。这一政策取消了原有的农业产品自由市场，初期有稳定粮价和保障供应的作用。同时，人民政府引导农民组成互助组、初级社，由初级社过渡到高级社，最后过渡到人民公社。公社和乡是一个整体，集经济组织（合作社）和行政机构于一身，把集体所有和全民所有（国家所有）结合起来，于是要无条件贯彻执行国家计划和命令；公社和大队可以无偿调拨下级、生产队的劳力和财物，集体财产可以通过这种方式成为全民（国家）财产。在人民公社时期，实行“三级所有，队为基础”的生产资料所有制和计划管理体制。农村纯收入分配的构成包括上交国家税收、集体提留、分配给社员三部分。1970—1978年，农村纯收入中上交国家税收所占比例（各年算术平均）为4.095%，集体提留为9.69%，分配社员为53.37%。[16]同时，小型农田水利工程、植树造林、农村公共事业、农村中小学教育、农村医疗卫生[17]和农村抚恤和社会救济，除国家预算安排资金外，公社、生产大队自行安排资金解决。[18]经过亿万农民的共同努力，全国灌溉面积由1952年的3亿亩扩大到1981年的6.7亿多亩，大江大河的一般洪水灾害得到初步控制,农用拖拉机、排灌机械和化肥施用量都大大增加,同1952年相比,全国粮食产量增长近1倍,棉花产量增长1倍多。[19]但是,国家对农业实行统购统销,甚至农民"自留地"也被作为资本主义尾巴割掉。根据计算,1953—1978年的26年里,国家通过压低农产品价格剥夺农业积累的金额达8019.7亿元,同期通过抬高工业品价格剥夺农业积累的金额达1475.24亿元,两项合计达9494.94亿元(王耕今,张宣三,pp.75~76)。同时,国家实行"以粮为纲"的方针,农村资源不能向高附加值方向配置,农民的农闲时间都被公社甚至县政府统一组织进行无偿的农林业工程建设。农民的集体收入分配主要是以粮食收入为主。年终分红,凶年、平年和丰年不同,家庭人口及劳动力不同收益分配也不同。[20]在各级组织的计划与命令下,农民再怎么勤劳也不能增加收益,农民只能是放弃增加辛劳。[21]这不应简单归结为所谓的在集体经济条件下农民"偷懒"的流行说法。[22]

(三)建立与计划经济体制相适应的一整套命令主义理论和形成了独特的国家统治方式

长期以来,我国认为计划经济是社会主义的本质特征。[23]而计划化具有自我加强的惯性。计划开始于经济领域,随之社会生活不断计划化,最后形成高度统一的、中央集权的计划经济管理制度。在当时,计划化程度越高、生产资料公有制越"公",被认为社会主义越纯洁。为了保证计划的有效实施和社会主义的纯洁性,以毛泽东为核心的党中央先后开展了三反运动[24]、知识分子的思想改造运动、批判胡适的运动、批判武训传的运动、揭批胡风反革命集团和肃反运动、反右派斗争、反右倾机会主义的斗争、农村的社会主义教育运动、四清运动,以及"文化大革命"[25]。毛泽东认为,生产资料的公有化本身并未能解决社会主义社会的内在矛盾,"党内走资派"[26]形成了一个新官僚阶级,只有用"大民主"[27]的办法才能保证中国走社会主义道路。在这种历史背景下形成的"无产阶级专政下继续革命理论"被宣传为对马克思主义发展的"第三个里程碑"[28]。而实际上这一理论是对马克思主义的教条主义理解和具有经验主义特征的空想社会主义相结合的产物(沈传宝,2008)。正如艾兹赫德所说:"在这些汹涌浪潮的下面,是哲学思想的长期碰撞,基督教和马克思主义像浪潮一样涌向中国,退却之后的是毛泽东思想。"(艾兹赫德,p.415)实际上,无产阶级专政学说极容易与中国的法家学说相结合[29],由此,导致中国教条主义盛行,社会思想禁锢、社会控制过度。"粗陋的直接民主"脱离党组织的领导和国家法律的控制而形成了一种反社会精英式的民粹主义运动。[30]长达十年之久的所谓"无产阶级文化大革命"(陈东林,1997)[31]与计划经济体制纠结在一起,是20世纪50年代中期计划经济体制实行以来政治、经济、文化等社会深层矛盾的总爆发。而计划经济管理体制和集体经济又为“文化大革命”期间一波波的政治运动快速地在全国城乡普遍性地开展提供了组织保障和经济基础。十年“文革”,虽然清扫了宗族制度和封建迷信,但在集权体制的作用下,毛泽东本人被塑造成现代迷信的“神”;清除了儒家传统、家族主义,普遍树立社会主义集体观念,但极大地削弱了自晚清以来滋生的脆弱的法治精神;清除了剥削思想和吃喝嫖赌等颓废文化,但对现代国民教育体系尤其是高等教育事业造成无法估量的损害,以致延续影响几十年;虽然贫下中农、工人阶级的政治地位得到了一定的彰显,但由于“粗糙的直接民主”暴力使全国“受害的有上亿人,占全国人口的九分之一”[32]。1966—1971 年,在中国的农村地区有 50 万 ~200 万人因受“文革”的迫害而死亡(Andrew Walder,pp. 74 ~99),直接导致一些知识分子被迫自杀。[33]适得其反的是,频繁的政治运动与意识形态斗争,使社会发展和国民经济计划得不到有效的实施,使社会主义道路越走越窄,人们思想僵化,社会缺乏创新活力。

四、世界社会主义计划经济失败的原因

计划经济与市场经济的根本差别是资源配置方式的不同。在计划经济条件下,资源配置是由政府部门按照强制性命令进行的;在市场经济条件下,市场在资源配置中起决定性作用。但是,人们并不能随意选择资源的配置方式。资源的配置方式是由客观的社会经济条件决定的。必须指出的是,计划经济与经济计划是两个范畴。在市场经济条件下,也需要经济计划。马克思指出:“要想得到和各种不同的需要量相适应的产品量,就要付出各种不同的和一定量的社会总劳动量。这种按一定比例分配社会劳动的必要性,决不可能被社会生产的一定形式所取消,而可能改变的只是它的表现方式,这是不言而喻的。自然规律是根本不能取消的。在不同的历史条件下能够发生变化的,只是这些规律借以实现的形式。”(马克思,恩格斯,1995d,p. 580)在以生产资料公有制为主的社会主义国家实行计划经济体制普遍低效而不得不转型的主要原因分析如下。

第一,生产力落后,生产关系超前而不适合生产力发展的要求。无论是苏联还是中国,其社会主义制度都是建立在落后的生产力基础之上的。这与马克思主义经典作家关于社会主义制度必须建立在资本主义社会化大生产的基础上的设想是不符的。这也是社会主义制度建设的先天不足。苏联过早地结束“列宁的新经济政策”而进入“斯大林模式”。中国同样存在政治激进。1949 年制定的具有宪法效力的《共同纲领》规定:“中华人民共和国为新民主主义即人民民主主义的国家”,实际上,1953 年我国就开始放弃“新民主主义”而进入“社

会主义过渡时期”,过早地消灭个体经济和私营经济。因为“私有财产是生产力发展一定阶段上必然的交往形式,这种交往形式在私有财产成为新出现的生产力的桎梏以前是不会消灭的,并且是直接的物质生活的生产所必不可少的条件”(马克思,恩格斯,1995,pp. 410~411)。这也说明,无论人们的愿望有多好,都必须遵循社会历史发展规律。

第二,以“数量调节”为主,公共事业服务免费提供的计划经济管理体制,导致增长出现“极限”,造成普遍性、长期性短缺。在计划经济体制下,生产、流通、消费都实行计划管理。企业不是真正意义上的经济实体,财务预算约束软化,更多的是接受“数量”调节而不是价格调节。而数量的信息收集处理很难做到科学性、客观性。在分配上实行平均主义,导致普遍性、长期性短缺。正如匈牙利经济学家科尔内指出:“父爱主义是使预算约束软化的直接原因。如果这种软化发生,就必然导致与短缺相联系的若干现象,即:对劳动几乎不可满足的需求和囤积劳动力的倾向,几乎不可满足投资饥渴,等等。”(科尔内,p. 280)消费品、服务和住房短缺,市场购买排队成为社会主义国家的正常现象。印度学者萨拉·萨卡认为苏联模式社会主义失败的原因是增长极限与生态恶化(萨卡,p. 24)。邓小平在1984年谈道,“社会主义要消灭贫穷。贫穷不是社会主义,更不是共产主义”(邓小平,1993c,pp. 63~64)。实际上,邓小平明确告诉我们,这种短缺的、所谓的“社会主义”并不是科学社会主义,而是马克思所批判的“粗陋的共产主义”[34],是“山寨版的马克思主义”(distorted version of Marxism)。社会主义、共产主义的前提是“生产力的普遍发展”和“巨大增长”。“如果没有这种发展,那就只会有贫穷的普遍化;而在极端贫困的情况下,就必须重新开始争取必需品的斗争,也就是说,全部陈腐的东西又要死灰复燃。”(马克思,恩格斯,1995c,p. 85)而在20世纪50年代和60年代,发达资本主义国家基本上解决了生活资料的市场供应问题。这种经济上的反差和政治上的专制,引起人民不满,1956年的匈牙利事件和1968年的“布拉格之春”,充分反映了人民的不满情绪和对改革的呼唤。

第三,经济管理高度集中化、行政化,强化了官僚制度。[35]在“斯大林模式”和中国的计划经济时期,政府部门对国民经济的计划控制和对人民消费资料的计划控制是不断强化的,企业、农业生产单位和家庭的经济自主权被严重削弱。通过行政组织和繁杂的官僚体系,将这种经济的严格控制逐渐向社会生活和意识形态延伸;在所有的社会主义国家,共产党是执政党,党政不分,权力的逐步集中,导致党内民主集中制名存实亡,党和国家的政治走向极权主义。尤其是20世纪20年代末期和30年代初期的苏联“大清洗”、60年代和70年代的中国的“文化大革命”，使很大一部分人民生活在恐惧与互不信任的恶劣生态环境之中。奥地利经济学家米塞斯在 1944 年出版的《官僚体制》一书中指出：“极权主义不仅仅是官僚主义。它是让一个人的全部生活、工作和休闲，服从于当权者的命令。它把人贬低为一架无所不在的强制机器上的齿轮。它强迫个人放弃一切未得到政府允许的活动。它不容忍任何异见。就像社会主义的鼓吹者所说的那样，它把社会改造成了一支纪律严明的劳动大军，或像它的反对者所说的那样，改造成了一座监狱。”（米塞斯，2007，p. 23）这种描述虽然只是一定国家、一定时期的极端情况，但足以说明国家政权的运行超出了其职能范围。这也是严重脱离科学社会主义的行为。

第四，教条主义盛行，严重缺乏创新。马克思主义经典作家从资本主义社会的基本矛盾运动规律，推导出资本主义社会必然灭亡，必然过渡到共产主义社会。但是，马克思主义经典作家关于共产主义社会的思想也是逐步形成和丰富起来的。直到 1875 年，马克思完成《哥达纲领批判》的写作，才将未来共产主义社会分为两大阶段，即“共产主义社会的第一阶段”和“共产主义社会高级阶段”。同时，马克思、恩格斯关于共产主义社会的许多设想更多的是适合于“共产主义社会高级阶段”。但是，马克思、恩格斯反复强调社会是发展的，不应墨守成规。马克思说：“辩证法在对现存事物的肯定的理解中同时包含对现存事物的否定的理解，即对现存事物的必然灭亡的理解；辩证法对每一种既成的形式都是从不断的运动中，因而也就是从它的暂时性方面去理解；辩证法不崇拜任何东西，按其本质来说，它是批判的和革命的。”（马克思，1976a，p. 24）恩格斯指出：“社会主义自从成为科学以来，就要求人们把它当作科学看待，就是说，要求人们去研究它。”[36] 而对社会主义社会的建国理论、建党理论、经济理论和经济政策，列宁作了系统性理论探索，但随着列宁的逝世，列宁的许多思想尤其是“新经济政策”并没有继续执行。“斯大林模式”全面推广，运行了几十年，并没有根本性改变。在社会主义建设时期，总是从马克思主义经典著作中去寻找依据，而不是全面掌握马克思主义方法论和精神实质，不是从本国的具体的实际情况出发。普遍形成公有制程度越高越好的理念，计划越全面越详细越好；在公有制全面建立、剥削阶级基本消灭之后，仍然把马克思、恩格斯的“阶级斗争学说”作为基本路线方针，等等。同时，党同伐异，斯大林等党的领袖垄断理论，垄断了马克思主义特别是列宁主义的解释权，并用武力镇压东欧等国的改革，从而窒息了党内和学术界的创新精神。尽管 20 世纪五六十年代苏联、东欧国家进行了一定程度的改革，但并没有触及“斯大林模式”的实质，没有合乎科学社会主义发展的真正的理论创新。因此，俄罗斯学者梅德弗杰夫指出：“我们绝对不可以把斯大林主义同社会主义、马克思主义、列宁主义混为一谈,尽管这些学说在许多方面还不够完备。斯大林主义是斯大林对科学社会主义实践和理论的歪曲,是同马克思主义和列宁主义完全不兼容的现象。"[37]

第五,民主集中制在现实中出现的缺陷,导致党内和国家政治过程中民主制的严重破坏,导致社会主义国家到处出现专制和极权主义现象。根据马克思主义原理,无产阶级专政是一种新型的国家政权,它是在"打碎"(列宁,1978c,pp. 204~207)三权分立和互相制衡机制的资产阶级国家机器基础上建立起来的。根据马克思《法兰西内战》一书对"巴黎公社"的"直接民主与间接民主相结合形式"的赞许情况来看,社会主义国家的政治制度应该是"直接民主与间接民主相结合的形式",通过"行议合一"来取代"代议民主制"条件下的三权分立。马克思、恩格斯从未倡导过民主集中制原则。民主集中制并不是人们所想象的那样是马克思主义关于无产阶级政党和无产阶级专政国家组织与活动原则的一般原理,而是列宁在反对党内小组主义和战争背景下强调实行民主集中制。当然,列宁不仅是将民主集中制作为无产阶级政党组织与活动原则,并且在理论上将民主集中制原则引入国家制度(程乃胜,2003)。由此,民主集中制[38]成为各国共产党和社会主义国家的根本组织原则和领导制度。实际上,民主集中制包括民主制[39]与集中制。民主制在西方有几千年的传统。一个理想的民主过程包括有效参与、选票的平等、充分知情权、对议程最终控制、成年人的公民权等标准(达尔,p. 33)。民主过程本身有一套决定程序,根据"少数服从多数"的原则,得票多的"方案"或人员被当选。因而,民主集中制更多的是强调"集中"。毛泽东关于民主集中制问题曾提出"四个服从",即:"必须重申党的纪律,(一)个人服从组织;(二)少数服从多数;(三)下级服从上级;(四)全党服从中央。谁破坏了这些纪律,谁就破坏了党的统一。"(毛泽东,1991b,p. 528)在民主过程中不公开透明的情况下,先民主后集中,民主只能是"花瓶"。然而,权力集中之后如何来监督?[40]如果权力得不到有效监督和分权,就很难预防好人办坏事或坏人当政。在所有的社会主义国家都没有一套行之有效的权力监督机制和分权办法。虽然民主集中制都被写入各国共产党的党章和体现在国家宪法之中,却往往轻易地被破坏掉。在东欧国家,共产党在20世纪50年代初期就出现了违反民主集中制原则、破坏党内民主的现象。50年代中期,大多数国家批判了当时盛行的个人崇拜、个人专权的错误,强调要实行集体领导制度。但在以后的几十年中,各国党的民主集中制原则并没有得到执行,党的方针政策往往由少数几个中央政治局委员甚至是由最高领导人一个人说了算,党和国家政策从来不在广大党员中进行讨论。党的代表大会只能用一种声音说话,发言往往是事先安排好的，中央全会也只是为了从形式上确认一下政治局的决定。捷共承认90%的党员没有真正的发言权。罗共领导人齐奥塞斯库、保共领导人日夫科夫、阿共领导人霍查等均在国内形成了绝对的权力，并独断专行，全党全国唯其是从，而领导职务普遍存在“终身制”（沈碧莲等，2002）。苏共在实施民主集中制的过程中产生的问题更多、更严重，民主集中制的破坏直接导致苏共的瓦解（徐天新，2003）。在中国，由于民主集中制遭到破坏导致“文化大革命”运动的发动。[41]这种粗陋的民主集中制不仅在国家层面容易遭到破坏，在各级政府部门、企业、社会团体也都非常容易遭到破坏，以致普遍性地出现“用人一言堂，花钱一支笔，决策一张纸”等极权主义现象，从而形成了一个脱离人民群众的特权阶层。

第六，改革策略上的失误直接导致东欧社会主义国家易帜和苏联的解体。到20世纪80年代，所有社会主义国家都面临着经济、政治上的困境和西方资本主义和平演变的压力，苏联、南斯拉夫等国还隐伏着严重的民族矛盾。改革方式都采取激进的“休克疗法”，经济改革与政治改革同时进行。在经济改革上，实行私有化和市场经济，通货膨胀严重，人民怨声载道；在政治上，苏联提出“人道的、民主的社会主义”模式，南斯拉夫提出“社会主义自治制度”等，但关键是提倡政治多元化、民主化和多党制，否定社会主义基本原则。通过“公开投票”，共产党政权纷纷垮台，苏联、南斯拉夫解体。

综上可见，20世纪的社会主义制度的实践，是人类历史上的一次壮举，但也严重偏离了科学社会主义。这次实践的失败并不等于科学社会主义的失败。究其原因是错综复杂的，犹如一个早产儿，产后染病，没有好的疗养，又遇上了一批庸医而不幸夭折。对此，我们不应把责任归罪于某几个人。1851—1852年，恩格斯在总结1848—1849年德国革命必然爆发而又必然失败的原因时说：“这些原因不应该从几个领袖的偶然的动机、优点、缺点、错误或变节中寻找，而应该从每个经历震动的国家的总的社会状况和生活中寻找……如果一个政党的全部本钱就只是知道某某人不可靠这一件事，它的前途就太可悲了。”[42]

五、社会主义市场经济

1978年12月18—22日，中国共产党第十一届三中全会在北京举行。会议清算了教条主义，实现了思想路线的拨乱反正，恢复了党的民主集中制的传统，做出了实行改革开放的新决策，启动了农村改革的新进程，开始了系统地清理重大历史是非的拨乱反正。十一届三中全会具有里程碑的意义，是中国由社会主义计划经济向社会主义市场经济的转折点。党的十二大，邓小平正式提出了"建设有中国特色的社会主义"的新命题;党的十三大明确认识到我国正处于社会主义的初级阶段,在此基础上寻找出了一条符合中国国情的有中国特色的社会主义道路;党的十四大确定我国经济体制改革的目标是建立社会主义市场经济体制;党的十八届三中全会通过的《中共中央关于全面深化改革若干重大问题的决定》明确提出:"紧紧围绕使市场在资源配置中起决定性作用深化经济体制改革,坚持和完善基本经济制度,加快完善现代市场体系、宏观调控体系、开放型经济体系,加快转变经济发展方式,加快建设创新型国家,推动经济更有效率、更加公平、更可持续发展。"通过改革,进一步完善中国有特色的社会主义制度。

实际上,对社会主义计划经济体制的改革是世界性的。随着东欧社会主义国家的易帜和苏联的解体,以美国为首的西方民主模式因"冷战"(1947—1991年12月)的胜利而获得空前的道义优势(焦世新,周建明,2009),经济全球化和政治多元化快速发展,和平与发展成为时代的主题。在这种有利的国际环境下,中国开始了全面的改革开放。

(一)创建安定团结的政治局面,确立以经济建设为中心的基本路线

1976年9月9日,毛泽东主席逝世,没有出现毛泽东担心的要在"腥风血雨"中交接政权(中共中央文献研究室,2003b,p.1782)的局面。同年10月6日,华国锋和叶剑英等同志代表中央政治局,执行党和人民意志,采取断然措施,对王洪文、张春桥、江青、姚文元等人实行隔离审查,一举粉碎"四人帮"。1977年7月16—21日,党的十届三中全会在北京举行。7月17日,全会一致通过《关于恢复邓小平同志职务的决议》,从此,邓小平回到中央领导岗位,作为第二代中央领导集体的核心,领导全党、全军、全国各族人民,进一步推进中国特色社会主义道路的探索,在改革开放、社会主义现代化建设的新路上开拓前进。1982年2月,《中共中央关于建立老干部退休制度的决定》出台,废除领导干部终身制。为避免重犯"文化大革命"那样的错误,完善了中央委员会、中央政治局、政治局常委会、中央书记处四大机构的工作规则、程序。1989年6月在中共十三届四中全会实现了第二代中央领导集体向第三代中央领导集体顺利过渡;2002年11月,中共十六大实现了第三代中央领导集体向第四代中央领导集体顺利过渡;2012年11月,中共十八大实现了第四代中央领导集体向新的中央领导集体顺利过渡。由于中央集体领导制度不断完善,确保了安定团结的政治局面,保障了党的新时期的路线、方针、政策的连续性。同时,在党的一元化领导下,正确处理改革、发展和稳定的辩证关系,避免了东欧、苏联的剧变,并创造了世界经济发展史上的"中国奇迹"。

(二)确立了把教育摆在优先发展的战略地位,把科学技术作为第一生产力,全面推进生产力的发展

在改革开放之初,我国恢复了国民教育和科学研究的正常秩序,大力引进西方教育、科研的成果与经验,在短期内,使我国的教育、科研工作由与世界的隔绝到融合,从教育、科学研究理念到工作地位,从体制机制到教育、科技实力等各个方面,都发生了历史性的深刻变化,为我国经济建设提供了人才和技术的支持。同时,国家一方面大力引进国外先进技术;另一方面集中优势资源,跟踪和瞄准世界科技前沿进行重点攻关,通过原始创新、集成创新、引进与消化吸收再创新等多种途径,加快我国的技术创新。2006 年我国颁布的《国家中长期科学和技术发展规划纲要》明确提出创建有中国特色的国家创新体系。[43]以企业为主体,坚持技术创新的市场导向,有效整合产学研的力量,切实增强国家竞争力。

在新的历史条件下,我国应该按照党的十八大精神,进一步破除企业创新的体制和机制障碍,不断激发国有大型企业创新动力,支持民营企业尤其是中小型民营企业的创新,鼓励"产学研"相结合的创新模式,促进创新资源高效配置和综合集成,把全社会智慧和力量凝聚到创新发展上来。

(三)改革农村生产组织制度,推动城乡一体化发展

我国的经济改革首先是从农村开始的。20 世纪 70 年代末和 80 年代初,我国在广大农村实行家庭联产承包责任制为基础、统分结合的双层经营体制,并对农产品流通体制和农村基层组织进行改革。农民家庭成为直接面向市场的经济单位或"家庭农场",由于政府无偿征集农民从事农业工程少了,"家庭农场"支配的劳动时间多了,在市场的导向下,促进了农民家庭资源优化配置。进入 80 年代之后农业种子进一步改良,化肥使用量增加,粮食亩产大幅度增加。1978 年灌溉面积 44965.3 千公顷,使用化肥 884.0 万吨,粮食总产量 30477 万吨;1985 年灌溉面积 44035.9 千公顷,使用化肥 1204.9 万吨,粮食总产量 37911.0 万吨。[44]更为重要的是,国家大幅度提高了农产品的收购价格[45],1978—1984 年人均纯收入平均增长 15%,农业产值平均增长 7.6%。[46]同时,我国的食物结构也在发展变化,畜、禽、鱼和菜、果的消费大规模上升,从而导致农业结构的基本转型,黄宗智把其称之为"中国的隐性农业革命"[47]。农副产品生产是资金和劳动双密集的,成为"家庭农场"收益的重要来源。[48]

80 年代中期以来,农业收益出现负增长,非农收入快速增长。其根本原因是农业投入减少,农用生产资料价格不断上涨。同时,农村的乱摊派、乱收费、乱罚款的苗头已经出现,使"家庭农场"不堪重负,"三农问题"逐渐严重。实际

上,80年代的“家庭农场”与1949年之前的“家庭农场”有很大的不同。它不再从事手工业等副业。富余劳动力进入乡镇企业[49]和城市务工。2012年全国农民工总量达到26261万人,比上年增加983万人,其中外出农民工16336万人。[50]随着农民进城务工,农村常住人口不断减少,自然村庄也逐渐减少。1990年全国有村庄377.32万个,2010年为273万个,20年减少了104.32万个村庄。[51]并且许多村庄出现“空洞化”。[52]而中国社科院发布的《2011年中国城市发展报告》分析,随着中国城市化和工业化进程的加快,农村集体土地被大量征用,失地农民作为农民中的一个特殊群体,数量迅速扩大。2011年,中国失地农民的总量已经达到4000万~5000万人,而且每年还要新增300多万人;重新返贫的农民家庭也越来越多,中国科学院《2012中国可持续发展战略报告》根据调整后的标准测算,2011年中国还有1.28亿的贫困人口。[53]在这种历史背景下,解决“三农”问题的出路不是“新农村建设”问题,而是从工业化、城市化的角度全面来解决“三农”问题,通过工业化、城市化来吸收农村剩余劳动力和全面推进农业现代化建设。

上文已述,清末民初开始的工业化、城市化和农业产业化发展是在国内外自由贸易的条件下进行的。资本、人员流转不存在障碍,完全是一种自然发展的过程,最典型的是上海市的自然形成。这个时期的城市化主要在通商口岸和交通枢纽地,并聚集在东部沿海地区。这种经济增长的不平衡发展是世界性的。日本东京聚集了3500万人口,即四分之一的日本人口拥挤在这块不足日本总面积4%的土地上;美国经济活动集中在国家的少数地区(见图6-1),2006年,3亿美国居民中大约有3500万人口更换居所,其中800万人是跨州的迁居(见图6-2)(世界银行,2009:XVI)。全球的发展经验显示,当人均国内生产总值处于低水平的时候,城市化的速度是最快的(世界银行,2009:第四章)。在城市化初期阶段,政策对城市地区和农村地区不应该有区别,都应当提供基本的社会服务和完善土地市场;处于城市化进程中期的地区,需要增加连接性基础设施建设;城市化高级阶段的地区需要基于当地情况实施干预措施,例如贫民窟发展计划。小城镇有利于挖掘公司和农场的规模经济。但不能按照行政管理区域由政府直接组织城镇建设,在中国人烟稀少的落后地区,将昂贵的基础设施延伸到这些地区,或者鼓励公司向这些地区搬迁,意义不大(世界银行,2009:XVI)。在市场经济的条件下,企业的正确区位是位于纯利润最大的地点(勒施,p.29),而不仅仅只是考虑当地政府的一些优惠政策。因此,现阶段的城镇化发展,应该以乡村工业、实体经济和农业现代化发展为基础,以乡村和城市基本公共服务均等化为保障,以改革城乡户籍制度和土地制度为突破口。实际上,我国许多城市在城乡一体化发展方面进行了有益的探索，有成功的经验也有失败的教训。党的十八大提出要推动城乡一体化发展，加大统筹城乡发展力度，促进城乡共同繁荣。国务院制定了城镇化中长期发展规划，完善配套政策措施。在未来几十年，城镇化发展将全面提升中国社会现代化水平。

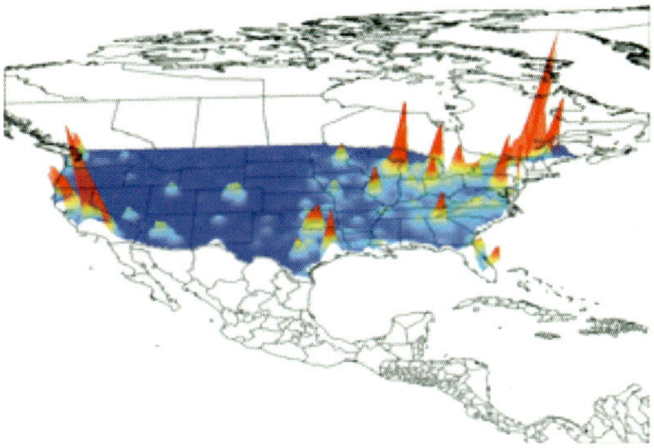

图6-1　美国每平方公里的经济产出

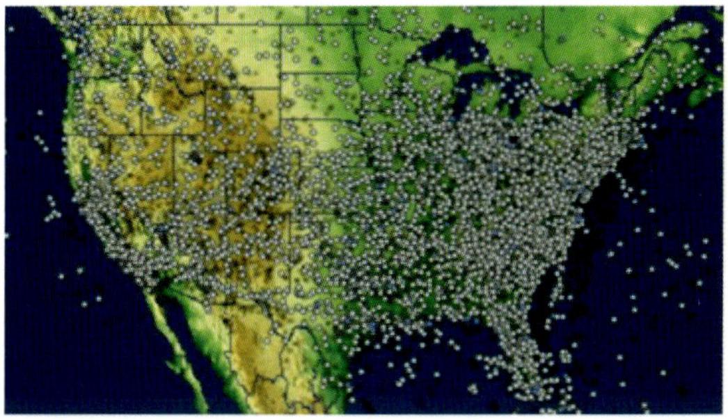

图6-2　感恩节前两天美国天空中的航班

（四）不断完善现代企业制度，大力促进资本市场发展

生产资料公有制是计划经济管理体制的基础，其实体是国有企业。而国有企业改革是一场广泛而深刻的社会变革，由此直接要求计划经济管理体制同步进行改革。改革的方式是渐进式的。从“放权让利”、“承包经营”到按现代公司制改制，由国家的“生产车间”变为独立的市场主体，由单一的国有股组成的国有制向混合所有制发展。同时，引进外资和鼓励私人办企业。经过30多年的改革开放，我国形成了国有经济、集体经济、私营经济、个体经济、联营经济、股份制经济、外商投资经济和港澳台投资经济等多种所有制经济共同发展的基本经济制度，坚持按劳分配为主体、多种分配方式并存的分配制度。

现代股份制企业制度的建设与资本市场的创建密不可分。资本市场的发展、规范和完善与国有企业改革既相互依赖、互为条件,又相互制约、相互促进。由于资本市场有产权流动、资源配置、信息披露等功能,可以通过完善企业的股权结构和法人治理结构,进而改善融资结构,提高企业的绩效。同样,企业是资本市场的重要参与者。截至 2011 年年底,股票市场上市公司 2342 家,市值 21.48万亿元,流通市值 16.49 万亿元。[54]因此,只有通过改革使国有企业摆脱对政府的依赖成为真正独立的市场主体,才能按照市场规律参与资本市场的运行,通过各种融资活动、改制上市、完善治理结构以及资产结构的调整,直接影响资本市场的发展。

国有企业股份制改革并不是私有化而是社会化。马克思在《资本论》第三卷,将资本主义股份制作为同"私有财产"向"直接的社会财产"的具体"过渡点"。马克思认为:"那种本身建立在社会生产方式的基础上并以生产资料和劳动力的社会集中为前提的资本,在这里直接取得了社会资本(即那些直接联合起来的个人的资本)的形式,而与私人资本相对立,并且它的企业也表现为社会企业,而与私人企业相对立。这是作为私人财产的资本在资本主义生产方式本身范围内的扬弃。"(马克思,1976b,p. 493)不过,"这是资本主义生产方式在资本主义生产方式本身范围内的扬弃,因而是一个会自行扬弃的矛盾,这个矛盾首先表现为通向一种新的生产形式的单纯过渡点。它那显然只是作为一个过渡点,以便进入到一个新的生产形式中去。它作为这样的矛盾在现象上也会表现出来。它在一定部门中造成垄断,因而引起国家的干涉。它再生产出了一种新的金融贵族,一种新的寄生虫——发起人、创业人和徒有其名的董事;并在创立公司、发行股票和进行股票交易方面再生产出了一整套投机和欺诈活动。这是一种没有私有财产控制的私人生产。"(马克思,1976b,pp. 495 ~496)实际上,马克思在《资本论》第一卷和第三卷的分析是一致的,后者是对前者的具体化。同时,马克思指出:"以个人自己劳动为基础的分散的私有制转化为资本主义私有制,同事实上已经以社会的生产经营为基础的资本主义所有制转化为社会所有制比较起来,自然是一个长久得多、艰难得多、困难得多的过程。前者是少数掠夺者剥夺人民群众,后者是人民群众剥夺少数掠夺者。"(马克思,1976a,p. 832)因此,对国有企业进行股份制改造,鼓励民间资本参股,实际上是将国有企业社会化,也是治理受泛家族主义影响的"内部人控制"的长效机制。但是,对国有独资企业进行混合所有制改革,必须以资本市场为基础,充分发挥市场的作用。

同时,在一个国家或地区,国有企业或股份制企业只是少数,大量的是中小企业。2008 年年底,我国中小企业总计 4200 多万户,占企业总数的 99.4% 以上,其中个体工商户 3800 多万户,在工商部门注册成立的中小企业 430 多万户。[55]中小企业创造的产值和服务价值已经占了国民生产总值的60%左右,中小企业上缴的税收占了我国税收总额的50%左右;65%的发明专利、80%以上的新产品开发都是中小企业完成的。[56]我国中小企业就业人员占城镇就业总量的75%以上,在工业领域,中小企业全部就业人员1.1亿人,占全部工业就业人数的83%;我国出口总额中约60%来源于中小企业,中小企业已成为中国经济发展的主力军。[57]但是,中小企业不公开发行股票和债券等向外筹集资金。资金缺乏是中小企业普遍存在的问题。这需要我国的金融体制进一步创新,需要通过放松管制、促进利率市场化来改变银行等金融机构垄断经营的局面。

现代企业制度和资本市场制度都是从西方引进来的。清末民初,我国开始出现股份制公司,1920年上海证券物品交易所开业,1921年上海华商证券交易所开业。20世纪50年代,资本市场被关闭,股份公司被国有化。1984年7月25日,北京天桥百货股份有限公司成立[58],拉开了股份制改造的帷幕。1990年12月19日,上海证券交易所开业;1991年7月3日,深圳证券交易所正式开业。虽然我国的现代企业制度和资本市场制度与国际接轨,但受家族主义和计划经济时期形成的政府对国企的“父爱主义”的影响,股份制企业尤其是国有控股企业,法人治理结构得不到严格的贯彻实施,政府、国有企业与市场之间的关系或边界仍然模糊不清,部分行业政企不分、主辅不分、垄断经营,企业普遍缺乏创新动力[59],国有资产所有者权益得不到真正落实。这些主要问题需要不断进行改革来加以解决。实际上,国有企业和国有控股企业改革的关键是保障法人治理结构的真正实施,董事会、监事会和企业高级管理人员责、权、利明晰,尤其是要正确处理好企业党组织与董事会的关系。通过不断改革,使公司董事会有积极性去选择最合适的职业经理人,使监事会有积极性做好对经营者的监督,使国有资产保值增值,使企业充满创新活力。

(五)创建新型国家治理体系,积极推进政府行政管理体系改革,建立与市场经济相适应的宏观调控体系

在社会主义计划经济时期,国家与社会、政府与民间融合为一体,自上而下形成了一整套严密的科层组织体系。这套组织制度体系具有政治行政功能、经济社会功能、文化教化功能等,工会、妇联等组织依附在这套组织体系之中。全国所有的人都被纳入组织体系。没有“社会人”,只有“单位制人”。在经济上实行计划数量配置,在政治上实行一元化领导,阶级斗争、阶级专政(或政治运动)成了国家政治生活的主要形式。显然,执政党主导和组织化调控是其本质特征(唐皇凤,2009)。由于公共管理机构是国家和社会唯一的管理机构,在政治学上,这种模式被称为“统治”(government)(斯托克,1999)模式。

1979 年改革开放以来,我国开始由国家统治模式向国家治理(Governance[60])模式转型。首先,农村组织制度改革之后,“人民公社”改为“乡政府”,生产大队、生产小队等行政经济组织改革为村民自治。2012 年,我国村民委员会 588475 个,家庭成为生产经营单位。其次,城镇企业改革,企业由国家的“车间”变为自主决策的独立的法人机构,过去那种建立在等级制、身份制基础上的行政依附关系、单位与劳动者的关系,由契约关系所取代,“单位制人”转变为“社会人”,“社区”成了劳动者不可缺少的一个群众基础机构。最后,我国进行了六次政府行政管理体制改革,由全能政府到有限政府过渡,逐步实现党政分开、政企分离、政事分离,行业组织和社会组织快速发展,2012 年社会组织达到了 499268 个。[61]但是,我国新时期依然延续了执政党主导的组织化调控模式,并进一步使之精致化(唐皇凤,2009),虽然社会组织发生变化,但主要集中于经济组织方面;治理方式虽然放弃了以阶级斗争为纲的统治方式,但并没有找到新的更好的治理方式(唐亚林,郭林,2006)。

党的十八届三中全会通过的《中共中央关于全面深化改革若干重大问题的决定》明确提出要“推进国家治理体系和治理能力现代化”。所谓国家治理模式,是指由政府、市场与公民社会相互耦合所形成的一种整体性的制度结构模式。它们是由不同的制度安排、组织形态和治理机制构成的制度系统,共同维系着一个国家整体的秩序治理(张慧君,景维民,2009)。但创建新型国家治理体系,关键是要处理好政府、市场、社会组织的关系,其核心问题还是政府职责范围的法律界定。政府宏观调控的主要任务是保持经济总量平衡。通过国家战略规划引导,运用财政政策、金融政策,促进包容性绿色增长、充分就业、价格稳定和国际收支平衡,借助现代技术有效实行社会监管,并提供政策咨询、信息服务。按照党的十八大的要求,“要按照建立中国特色社会主义行政体制目标,深入推进政企分开、政资分开、政事分开、政社分开,建设职能科学、结构优化、廉洁高效、人民满意的服务型政府”。在政府职责范围之外,政府部门应该创新方法,以法律主体身份平等地与企业、社会组织对话、协调、合作与互动,以有效的政府治理促进社会治理。

同时,正确处理中央与地方之间的关系。实际上,中央与地方的关系问题也是中国历史上处理得不好的一个重大问题。导致清王朝覆灭的直接原因之一就是其中央与地方的财税关系问题没有处理好。孙中山虽然提出了“均权制”[62],国民党政府在大陆时期尚未真正实施就败走台湾,没有历史经验教训可供借鉴。目前,世界上分为两种类型的国家,一种是集权型(或单一制)国家,如英国、法国、日本等;另一类是联邦制的国家,如美国、德国、澳大利亚、俄罗斯、印度。这两类国家的财政收入形成与约束机制不同。在集权型国家,地方政府财政入不敷出,一般通过上级政府财政援助,而不是通过增加税收、收费等来弥补,并且,中央政府对地方的税收、收费都要进行审查。在联邦制国家,地方有权制定税收、收费规定,可以举债,但必须经过地方议会表决通过,如果到期不能偿还债务,可以向法院申请破产保护。它们都是按照"三权分立"、司法独立,通过机构来进行权力制衡。

中国属于集权型国家,但国家体制与英国、法国、日本等集权型国家有根本性的差别。我国按照民主集中制原则来构建中央与地方的关系,下一级的党政领导干部由上级党组织任命。新中国成立以来的60多年,中央和地方关系在集权与放权的抉择中轮番交替,而权威体制与有效治理之间的矛盾,集中表现在中央管辖权与地方治理权间的紧张和不兼容:前者趋于权力、资源向上集中,从而削弱了地方政府解决实际问题的能力和这一体制的有效治理能力;而后者又常常表现为各行其是,偏离失控,对权威体制的中央核心产生威胁(周雪光,2011)。尤其是改革开放以来,中央强调的全局利益与地方强调的局部利益的冲突日益明显化,中央与地方博弈与竞争的主要方面是:

第一,从1994年分税制改革以来,"财税权层层上收,事权层层下放"[63]。地方政府为了履行"事权",往往通过在税收之外的收费和举债来筹措财政资金。许多地方政府设置各种收费项目来进行"创收"(谢维营,2008),公共收费或乱收费曾一度膨胀(马海涛,叶康涛,1999)。同时,地方政府对事业单位财政支付资金不足,导致教育、医疗等公益事业单位过度收费,事业单位基本上是在按照企业模式运行。近几年来,地方通过大量出让土地(吴群,李永乐,2010)和设置地方融资平台筹措财政收入。一些地方政府可用财力30%以上与土地相关,市级政府甚至达到60%(刘寒波等,2008)。地方政府偏好具有财政自主权的收入,地方政府土地非税收入和抵押收入不断膨胀(李尚蒲,罗必良,2010)。地方政府和中央政府进行纵向土地收入竞争的同时,同级地方政府之间也进行着横向竞争(张清勇,2009)。近些年来,地方政府通过地方融资平台过量发债。截至2013年6月底,地方政府负有偿还责任的债务108859.17亿元,负有担保责任的债务26655.77亿元,可能承担一定救助责任的债务43393.72亿元[64],三项合计为178908.66亿元。而2010年年底全国地方政府性债务余额107174.91亿元。也就是说,两年半时间地方债务增长66.93%。今后的增长速度仍然存在着不确定性,因为在国外单一制国家不允许存在的地方发债或地方融资平台之类的做法在我国还在继续发展。

第二,财权过多地集中于中央,中央通过财政支付和中央政府投资项目分配给地方。均等化作用较强的一般性转移支付的比重偏低;专项转移支付项目的设置不合理，专项资金的管理和监督不到位，如灾后补偿和重建转移支付资金的管理就涉及民政部、水利部、交通运输部、教育部等部委。同时，在中央政府许多部委都设有投资项目或政府资金支持项目，从而形成中国特色的“跑部钱进”现象。

第三，由于地方党政领导干部由上一级党组织任命，在选拔任命时，GDP成了一个客观的考核指标。集权的政治体制和分权的经济体制产生了特殊的政府结构，政治绩效的考察依赖于经济绩效的表现，迫使地方政府像企业一样追求经济利益（周黎安，2004；周业安，2003）。同时，由于地方党政主要领导工作岗位调动频繁，导致地方政府经济行为出现短期行为现象。地方政府因追求 GDP 增长速度，催生了土地财政，而土地财政对经济增长存在显著的正影响（杜雪君等，2009）。房价高涨最主要的一个原因在于地方政府的推动以及对中央的抵制（么英莹等，2007）。

恩格斯曾指出：“集权是国家的本质、国家的生命基础，而集权之不无道理正在于此。每个国家必然要力求实现集权，每个国家，从专制君主政体起到共和政体止，都是集权的……只要存在着国家，每个国家就会有自己的中央，每个公民只是因为有集权才履行自己的公民职责。”[64]我国幅员辽阔，人口众多，国家统治需要强调中央权威，但中央与地方必须要有合理的分工。这种分工应该由法律来具体规定。在宪法和法律的框架下给予地方政府更多的自治空间，建立和完善地方领导干部有效的选拔任用机制和权力约束机制。

进一步厘清政府与市场的边界，真正使市场在资源配置中发挥决定性作用。实际上，政府职能范围法定之后，政府与市场的边界也就清晰了。关于政府与市场的关系问题，将在第十二章进一步阐述。

但是，无论是市场经济发达国家还是像我们这一个转型国家，市场、政府、社会组织都会存在“失灵”的情况。都需要不断进行制度创新，尤其重要的是加强治理能力的建设。国家主席习近平指出：“国家治理体系是在党领导下管理国家的制度体系，包括经济、政治、文化、社会、生态文明和党的建设等各领域体制机制、法律法规安排，也就是一整套紧密相连、相互协调的国家制度；国家治理能力则是运用国家制度管理社会各方面事务的能力，包括改革发展稳定、内政外交国防、治党治国治军等各个方面。国家治理体系和治理能力是一个有机整体，相辅相成，有了好的国家治理体系才能提高治理能力，提高国家治理能力才能充分发挥国家治理体系的效能。”[65]由此，应该按照国家治理体系与治理能力建设要求，加强国家公务员和非营利机构干部管理体制、机制的创新，以提高综合能力为基础，以提高绩效为目标。由此需要建立和健全公共部门绩效管理体制。[66]国家公务员可通过不同的考试和管理制度,形成政务官员、事务官员和政府职员三大干部管理体系,优化干部队伍的能力与知识结构。政务官员应具备政治、法律、领导科学、行政管理等基本知识与技能;事务官员必须具备国家法规和业务基本知识与技能;政府高级职员必须具备组织科学规范的社会经济调查研究能力和政策后评估能力,承担国家与地区的政策的起草工作。由国家组织专门考试,从现任科级干部中选拔优秀人才,经过行政学院或党校2~3年的脱产培训,为县长、市长岗位提供候选人员,逐渐形成一支具有现代民主意识和法治精神的职业政治家队伍,形成一种超越由晚清所中断的“士大夫精神”的现代人文精神,引领中国社会人文精神的发展。同时,国家应该成立国家公务员绩效考核委员会,以大量的统计数据为基础,设置整套客观的评价考核体系,使公务员的绩效评估进入法制化、科学化、规范化的轨道,以此全面提高国家治理能力。

六、小结

1949年革命的胜利和社会主义计划经济管理体制的确立是中国近代社会的历史选择。100年前孙中山先生提出的“民生主义”实际上是“socialism”(社会主义)的另一种翻译。当然,孙中山的“社会主义”与马克思的“社会主义”、“斯大林模式”是有重大差别的,但它体现了中国传统文化中“公平”之核心价值取向。沟口雄三指出:“在中国,社会主义易于与传统思想相结合,或者甚至可以说,中国天下之公的传统因其包含着天下整体性,本来就是社会主义的。”(沟口雄三,p.42)“计划经济”出自苏联,在20世纪40年代,我国的学术界主流学者和国共双方的高层领导都给予充分的肯定。这是因为我们的先辈们都希望通过计划经济来加快实现工业化,更快地改变我国积贫积弱、被动挨打的局面。

1949年中国共产党取得政权之后,被迫选择“一边倒”的外交政策,并很快完成了过渡期。1956年初步建立社会主义计划经济体制,全面引进“斯大林模式”。但是,以毛泽东同志为核心的中国共产党从中国实际情况出发,积极探索中国特色的社会主义道路。1956年毛泽东的《论十大关系》就是毛泽东探索社会主义道路的一个具体成果。1958年11月,毛泽东读斯大林《苏联社会主义经济问题》时指出:“我认为正确的方面是主要的,一、二、三章中有许多值得注意的东西,也有一些写得不妥当,再有一些恐怕他自己也没有搞清楚。不要轻易否定这本书。书要从头到尾读,要逐章逐节读,并且进行讨论。”[67]这充分说明了毛泽东本人并不是照搬“斯大林模式”的。我国的社会主义计划经济体制还是从中国实际情况出发的。在短短几十年的时间内,国家通过集中财力、人力、物力建立起来了完整的工业体系和国民经济体系。但我们也为此付出了巨大的代价。生活资料的平均供给和集体经济的低效率，引致我国在20世纪60—70年代人口爆炸性增长，经济增长出现“极限”，同时由于“计划化”具有自我加强的惯性，国家和社会的公共权力日益集中，平均主义和计划经济体制诱发政治运动[68]一波接一波，又使政治运动一波比一波强烈，窒息了社会的活力。

完全自由竞争的市场经济只是一种理想。和“计划化”一样，市场化也有一种自我加强的惯性。自由竞争的必然结果是集中或垄断。同时，商品化、货币化进入到政治和社会生活的各个方面也将是一种灾难。因而，与现代资本主义经济一样，社会主义市场经济也是一种混合经济。市场在资源配置中起决定性作用，但市场需要法律来规范，需要政府调控来纠正。市场经济的社会主义性质并不是体现在国有经济和政府对经济的计划管理方面，而是体现在国家向全体人民提供均等公共服务上，体现在国家扶贫帮困、救助弱势群体上，体现在国家发展和繁荣先进文化上。这也是邓小平“共同富裕”（邓小平，2001c，p. 373）的思想、精神文明和物质文明同时建设的思想（邓小平，2001b，p. 326），也是“三个代表”重要思想和科学发展观的重要内容。

我国社会主义建设60多年的实践表明，自由竞争市场在资源配置上的效率优异于计划经济。虽然市场客观上存在缺陷，但市场存在的所有缺陷并不都是政府干预的理由（布坎南，1988，p. 282）。在市场失灵（如存在负外部效应）的情况下，并不必然需要政府进行干预，还可以通过界定产权，按照成本效益比较原则进行私人之间的谈判与契约（科斯，1991，pp. 141 ~ 191）。通过私人谈判及私人秩序所形成的各种制度来治理合同关系而不是“法律至上论”（Legal Centralism）（威廉姆森，p. 5）。同时，由于人类知识的有限性，导致市场竞争出现“盲目性”，而这种状态对所有的人都一视同仁，因而“盲目性是正义之神的属性”（哈耶克，1997a，p. 99）。尽管每个人所掌握的知识和信息是有限的和不同的，但通过市场这只“看不见的手”的不断调节，能够达到均衡状态。即使没有一位发号施令者来决定具体的社会秩序的细节，也能实现物质进步，社会组织也能得到发展（艾伯斯坦，p. 228）。然而，目前我国的市场发育是不成熟的，不正当竞争和国有企业对有关行业的垄断仍然很严重，政府过度干预现象仍然存在，自由竞争的市场秩序并没有真正建立起来。

市场经济是法治经济。依法治国、政治民主，已经达成广泛共识。毛泽东早在湖南长沙读高中时的作文《商鞅徙木立信论》（1912年）就已经认识到：法令是用来保护人民幸福生活的，而法律有良法、善法、不良之法和不善之法的区分。实际上，有法律并不等于“法治”，如果用法律做手段而滥用，不如无法。[69]

同样,民主也有好坏之分。如果民主用错了地方或者规则不合理,这样的民主比独裁更糟糕。实行民主制度的目的是为了保障国家法治,国家法治的目的是为了保障人民的基本自由。判断法律与民主好坏的基本标准有两条:第一,"党必须在宪法和法律范围内活动。任何组织或者个人都不得有超越宪法和法律的特权,绝不允许以言代法、以权压法、徇私枉法。"(中共十八大报告);第二,人民的基本自由得到宪法与法律的保护。在市场经济条件下,法律必须保护人民私有财产,而人民的财产权利是人民自由的基本保障。因而,无论法律还是民主,都必须保障市场主体自主决策、自我发展、自负盈亏的"经济自由"。但是,自由、民主、法治必须以道德为基础,需要信仰、文化和艺术来浸润。这已被改革开放前后三十年的实践所充分说明。

保障有效市场的政府干预是必要的(哈耶克,1997b,p. 116)。但在"转轨"过程中,政府部门一方面在转变职能,另一方面奉行凯恩斯主义政策由政府主导投资。实际上,政治过程与市场过程一样同样存在"失灵"。治理政府失灵首先需要改革宪法(布坎南,p. 282)。中国共产党第十八次全国代表大会明确提出:"深化行政审批制度改革,继续简政放权,推动政府职能向创造良好发展环境、提供优质公共服务、维护社会公平正义转变。"以此形成一个有效的、服务型的"廉价政府"。

正确处理中央政府与地方政府的关系是我国今后一定时期面临的一个重大课题。我国改革开放后,仍然是沿袭计划经济时期的办法,只是在财权上不断调整,而事权的划分并不是严格的、清晰的。并且,中央往往通过行政管理的方式来处理与地方的经济事务关系,无形之中增加了谈判、监督费用等行政管理成本(或交易费用),有的因监督费用高昂而无法实施,只能"三令五申",只能"年年讲、月月讲"。虽然在我国宪法中对中央与地方的关系作了原则性的规定,但应该单独制定一个法律来具体规定各级政府的关系与具体职责,以作为宪法的补充。各级政府的权利与职责是法定的,越权和失职都是违法行为。各级政府的职责明晰,政府与市场的边界自然就明晰了,有效的廉价政府就能形成,我国的自由竞争市场环境将会进一步改善。

注释

[1] 凯恩斯说:"在经济学和政治哲学的领域中,在 25 岁或 30 岁以后还受新理论影响的人是不多的,因此,公职人员、政客甚至煽动者所应用的思想不大可能是最新的。但是,不论早晚,不论好坏,危险的东西不是既得利益,而是思想。"(约翰·梅纳德·凯恩斯. 就业、利息和货币通论[M]. 高鸿业,译. 北京:商务印书馆,1999:397)

[2] 中华人民共和国的正式国名于1949年由中国人民政治协商会议筹备会议确定，当初曾经加上注释“简称：中华民国”，但是司徒美堂等民主党派人士认为新中国应确立新国名，以展示两次革命的根本意义不同（白雪. 中国历史掌故发现[M]. 沈阳：沈阳出版社，2004：216）。9月27日，政协全体会议表决通过中央人民政府组织法，正式议决去除此加注（张磊. 新中国国号诞生内幕揭秘：为何叫中华人民共和国. 中国新闻网引自《新闻午报》，2006-07-17）。

[3] 建国以来重要文献选编[M]. 4册. 北京：中央文献出版社，1993：700.

[4] 建国以来重要文献选编[M]. 4册. 北京：中央文献出版社，1993：702.

[5] 杜润生认为，毛泽东1953年就“急急忙忙”提出社会主义过渡时期总路线而抛弃新民主主义论和《共同纲领》，以后反右、反右倾、人民公社化、文化大革命，闹得“党无宁日，国无宁日，社会的和谐遭到彻底破坏”[杜润生. 当代中国与新民主主义结构[J]. 姚监复，整理. 炎黄春秋，2008(2)：14]。

[6] 江亢虎说：“鄙人以社会主义为唯一之信仰，以倡导社会主义为唯一之天职。”（江亢虎. 洪水集[M]. 上海：上海社会星出版社，1913：21；汪佩伟. 江亢虎研究[M]. 武汉：武汉出版社，1998：48.）尽管江亢虎和孙中山一样，都以“社会主义家”自命，但是，他们的社会主义并非真正的社会主义，而是有违社会主义的真义。“社会主义者，反对私有财产，主张以生产机关（土地、器械等）及其产物（衣食房屋等）归之社会共有之谓也。”（葛懋春，蒋俊，李兴芝. 无政府主义资料选[M]. 北京：北京大学出版社，1983：279）

[7] 1903年孙中山制定的东京青山革命军事学校的入校誓词是：“驱除鞑虏，恢复中华，创立民国，平均地权。”1905年成立中国同盟会时，又作为同盟会的政治纲领。其中“平均地权”的做法是，私有土地由地主估价呈报，国家按价征税，以后涨高的地价归公，同时保留由国家照呈报地价收买的权利，以防地主少报地价。对此，1912年7月15日，列宁在《涅瓦明星报》上发表了《中国的民主主义和民粹主义》一文。列宁指出：“穷乡僻壤的地价与上海的地价的差别，是地租量上的差别。地价是资本化的地租。使地产‘价值的增值额’成为‘人民的财产’，也就是说把地租即土地所有权交给国家，或者说使土地国有化。在资本主义范围内实行这种改革有没有可能呢？不但有可能，而且是最纯粹、最彻底、最完善的资本主义……土地国有化能够消灭绝对地租，只保留级差地租。按照马克思的学说，土地国有化就是：尽量铲除农业中的中世纪式的垄断和中世纪关系，使土地买卖有最大的自由，使农业最容易适应市场。历史的讽刺在于：民粹派为了‘防止’农业中的‘资本主义’，竟然实行一种土地纲领，它的彻底实现会使农业中的资本主义得到最迅速发展。”（列宁，1978b，pp. 427～428）。由此，列宁认为孙中山的社会主义，“从学理上来说，这个理论是小资产阶级‘社会主义者’反动分子的理论，因为在中国可以‘防止’资本主义，认为中国既然落后，就比较容易实行‘社会革命’等等，都是极其反动的空想。”（列宁，1978b，pp. 427～426）[李玉贞. 俄罗斯档案解密：列宁为何猛批孙中山？[J]. 世纪，2012(1)]

[8] 蒋中正. 本党国民革命和俄国共产革命的区别（中华民国十八年四月二十五日出席长沙市民欢迎大会讲演）[C/OL]：http://www.hoplite.cn/templates/hpzc1nz0055.html。

[9] 蒋介石的经济思想主要体现于其《中国之命运》和《中国经济学说》两文中。蒋介石主

张国家主导经济，反对经济自由放任，批评杜绝个人经济自由的马克思主义。他认为国家的任务是养民和保民，而国家养民政策是反对均分田产，主张平均地权。平均地权就是土地国有，但允许私有财产制度（包括土地所有权）合理存在。同时，蒋介石与孙中山一样主张节制私人资本，发达国家资本；反对垄断富源，实现“均富”。蒋介石称三民主义所要达到的最后理想是实现《礼记·礼运》中所说的“大同”社会。他说：“由礼运所讲的看来，民生本位与计划经济的原则，是达到大同世界的唯一正确的道路，除此以外，更没有别的道路可以实现我们的经济理想。”（蒋中正. 先总统蒋公全集[M]. 1册. 台湾：中国文化大学出版部，1984：196）

[10] 邓小平指出：“新中国成立以来，我们的科学技术事业有了很大的发展，在经济建设和国防建设中发挥了重大作用。这在旧中国简直是无法想象的。这个伟大成就是谁也不能否定，谁也无法否定的。”“二十八年来，我们的科学技术队伍，在毛泽东思想的哺育下，确有很大的进步。”（邓小平，1993b，pp. 85～100）“如果60年代以来中国没有原子弹、氢弹，没有发射卫星，中国就不能叫有重要影响的大国，就没有现在这样的国际地位。”（邓小平，1993b，p. 279）

[11] 中国共产党中央委员会关于建国以来党的若干历史问题的决议[M]. 北京：人民出版社，1981：8。

[12] 列宁指出：“当大多数人对资本家（这时已成为职员）和保留着资本主义恶习的知识分子先生们开始独立进行和到处进行这种计算即这种监督的时候，这种监督就会成为真正包罗万象的、普遍的和全民的监督，对它就绝对无法逃避、无处躲藏了。整个社会将成为一个管理处，成为一个劳动平等和报酬平等的工厂。”（列宁，1978c，p. 202）

[13] 国家统计局. 建国三十年全国农业统计资料（1949—1979）[M]. 北京：中国统计出版社，1980.

[14] 新华时事丛刊社编辑. 刘少奇关于土地改革问题的报告、中华人民共和国土地改革法[M]. 广州：广州新华书店，1950.

[15] 1979年1月29日中共中央作出《关于地主富农分子摘帽问题和地主富农子女成分问题的决定》。实行近三十年的家庭“阶级”标签基本上取消，占全国人口9.41%（1950年的数据）的地主、富农家庭不再成为专政对象受到政治歧视。

[16] 国家统计局. 中国统计年鉴（1983）[M]. 北京：中国统计出版社，1983：210.

[17] 王绍光把毛泽东的“群众路线”称之为与西方民主模型不同的“逆向参与模式”（王绍光. 公众决策参与机制：一个分析框架[EB/OL]，http://www.strongwind.com.hk）。王绍光还把毛泽东时代的“合作医疗”制度看做是“群众路线”思想的实践范例，通过数据分析，说明被世界卫生组织和世界银行誉为“以最少投入获得了最大健康收益”之“中国模式”的来龙去脉[王绍光. 中国公共卫生的危机与转机[J]. 比较，2003（7）]。

[18]《人民公社财政与财务管理》编写组. 人民公社财政与财务管理[M]. 杭州：浙江人民出版社，1981：56～78.

[19] 中国共产党中央委员会关于建国以来党的若干历史问题的决议[M]. 北京：人民出版社，1981：8.

[20] 陈风波对原湖北天门县黄潭公社熊河大队第一生产队1980年的社员结算表分析表

明,经过一年的工作,平均每户获得收入为615.53元,最少的家庭收入为1.80元,最多的家庭收入为1257.38元。平均每户账面扣除390.99元(一年中农户的预支款和实物分配的折款),账面扣除之后平均每户剩余金额为224.55元,如果账面扣除超过分配金额则为超支户。全生产队34户农户中,有7户属于超支户,超支最多的农户超支396.72元,而剩余最多的农户剩余为726.8元。如果农户属于超支户,则留存生活存款、当年存款及手持现金均为零。全队平均每户留存生活存款为128.82元,当年存款92.94元,手持现金为25.85元。有接近60%的农户在留足下年生活存款之后没有一分钱的存款(陈风波.对家庭承包责任制前夕一个生产队年终结算表的分析[J].国学网 http://eco.guoxue.com/print,p.hp/9809)。

[21] 1924年,恰亚诺夫在对当时俄国四个县的家计调查材料进行整理和重新编排后,得出如下结论:家庭农场的劳动者对劳动能力的开发的程度受到家庭消费需求的推动,当消费需求出现增长,农民劳动自我开发的程度也随之加深;另一方面,劳动能力的耗费又受到劳动本身辛苦程度的制约。同收益相比较,劳动越艰苦,生活水平就会越低;尽管即使要达到这种低等的生活水平,农民家庭也往往必须付出巨大的努力,但低到一定程度,它就会放弃从事该种艰苦的劳作(恰亚诺夫.农民经济组织[M].萧正洪,译.北京:中央编译出版社,1996:53)[张江华.工分制下农户的经济行为——对恰亚诺夫假说的验证与补充[J].社会学研究,2004(6)]。

[22] 林毅夫认为农业低效率是农民没有"退社权"(林毅夫.再论制度、技术与中国农业发展[M].北京:北京大学出版社,2000:212~230)。

[23]"计划经济"的概念首先由列宁于1906年写的《土地问题和争取自由的斗争》一文中提出。托洛茨基首先提出"社会主义计划经济"范畴,并认为"计划性之于社会主义经济是本质的东西"([波]伊萨克·多伊彻.被解除武装的先知[C]//托洛茨基1921—1929[M].北京:中央编译出版社,2013:http://book.ifeng.com/shuzhai/detail_2013_07/18/27655522_0.shtml);阿里切尔认为:"社会主义国家组织经济工作的最大武器就是计划"、"社会主义经济就是计划经济"(阿里切尔.计划与社会再生产[M]//东北计委会统计局辑译.社会主义计划经济,东北统计局部,1951:38,47.)。这些观点被我国所采用。

[24] 在"三反运动"时,贪污旧币1亿元以上的就称为大老虎,1亿元以下1000万元以上的称为小老虎。当时全国查处了10万余人,其中判处有期徒刑的9942人、无期徒刑的67人、死刑的42人、死缓的9人(薄一波,1991a,pp.144~145)。

[25]《中国共产党中央委员会关于建国以来党的若干历史问题的决议》(1981年6月27日):"'文化大革命'是一场由领导者错误发动,被反革命集团利用,给党、国家和各族人民带来严重灾难的内乱。"此后国内外学术界对"文革"开展了深入的研究[萧延中.近期中国的毛泽东研究:一个政治意识生态的框架草图[J].湖南科技大学学报(社科版),2011(6)]。

[26] 美国学者理查德·克劳斯(Richard C. Kraus)认为"文革"中的"资产阶级"一词可被用做三种指谓:"第一,它可指解放前资产阶级残余;第二,它可指人的政治态度、行为或阶级立场;第三,也是最棘手的,它可指党内官僚集团。"(Stephen Toulmin, Cosmopolis: The Hidden Agenda of Modernity, University of Chicago Press, 1990:56.)第三种意义上的

"资产阶级",才是毛泽东的真正文革对象(崔之元.毛泽东文革理论的得失与"现代性"的重建[J/OL].学者社区,2001－7－28:http://www.china－review.com/sao.asp?id＝1501)。

[27] 1966年12月26日毛主席73岁生日,晚上临时通知,毛主席和江青请陈伯达、张春桥、王力、关锋、戚本禹、姚文元到中南海的游泳池吃饭。其间谈话中,"毛主席认为旧机器要改成新机器,旧方法要改成新方法,旧秩序要改成新秩序,旧制度(不是指社会主义制度,是说旧的规章制度)要改成新制度,旧纪律(对直接上级绝对服从)要搞掉。毛主席关于大民主的思想,就是这样来的。他认为我们旧的一套同资本主义、封建主义,同苏联差不多。他认为大民主好,便于攻击敌人,也能对各级领导机关、领导人直接监督,造成新的社会风气"(王力.王力遗稿:王力反思录[M].上册.香港:香港北星出版社,2001:322～329)。

[28]《人民日报》、《红旗》杂志、《解放军报》编辑部.沿着十月社会主义革命开辟的道路前进——纪念伟大的十月社会主义革命50周年[N].社论:1967－11－06。毛泽东的"无产阶级专政下的继续革命理论"认为,无产阶级专政下的阶级斗争的中心仍然是政权问题。毛泽东认为,修正主义是资产阶级在共产党内的代表,其实质是篡改无产阶级政权。"现代修正主义者,他们不是不要国家机器,他们要自己的国家机器可厉害呢,他们所仇视的是真正的无产阶级的国家机器。他们所谓反对国家对经济的领导,实际上是一种欺骗。他们的目的是用这个来推翻无产阶级专政,复辟资产阶级专政。"(中华人民共和国国史学会.毛泽东读社会主义政治经济学批注和谈话,1998:350)。"像报纸刊物、广播、电影这类东西,掌握在谁手里,由谁来发议论,都是属于权利的问题……人民内部有各个派别,有党派性。一切国家机关、一切部队、一切企业、一切文化教育事业掌握在哪一派手里,对于保证人民的权利问题,关系极大。掌握在马克思列宁主义者手里,绝大多数人民的权利就有保证了;掌握在右倾机会主义分子或者右派分子手里,它们就可能变质,人民的权利就不能保证。总之,人民自己必须管理上层建筑,不管理上层建筑是不行的。我们不能够把人民的权利问题了解为国家只有一部分人管理,人民在这些人的管理下享受劳动、教育、社会保险等权利。"(同上,pp.275～276)。所以,就要通过"无产阶级文化大革命"来"斗私批修"。

[29] 1912年6月,19岁的毛泽东在湖南长沙读高中时写过一篇睿智作文《商鞅徙木立信论》,全文仅465个字,震耳发聩。毛泽东认为,法令是用来保护人民幸福生活的。同时,法律有良法、善法和不良之法、不善之法的区分。他明确指出:"商鞅之法,良法也。"在新中国建立之后,毛泽东的许多政治理念与做法,如以粮为纲、开荒造田、干部下放劳动、社会管理、禁止靡靡之音和奇装异服、口粮定量、禁止大吃大喝、粮食由国家经销、严禁投机倒把等,可从《商君书》的"垦令"篇找到渊源;重视"老大粗"干部、轻视书本知识、改造知识分子等,可从《商君书》的"农战"、"去强"篇找到渊源;严格户籍制度管理、加强基层组织建设、先生产后生活、先投资后消费、提倡艰苦朴素、"过紧日子"等"富国贫治"理念,可从《商君书》的"去强"篇找到渊源;全民皆兵、人民战争等思想可从《商君书》的"兵守"篇找到渊源,等等。同时,毛泽东对按照法家理念治国的秦始皇高度肯定。毛泽东说:"我们应该讲公道话。秦始皇比孔夫子伟大得多。孔夫子是

讲空话的。秦始皇是第一个把中国统一的人物。不但政治上统一，而且还统一了文字、制度，有些制度一直沿用下来。中国过去的封建君主还没有第二个人超过他的。可是被人骂了几千年，骂他就是两条：杀了460个知识分子；烧了一些书。"（陈晋. 毛泽东读书笔记解析[M]. 下册. 广州：广东人民出版社，1996：1155）。1973年8月5日至1974年7月期间，根据毛泽东的指示，有关部门选注了自先秦至近代的法家著作26篇，包括《商君书》、《韩非子》、《荀子》，以及晁错、柳宗元、刘禹锡、王安石、李贽、王夫之、章炳麟等人的著作[刘修明. 从印制"大字本"古籍看毛泽东晚年的思想和心态[J]. 当代中国史研究，1994(2)]。因此，在政治上，毛泽东是"内用法家"的。那么，毛泽东为什么不用儒家呢？我们知道，儒家把中庸作为人们不易达到却又不可缺的至善至美的道德规范。"中庸之为德也，其至矣乎！民鲜久矣。"（《论语·雍也》）"中也者，天下之大本也；和也者，天下之达道也。致中和，天地位焉，万物育焉。"（《中庸》）显然，儒家追求"和谐"。但是，出现了不和谐如何办？儒家并没有有力的手段与措施。毛泽东读艾思奇《哲学选辑》批注："中庸主义包括了死硬派和折中派两种思想。当其肯定质的绝对安定性，这是同一律，也就是死硬派思想。当其畏首畏尾于过程正反之间成为排中律的反面之唯中律，代表两端间的过渡形态时，他是折中主义。当新势力与旧势力斗争激烈而胜负未分时，往往出现这种折中主义。"（中共中央文献研究室. 毛泽东哲学批注集[M]. 北京：中央文献出版社，1997：380）实际上，按照马克思主义唯物辩证法原理，对立（矛盾或斗争）、统一（同一或和谐）是辩证关系，一味强调斗争或一味强调和谐都是形而上学的做法。

[30] 美国学者莫里斯·迈斯纳在其著作中称毛泽东是一位民粹主义者（迈斯纳. 马克思主义、毛泽东主义与乌托邦主义[M]. 北京：中国人民大学出版社，2006）；李泽厚在其著作中称民粹主义是毛泽东晚年思想的一个基本特征（李泽厚. 中国现代思想史论[M]. 北京：生活·读书·新知三联书店，1985）；朱学勤认为"文化大革命"是一场民粹性质的政治运动[朱学勤. 民粹主义与"文化大革命"[J]. 毛泽东思想研究，1988(3)]；著名历史学家胡绳称毛泽东"曾染上过民粹主义色彩"[胡绳. 社会主义与资本主义的关系：世纪之交的回顾与前瞻[J]. 中共党史研究，1998(6)]。

[31] 中国共产党中央委员会关于建国以来党的若干历史问题的决议[M]. 北京：人民出版社，1981：20。

[32] 叶剑英. 在中央工作会议闭幕会上的讲话（1978年12月13日）[C]//叶剑英选集[M]. 北京：人民出版社，1996：494。这个说法是根据地主、富农、反革命、右派、坏蛋分子家庭人口总数得出的。参见本章注释[15]。

[33] 自杀是一种疾病。据世界卫生组织和有关国家的报道，美国的自杀率是(10～12)/10万；澳大利亚、西德、匈牙利、日本、捷克和斯洛伐克、丹麦、芬兰、瑞典超过25/10万（钟继荣. 揭开自杀之谜[M]. 北京：中国检察出版社，2000：3）。1940—1944年5月清华大学国情普查研究所对云南省呈贡县开展人口研究工作，经过调查得出结果，当时的自杀率为11.23/10万[潘令仪，王祖承. 自杀的国内研究概况[J]. 中国行为医学科学，2005(7)]。卜俊统计了上海某地区1982年的自杀发生率为38.0254/10万，自杀死亡率5.7735/10万（男性8.7125/10万；女性2.8024/10万）（钟继荣. 揭开自杀之谜[M].

北京:中国检察出版社,2000:3~4)。中国自杀率22.99/10万(95% CI:21.78/10万~24.25/10万)[王黎君,费立鹏,黄正京,等.中国人群自杀死亡报告准确性评估[J].中华流行病学杂志,2003(10)]。延吉市2000—2009年居民自杀死亡资料表明,延吉市居民自杀平均死亡率为5.22/10万,男性高于女性,男女之比为1.57:1[崔善日,罗崇,金玲,等.2000—2009年延吉市居民自杀死亡的统计分析[J].中国卫生统计,2011(6)]。因此,在正常年度,14亿人口每年有321860人自杀,至少有73080人自杀死亡。"文革"期间是否存在超正常的自杀率或自杀死亡率,没有权威的统计数据。但"文革"期间一些知识分子自杀现象与政治运动及其残酷的批斗方式是有直接关系的。

[34] 马克思指出:"对整个文化和文明的世界的抽象否定,向贫穷的、需求不高的人……他不仅没有超越私有财产的水平,甚至从来没有达到私有财产的水平。"(马克思,恩格斯,1995c,p.295)

[35] 马克思指出:"官僚机构是和实在的国家并列的虚假的国家,它是国家的唯灵论……但在官僚界内部,唯灵魂变成了粗劣的唯物主义,变成了盲目服从的唯物主义,变成了对权威的信赖的唯物主义,变成了例行公事、成规、成见和传统的机械论的唯物主义,就单个的官僚来说,国家的目的变成了他的个人目的,变成他升官发财、飞黄腾达的手段。"(马克思.黑格尔法哲学批判[M]//马克思恩格斯全集.1卷.北京:人民出版社,1956:302)

[36] 恩格斯.《德国农民战争》1870年版序言的补充[M]//马克思恩格斯全集.18卷.北京:人民出版社,1979:567.

[37] 〔俄〕罗伊·梅德弗杰夫.让历史来审判——论斯大林和斯大林主义[M].北京:东方出版社,2005:1052~1053.

[38] 1847年12月,马克思、恩格斯负责制定的《共产主义者同盟章程》已经提出了民主与集中问题。马克思和恩格斯尽管没有明确使用"民主集中制"这一概念,但历来主张工人阶级政党本身既是民主的,同时又必须是高度集中的[郑言.民主集中制原则:由来、内涵与价值[J].环球视野,2006(90)]。1898年俄国社会民主工党建立以后,党内布尔什维克派的领袖人物列宁认为,社会民主工党应该建立一个以少数"职业革命家"为核心、多数党员对其绝对服从的组织模式。但遭到了党内另一派的质疑和反对。1899年,列宁在《我们的当前任务》一文中首先提出,新型无产阶级政党必须按照集中制的原则组织起来。1903年在布鲁塞尔和伦敦举行的俄国社会民主工党第二次代表大会上,布尔什维克派与党内的另一派拥护宪政主义、民主选举的孟什维克因意见不合最终分道扬镳;在选举中央领导机关成员时,由于布尔什维克人数多于对方,因此以俄语"多数派"得名。1905年11月在彼得堡召开的第二次全俄孟什维克委员会代表大会上正式提出"民主集中制"概念(范进学,等.民主集中制宪法原则研究[M].北京:东方出版社,2011:25)。1917年,布尔什维克通过十月革命以暴力夺取了俄国政权,最终在日后成为苏联共产党,并在苏联全国实行民主集中制。此后,民主集中制成为共产党和社会主义国家的根本组织原则和领导制度。

[39] 民主(英语:Democracy)的字源来自古希腊文:δημοκρατία(dēmokratía),意为由人民统治;这个字由古希腊文 δῆμος(dêmos,人民),以及古希腊文 κράτος(kratos,权力或统

治)所组成。这个字被用来形容公元前5世纪,希腊城邦中的一种政治制度,以雅典为代表。它将统治权力交给城邦中的多数人(维基百科."民主":http://zh.wikipedia.org)。实际上,"民主"一开始就是"直接民主",在直接民主制度的基础上才发展出"代议民主"制度。

[40] 哈耶克指出:"没有理由相信,只要相信权力是通过民主程序授予的,它就不可能是专横的;与此相反的说法也是不正确的,即防止权力专横的不是它的来源而是对它的限制。民主的控制可能会防止权力变得专断,但并非仅仅存在民主的控制就能做到这一点。"(哈耶克,1997a,p.72)

[41] 中国共产党第十一届中央委员会.关于建国以来党的若干历史问题的决议(1981年6月27日)。

[42] 恩格斯.德国的革命与反革命[M]//马克思恩格斯选集.4卷.北京:人民出版社,1977:501.

[43] 国家创新体系(The National Innovation System)最早由英国著名技术创新研究专家弗里曼(C. Freeman)于1982年提出。他在1987年对日本的研究中,对这一理论进行了完整的论述。弗里曼发现日本在技术落后的情况下,以技术创新为主导,附以组织创新和制度创新,只用了几十年的时间,便使国家的经济出现了强劲的发展势头,成为工业化大国。这说明国家在推动企业的技术创新中起着十分重要的作用。他认为,在一国的经济发展和追赶、跨越中,仅靠自由竞争的市场经济是不够的,需要政府提供一些公用物品,需要从一个长远的、动态的视野出发,寻求一个资源的最优配置,以推动产业和企业的技术创新。在弗里曼看来,国家创新体系是"公私部门的机构组成的网络,它们的活动和相互作用促成、引进、修改和扩散了各种新技术"[Freeman, C. (1995), "The National System of Innovation in Historical Perspective", Cambridge Journal of Economics, No. 19, pp. 5~24]。他的国家创新体系理论侧重于分析技术创新与国家经济发展实绩之间的关系,特别强调国家专有因素对于一国经济发展实绩的影响。他认为现代国家的创新体系既包括各种制度因素以及技术行为因素,也包括致力于公共技术知识的大学以及政府的基金和规划之类的机构,其中以盈利为目的的企业是所有这些创新体系的核心。弗里曼的研究奠定了广义国家创新体系的理论基础。此后,学术界进一步发展了国家创新体系理论,目前许多国家应用这一模式。我国也引入国家创新体系理念,更为重要的是要加快建设中国特色国家创新体系。

[44] 国家统计局网:http://www.stats.gov.cn/ndsj/information/zh1/k091a。

[45] 1979年与1978年相比,小麦、稻谷等粮食收购价格提高超过了30%,其他农产品价格也大幅度提高(国家统计局网:http://www.stats.gov.cn/ndsj/information/zh1/h101a)。

[46] 国家统计局农业统计司《中国农村统计年鉴(1985)》、国家统计局《中国统计年鉴(1993)》。

[47] 黄宗智.中国乡村研究[M].8辑.福州:福建教育出版社,2010:1~10.

[48] 1978年农业总产值为1117.50亿元,林业48.06亿元,牧业209.27亿元,渔业22.07亿元;1995年农业总产值为11884.63亿元,林业709.94亿元,牧业6044.98亿元,渔业1701.31亿元(国家统计局网:http://www.stats.gov.cn/ndsj/information/zh1/k061a)。

农业增长了 9.6 倍,林业增长了 13.8 倍,牧业增长了 27.9 倍,渔业增长了 76 倍。

[49] 1978 年乡镇企业 152.4 万个,总产值 493.1 亿元,职工 2826.6 万人;1985 年 1222.5 万个,总产值 2728.4 亿元,职工 6979.0 万人;1995 年 2202.7 万个,职工 12862.1 万人,总产值为 68915.2 亿元,占全国工业总产值的 75%(国家统计局网:http://www.stats.gov.cn/ndsj/information/zh1/k311a.);到 2011 年年底,从业人员达 16186 万人[中国乡镇企业及农产品加工业年鉴(2012)[M]. 北京: 中国农业出版社,2012:3]。

[50] 人力资源社会保障部. 2012 年度人力资源和社会保障事业发展统计公报(http://www.mohrss.gov.cn/SYrlzyhshbzb/dongtaixinwen/shizhengyaowen/201305/t20130528_103939.htm)。

[51] 住房和城乡建设部. 中国城乡建设统计年鉴[M]. 北京: 中国计划出版社,2011:141.

[52] 李明,孟庆翠,徐学东. 农村人口"老龄化"和"空洞化"问题的对策初探[C]//科学发展观:理论·模式·实践——山东省社会科学界 2006 年学术年会文集(3). 郑州: 黄河出版社,2007;张茜,张俊. 农村空心村现象的经济学分析[J]. 生产力研究,2008(8);许树辉. 农村住宅空洞化形成机制及其调控[J]. 南方农村,2003(4)。

[53] 2011 年中国制定了新的国家扶贫标准,即将农民人均纯收入 2300 元作为新的国家扶贫标准,按照新标准,中国农村贫困人口将从 2688 万人增加到 1.28 亿人。

[54] 中国证券监督管理委员会. 中国证券期货统计年鉴(2012)[M]. 上海:学林出版社,2012:10~11.

[55] 中国中小企业信息网:http://www.sme.gov.cn/index.htm。

[56] 欧新黔. 中小企业在构建和谐社会中发挥重要作用[M/OL]. 人民网,2007-06-07.

[57] 林汉川. 中国中小企业创新与持续发展[M]:前言. 上海: 财经大学出版社,2006.

[58] 改革开放 30 年频道:http://hn.rednet.cn/c/2008/04/07/1478407.htm。

[59] 我国企业过多注重规模扩张和外延扩张,而缺乏对核心技术的投资和发展。2009 年 2 月,华盛顿无党派智库信息技术和创新经济会(ITIF)公布的调查结果显示,中国的自主创新与国家竞争力虽然是进步最大的国家,但仍位列第 33 位,处于 40 个国家和地区的平均水平。虽然中国是制造大国,但不是制造强国。参见:中国企业评价协会. 中国企业自主创新评价报告(2009)[M]. 北京:中国经济出版社,2009:2~3。

[60] 联合国全球治理委员会指出:"治理是各种公共的或私人的个人和机构管理其共同事务的诸多方式的总和。它是使相互冲突的或不同的利益得以调和并且采取联合行动的持续的过程。这既包括有权迫使人们服从的正式制度和规则,也包括各种人们同意或以为符合其利益的非正式的制度安排。"(俞可平. 治理与善治[M]. 北京:社会科学文献出版社,2000:4~5)。

[61] http://data.stats.gov.cn/workspace/index? m=hgnd。

[62]《国民政府建国大纲》第十七条:"中央与省之权限,采均权制度,凡事务有全国一致之性质者,划归中央;有因地制宜之性质者,划归地方,不偏于中央集权制或地方分权。"(孙中山,2012,p.335)

[63] 人们编的顺口溜为:"中央财政蒸蒸日上、省级财政稳稳当当、地市财政摇摇晃晃、县级财政喊爹叫娘、乡镇财政集体逃荒。"[杨卫华. 分税制改革的改革[J]. 决策,2005(3)]

地方财政收入没有保障,乱收费不可避免。乱收费被禁止之后,强行征卖农民的土地,导致基层群体性事件增多。

[64] 国家审计署2013年第32号公告:全国政府性债务审计结果. http://www.audit.gov.cn。

[65] 马克思恩格斯全集[M]. 41卷. 北京:人民出版社,1982:396。

[66] 习近平. 切实把思想统一到党的十八届三中全会精神上来[N]. 中国共产党历史网:http://www.zgdsw.org.cn,2014-01-02。

[67] 1973年美国政府颁布了"联邦政府生产率测定方案",建立对公共组织绩效评估体系,有关部门拟订了三千多个绩效指标,由劳工统计局对各个政府部门的工作绩效进行统计分析。1993年,美国政府又颁布了《政府绩效和结果法》,公共组织工作绩效评估已走上了法制化轨道。我国在公共部门绩效管理方面也做了很多工作,如在五年规划设置一些约束性与指导性指标,要求各级政府部门公开"三公经费",对事业单位的绩效考核也进行了深入研讨,许多地方建立了整套评估体系,等等。但公共组织绩效的评估尚未进入规范化、法制化、普遍化和科学化的轨道。

[68] 毛泽东读社会主义政治经济学批注和谈话(国史学研究学习资料). 中华人民共和国国史学会,1998:7。

[69] 在收入分配和社会福利等方面实行平均主义,会扼杀社会精英和有能力的人的积极性。平均主义满足了大群体的各种要求的同时,政府必须实行无限民主;社会实施平均主义必然需要建立命令主义体制,必然需要把这种扭曲的"人人平等"的观念作为社会价值来强制推广。按照这种社会价值,人被分为有道德的人和没有道德的人,或者好人和坏人,需要不断"阶级斗争"。因此,哈耶克指出:"平均主义的分配方式必定会导致这两个结果:一是把个人决策的整个基础摧毁掉;二是把赤裸裸的命令作为整个秩序的唯一基础。"(冯·哈耶克,2001,p.626)

[70] 哈耶克指出:"法治就含有限制立法范围的意思,它把这个范围限于公认为形式法律的那种一般规则,而排除那种直接针对特定的人或者使任何人为了这种差别待遇的目的而使用政府的强制权力的立法。它的意思不是指每件事都要由法律规定,而是指政府的强制权力只能够在事先由法律限定的那些情况下,并按照可以预先知道的方式被行使。因此,特定的立法能够破坏法治。"(哈耶克,1997a,p.83)

第七章

共产主义社会

一、引言

20世纪80年代,苏联东欧剧变,冷战结束,社会主义国家由原来的15个减至5个(中国、朝鲜、古巴、越南、老挝),世界各国共产党由原来的180个左右减少为130个左右(赵曜,2002)。社会主义阵营不复存在,世界社会主义运动进入了一个转折时期。[1]

在这种转折时期,如何评价资本主义制度和社会主义制度及其命运成了一个热门话题。美国著名经济学家和历史学家罗伯特·海尔布隆纳在《纽约客》上宣称:“资本主义与社会主义两种体制的竞争,在其正式开始后不到75年时间内已经结束,资本主义获得了最终胜利。”[2]日裔美籍学者福山抛出了所谓的“共产主义失败论”。1989年夏,福山在《国家利益》杂志上发表了《历史的终结?》一文,认为自由民主的普遍化是“人类意识形态发展的终点”和“人类最后一种政治形式”,并因此构成了“历史的终结”。此论一出,在东、西方学界掀起轩然大波,批评、赞成之声此起彼伏,很快形成了一股弥漫全球的“终结热”。1992年,福山在吸收并研究各种反馈意见的基础上,把前文进一步整理和扩展为《历史的终结和最后的人》。福山指出:“我阐述了一个热门话题,内容涉及过去几年中自由民主制度作为一个政体在全世界涌现的合法性,它为什么会战胜其他与之相竞争的各种意识形态,如世袭的君主制、法西斯主义以及近代的共产主义。但是,不仅如此,我还认为自由民主制度也许是‘人类意识形态发展的终点’和‘人类最后一种统治形式’,并因此构成‘历史的终结’。”(福山,2003,p.1)。实际上,福山明显带有意识形态的偏见,把资本主义与社会主义看做绝对对立的两极,将苏联社会主义模式等同于科学社会主义,因而把“自由”、“民主”作为资本主义的化身,把共产主义作为“专制”的代名词,并认为现在自由民主、议会、市场经济已经在全球普及,整个世界正在走向全面同质化的道路。只有平等意识,而无优越意识,故担心会出现“人人平等、个个相同”却“没有理想、没有抱负”的“最后的人”的出现。同时,福山认为亚洲的威权政治、等级制度、集团意识与西方民主是格格不入的。[3]

与福山"西方文明"全球化的精神不同的是,亨廷顿认为:"这一意识形态(马克思主义——引者注)在苏联的垮台以及它在中国和越南的实质性改变,并不一定意味着它们将引进另一个西方意识形态——自由民主。"(亨廷顿,2012,p. 32)。亨廷顿认为,西方文明的本质是大宪章,普世文明的概念是西方文明的独特产物,但西方文明在不断衰弱(亨廷顿,2012,p. 37;p. 45;p. 61)。由此,亨廷顿认为,冷战后,世界格局的决定因素表现为七大或八大文明,即中华文明、日本文明、印度文明、伊斯兰文明、西方文明、东正教文明、拉美文明,还有可能存在的非洲文明。冷战后的世界,冲突的基本根源不再是意识形态,而是文化方面的差异,主宰全球的将是"文明的冲突"。

针对苏联社会主义模式的挫折与失败,以及自由主义的诘难,一方面,马克思主义者总结历史经验教训,从社会主义与资本主义长期共存的实际情况出发,探索社会主义发展道路;另一方面,马克思主义者回应自由主义者关于历史终结于资本主义而不是终结于社会主义的宣告。在20世纪80年代,苏东原社会主义国家马克思主义研究一度停滞[4],90年代中期以来,马克思主义的研究趋于活跃(白平浩,沈丹,2007),涌现出许多新观点、新学说,如新马克思主义(李新,2006,pp. 245~255)、新共产主义、后工业社会主义、市场社会主义等(伍德昌,pp. 199~205;李新,pp. 266~286)。马克思主义的研究开始是在原社会主义国家复兴,后来在英美等发达资本主义国家日益活跃(张永清,马元龙,2011;陈炳辉,2005)。在经济全球化和科技革命迅猛发展的条件下,世界范围内社会主义力量的国际联合并没有停滞,而是在新的历史条件下进入一个新的活跃期(谭荣邦,2004)。

自中国共产党十一届三中全会以来,以邓小平同志为主要代表的中国共产党人,在总结新中国成立以后正反两方面经验的基础上,在研究国际经验和世界形势的基础上,在改革开放的崭新实践中,开辟了中国特色社会主义道路。[5]

因此,我们阐述绿色共产主义的基本特点必须从资本主义的理论基础和发展规律入手,必须沿着社会主义道路出发。

二、资本主义制度是不是永恒的

(一)人性、普世价值与资本主义

福山指出:"没有一个永久的、跨历史的标准,即如果不讨论人性,'历史'显然也无法讨论,更不用说讨论'世界普遍史'。"(福山,2003,p. 157)实际上,17、18世纪欧洲资产阶级启蒙运动[6]的先驱、自由主义的奠基人霍布斯、约翰·洛克等人也确实认为资本主义制度是建立在人性的基础之上的。

马斯·霍布斯通过虚构一个“自然状态”来研究社会契约的形成和国家的起源。虚构的这个“自然状态”类似“丛林”，是弱肉强食、充满战争的状态，人像兽类一样处于暴力死亡的恐惧和危险中，“人的生活孤独、贫穷、卑污、残忍而又短寿”（霍布斯，1995，p. 95）。霍布斯认为，人性是恶的，人自私自利、恐惧贪婪、残暴无情，人与人彼此离异、敌对，又互相防范、争战不已。在霍布斯看来，“使人们倾向于和平的激情是对死亡的畏惧、对舒适生活必需的事物的欲望，以及通过自己的勤劳取得这一切的希望。于是理智便提示出可以使人同意的方便易行的和平条件。这种和平条件在其他场合下也称为自然律。”（霍布斯，1995，pp. 96～97）。所谓“自然律”也是“自然法”［诸如正义、公道、谦谨、慈爱，以及（总起来说）己所欲，施于人］（霍布斯，1995，p. 128），“自然法是永恒不变的。”（霍布斯，1995，p. 121）但是，在自然状态下，自然法没有权威来使人们服从，因而，“把大家所有的权力和力量付托给某一个人或一个能通过多数的意见把大家的意志化为一个意志的多人组成的集体”（霍布斯，1995，p. 131）。实际上是付托于君主国家或民主国家。而国家制定的“民约法”与“自然法”是有差别的，其中以文字载明的部分称为民约法，而没有文字载明的为自然法，“但自然法——人们的天赋自由则可以由民约法加以剥夺和限制……世界之所以要法律不是为了别的，就只是要以一种方式限制个人的天赋自由，使他们不互相伤害而互相协助，并联合起来防御共同的敌人。”（霍布斯，1995，p. 203）在霍布斯的自然法理论和政府职能的哲学中都可看到某些明显的个人主义和自由主义的因素（博登海默，p. 49）。

洛克沿袭霍布斯也虚构出一个自然状态。洛克深受清教主义的影响，熟读加尔文的著作，相信圣经的正确，接受神迹的可能性。因而，洛克认为人性的堕落是全然无能为力的，但是人仍然保有良知和道德，因此人在自然状态中并不是如霍布斯所认为的处于战争状态之中。洛克的“自然状态”是一种“完备无缺的自由状态”或“平等状态”。“自然状态有一种为人人所应遵守的自然法对它起着支配作用；而理性，也就是自然法，教导着有意遵从理性的人类；人们既然都是平等和独立的，任何人就不得侵害他人的生命、健康、自由和财产。”（洛克，1993b，p. 6）人们在自然状态中拥有自由权、平等权和私有财产权。并且这些权利归源于人的永恒不变的本性，因此，不能被任何人废除。尤其重要的是，洛克把私有财产列入人的自然权利，认为“个人劳动”是私有财产的根源。实际上，这也是资产阶级所有制理论的根据。洛克认为，尽管自然状态中充满着普遍的善意和安宁，但人的这些权利并没有得到可靠的保障，因为每一个人必须审判和惩处破坏自己权利的人。为了避免争论和保障自然权利，人们缔造了建立国家的社会契约。为了保护人的自然权利而建立起来的“共同体”或国家制定法律，以安排和保护财产。也就是说，在“自然状态”，人们遵循“自然法”或理性；在“政治社会”，人们遵循由共同体或国家制定的法律（洛克，1993b，p. 35）。洛克把财产权、自由和平等列为不可转让的自然权利，这就概要地表达了资产阶级保护自己及其私人经济免遭国家权力干涉的愿望，而向国家仅仅提出了保护整个资产阶级社会的任务。同时，这一学说认为资本主义私有制是人类本性的“永恒不变的”属性中引申出来的，因而，资本主义制度永恒长存。实际上，自然权利的观念为后来的美国革命和法国大革命提供了意识形态上的根据。洛克最早从理论上论证了在英国最终形成的资产阶级君主立宪制。罗素指出：“他的政治学说，加上孟德斯鸠的发展，深深地留在美国宪法中，每逢总统和国会之间发生争论，就看得见这学说在起作用。英国宪法直到大约五十年前为止，拿他的学说作基础；1871 年法国人所采订的那部宪法也如此。”（罗素，1988b，p. 134）[7]

但是，霍布斯、洛克关于人类天生就具有平等权、自由权，也称之为“天赋人权”，是与“君权神授”对立的。菲尔麦为维护封建君主制，在《先祖论》中提出“一切政府都是绝对君主制”，他所根据的理由是：没有人是生而自由的（洛克，1993a，p. 4）。实际上，菲尔麦大量引用《圣经》，强调了上帝赐予亚当统治权的段落，想以此证明亚当的部分后代拥有统治其他人类的权利来证明“君权神授”。而洛克也同样大量引用《圣经》，试图说明菲尔麦的理解是对原意的歪曲，证明上帝其实是把统治权平等赐予全体人类，即“天赋人权”，两者的理论依据都是《圣经》。洛克的“天赋人权”代表了新兴的资产阶级的政治要求，具有一定的进步作用。但其理论基础是不牢固的。此后休谟对其进行了有针对性的批判。休谟认为，一切从知觉出发，观念是印象的摹本，因果推导仅限于经验，而人类理性的对象仅限于观念的关系和实际的事实。因而，知觉之外的灵魂与上帝，其存在与特性是无法知道的，在此，“对于判断的全面悬疑是我们唯一的合理办法”（休谟，1962，p. 57）。“我们可以断言说，基督教不只是在一开始是带有许多神迹的，而且即在现在任何有理性的人离开了神迹也不能相信它，只有理性并不足以使我们相信基督教的真实。”（休谟，1957，p. 116）显然，休谟反对观念、思想、知识的原始性、自生性。休谟在《人性论》中指出，自然状态是一种单纯的虚构。而“正义起源于人类的协议；这些协议是用以补救由人类心灵的某些性质和外界对象的情况结合起来所产生的某种不便的。心灵的这些性质就是自私和有限的慷慨；至于外物的情况，就是它们的容易转移，而与结合着的是它们比起人类的需要和欲望来显得稀少”（休谟，1991，p. 534）。在此说明了自然法所包含的正义、平等、自由等观念不是天生的或天赋的。

与盎格鲁－撒克逊自由主义体系不同，德国启蒙运动思想家建立了另一种自由主义体系。康德整合了经验主义和唯理主义,对启蒙运动作了经典总结。[8]康德哲学的核心是论证从自然到自由的过程。康德的《纯粹理性批判》为自然与自由划定界限。康德把外部对象分成现象与物自身两方面。现象是对于认识主体而言的经验对象,物自身是独立于认识主体的超验对象(康德,1978, p. 86)[9]。如果现象就是"物自身"本身,那么自由就不可能得到拯救。在康德看来,任何事情的发生只有自然和自由两个原因,自然属于现象领域,遵循自然必然性;自由属于"物自身"的本体界,遵循理性原因性。理论理性为自然立法,实践理性为自由立法。康德致力于自然和自由的融合,他一反"知识依照对象"的传统思维方式,而是改为"对象依照知识"的"哥白尼式的革命"(康德,2000, p. 17),最终确立了人类的主体地位。而唯理派、经验派的独断论者为得到关于宇宙整体的绝对知识,都力图脱离经验对世界整体作形而上学的推断,运用知性范畴得出截然相反的结论,各自在逻辑上都言之成理,陷于理性自身的辩证矛盾之中。康德在论述纯粹理性辩证法时提出了四个二律背反,其中正题和反题都能得到证明。第三个二律背反是:"世界上有自由,世界上一切事物都是按照自然的规律产生的。"(梯利,伍德,2004, p. 421;康德,2000, pp. 434 ~ 439)。其中正题"世界上有自由"是先验的自由,是没有条件限制的"自由",是假设一个最初的纯粹自发的原因,它本身不再有别的原因,因而是自由的,这样才能够用普遍性的因果律彻底解释世界的发生。而自由的先验理念是实践的自由的基础。康德《实践理性批判》把"实践的自由"划分为"一般实践理性"的自由(即"自由的任意")和"纯粹实践理性"的自由(即"自由意志")。最初从先验自由过渡到实践的自由是通过自由的任意实现的。但"自由意志"[10]是自由概念的本质和核心。"自由意志与合乎道德的意志只是一件事。"(康德,1960, pp. 91 ~ 92)因而,自由意志遵循的是一种自律原则。一个人只有作为纯粹的意志存在物而不是作为一个自然的存在物,他才是自我决定的,才能"自己为自己立法",才能在立法时不服从异己意志(康德,1986, p. 86)。理性的自立法与自守法,就是自律。[11]但是,自然与自由之间存在鸿沟,而判断力是它们之间的中间环节。"判断力同样也造成一个从纯粹认识能力即从自然概念的领地向自由概念的领地的过渡,正如它在逻辑的运用中使知性向理性的过渡成为可能一样。"(康德,2002, p. 13)康德认为合目的性原则是判断力的一个先验的立法原则,可以协调自然与自由的二元分离问题。他把合目的性分为审美的合目的性和目的论的合目的性。审美判断力探讨的是主观形式的合目的性问题。在审美愉快中,人主观上体验到自由感。这种自由感的先天原则首先是从人类的审美判断力(即感性判断力)中被发现出来,然后扩展到自然目的论上,最后集中于社会历史和政治方面

(邓晓芒,2004)。由于康德把人作为目的,摈弃了霍布斯的自然主义和心理主义思想进路和论证方式,更倾向于卢梭的契约论。按照康德的理论,人是为了获得作为公共成员的自由而放弃自己的自然状态的自由。人放弃了不以法律为基础的野蛮的本性,就得到以法律为基础的法制状态下的自由(格拉齐安斯基,pp. 220 ~221)。康德认为,公民状态仅仅作为法权的状态来看,是建立在这样一些先验原则的基础上的,即:第一,社会中作为人的每个成员的自由;第二,社会中作为臣民的每个成员与每个他人的平等;第三,一个共同体中作为公民的每个成员的独立(康德,2010i,p. 293)。显然,在康德的理念体系中,自由虽然不是人的本能,却更本源地存在于人的本性之中。[12]

黑格尔认为康德的"自由"更多地只是停留在理论上(黑格尔,1996d,pp. 256 ~257)。黑格尔不同意洛克等人的观点(黑格尔,1961,pp. 201 ~202),继承了康德的一些做法。黑格尔更加激进地推进现代自由哲学精神。黑格尔的整个哲学体系就是对绝对精神逐渐认识并实现自己的自由本质的辩证运动的详尽论证。黑格尔明确指出:"'物质'的'实体'是重力或者地心吸力,所以'精神'的实体或者'本质'就是'自由'……'自由'是'精神'的唯一的真理,乃是思辨的哲学的一种结论。"(黑格尔,1999,p. 17)因而,自由构成了绝对精神的本质。而绝对精神要使自己的自由本质从潜在转换成现实性必须经历辩证运动过程(黑格尔,1979,p. 266)。黑格尔认为东方人还不知道人的本质是自由,只知道一个人即皇帝是自由的。自由意识首次出现在希腊人中间,但是他们和罗马人只知道一部分人是自由的,而不知道人人都是自由的。只是在基督教中,才首次知道"人类之为人类是自由的",但基督教的自由意识仍然停留在纯的精神领域,仍然没有落实到现实的国家社会领域。只有我们现代人才明确知道人人都是自由的,并且致力于把这种自由实现在现实的世界中。整个世界历史就是自由精神的发展史,"世界历史无非是'自由'意识的进展,这一种进展是我们必须在它的必然性中加以认识的。"(黑格尔,1999,p. 19)人的使命就是使自由的绝对精神得以充分实现。黑格尔认为,人的自由有两层含义,即自然的自由与伦理的自由,伦理自由是一种外在于个体特殊性,人类普遍享有和通过共同生活发展起来的应然人性,它表现为对自然性的克服,也就是把人从消极的无我状态,即对家庭的依赖中解放出来,同时使个体融入普遍的社会群体之中,通过国家制度协调劳动分工与分配,克服市民社会自私自利、你死我活的争夺,使个体成为统一的社会有机体的一员,即国家公民(黑格尔,1961,pp. 201 ~202)。

综上可见,虽然启蒙运动对封建专制制度及其精神堡垒——天主教会展开猛烈抨击,倡导理性,弘扬自由主义精神,但它并没有完全抛弃基督教的有关教义和思维方式。基督教认为，人类都是上帝的子民，既没有特殊选民、特权种族或阶级，也没有地域区别和文明差别，所有的人和所有的民族都是平等的，整个人类统统都应进入历史考察的视野之中，因而，开始致力于构筑包罗了所有人、所有民族的、在上帝的目的下计划的世界通史（柯林武德，p. 56）。同时，《圣经·创世纪》记述上帝创造了世界，又按照他自己的形象创造了人。人类全部的历史，包括人类的堕落、受苦、末日以及最后的审判，就是一一出于上帝，而又终于复归于上帝。[13]这种合目的论的历史进步史观打破了古希腊罗马的“历史循环论”。以后西方历史哲学基本上是在此神学救世史的图式上建立起来的。维柯的天意、康德的自然意图、黑格尔的绝对精神（李秋零，2011，pp. 86～94；p. 236）、费希特的世界计划、汤因比和雅斯贝斯的神，莫不如此（任毅，2003）。但是，“它避免了把事物看成永远循环的谬论，但陷入了在时间上有始和有终的进步的另一谬论。”（克罗齐，p. 162）而这种谬论在黑格尔体系中成了一种典型。黑格尔指出：“整个世界的最后的目的，我们都当做是‘精神’方面对于它自己的自由的意识，而事实上，也就是当做那种自由的现实。”（黑格尔，1999，p. 20）由此黑格尔断言，世界历史就是人类朝着自由这一目标发展的过程，一旦世界历史的这一目标得到实现，历史的进程就会关闭，历史由此进入终结。黑格尔进一步提出，世界历史终结于日耳曼帝国，在这里，“绝对的原则把我们带到了历史的最后阶段，就是我们的世界、我们的时代”（黑格尔，1999，p. 454）。中国和东方是历史的绝对起点，但仅此而已，中国和东方永远无法摆脱蒙昧的“孩童状态”，而日耳曼民族和西方正在承担世界精神的最后使命。日耳曼世界虽是人类的“老年”时期，但“精神”的“老年时代”却是“完满的成熟和力量”（黑格尔，1999，pp. 119～120）。福山认为，黑格尔将“终结”定位于一种自由的国家形态，而马克思则把它确定为共产主义社会。历史终结并不是说生老病死这一自然循环会终结，也不是说重大事件不会再发生了或者报道重大事件的报纸从此销声匿迹了，确切地讲，它是指构成历史的最基本的原则和制度可能不再进步了，原因在于所有真正的大问题都已经得到了解决（福山，2003，p. 3）。

福山所依照的黑格尔的历史观本质上是唯心主义的（马克思，恩格斯，1995c，p. 739）。黑格尔的“历史路线”是直线式的，从思想开始，进而至于自然，并以精神而告结束（柯林武德，p. 140）。“一切都被弄得头足倒置了，世界的现实联系完全被颠倒了。”（马克思，恩格斯，1995c，p. 421）恩格斯指出：“马克思发现了人类历史的发展规律，即历来为繁芜丛杂的意识形态所掩盖着的一个简单事实：人们首先必须吃、喝、住、穿，然后才能从事政治、科学、艺术、宗教等；所以，直接的物质的生活资料的生产，从而一个民族或一个时代的一定的经济发展阶段，便构成基础,人们的国家设施、法的观点、艺术以至宗教观念,就是从这个基础上发展起来的,因而,也必须由这个基础来解释,而不是像过去那样做得相反。”(马克思,恩格斯,1995c,pp. 335 ~336)同时,马克思并没有把共产主义社会作为人类社会的终结。

(二)现实中的资本主义是混合经济

资本主义亦称自由市场经济或者自由企业经济。[14]但至少“市场机制”可视为资本主义的实质。[15]实际上,资本主义更确切地被理解为一种历史“结构”,是一个可以与古代君主的王国或封建制度相比的历史实体。[16]资本主义的特色是私人拥有资本财产(生产资料),投资活动由私人自由决策,而非由国家所控制,经济行为则以寻求利润最大化为目标。在市场上,人们以平等的身份实行等价交换,消费者用货币为“选票”决定着企业的命运。

资本主义发展经历发生、成长、成熟,是一个自然发展过程。目前,关于资本主义发展阶段划分的主流意见是:18 世纪中叶的英国产业革命之前为早期资本主义发展阶段;18 世纪中叶到 19 世纪末为资本主义的自由竞争阶段;从 20 世纪初到第二次世界大战结束是垄断资本主义阶段;第四阶段是第二次世界大战后出现的国家垄断资本主义阶段(孙秋鹏,2011)。

经济自由主义理论的鼻祖亚当·斯密生活在早期资本主义向自由竞争阶段过渡时期。当时的英国是欧洲先进的资本主义国家,也是世界贸易的中心国。资本主义经营方式在农业中初步确立,资本主义性质的工场手工业发展到巅峰,土地所有者、资产阶级和工人阶级等三大阶级已经形成,资本主义制度的优点此时初步显现。同时,反封建、反教会的启蒙运动在欧洲深入发展。在这种历史背景下,亚当·斯密出版了《国民财富的性质和原因的研究》(又称为《国富论》)(1776 年)。斯密遵循自然法哲学,秉承“天赋自由原则”,倡导废除法律约束之外的政策性限制,实行自由竞争、自由放任和对外殖民扩张。斯密强调劳动分工会引起生产的大量增长,抨击了阻碍工业发展的一整套腐朽的、武断的政治限制。斯密反对政府干涉商业和商业事务,赞成低关税和自由贸易。这些观点在整个 19 世纪对政府政策都有决定性的影响,并且这种影响在今天仍然能感觉到。斯密认为,人们行为动机在于实现自身利益,人们的行为具有目的性,“我们每天所需要的食物和饮料,不是出自屠户、酿酒家和面包师的恩惠,而是出于他们自利的打算。我们不说唤起他们利他心的话,而说唤起他们利己心的话;我们不说我们自己需要,而说对他们有好处。”(斯密,2005b,p. 3)[17]由于经济活动的人具有理性,在“看不见的手”引导下,将会创造出一个和谐、平等且日益繁荣的社会(Adams,Ian,2001,pp. 20)。斯密说:“每个人都在力图应用他的资本,来使其生产品能得到最大的价值。一般来说,他并不企图增进公共福利,也不知道他所增进的公共福利是多少。他所追求的仅仅是他个人的安乐,仅仅是他个人的利益。在这样做时,有一只看不见的手引导他去促进一种目标,而这种目标决不是他所追求的东西。由于追逐他自己的利益,他经常促进了社会利益,其效果要比他真正想促进社会利益时所得到的效果为大。”(斯密,2005b,p. 27;熊彼特,1991a,p. 280)斯密的“看不见的手”不是“上帝之手”。如果按照斯密同时代的德国哲学家康德的理论来说,“看不见的手”相当于康德的“自然意图”[18]和后世的哈耶克的“自生自发秩序”[19]。这也是自由主义经久不衰的理论基础。

但是,产业革命打破了早期资本主义社会的平静。以机器为主体的工厂制度的出现,给独立的手工业者以毁灭性的打击。机器高效率的生产需要大规模的原材料供给,进一步加快了资本主义制度在农业和矿业的确立;商品远距离大范围的销售,促进了交通运输业、通信业、银行业和商业前所未有的发展。资本不仅在同业之间自由竞争,在不同行业之间也通过资本转移而出现激烈竞争。而由于生产社会化和资本主义私人占有形式之间的矛盾,更多的人成为无产阶级,“被暴力剥夺了土地、被驱逐出来而变成了流浪者的农村居民,由于这些古怪的恐怖的法律,通过鞭打、烙印、酷刑,被迫习惯于雇佣劳动制度所必需的纪律”(马克思,1976a,p. 262)。生产过剩危机周期性爆发。1825 年,第一次普遍性的生产过剩危机发生,波及英国的主要工业部门。到 19 世纪中叶,由于世界市场的形成,经济危机便发展成为世界性的生产过剩危机。[20]斯密所认为的每个人之间的相互自由作用会带来由逻辑所决定的井井有条的秩序(熊彼特,1991a,p. 280)的理想被这种现实击得粉碎。同时,自由竞争引起生产集中,当生产集中发展到一定高度时,必然会走向垄断。到 19 世纪末和 20 世纪初,主要资本主义国家都进入了垄断资本主义阶段,第二次世界大战后进入国家垄断资本主义阶段。垄断组织成了全部经济生活的基础。

综上可见,资本主义自由竞争并不是理想也不是现实。虽然市场经济机制有一种自我平衡的力量。但由不平衡到平衡的辩证调整过程所造成的代价十分昂贵,并成为一种周期性的灾难,以致使人类不堪重负。1929—1933 年的世界经济危机催生出国家干预主义和社会主义思潮大行于世。第二次世界大战以后更为普遍和强化的是资本主义国家对经济的干预,资本主义社会国有经济和股份制经济比重不断提高,国家通过政策措施救济穷人和缩小贫富差距,不断改善社会福利。资本主义经济已经是一种混合经济。[21]在这种体制下政府以不同程度的计划政策干预市场的自由运作(Stilwell,Frank,2002)。

(三)发达资本主义社会中社会主义因素不断增长

关于在发达资本主义社会中自发地孕育和形成社会主义因素问题,在学术界存在争议(吴海山,2011)。马克思、恩格斯多次明确指出在资本主义社会内部可以自发地孕育和形成社会主义因素。“资本主义社会内部不能自发地孕育和形成社会主义因素”的观点是列宁首先提出的,经过斯大林的强化、苏联理论界的系统化,最后经过毛泽东更加强烈的意识形态化,成为一种普遍流行的观点。这是对马克思、恩格斯的极大误解。马克思、恩格斯的《共产党宣言》、《资本论》、《法兰西内战》、《给〈祖国纪事〉杂志编辑部的信》中,都包括或直接指出了资本主义社会内部能够自发地孕育和形成社会主义经济关系的因素、社会主义因素或社会主义经济制度因素的思想(赵家祥,2008)。[22]

布哈林指出,资本主义是在封建主义内部发展成熟的,而“社会主义不能在资本主义内部‘整个地’成长起来,它不能这样地成长,是因为在资本主义社会的范围内不能有无产阶级对于生产资料进行阶级的集体垄断的余地;它不能这样地成长,还因为在这个范围内无产阶级在整个生产上的指挥权,特别是它这个阶级的经济行政管理干部的指挥权都是不可思议的”(布哈林,p. 43)。在资本主义范围内成长起来的“新因素”主要是:(1)新经济的物质骨架,已经积聚和集中起来的生产资料,技术上可能的劳动调节过程;(2)无产阶级及其形成的社会共同劳动的生产关系;(3)熟练的组织行政工作和“指挥”工作人员;(4)工人组织。如果从建立无产阶级专政或社会主义国家的这个角度来讲,这种传统的理论是成立的。但是,社会主义生产关系与资本主义生产关系的本质区别是在社会的共同劳动中,人们是平等的劳动合作关系,实行“按劳分配”,消灭了剥削,在社会上消除两极分化。要建立这样一种新的生产关系,就必须废除私有制,建立生产资料公有制。“消灭生产资料私有制,把它们变为公有财产,组织由整个社会承担的社会主义的产品生产代替资本主义商品生产,以保证社会全体成员的充分福利和自由的全面发展。”[23]马克思有关共产主义社会的生产资料公有制是“社会的生产资料”(马克思,恩格斯,1995c,p. 101)或生产资料的社会所有制,而这种生产资料的“社会所有制”是由联合劳动者共同所有、占有、支配和使用的所有制形式。后来社会主义国家将生产资料公有制的实现形式确定为国家所有制(全民所有制)和集体所有制。而国家所有制(全民所有制)和集体所有制都不是马克思所讲的“社会所有制”。1890 年,恩格斯在一封信中说:社会主义社会“不是一种一成不变的东西,而应当和任何其他社会制度一样,把它看成是经常变化和改革的社会”(马克思,恩格斯,1995d,p. 693)。也就是说,社会主义所有制的实现形式也是变化的。而社会主义生产关系与共产主义生产关系有重大的差别。前者实行“按劳分配”而后者实行“按需分配”。在按劳分配的情况下,“个人消费资料”的占有情况是有差别的。家庭或个人之间还存在贫富差别。因此,在资本主义社会内部能够自发地孕育和形成的“新因素”应该理解为社会主义生产关系的因素而不是共产主义生产关系的因素。

经济全球化、全球城市化是人类社会在21世纪的发展主题。随着科学技术尤其是信息网络技术的发展,人类生产、生活方式正在发生巨大的变化。[24]资本主义发达国家完成了工业化、城市化发展,已经进入后工业社会。[25]资本主义生产社会化程度日益提高,大型企业基本上采取股份制,生产资料所有权与经营权分离;小公司大量采取“合伙制”,公司的员工也是公司的主人;工人的劳动日缩短了,工人薪酬中包含“剩余时间”创造的剩余价值或“剩余工资”,普通工人购买股票,也成为企业的股东;恩格斯《共产主义原理》关于“革命的发展过程”所采用主要措施之一的累进税、高额遗产税得到普遍应用,国家建立最低收入保障制度,在医疗、教育、养老等社会公共服务方面推行全民福利政策;在政治上实行民主制度,许多涉及国计民生的大事甚至由全民投票公决,等等。这些做法都具有明显的社会主义性质或可转化为社会主义性质。[26]尤其值得注意的是,在资本主义社会,社会自治组织十分发达,而政府的职责日益缩小。当然,资本主义周期性经济危机仍然在继续周而复始地进行(波斯纳,2009),因而,资本主义向社会主义过渡的历史趋势具有必然性。

三、人性、民主、自由与共产主义

(一)人性与共产主义

马克思主义承认人性的存在,但否认存在普遍抽象的人性。

马克思主义经典作家认为,人是自然进化的结果,是自然界的主宰。也就是说,人首先是动物,其次才是人。而人的本质应该有别于一般动物。恩格斯指出,“人是什么? 一半是野兽,一半是天使”(马克思,恩格斯,1995d,p. 33);“人来源于动物界这一事实已经决定人永远不能完全摆脱兽性,所以问题永远只能在于摆脱得多些或少些,在于兽性或人性的程度上的差异”(马克思,恩格斯,1995d,p. 110)。因此,人具有自然属性和社会属性。人的自然属性就在于人是血肉之躯。“人是肉体的、有自然力的、有生命的、现实的、感性的、对象性的存在物。”[27]人的社会属性在于,“人是最名副其实的政治动物,不仅是一种合群的动物,而且是只有在社会中才能独立的动物”(马克思,恩格斯,1995b,p. 2)。人的社会属性是不能离开自然属性而单独存在的。人性乃是人的自然属性和社会属性的统一。

马克思主义经典作家反对霍布斯、洛克人性决定资本主义制度的观点，认为人性是由一定的社会关系所决定的，“整个历史也无非是人类本性的不断改变而已”（马克思，恩格斯，1995a，p. 172）。同时，在分工的范围内，私人关系必然地、不可避免地会发展为阶级关系，并作为这样的关系固定下来（马克思，恩格斯，1995c，p. 513）。作为资本家，他只是人格化的资本。他们的灵魂就是资本的灵魂（马克思，1976a，p. 260）。“一有适当的利润，资本就会非常胆壮起来。只要有10%的利润，它就会到处被人使用；有20%，就会活泼起来；有50%，就会引起积极的冒险；有100%，就会使人不顾一切法律；有300%，就会使人不怕犯罪，甚至不怕绞首的危险。”[28]在马克思主义经典作家看来，工人阶级的人性与资产阶级的人性是不同的。“工人比起资产阶级来说的是另一种习惯语，有另一套思想和观念，另一套习俗和道德原则，另一种宗教和政治。这是两种完全不同的人，他们彼此是这样地不相同，就好像他们是属于不同的种族一样。”[29]至于工人阶级的人性具体是什么，马克思主义经典作家并没有进一步说明，而旗帜鲜明地指出私有制是违反人性的。“由于在已经形成的无产阶级身上实际上已经完全丧失了一切合乎人性的东西，甚至完全丧失了合乎人性的外观，由于在无产阶级的生活条件中现代社会的一切生活条件达到了违反人性的顶点，由于在无产阶级身上人失去了自己，同时它不仅在理论上意识到了这种损失，而且还直接由于不可避免的、无法掩饰的、绝对不可抗拒的贫困——必然性的这种实际表现——的逼迫，不得不愤怒地反对这种违反人性的现象，由于这一切，所以无产阶级能够而且必须自己解放自己。”[30]但马克思同时认为，私有财产是生产力发展一定阶段上必然的交往形式。[31]因而，马克思主义经典作家继承康德[32]、黑格尔[33]的学说，肯定人性或恶的人性成为历史发展的杠杆[34]。恩格斯指出：“在黑格尔那里，恶是历史发展的动力借以表现出来的形式。这里有双重的意思，一方面，每一种新的进步都必然表现为对某一神圣事物的亵渎，表现为对陈旧的、日渐衰亡的，但为习惯所崇奉的秩序的叛逆。另一方面，自从阶级对立产生以来，正是人的恶劣的情欲——贪欲和权势欲成了历史发展的杠杆。”（马克思，恩格斯，1995d，p. 237）

如果说马克思、恩格斯对人性的研究是宏观层面的，那么，现代心理学和后马克思主义从微观层面、从肉体之躯的活生生的具体的人来研究人性与社会的关系问题。精神分析学派的创始人弗洛伊德认为，人的精神活动的能量来源于本能，“本能是有机体生命中固有的一种恢复事物早期状态的冲动。而这些状态是生物体在外界干扰的逼迫下早已不得不抛弃的东西”（弗洛伊德，1997，p. 39）。人类最基本的本能有两类：一类是生的本能，另一类是死亡本能或攻击本能。

真正的生的本能是性本能。但弗洛伊德是泛性论者,在他看来,性欲有着广义的含意,是指人们一切追求快乐的欲望,性本能冲动是人一切心理活动的内在动力,当这种能量(力必多)积聚到一定程度就会造成机体的紧张,机体就要寻求途径释放能量。因而,生的本能是建设性的,死的本能是破坏性的,这两者相互作用,使人的生命运动历程总是带有动荡不定的波动。同时,弗洛伊德认为,精神领域的每一件事情都是有前因的。原来对于理解一个人并不重要的事情,如说话走嘴、行动有误、做梦,都是由人大脑中潜存的原因决定的。实际上它们非常重要,只是以一种伪装的形式揭示了本来无人知晓的东西。这些本能冲动、被压抑的欲望或生命力在不知不觉的潜在境界里发生,因不符合社会道德和本人的理智,无法进入意识被个体所觉察的思想、观念、欲望等心理活动,弗洛伊德称之为"无意识"或"潜意识";能够知觉的意识叫做"意识"。而界于意识与无意识之间的为"前意识"或"下意识"。弗洛伊德认为,现实生活中的人的整个人格是由本我(伊底,id)、自我(ego)和超我(saper ego)三个部分组成。本我是指人要求得到眼前满足的一切本能的驱动力,它遵循"唯乐原则";"自我"是指人以外的真实世界,在本我与真正世界之间起媒介作用,它遵循的是"现实原则";"超我"(自我典范)是自我的一种特殊形式,包括良心、儿童时代学到的社会准则,"通过自我典范的建立,自我已控制了奥狄帕司情绪,同时还使自己掌握了对本我的统治权"(弗洛伊德,1997,p. 185)。而意识的三个层次与心灵的三个层次的结合是复杂的。例如,如果超我降为伊底(本我),作为恋母情结的继承者,自当与伊底维持密切的关系(弗洛伊德,1987,p. 61 ~ 62)。弗洛伊德认为人格是发展的、历史性的,强调婴儿和幼儿的经历对成年人的性格有着重要的影响。弗洛伊德的目的在于恢复心灵各部分的和谐关系,恢复人与其所处世界的和谐关系。弗洛伊德在心理治疗过程中发明了"自由联想"、"释梦"、"移情"(transference)等技术,其目标还是帮助患者自我认识。神经病患者根据自己新的自我认识,可能以对本能的理性、自觉的控制取代对本能不健康的抑制,也可能将本能转移到可以接受的渠道而升华,也许决定这些最后加以满足。原始本能引入意识之后,其力量会被减弱,但不可能出现释放的原始本能占统治地位的情形。弗洛伊德明确表示精神分析疗法不可能解决所有文明和社会问题。"也许到了那时,才可有一种新的社会秩序,不仅消灭人群的物质的缺乏,且复满足个人文化的要求。但即属如此,我们仍须有一很长的时间才能征服人之阻碍各种社会生活的不易抵抗的本性。"(弗洛伊德,1987,p. 146)

根据弗洛伊德的理论,我们可以把"贪婪"、"懒惰"等所谓人性的"弱点",视作人类"生的本能",它们遵循"唯乐原则",在"自我"没有管理好的情况下,对外表现为逃避责任、竞争、“多吃多占”、抢劫等。而在不好的制度下,会集体释放。弗洛伊德主义的马克思主义理论的重要代表人物马尔库塞在《爱欲与文明》(1955 年)一书中明确指出:“弗洛伊德理论中的人的概念是对西方文明的最无可辩驳的控告,同时又是对它的最坚定不移的捍卫,弗洛伊德认为,人的历史就是人被压抑的历史。文化不仅压抑了人的社会生存,还压抑了人的生物生存;不仅压抑了人的一般方面,还压抑了人的本能结构。”(马尔库塞,p. 19)因而,马尔库塞将马克思《1844 年经济学哲学手稿》的主要思想与弗洛伊德主义“综合”起来,提出“非压抑文明观”。马尔库塞指出:“在非压抑性条件下,性欲将‘成长为’爱欲,就是说,它将在有助于加强和扩大本能满足的持久的、扩展的关系(包括工作关系)中走向自我升华。”(马尔库塞,p. 164)其中“非压抑条件”就是马克思的自然主义,即人道主义的共产主义。马尔库塞认为,劳动为“大规模地发泄爱欲构成的冲动”提供了机会。真正有意义的劳动是人的器官的自由消遣,按照它的本来面目,它应是一种使人真正享受到“爱欲发泄”的欢乐,“这种欢乐必然起源于正行动着的整个身体,起源于正活跃起来的爱欲器官。换句话说,这必然是一种里比多的欢乐”(马尔库塞,p. 220)。这也是弗洛伊德“移情”技术的普遍运用。

实际上,在共产主义社会,生产力高度发达,脏、累、苦的劳动基本上将由机器或智能机器来完成,劳动成为人们“生活的第一需要之后”(马克思,恩格斯,1995c,p. 12);“社会的活动和社会的享受决不仅仅存在于直接共同的活动和直接共同的享受这种形式中,虽然共同的活动和共同的享受,即直接通过同别人的实际交往表现出来和得到确证的那种活动和享受,在社会性的上述直接表现以这种活动的内容的本质为根据并且符合其本质的地方都会出现”(马克思,2000,p. 83)。同时,物质极大丰富,人们不会采取竞争的方式去占有。因此,“各尽所能、按需分配”是可行的。

(二)人的自由本质与共产主义

马克思一生所追求与致力的三大目标,第一是争取人的解放、获得人的自由;第二是实现人的自我全面发展;第三是建立一个无阶级、无剥削、无异化的和谐社会。[35]马克思的人的自由本质理论是受古希腊哲学、德国古典哲学和西方文化传统的影响,尤其是对康德、费尔巴哈、黑格尔理论批判的继承与发展。但马克思关于人的本质的认识有一个逐渐发展的过程。

自由是德国古典哲学的核心问题。青年马克思继承了这种传统。1839 年,马克思完成了博士论文《论德谟克利特的自然哲学和伊壁鸠鲁的自然哲学的差别》。这时,马克思深受黑格尔的影响,把哲学精神作为世界的本质,把自我意识看做是人的本质,认为哲学精神通过自我意识转化为意识,转化为对非理性的世界进行批判,即“实践”,来实现哲学的世界化和世界的哲学化。

1842 年到 1843 年初,马克思撰写的一系列政论文章,把自由作为人的本质,并以此为依据对普鲁士的书报检查制度作了猛烈的批判。马克思认为:“自由确实是人的本质,因此就连自由的反对者在反对自由的现实的同时也实现着自由……没有一个人反对自由,如果有的话,最多也只是反对别人的自由。可见,各种自由向来就是存在的,不过有时表现为特殊的特权,有时表现为普遍的权利而已。”[36]

马克思在《1844 年经济学哲学手稿》中指出,劳动是人的生命活动,“人的类特性恰恰就是自由的自觉的活动”(马克思,2000,p. 57)。也就是说,人与动物的本质区别在于人类的实践活动。实践活动也是产生和决定人的其他所有特性的根据。在马克思看来,作为人的生命活动的物质生产,和作为动物的生命活动的生产之间有着本质的区别。“动物只是按照它所属的那个种的尺度和需求来建造,而人却懂得按照任何一个种的尺度来进行生产,并且懂得怎样处处把内在尺度运用到对象上去;因此,人也按照美的规律来建造。”(马克思,2000,pp. 50 ~ 51)其中,“种的尺度”是指客观事物本身所具有的规律性;“内在的尺度”是指人的尺度,即人类自身发展的要求和目的。因此,人将自然界和自身作为认识和改造的对象,并能够利用自己的智慧创造工具,既改造自然界,也改造自身。同时,人的本质的发展与社会发展是相对应的。“共产主义是私有财产即人的自我异化的积极的扬弃,因而是通过人并且为了人而对人的本质的真正占有;因此,它是人向自身、向社会的即合乎人性的人的复归,这种复归是完全的、自觉的,和在以往发展的全部财富的范围内生成的。”(马克思,2000,p. 83)显然,人们争取自由的过程,自由化过程,就是争取人的本质的复归过程,也是人的解放的过程。共产主义的目标就是人的解放,实现自由。

马克思在《关于费尔巴哈的提纲》(1845 年春)(鲁克俭,2008)中指出:“费尔巴哈把宗教的本质归结于人的本质。但是,人的本质不是单个人所固有的抽象物,在其现实性上,它是一切社会关系的总和。”(马克思,恩格斯,1995a,p. 56)马克思认为,人的现实的本质[37],是历史的产物,因为“整个历史也无非是人类本性的不断改变而已”(马克思,恩格斯,1995a,p. 172)。人的本质不是“许多个人纯粹自然地联系起来的共同性”,而是“一切社会关系的总和”。而社会关系和生产关系紧密相联。随着新生产力的获得,人们改变自己的生产方式,随着生产方式即保证自己生活的方式的改变,人们也就会改变自己的一切社会关系。手推磨产生的是封建主为首的社会,蒸汽磨产生的是工业资本家为首的社会。人们按照自己的物质生产的发展建立相应的社会,正是这些人又按照自己的社会关系创造了相应的原理、观念和范畴。这些观念、范畴也同它们所表现的关系一样,不是永恒的。它们是历史的暂时产物(马克思,恩格斯,1995a,pp. 108 ~ 109)。显然,当人类进入共产主义,人们按照自己的社会关系创造相应的原理、观念和范畴也会发生变化,人的本质也将由新社会关系的总和所决定。

1845 年秋至 1846 年 6 月,马克思、恩格斯共同撰写的《德意志意识形态》,基本上完成了对黑格尔唯心主义哲学和费尔巴哈人本主义哲学的批判,清算了以往的主流哲学思想,第一次系统阐述了历史唯物主义的基本原理,揭示了社会发展包括共产主义运动发展的一般规律。在马克思、恩格斯看来,"在任何情况下,个人总是'从自己出发的',但由于从他们彼此不需要发生任何联系这个意义上来说他们不是唯一的,由于他们的需要即他们的本性,以及他们求得满足的方式,把他们联系起来(两性关系、交换、分工),所以他们必然要发生相互关系。"[38]而"一切人所共有的关系在这里成了人的本质的产物、人的本性的产物,而实际上,这些关系像对于平等的意识一样是历史的产物"[39]。同时,马克思、恩格斯认为:"共产主义所造成的存在状况,正是这样一种现实基础,它使一切不依赖于个人而存在的状况不可能发生,因为这种存在状况只不过是各个人之间迄今为止的交往的产物。这样,共产主义者实际上把迄今为止的生产和交往所产生的条件看做无机的条件。然而他们并不以为过去世世代代的意向和使命就是给他们提供资料,也不认为这些条件对于创造他们的个人来说是无机的。有个性的个人与偶然的个人之间的差别,不是概念上的差别,而是历史事实。"(马克思,恩格斯,1995a,p. 122)在马克思、恩格斯看来,随着人的生活进展,"异化"现象终究会得到"扬弃",而"偶然的个人"和"虚幻的集体"(国家、法)也将最终为"有个性的个人"和"真实的集体"所替代。而"真实的集体"是共产主义社会的情形。因为在马克思、恩格斯看来,共产主义是建立在生产力的巨大增长和人们的普遍交往的基础上的。没有这两个条件,共产主义就只能作为地域性的形式而存在,失去它"世界历史"意义上的本质特性。也就是说,只有达到这两个条件,才能消灭资本主义的异化、私有制和分工。因此,"只有在集体中,个人才能获得全面发展其才能的手段,也就是说,只有在集体中才可能有个人的自由……在真实集体的条件下,各个个人在自己的联合体中并通过这种联合获得自由。"(马克思,恩格斯,1995a,pp. 108 ~ 109)而人们是"有个性的个人"。

马克思在《经济学手稿》(1857 - 1858)中提出了人类社会发展的三大形态理论:"人的依赖关系(起初是完全自然发生的),是最初的社会形态,在这种社会形态下,人的生产能力只是在狭隘的范围内和孤立的地点上发展着。以物的依赖性为基础的人的独立性,是第二大形态,在这种形态下,才形成普遍的社会物质交换、全面的关系、多方面的需求以及全面的能力的体系。建立在个人全面发展和他们共同的社会生产能力和他们的社会财富这一基础上的自由个性,是第三阶段。第二阶段为第三阶段创造条件。”[40]共产主义就是人类生活的第三社会形态,在这个形态中,由于生产力的高度发展、私有制的废除和分工的取消,人类将全面掌握自己的活动,劳动成为一种现实的自由自觉的活动,成为人的本质的自我确证,而不是单纯谋生的手段。“而在共产主义社会中,任何人都没有特殊的活动范围,而是都可以在任何部门内发展,社会调节着整个生产,因为是我有可能随自己的兴趣今天干这事,明天干那事,上午打猎,下午捕鱼,傍晚从事畜牧,晚饭后从事批判,这样就不会使我老是一个猎人、渔夫、牧人或者批判者。社会活动的固定化,我们本身的产物聚合为一种通知我们、不受我们控制、是我们的愿望不能实现并使我们的打算落空的物质力量,这是迄今为止历史发展的主要因素之一。”(马克思,恩格斯,1995a,p.38)

马克思在《剩余价值理论》(1862 年)草稿中深刻指出,“自由时间的运用”是人的全面发展的现实前提。“自由时间,可以支配的时间,就是财富本身:一部分用于消费产品,一部分用于从事自由活动,这种自由活动不像劳动那样是在必须实现的外在目的的压力下决定的”,“这种时间不被直接生产劳动所吸收,而是用于娱乐和休息,从而为自由活动和发展开辟广阔天地”(马克思,1975c,pp.280~281)。显然,这里的“自由活动”既不同于劳动,即“不以一切社会形式为转移的人类生存条件,是人和自然之间的物质变换即人类生活得以实现的永恒的自然必然性”(马克思,1976a,p.56),也绝不是马克思所批判的“真正的社会主义者”所理解的“纯粹的抽象的活动”、“‘纯粹思维’的幻想”。[41]马克思在《资本论》中指出:“在这个必然王国的彼岸,作为目的本身的人类能力的发展,真正的自由王国,就开始了。但是,这个自由王国只有建立在必然王国的基础上,才能繁荣起来。工作日的缩短是根本条件。”(马克思,1976c,p.926)在马克思看来,物质生产领域“始终是一个必然王国”,而人类能力全面而自由发展的真正的自由王国,“只是在必需和外在目的的规定要做的劳动终止的地方才开始的,因而按照事物的本性来说,它存在于物质生产领域的彼岸。”(马克思,1976c,p.926)也就是说,物质生产领域从根本上而言是不自由的,因而,马克思的自由活动就是以艺术为代表的审美实践活动。“从整个社会来说,创造可以自由支配的时间,也就是创造可以产生科学、艺术等等的时间。”在共产主义社会,个性得到自由发展,因此,并不是为了获得剩余劳动而缩减必要劳动时间,而是直接把社会必要劳动缩减到最低限度,那时,与此相适应,由于给所有的人腾出了时间和创造了手段,个人会在艺术、科学等方面得到发展。[42][43]

综上可见,马克思的自由观是发展的。虽然"实践"范畴是首先由康德引入哲学的,但康德的自由实践只是理论性的。马克思与黑格尔一样,认为"物自身"是可认识的,可以通过现象认识本质。[44]而黑格尔把实践虚构、歪曲为绝对理念的精神活动。在马克思看来,实践是人类有目的的、能动性的改造现实世界的一切客观物质活动,是主观见之于客观的活动。自由始终是从事实践活动的人的问题,离开了实践就根本不存在自由的问题。马克思主义的"自由"是从认识论的自由到本体自由。[45]并且,马克思的自由观与洛克的自由观和现代新自由主义的自由观是有差别的,后者的自由主义也是个人主义(哈耶克,1991,p.11)。而马克思的"自由"是"自由人联合体"下的自由,"每个人的自由发展是一切人的自由发展的条件"(马克思,恩格斯,1995a,p.294)。

(三)无产阶级专政、民主与共产主义

1. 无产阶级专政与民主

列宁指出,马克思、恩格斯"他们两人都是由民主主义者变成社会主义者的,所以他们仇恨政治专横的民主情感非常强烈"(列宁,1978a,p.93)。实际上,在马克思、恩格斯的有关论著中,对资产阶级政府、国家和议会进行了猛烈抨击,其根本原因在于这些机构缺乏广泛的民主,是为少数资产阶级服务的。在关于无产阶级专政方面,马克思、恩格斯也是强调首先要加强民主建设。

马克思认为:"民主制是君主制的真谛,君主制却不是民主制的真谛,民主制是国家制度一切形式的猜破了的哑谜。"[46]列宁对民主做了较详细的界定,"民主是一种国家形式,一种国家形态。因此它同任何国家一样,也是有组织、有系统地对人们使用暴力,这是一方面。但另一方面,民主意味着在形式上承认公民一律平等,承认大家都有决定国家制度和管理国家的平等权力。"(列宁,1978c,p.257)列宁对"民主"的表述主要包含三层含义:一是把民主定性成为一种国家形式和国家形态;二是把民主定性成为一种公民平等的参政和议政的权利;三是把民主定性成为一种阶级统治。

1852年3月5日,马克思给魏德迈的信中写道:"至于说到我,无论是发现现代社会中有阶级存在或发现各阶级间的斗争,都不是我的功劳。在我以前很久,资产阶级历史编纂学家就已经叙述过阶级斗争的历史发展,资产阶级的经济学家也已经对各个阶级作过经济上的分析。我所加上的新内容就是证明了下列几点:(1)阶级的存在仅仅同生产发展的一定历史阶段相联系;(2)阶级斗争必然导致无产阶级专政;(3)这个专政不过是达到消灭一切阶级和进入无阶级社会的过渡。"(马克思,恩格斯,1995d,p.547)显然,"无产阶级专政"不是个人、

集团或政党的统治,而是一个阶级对另一个阶级的统治。“无产阶级专政”的对立面不是“民主”而是“资产阶级专政”。实施专政的政治形式是多种多样的,但是,掌握那种被用来替占统治地位的经济利益服务的国家政权,则是一切专政所共通的。马克思的“专政”就是“国家”,“我们在哪里发现有国家,我们就在那里发现有专政。谁相信无产阶级的国家,谁就相信无产阶级专政。这就是马克思赋予专政一词的含义。”[47]

无产阶级专政的任务是必须采取政治行动,必须实行无产阶级专政作为达到废除阶级并和阶级一起废除国家的过渡(马克思,恩格斯,1995d,p. 199)。但是,在资本主义社会和共产主义社会之间,有一个从前者变为后者的革命过渡时期。同这个过渡时期相适应也有一个政治上的过渡时期,这个过渡时期的国家只能是无产阶级的革命专政(马克思,恩格斯,1995c,p. 314)或者称之为社会主义国家。列宁则将马克思、恩格斯的民主执政理论和无产阶级的民主实践经验归结为一句话:没有民主,就不可能有社会主义。列宁的意思是,无产阶级如果不通过争取民主的斗争为社会主义革命作好准备,它就不能实现这个革命,而胜利了的社会主义如果不实行充分的民主,就不能保持它所取得的胜利,并引导人类走向国家的消亡(列宁,1978b,p. 782)。

马克思主义经典作家对资产阶级专政所运用的普选投票问题也做过专门论述。马克思在《法兰西内战》中指出:“普选权在此以前一直被滥用,或者被当作议会批准神圣国家政权的工具,或者被当作统治阶级手中的玩物,只是让人民每隔几年行使一次,来选举议会制下的阶级统治的工具;而现在,普选权已被应用于它的真正目的:由各公社选举它们的行政的和创制法律的公务员。”(马克思,恩格斯,1995c,p. 96)说明普选投票不是资产阶级特有的(靳晓霞,2012),无产阶级使用它才能真正造成一种社会民主。但是,选举要实现民主需要一定的条件。马克思、恩格斯结合各国选举实践阐述了选举如何才能实现无产阶级的利益,分析了选举实现无产阶级民主目标的保障条件。强调普遍选举、直接选举、平等选举的重要性,认为参加选举的工人阶级民主意识的觉醒,以及必备的民主自由的社会政治环境,是实现无产阶级民主的重要条件。恩格斯在《家庭、私有制和国家的起源》中指出:“随着无产阶级成熟到能够自己解放自己,它就作为独立的党派,选举自己的代表,而不是选举资本家的代表了。因此,普选制是测量工人阶级成熟性的标尺。在现今的国家里,普选制不能而且永远不会提供更多的东西;不过,这也就足够了。在普选制的温度计标示出工人的沸点的那一天,他们以及资本家同样都知道该怎么办了。”(马克思,恩格斯,1995d,pp. 169 ~ 170)“同时,一个农民人口偏多的国家,只有农民民主意识开始觉醒,才能通过普选推动国家的民主建设。因为“小农人数众多，他们的生活条件相同……各个小农彼此间只存在地域的联系，他们利益的同一性并不使他们彼此间形成共同关系，形成全国性的联系，形成政治组织，就这一点而言，他们又不是一个阶级。因此，他们不能以自己的名义来保护自己的阶级利益，无论是通过议会或通过国民公会。他们不能代表自己，一定要别人来代表他们。”（马克思，恩格斯，1995a，pp. 677～678）法德农民在选举中的表现证明了这一结论。农业无产阶级是无产阶级中更迟一些弄清自身的利益、社会地位的部分，在最长时间内一直是剥削它的特权阶级手中的一个无意识的工具。在法国，由于拥有土地的自由农民缺乏民主意识，普选权没有使工人进入议会，而是相反，几乎把他们全部赶出了议会。“在德国，反对封建的和官僚的反动派的斗争——这二者在我们这里现在是分不开的——就等于争取农村无产阶级的精神解放和政治解放的斗争；在农村无产阶级还没有卷入运动的时候，德国的城市无产阶级就不可能得到而且一定得不到丝毫成功，直接的普选权对无产阶级来说不是武器，而是陷阱。”[48]然而，随着科学技术的不断进步，发达资本主义国家生产的自动化、智能化程度日益提高，产业工人的比例日益缩小。同时，劳动者出现了知识化、脑力化、白领化、多层次化的新趋势，其整体科学文化素质有很大提高，白领工人数量已超过蓝领工人数量。与此同时，在发达资本主义国家除了传统的中间阶层依然存在外，又产生了许多新的中间阶层（刘昀献，pp. 7～9）。普热沃尔斯基认为：“无产阶级过去不会，将来也很难成为任何社会中在数量上占多数的选民。”（普热沃尔斯基，p. 21）由于在资本主义体系中，工人之间是存在竞争的，而资本主义民主的典型特征是在政治和意识形态上阶级关系的个体化，虽然工人阶级有组织，往往是“领导人成为代表，而群众被领导人代表”（普热沃尔斯基，p. 9）。因而，任何国家的社会民主政党都从来没有获得过4/5选票。20世纪70年代，在几个国家，多达1/3的体力劳动者把选票投给了资产阶级政党（普热沃尔斯基，pp. 24～25）。显然，以选票作为工具过渡到社会主义是不切实际的。

马克思主义经典作家设想的社会主义国家应该是在高度发达的资本主义社会的基础上建立起来的。但是，无论是马克思、恩格斯所处的时代还是目前任何一个资本主义社会都不可以合理地称之为“民主社会”（鲍尔斯，金蒂斯，2012，p. 7）。自第二次世界大战结束以来，发达资本主义社会，马克思、恩格斯所称谓的无产阶级（没有资本工具的工人阶级）数量和比例在提高（孙寿涛，2012），但工人阶级构成日益复杂。据统计，目前在发达资本主义国家中，贫穷人口约占总人口的10%，富人约占总人口的10%，中等收入的小康阶层约占总人口的80%（伯恩斯，p. 135）。像美国这样的发达资本主义国家，贫富收入差距日益扩大。[49]

因而,在资本主义社会,自由与民主是两个维度的权利体系。自由是在有法律限制下的自由,包括对政府的限制,其对立面是"全权政府";民主的对立面是独裁。充分自由与充分民主相结合是一种理想状态;无自由与无民主状态的典型是监狱和"黑社会组织"。而不同程度的自由与不同程度的民主的结合会出现不同的社会状态。一般来说,自由主义的原则坚持个人拥有的权利[50]在一个公正的社会不应该受到侵犯;民主的原则坚持公正的社会必须保障人民主权,在影响他们生活的重大决策方面,人民拥有发言权,并且在某种意义上具有平等的发言权(鲍尔斯,金蒂斯,p.7)。从社会经济角度来看,自由或自由主义就是倡导自由竞争,反对人为垄断和要求对自然垄断进行"规制",其结果是优胜劣汰,富人更富,穷人更穷;经济民主包括企业组织的民主化管理和市场民主。企业组织的民主化管理就是要求企业股东决策权扩展到一个更大的公众利益相关群体,包括工人、客户、供应商、邻居和更广泛的公众。[51]经济民主将会对财产权造成一种侵害,实际上是一种民主乌托邦[52];市场民主就是消费者用货币为选票来选择产品与服务而不是被动接受产品与服务的行政分配。由此,自由主义民主理论一般支持将自由主义的原则和民主的原则两者用于国家,但只支持将自由权的原则用于经济(鲍尔斯,金蒂斯,p.88)。实际上,自由主义有利于资产阶级,民主主义则有利于无产阶级或平民。在存在穷人与富人的情况下,个人自由权利与财产权往往是冲突的。尤其是在普选权授予全体成年人时,需要智慧地协调穷人与富人之间的利益关系。鲍尔斯、金蒂斯指出:"第一次世界大战之后的时期是自由主义走到十字路口的时刻。其结果便是除了最坚固的以外的欧洲所有民主国家中的共和国政府的崩坏,便是自由主义力量和民主力量的两极化,这种两极导致了麦迪逊调整失败的最伟大的纪念碑:第二次世界大战。"(鲍尔斯,金蒂斯,p.75)由于既讲自由又讲民主,既要保护富人的利益又要适当照顾穷人或平民的利益,资本主义国家的法律政策需要不断调整。"洛克调整"在政治上排斥无财产的生产者,"杰弗逊调整"向生产者许以财产,"麦迪逊调整"分裂生产者,而"凯恩斯调整"消化无权力的工资和工薪工人阶级。"为什么经济上的被剥夺者不使用他们的公民权去剥夺有产者呢?凯恩斯对这个老掉牙的问题的回答是,平均主义的经济政策和国有经济活动的扩张施惠于资本的利益也施惠于劳动的利益。"(鲍尔斯,金蒂斯,p.77)将进一步引出政府与市场、穷人与富人、自由与民主、平等与效率诸多问题。但其核心还是马克思所深刻揭示的私有制本身的矛盾。针对资本主义的基本矛盾与存在不可医治的弊端,马克思主义经典作家认为:"现代资本主义生产方式所造成的生产力和由它创立的财富分配制度,已经和这种生产方式本身发生激烈的矛盾。而且矛盾达到了这种程度,以至于如果要避免整个现代社会毁灭,就必须使生产方式和分配方式发生一个会消除一切阶级差别的变革。”(马克思,恩格斯,1995c,pp. 500 ~ 501)这种变革就需要建立无产阶级专政。恩格斯在《共产主义原理》中关于“革命过程”中必须采取的措施是:“首先无产阶级革命将建立民主的国家制度,从而直接或间接地建立无产阶级的政治统治。”(马克思,恩格斯,1995a,p. 239)

2. 巴黎公社民主模式及其影响

1871 年建立的巴黎公社,马克思把它描述为未来的革命政府的原型,无产阶级终于发现了获得解放的形式。巴黎公社被视作“工人阶级的政府”或“真正的国民政府”。列宁和布尔什维克认为巴黎公社是第一个“无产阶级专政”。巴黎公社是在打碎旧的国家、议会、政府的基础上建立起来的。公社的民主制度及其措施主要包括:由普选选出市政委员构成公社公职人员,并随时可以撤换;公社是议行合一的,既是行政机关,也是立法机关;法官和审判官也需经选举产生,并可撤换;在农村建立农村公社,实行地方自治,公社委员同样经选举产生,并可随时撤换;废除常备军和警察等国家统治的暴力机器;消除意识形态,教会与国家分离;教育和科学自由发展,不受教会和国家的控制,等等。废除旧的国家机器不是否定其所曾履行的一切职能,而是将那些合理的应当存在的职能交给社会的负责的公仆。公社公务人员和领导拿的是工人的工资,没有“特权”。1891 年,恩格斯在为马克思《法兰西内战》单行本写的导言中指出:“为了防止国家和国家机关由社会公仆变为社会主人——这种现象在至今所有的国家中都是不可避免的——公社采取了两个正确的办法。第一,它把行政、司法和国民教育方面的一切职位交给由普选选出的人担任,而且规定选举者可以随时撤换被选举者。第二,它对所有公职人员,不论职位高低,都只付跟其他工人同样的工资……这样,公社没有另外规定给各代议机构的代表规定限权委托书,也能可靠地防止人们去追求升官发财了。”(马克思,恩格斯,1995b,p. 335)[53]

马克思指出:“公社是国家政权、集中化行政权力的对立物……这次革命不是一次反对哪一种国家政权形式——正统的、立宪的、共和的或帝制的国家政权形式的革命,它反对国家本身,这个社会的超自然的怪胎的革命……它是为了粉碎这个阶级统治的凶恶机器本身而进行的革命。”(马克思,恩格斯,1995c,p. 93)“公社——这是社会把国家政权重新收回,把它从统治社会、压制社会的力量变成社会本身的充满生气的力量;这是人民群众把国家政权重新收回,他们组成自己的力量去代替压迫他们的有组织的力量;这是人民群众获得社会解放的政治形式,这种政治形式代替了被人民群众的敌人用来压迫他们的假托的社会力量(即被人民群众的压迫者所篡夺的力量)(原为人民群众自己的力量,但被组织起来反对和打击他们)。”(马克思,恩格斯,1995c,p.95)实际上,这也就是我们通常所说的“人民当家作主”,实质是“社会”取代了“国家”。因而,“公社”的核心理念是自治,即人民自己管理自己。“只要公社制度在巴黎以及次一级的各中心城市确立起来,那么在外省,旧的集权政府就也得让位给生产者的自治政府”(马克思,恩格斯,1995c,p.65),“公社的存在本身自然而然会带来地方自治,但这种地方自治已经不是用来牵制现在已被取代的国家政权的东西了”(马克思,恩格斯,1995c,p.58),“它(巴黎)恪守纯粹防御的立场,满足于巴黎实际上的自治”(马克思,恩格斯,1995c,p.90)。马克思指出:“人们对公社有多种多样的解释,多种多样的人把公社看成自己利益的代表者,这证明公社完全是一个具有广泛代表性的政治形式,而一切旧有的政府形式都具有非常突出的压迫性,公社真正秘密就在于:它实质上是工人阶级的政府,是生产者阶级同占有者阶级斗争的产物,是终于发现的可以使劳动在经济上获得解放的政治形式。”(马克思,恩格斯,1995c,pp.58~59)。而这种社会自治坚持的是直接与间接相结合的双重民主原则。巴黎公社这种“真正的国民政府”的运行模式可以从两个方面来解构,即地方层面上的直接民主原则和省及国家层面上的间接民主原则相结合(何俊志,2006)。“公社是由巴黎各区通过普选选出的市政委员组成的。这些委员是负责任的,随时可以罢免。其中大多数自然都是工人或公认的工人阶级代表。公社是一个实干的而不是议会式的机构,它既是行政机关,同时也是立法机关。警察不再是中央政府的工具,他们立刻被免除了政治职能,而变为公社的负责任的、随时可以罢免的工作人员。所有其他各行政部门的官员也是一样。从公社委员起,自上至下一切公职人员,都只能领取相当于工人工资的报酬。从前国家的高官显宦所享有的一切特权以及公务津贴,都随着这些人物本身的消失而消失了。社会公职已不再是中央政府走卒们的私有物。不仅城市的管理,而且连先前由国家行使的全部创议权也都转归公社……法官的虚假的独立性被取消……也如其他一切公务人员一样,今后均由选举产生,要负责任,并且可以罢免。”(马克思,恩格斯,1995c,p.55)巴黎公社的政治是直接民主和间接民主相结合,但其“间接民主”并不是“代议制民主”。它是在基层实行直接选举代表,再从直接选举出来的代表再推选代表进入上级代表会议。“每一个地区的农村公社,通过设在中心城镇的代表会议来处理它们的共同事务;这些地区的各个代表会议又向设在巴黎的国民代表会议派出代表,每一个代表都可以随时罢免,并受到选民给予他的限权委托书(正式指令)的约束。仍须留待中央政府履行的为数不多但很重要的职能,则不会像有人故意胡说的那样加以废除,而是由公社的因而是严格负责任的勤务员来行使。民族的统一不是要加以破坏,相反地,要由公社在体制上、组织上加以保证……而旧政权的合理职能则从僭越和凌驾于社会之上的当局那里夺取过来,归还给社会的负责任的勤务员。”(马克思,恩格斯,1995c,p. 56)

巴黎公社是人类历史上无产阶级专政的第一次尝试,但巴黎公社仅存在72天,巴黎公社模式的优点尚未充分展现出来,其缺点与问题也未充分暴露出来,而分权、自治、人民监督、委员会、非政府组织、妇女运动、人民公仆制度等遗产对后世造成了深刻的影响。巴黎公社主要是基于包括平民阶层在内的人人参与的民主(或直接民主),同时,“公社不应当是议会式的,而应当是同时兼管行政和立法的工作机关”(马克思,恩格斯,1995c,p. 55)。而巴黎公社的“直接民主”和“议行合一”受卢梭的人民主权学说和1793年雅各布宾派思想的影响。卢梭实际上是第一个阐述议行合一的思想家。卢梭认为,主权不能转让,也不能被代表。他反对权力分立,认为最好的立法者就是人民自己,而立法者比任何人更清楚法律应该怎样执行。所以在民主制下,全体人民不仅是立法者,而且还是执行官(卢梭,1982,pp. 87~88)。1793年的雅各布宾派宪法就是对卢梭思想的实践。在宪法的序言,即新《人权宣言》中,删去了1791年宪法《人权宣言》中体现孟德斯鸠分权思想的第十六条,按照卢梭的“权力不可分割”的思想,写进了第二十五条:“主权属于人民,它是统一而不可分割的。”雅各布宾派宪法是一部集权宪法,它带有议行合一的色彩,直接影响了巴黎公社。阿尔蒂尔·阿尔努在《巴黎公社人民和议会史》中说,选举产生的公社委员中,分为多数派和少数派,多数派“自称革命的雅各布宾派”(阿尔蒂尔·阿尔努,p. 165),“他们认为巴黎公社是1793年巴黎公社的继续”,“在革命的雅各布宾派内,有相当数量的国际成员和主要因参加社会主义运动而闻名的人物”(阿尔蒂尔·阿尔努,p. 165)。

虽然直接民主是真正意义上的民主,但直接民主制只适合古代社会的特殊条件,无法适用于现代社会之地广人多的情况(郭继兰,2009),而卢梭的“直接民主”与他的“小国寡民”的民主共和国的政治理想是相一致的。直接民主方式往往由于缺乏自我纠错机制而造成民主暴力,而“将那些合理的应当存在的职能交给社会的负责的公仆”,其他的事务由直接民主来决策,交易费用高、效率低。客观上讲,代议民主正好可以避免直接民主的缺陷。议会“两院”及其辩论可以帮助民主决策“纠错”,代议团体的代表人数少便于形成决策。但是,代议民主也有其自身的缺陷和危险,一是存在代议团体以及控制该团体的民意在智力上偏低的危险;二是存在由同一阶级的人构成多数实行阶级立法的危险(J. S. 密尔,1997,p. 101),在与政府的委托-代理过程中,因信息不对称而不能有效监督政府。而代议制民主成了“资产阶级”的,布哈林认为:“民主这个词既然指的是一定的政治制度,它从来就是资产阶级的统治的一种形式,一种最精巧的形式。”(布哈林,p.14)因而,此后的社会主义国家沿用了“直接民主和间接民主相结合的做法”,再加上苏联人发明的“民主集中制”。我们在前文已述,由于“民主集中制”太粗糙,容易在实际中出现“集中制”取代“民主制”从而出现极权现象。目前易帜的原社会主义国家都选用了“宪政”和“代议民主制度”。然而,从我国的文化传统和工业化、城市化发展的状况,我国现阶段政治体制和行政体制的改革,重点应该放在“民主集中制”的改革方面。第一,对应该实行“民主制”或“集中制”的领域或环节,应该做具体规定。应该实行民主制的领域或环节必须由制度来保障,同样,应该实行集中制的领域或环节也必须由制度来保障,做到权责利统一。第二,实行“民主制”的领域或环节,应该坚持少数服从多数的原则,民主过程必须公开透明;实行“集中制”的领域或环节,应该发挥行政首长和军事首长的作用,应该和行政首长和军事首长岗位职责相一致,避免出现无人负责的局面。第三,在决策层面应该多实行“民主制”,在执行层面应多实行“集中制”。第四,从我国的现状来看,“民主集中制”急待改革的领域或环节之一就是领导干部的选拔。应该形成用“群众路线”等“机制”而不是由所谓的“伯乐”来选拔领导干部的风气。领导干部可以推荐领导干部,但如果推荐领导干部不当而造成重大失误的,推荐人应负一定的连带责任,并形成严格的制度。第五,各级组织应建立和健全《领导班子会议规则》,避免现实的“大会议小事,中会议中事,大事不开会”的乱象,将公权力关进制度的“笼子”里,并接受人民群众或代表大会的监督与考评。

国家消亡是一个自然历史过程。它与公民社会组织的发展是一种消长关系。在国家消亡后,社会公共事务都由“自由人联合体”自行解决。但我们认为“自由人联合体”也是需要民主的。不过,那时的民主不再是政治制度而只是一种协商机制。

四、共产主义社会是一种高级绿色文明形态

根据马克思主义经典作家的论述,人、自然和社会是统一的。

自然,最广义而言指的是自然界。一般意义上,“自然”指的是自然界的现象,以及普遍意义上的生命。马克思主义经典作家将自然界划分为自在自然和人化自然。

自在自然包括人类历史之前的自然,也包括存在于人类认识或者实践之外的自然;人化自然是经验世界,是指与人类的认识和实践活动紧密相连的自然。“周围的感性世界决不是某种开天辟地以来就已存在的、始终如一的东西,而是

工业和社会状况的产物,是历史的产物,是世世代代活动的结果。”(马克思,恩格斯,1995a,p.76)“正是在改造对象世界中,人才真正地证明自己是类存在物。这种生产是人的能动的类生活。通过这种生产,自然界才表现为他的作品和他的现实生活。”(马克思,2000,p.58)显然,这种意义的自然概念具有社会—历史性质(施密特,p.2)。与此同时,马克思也承认存在于人类历史之前以及存在于人类认识和实践之外的自在自然:“先于人类历史而存在的自然界,不是费尔巴哈在其中生活的那个自然界,也不是那个除去在澳洲新出现的一些珊瑚岛以外今天在任何地方都不再存在的、因而对于费尔巴哈说来也是不存在的自然界。”(马克思,恩格斯,1995a,p.77)并且,马克思在强调人化自然的过程中始终承认自在自然的优先性:“不仅在自然界将发生巨大的变化,而且整个人类世界以及他(费尔巴哈)的直观能力,甚至他本身的存在也就没有了。当然,在这种情况下外部自然界的优先地位仍然保持着。”(马克思,恩格斯,1995a,p.77)

马克思主义经典作家关于人、社会与自然之间的关系的认识是发展的。马克思在《1844年经济学哲学手稿》进行了初步的阐述。在马克思看来,人是自然界的产物。同时,“人靠自然界生活。这就是说,自然界是人为了不致死亡而必须与之处于持续不断地交互作用过程的、人的身体。所谓人的肉体生活和精神生活同自然界相联系,不外是说自然界同自身相联系,因为人是自然界的一部分。”(马克思,2000,pp.56~57)但是,人与一般动物是有差别的。这种差别在于“劳动”,而劳动是人的生命活动,自由的有意识的生产活动才是人的类特性(马克思,2000,p.57)。因此,“只有在社会中,人的自然的存在对他来说才是自己的人的存在,并且自然界对他来说才成为人。因此,社会是人同自然界完成了的本质的统一,是自然界的真正复活,是人的实现了的自然主义和自然界的实现了人道主义。”(马克思,2000,p.83)马克思认为,劳动(自由自觉的活动)是人类的本质,但在私有制条件下却发生了异化,即:劳动者同自己的劳动产品相异化;劳动者同自己的劳动活动相异化;人同自由自觉的活动及其创造的对象世界相异化;人同人相异化。因此,“共产主义是私有财产即人的自我异化的积极的扬弃,因而是通过人并且为了人而对人的本质的真正占有;因此,它是人向自身、向社会的(即人的)人的复归,这种复归是完全的、自觉的而且保留了以往发展的全部财富的。这种共产主义,作为完成了的自然主义=人道主义,而作为完成了的人道主义=自然主义,它是人和自然之间、人和人之间的矛盾的真正解决,是存在和本质、对象化和自我确证、自由和必然、个体和类之间的矛盾的真正解决。它是历史之谜的解答,而且知道自己就是这种解答。”(马克思,2000,p.81)

马克思、恩格斯在《德意志意识形态》一文中,第一次运用了唯物史观,实现了自然观上革命性的变革。马克思、恩格斯把自然分为自在自然和人化自然。他们批判了费尔巴哈不重视实践给人类以及社会甚至是自然界带来的重大影响的做法，肯定了自在自然存在的优先地位，并证明了自然优先地位这一事实。马克思、恩格斯把人类历史的第一个前提看做是有生命的个人的存在，作为肉体的人的存在决定了人类历史存在的可能性。“第一个需要确定的具体事实就是这些个人的肉体组织，以及受肉体组织制约的他们与自然界的关系”（马克思，恩格斯，1995a，p. 67）。由此，马克思具体从以下互相联系的两个方面揭示了“人和自然的统一性”：一是在有了人类以后，自然总是历史的自然；二是历史也是自然的历史。在原始社会，“自然界起初是作为一种完全异己的、有无限威力和不可制服的力量与人们对立的，人们同它的关系完全像动物同它的关系一样，人们就像牲畜一般服从它的权力。因而，这是对自然界的一种纯粹动物式的意识（自然宗教）。”（马克思，恩格斯，1995a，p. 81）人们对自然界的狭隘的关系制约着他们之间的狭隘的关系，而他们之间的狭隘的关系又制约着他们对自然界的狭隘的关系，这正是因为自然界几乎还没有被历史的进程所改变（马克思，恩格斯，1995a，p. 81）。但是，随着分工和私有制的发展，尤其是到了资本主义自由竞争时代，人与自然和人与人之间的关系的分裂进一步加剧。在马克思、恩格斯看来，首先，随着分工（或私有制）的发展，导致生产力、社会状况和意识产生矛盾。分工导致的所有这些矛盾是以家庭中自然产生的分工和社会分裂为单独的、互相对立的家庭这一点为基础的。其次，随着分工的发展也产生了个人利益或单个家庭的利益与所有互相交往的人们的共同利益之间的矛盾。由于私人利益与公共利益之间的矛盾，公共利益才以国家的姿态而采取一种虚幻的共同体形式。“在过去一切历史阶段上受生产力所制约、同时也制约生产力的交往形式，就是市民社会。”（马克思，恩格斯，1995a，p. 81）因此，马克思认为，共产主义取代资本主义是人与自然、人与人的关系从分裂走向统一的必然过程。马克思、恩格斯认为，只有共产主义者才能担负起实践的革命化使命。“对实践的唯物主义者，即共产主义者说来，全部问题都在于使现存世界革命化，实际地反对和改变事物的现状”（马克思，恩格斯，1995a，p. 75）。马克思、恩格斯立足于“改变世界”，从历史观和价值相统一的立场，系统分析了革命的实践活动对于建构新型的人与自然和人与人关系的重要作用。他们指出：“到目前为止，我们主要只是考察了人类活动的一个方面——人改造自然。另一方面，是人改造人……”在这里，马克思不仅对“交往和生产力”[54]作了注释，而且还从这种认识出发得出共产主义是以生产力的普遍发展和与此相联系的世界交往为前提的。所以，人类的实践活动作为人的本质力量外化、对象化过程，不仅是主体自觉改造物质客体的感性活动，同时是主体之间的物质交往关系的活动。只有随着物质生产力的普遍发展，才能建立起人类的普遍交往，人类自身的存在和发展一开始就必须通过人们对外部客观世界的征服、改造和利用来实现。马克思、恩格斯认为，资本主义生产方式不仅没有解决人与自然和人与人的对立问题，而且还加剧了人与自然和人与人的分裂、对立和冲突。为此，实现人与自然和人与人的"两个和解"必须在生产的普遍发展和交往的普遍发展基础上，通过人们的自由联合形成的共同体，完全占有自己的物质生活条件，使人成为"自然的主人"和"自己社会结合的主人"，人类才能从必然王国走向自由王国，从而，根本解决人与自然和人与人的矛盾。

二十多年之后，马克思在1867年出版的《资本论》中，对劳动进行了深入的研究。马克思认为，商品中包含着具体劳动和抽象劳动二重性，"这一点也是理解政治经济学的枢纽"（马克思，1976a，p. 55）。具体劳动是私人劳动，抽象劳动是社会劳动；具体劳动创造使用价值，抽象劳动创造价值。"劳动作为使用价值的创造者，作为有用劳动，是不以一切社会形式为转移的人类生存条件，是人和自然之间的物质变换即人类生活得以实现的永恒的自然必然性。"（马克思，1976a，p. 56）而商品价值"纯粹是社会的"。在资本主义社会，具体劳动或私人劳动只是社会分工体系的一部分，私人劳动时间是社会总劳动时间的一部分，是"个别劳动时间"，不足以决定商品价值，决定商品价值的是社会必要劳动时间。如果私人劳动时间高于社会必要劳动时间，其个别价值就高于社会价值，私人劳动时间的一部分就得不到社会的承认；反之，其个别价值就低于社会价值，生产者就能补偿成本获得利润。因此，在资本主义社会，私人劳动与社会劳动是一种基本矛盾。如果设想有一个"自由人联合体"，他们用公共的生产资料进行劳动，并且自觉地把他们许多个人劳动力当作一个社会劳动力来使用，劳动时间按照社会计划来分配，私人劳动与社会劳动的矛盾也就消失了。"只有当实际日常生活的关系，在人们面前表现为人与人之间和人与自然之间极明白而合理的关系的时候，现实世界的宗教反映才会消失，只有社会生活过程即物质生产过程的形态，作为自由结合的人的产物，处于人的有意识有计划的控制之下的时候，它才会把自己的神秘纱幕揭掉。但是，这需要一定的社会物质基础或一系列物质生存条件，而这些条件本身又是长期的、痛苦的历史发展的自然产物。"（马克思，1976a，pp. 96～97）也就是说，只有在共产主义社会，私人劳动与社会劳动的矛盾才能得到彻底解决。因为，"在一个集体的、以生产资料公有为基础的社会中，生产者不交换自己的产品；用在产品上的劳动，在这里也不表现为这些产品的价值，不表现为这些产品所具有的某种物的属性，因为这时，同资本主义社会相反，个人的劳动不再经过迂回曲折的道路，而是直接作为总劳动的组成部分存在着。”（马克思，恩格斯，1995c，p.303）

阿多诺在《否定辩证法》中，认为马克思早期对于人与自然之间重归和谐的呼唤，与他后来转向“理性操纵”，所要求的都是人为主体对自然世界的支配和控制（莫维尼，2011，p.44）；David Pepper 认为，马克思主义是建立在社会与自然辩证法基础上的一种长期的集体的人类中心主义，反对资本主义的技术的人类中心主义（David Pepper，p.439）。同时，有的西方学者认为早期马克思与晚期马克思之间存在一个生态学上的断裂。本顿（Benton）认为马克思是生产主义，在劳动过程中没有考虑生态问题，布莱克本（Blackburn）认为马克思主义的生产主义包含了物质生产而不是文化生产是历史变化中最终的解释因素（休斯，pp.150～165），等等。我们认为，马克思提倡的是人道主义而不是人类中心主义，而本顿和布莱克本对晚年马克思严重误读。

马克思在《资本论》中指出：“劳动首先是人和自然之间的过程，是人以自身的活动来引起，调整和控制人和自然之间的物质变换的过程。”（马克思，1976a，pp.201～202）劳动过程的简单要素包括有目的的活动或劳动本身、劳动对象和劳动资料。劳动资料有的是没有经过劳动改造的自然物质，有的是经过劳动改造的，如厂房、运河、道路等。因而，在劳动过程中最简单最抽象的表示是：“一边是人及其劳动，另一边是自然及其物质”（马克思，1976a，p.209）。因而，“劳动不是一切财富的源泉。自然界同劳动一样也是使用价值（而物质财富就是由使用价值构成的！）的源泉，劳动本身不过是一种自然力即人的劳动力的表现……只有一个人一开始就以所有者的身份来对待自然界这个一切劳动资料和劳动对象的第一源泉，把自然界当作属于他的东西来处置，他的劳动才成为使用价值的源泉，因而也成为财富的源泉。”（马克思，恩格斯，1995c，p.298）马克思在分析“大工业和农业”的关系时指出：“资本主义生产使它汇集在各大中心的城市人口越来越占优势，这样一来，它一方面聚集着社会的历史动力，另一方面又破坏着人和土地之间的物质变换，也就是使人以衣食形式消费掉的土地的组成部分不能回到土地，从而破坏土地持久肥力的永恒的自然条件。这样，它同时就破坏城市工人的身体健康和农村工人的精神生活。”（马克思，1976a，p.209）就是说，随着工业化、城市化的发展，割断了集中的城市里的人同土地的联系，使他们原本来源于土地的以衣食形式被消费掉的东西，在成了粪便和生活垃圾以后不能再还原到土地中肥田，以致使土地肥力退减。这也是马克思生活时代重大的环保问题。因此，马克思的“劳动过程”采取抽象方法简化了很多具体因素，不仅不与生态环境保护存在排斥，恰恰由于其开放性，不但可以包容生态环境保护问题，甚至可作进一步的扩展。

同时,马克思的生产理论并没有忽视文化的生产。马克思指出:“思想、观念、意识的生产最初是直接与人们的物质活动,与人们的物质交往,与现实生活的语言交织在一起的。人们的想象、思维、精神交往在这里还是人们物质行动的直接产物。表现在某一民族的政治、法律、道德、宗教、形而上学等的语言中的精神生产也是这样。”[55] 当然,马克思把文化作品的创作视作非生产劳动,而“资本主义生产在这个领域中的所有这些表现,同整个生产比起来是微不足道的,因此可以完全置之不理”(马克思,1975a,p. 443)。

综上可见,晚期马克思关于人与自然关系的分析比早期的思想更加丰富和深刻。因此,在生产资料私有制的条件下,人与自然之间的关系是不能和谐的,只有在共产主义社会,才能真正实现人与自然的和谐,才能真正称得上是绿色文明。

五、小结

根据马克思主义经典作家的论述,共产主义社会高级阶段的基本特征为:

第一,社会成员共同占有全部生产资料,“在协作和对土地及靠劳动本身生产的生产资料的共同占有的基础上,重新建立个人所有制”(马克思,1976a,p. 832)。

第二,生产力高度发达,社会财富充分流通,各尽所能,按需分配。这一条也被视为共产主义的主要特征。马克思指出:“只有在那个时候,才能完全超出资产阶级权利的狭隘眼界,社会才能在自己的旗帜上写上:各尽所能,按需分配!”(马克思,恩格斯,1995c,pp. 305 ~ 306)

第三,产品经济取代商品经济,社会遵循按比例分配社会劳动的规律(马克思,恩格斯,1995c,p. 303)。

第四,阶级被消灭,“三大差别”消灭,民族平等、社会成员平等,社会成员自由而全面地发展。

第五,共产主义道德是人类历史上最高尚的道德。

第六,国家自行消亡。管理公共事务的机构虽然存在,但它的社会职能已经失去其阶级性质。“国家的消灭也就是民主的消灭,国家的消亡也就是民主的消亡。”(列宁,1978c,p. 241)

第七,随着生产资料转归公有,个体家庭就不再是社会的经济单位了。私人的家务变为社会的事业。两性间的关系是社会无须干涉的私事,但社会将自觉调节人口生产。[56]

马克思、恩格斯生活在资本主义自由竞争时期,目睹了周期性经济危机所造成的破坏,揭示了社会按比例分配社会劳动的规律。但马克思、恩格斯并不是算命先生,他们没有预料到在生产社会化程度不高的经济体建立的计划经济。而这种计划经济最后会形成极权主义和低效率。但我们认为,随着科学技术尤其是信息技术和互联网的发展,现实中的计划与市场将会不断进入网络虚拟世界。[57] 人类正在利用互联网来完成生产、流通、分配、消费等社会再生产过程所需要的信息的搜集和处理。按照时间节约规律,在社会总劳动时间中,必须将必要的比例量使用在不同类的商品(马克思,1976b,p.716)。原来社会总劳动时间按必要比例量分配到各类商品上是通过市场供求的波动、资本在不同部门间流转、竞争和利润平均化运动等方式来实现(张念瑜,1990)。在未来,都可以在虚拟世界中完成。

保罗·怀恩提出了"自然资本主义"(Natural Capitalism)概念,吴信如译为"绿色资本主义"(怀恩,2002)。保罗·怀恩认为自然资本主义时代,自然资源和生态系统提供的重要的生命支持服务是稀缺和相对昂贵的,自然资本(资源、生命系统和生态系统服务)将是经济体系运行的基本的资本形式,因而,生态目标与经济目标必须结合起来,企业、股东有责任解决环境问题。自然资本主义是资本主义的必然发展方向,而企业要成功迈向自然资本主义,就需要经历四个阶段:第一个阶段是大幅提高自然资源的生产率,努力消除资源浪费;第二个阶段是构建生态型生产模式;第三个阶段是改变商业模式;第四个阶段是对自然资本进行再投资,以恢复、维系和扩大地球的生态系统,确保它提供更多的重要服务和更充裕的生物资源。也就是说,资本主义、市场经济的基本原则不变,通过制度与技术创新,使得人类的生存环境变得可持续。在私有制条件下,这种做法是非常必要的,但资本主义不可能是真正的自然主义的。只有在私有制消灭之后,人类获得真正自由之后,人、社会和自然界才能真正和谐。

必须指出,共产主义社会并不是人类社会的终结。在共产主义社会,人类已经解决了经济问题,肯定还会有时代的社会问题,会面临新的挑战,人类社会将不断向前发展。正如恩格斯指出:"历史上依次更替的一切制度都只是人类社会由低级到高级无穷发展过程中的一些暂时的阶段。"(马克思,恩格斯,1995d,p.217)

注释

[1] 我国学术界关于苏东剧变和世界社会主义运动形势与特点的认识形成了三种学说,即"失败论"、"转折论"和"低潮论"(黄宗良.冷战后的世界社会主义运动[M].北京:北京大学出版社,2003:491~494)。

[2] 俞可平.90年代以来西方社会主义理论述介[OL].中央编译局网:http://www.cctb.net/zjxz/expertarticle,2005-02.

[3] 福山指出:"一种把技术经济理性主义与家长式专制主义相结合的、反自由主义的、非民主的社会制度就会在远东赢得市场。迄今为止,许多亚洲社会至少在口头上赞成西方的自由民主原则,在形式上也予以采纳,但同时也对其内容进行了修改以适应亚洲的文化传统。但是,如果民主的形式本身是一种西方的强加,而且与亚洲社会的成功运作不相适宜,西方经营管理技术与亚洲经济格格不入,亚洲社会就可能会反对民主,甚至会公开与民主决裂。"(福山,2003,pp.276~267)

[4] 在俄罗斯,马克思主义研究一度进入了"冷宫",甚至对从事马列主义研究人员都是采取歧视的态度([俄]鲍·斯拉夫.被无知侮辱的思想——马克思社会理想的当代解读[M].北京:中央编译出版社,2006)。

[5] 习近平.坚持中国特色社会主义道路[R/OL],中共中央组织部、全国党建研究会2011年6月20日在京召开纪念中国共产党成立90周年党建研讨会上的讲话,新华网:http://news.xinhuanet.com/video/2011-06/20/c_121560288.htm。

[6] 启蒙运动又称理性时代(George Stade. The Age of Reason and the Enlightenment. Michigan State University, December 1984)。康德指出:"启蒙就是人从他咎由自取的受监护状态走出。受监护状态就是没有他人的指导就不能使用自己的理智的状态。""这种启蒙所需要的无非是自由……对其理性的公开运用必须在任何时候都是自由的,而且唯有这种使用能够在人们中间实现启蒙。"(康德,2010h,p.40;p.41)

[7] 美国哲学家梯利认为,历史上"没有一个哲学家比洛克的思想更加深刻地影响了人类的精神和制度"(梯利,伍德,2004,p.340);洛克"是一切形式的新兴资产阶级的代表"(马克思恩格斯全集[M].13卷.北京:人民出版社,1998:67~68)。

[8] 日本学者安倍能成指出:"康德在近代哲学上恰似一个处于贮水池地位的人。可以这样说,康德以前的哲学皆流向康德,而康德以后的哲学又是从康德这里流出的。"([日]安倍能成.康德的实践哲学[M].王宏文,译.福州:福建人民出版社,1984:3.)

[9] 在康德哲学中,物自身(Ding an sich)(或译为"自在之物"或"物自体")的基本意义,可以将一般意义统摄的物自身所指的各种意义分为两类:第一类包括感性的物自身、先验对象、本体以及先验自我,它们共同构成知识的不可知的最终来源,并且总是意味着某种个别的东西,因而总是与对象相关;第二类是世界和上帝,它们用来指经验的总和,对于经验的构成并没有起到什么作用,因而与经验对象是无关的(韩水法.康德的物自身学说研究[M].北京:商务印书馆,2007:69)。叔本华说:"自在之物是什么呢?就是——意志。"(叔本华.作为意志与表象的世界[M].石宗白,译.北京:商务印书馆,1982:177)。在叔本华看来,世界就是意志的逐级客体化。但叔本华不赞成康德把意志理性化。如果我们结合经济学来分析,亚当·斯密的"看不见的手"可以视作康德的"物自身"。进一步,我们将亚当·斯密的"看不见的手"归结为市场价值规律。亚当·斯密把物物交换进一步理解为劳动与劳动的交换,而价值不过是一种计算标准。同时,斯密假设存在一个财富普遍丰裕的世界,斯密的劳动才成了康芒斯所说的"世界上从未有过的自由劳动"(康芒斯.制度经济学[M].上卷.北京:商务印书馆,1962:199)。马克思

认为“价值”是“人和人之间的关系……在物上的表现”(马克思恩格斯全集[M]. 26卷Ⅱ. 北京:人民出版社,1974:159)。同时,马克思把意志称为“由物质生产关系所决定的意志”(马克思恩格斯全集[M]. 3卷. 北京:人民出版社,1960:213)。由此可见,马克思为我们解开了康德“物自身”概念的谜底,即物自身并不是意志或价值,而是在冥冥之中决定着意志或价值的“物质生产关系”或“社会生产关系”[俞吾金. 康德是通向马克思的桥梁[J]. 复旦学报(社会科学版),2009(4)]。

[10] 康德接受了卢梭的“自由”观念。卢梭认为,人与其他动物区别的主要特点,与其说是理智,倒不如说是人的“自由主动者的资格”(卢梭. 论人类不平等的起源[M]. 李常山,译. 北京:商务印书馆,1979:82~83)。同时,卢梭认为“意志自由”是人的本质和资格(卢梭. 民约论[M]. 何兆武,译. 北京:法律出版社,1958:13)。同样,康德认为“自由”是人的一种天赋权利,但给出的理由是不同的。在康德看来,人是一种“现象”,同时也是一种“智思体”。现象的人的存在是物质世界的一部分,从属于自然的规律;人作为“物自身”,也是一种智思体,有选择的自由[米泽斯洛·马讷里(Mieczyslaw). 自由的三个概念:康德—黑格尔—马克思[C]. 徐长福译//刘小枫,陈少明. 血气与政治[M]. 北京:华夏出版社,2007]。

[11] 实践理性按照自由规律追求至善,在道德上必须要假定灵魂不朽和上帝存在。康德说:“照目前的整个情况看来,很值得注意的就是:纯粹理性的三个理念——上帝、自由和灵魂不死,其中自由是唯一关于超感性的东西的概念。由于在它里面所想到的因果作用,是通过它在自由中的可能结果而证明它在自然中的客观实在性的,乃至通过这一点,它把其他两个理念和自然的联系以及三者统一起来,使宗教成为可能。”(康德. 判断力批判[M]. 下卷. 北京:商务印书馆,1964:150)。他同时说:“如果我们是要树立一个与道德规律相符合的最后目的,我们就必须假定有一个道德的世界原因,那就是一位创造主。”(康德. 判断力批判[M]. 下卷. 北京:商务印书馆,1964:119)。显然,康德是把上帝存在当作人的道德自由所需要的手段而不是目的,人只是因为自身生活的需要才在主观上假定有一位上帝。这与自由自律并不矛盾。

[12] 康德认为:“如果本性这一术语(像通常那样)意味着出自自由的行动的根据的对立面,那么,它就与道德上的善或恶这两个谓词截然相对立。”(康德. 纯然理性限度内的宗教[M]//康德著作全集. 6卷. 李秋零,译. 北京:中国人民大学出版社,2007:18)显然,康德反对以自然或者以经验性为标准去判断人之本性,这样就无道德可言。实际上,康德所讨论的本性是“(遵从客观的道德法则)一般地运用人的自由的、先行于一切被察觉的行为的主观根据,而不论这个主观的根据存在于什么地方。但是这个主观的根据自身总又必须是一个自由行为”(康德,2010f,p. 19)。也就是说,康德讨论的人性是道德上的善恶之性而非物种上的人的本能。康德认为恶与善都是人所本有的,称恶为性癖,善为禀赋。禀赋是人天生而有的内容。而“本性”(Natur)一词意指人的生存起点状态,它先于一切在经验中给定的自由运用。这里的“本性”包括人的向善禀赋和趋恶倾向,因而,也包含了“自由”的概念(李秋零.“本性”还是“本质”[C]//哲学门. 北京:北京大学出版社,2008)。显然,本性就是自由,自由就是本性。自由作为先验概念较禀赋和倾向更本源地存在于人的本性中,即人的本性是“关于人在一切经验活动中实

际的自由运用的先天自由自觉和自我创造能力”(邓晓芒.康德哲学诸问题[M].北京:三联书店,2006:107)。

[13] 奥古斯丁《上帝之城》(412—427 年)一书认为,在天地间存在“上帝之城”和“地上之城”两个国度,“地上之城”即人类的历史是从亚当的儿子该隐开始,这个时期是黑暗与邪恶主导世界,而人类的历史将结束于“上帝之城”的降临人间,这是一个光明与善的时期,整个世界历史就是善与恶斗争的历史,是光明的世界取代黑暗世界的历史,这是上帝通过若干必要的历史阶段而最终救赎人类的一个必然的进步的过程,由于基督教史学承认历史的运行是合目的性的发展过程,因此,它首次打破了古典史学中的“循环”或“倒退”的史观,第一次将历史理解为“进步”(奥古斯丁.忏悔录[M].周士良,译.北京:商务印书馆,1991),这种进步史观被启蒙时代的思想家所继承与发展。

[14] “capitalism”. Encyclopædia Britannica. Encyclopædia Britannica Online. Encyclopædia Britannica Inc., 2013. Web. 31 May. 2013.

[15] “市场交易”产生权利、义务、自由、私有制、政府和组织。市场机制为资本主义的实质(约翰·R. 康芒斯.资本主义的法律基础[M].寿勉成,译.北京:商务印书馆,2006:7;28)。

[16] “资本主义”:约翰·伊特韦尔,默里·米尔盖特,彼得·纽曼.新帕尔格雷夫经济学大辞典[M].1卷.北京:经济科学出版社,2002:376~377。

[17] 约翰·穆勒概括为:“在人的活动中也有特定的部分,在那里取得财富是主要的和众所公认的目的……政治经济学需要采用的研究方式就是要把这个主要的、公认的目的当作就像真的是人的活动的唯一目的一样。”(布劳格,pp. 68~69)西尼尔认为:“这一命题在政治经济学中的地位,就和万有引力在物理学中的地位一样,离开了这一基本事实,推理就无法进行,差不多一切其他命题只是对这一基本事实的注解。”(西尼尔,p. 49)马歇尔继承了西尼尔的上述思想,对经济人做出了以下明确的定义:“所谓经济人就是他不受道德的影响,而是机械地和利己地孜孜为利。”(马歇尔,1964a,pp. 11~12)。“经济人”仍然是新古典经济学的重要行为模型(伊特韦尔,2002b,p. 58)。

德国旧历史学派对斯密的这一问题进行了批判。他们认为:“自利的人是根本不考虑国家、民族和社会的利益的。”(大河内一男,p. 35)此后在学术界引发了长期的争论,并被熊彼特称为“亚当·斯密问题”(das’Adam Smith-Problem’)。实际上,亚当·斯密认为,功利主义的“自利”与道德判断核心的“同情心”是协调一致的。功利主义的“自利”在伦理上可称为“自爱”(Self-Love)。“自爱”与同情心、追求自由的欲望、正义感、劳动习惯和交换倾向等都是支配人类行为的动机。人在本能上是自私的,总是在自爱心的引导下追求自己的利益,从而妨碍同情心的充分发挥,但“自爱”也是人类的一种美德,“对我们自己个人幸福和利益的关心,在许多场合也表现为一种非常值得称赞的行为原则。节俭、勤劳、专心致志和思想集中的习惯,通常被认为是根据自私自利的动机养成的,同时也被认为是一种值得赞扬的品质,应该得到每个人的尊重和赞扬。”(斯密,1997,p. 400)“自爱”决不能与“自私”相混淆。“自爱”是一切经济活动的必要条件。

[18] 柯林武德在阐述康德的“自然意图”时指出:“如果人类生活中有一个总的进步的话,那种进步肯定不是由于人类为了指导自己而作出的一个计划。然而,却可能有这样一种

计划,那就是大自然的计划,人类并不理解它却实现了它。要在人类历史中探测出这样一种计划将是一位新的开普勒的恰当任务,而要解释它的必然性就需要有另一位牛顿了。”(柯林武德,p. 140)斯密在谈到富人出于自私和贪婪的天性以及其贪得无厌的欲望来雇佣千百人为自己劳动时,“他们还是同穷人一样分享他们所作一切改良的成果。一只看不见的手引导他们对生活必需品作出几乎同土地在平均分配给全体居民的情况下所能作出的一样的分配,从而不知不觉地增进了社会利益,并为不断增多的人口提供生活资料。”(斯密,1997,p. 230)

[19] 哈耶克的“自生自发秩序”(spontaneous order),或者称之为“由人类行为而非人类设计”的机制。在哈耶克看来,自生自发秩序的产生过程同样适合知识本身的产生。市场参与者没有(完全)集中个体知识,但个体可以将这种知识直接转化到行动中,虽然没有经过事先意图,但个体的市场行为却会引发产生人人可以利用的价格为其形成的群体知识(哈尔蒂·布荣.自发社会秩序和文化[M]//〔德〕格尔哈德·帕普克.知识、自由与秩序.黄冰源,赵莹,冯兴元,译. 北京:中国社会科学出版社,2001:121)。按照哈耶克的说法,“道德、宗教和法律、语言和书写、货币和市场”都是自生自发秩序[Friedrich Hayek, Law, legislation and liberty:Rules and Order(1),The University of Chicago Press,1973,p. 10]。而这些领域属于康德的“物自身”之本体界,由实践理性为之“立法”。哈耶克也指出:“人对于诸多有助于实现其目标的力量往往处于必然的无知(necessary ignorance)状态之中……文明始于个人在追求其目标时能够使用较其本人所拥有的更多的知识,始于个人能够从其本人并不拥有的知识中获益并超越其无知的程度。”(哈耶克,1997b,p. 19)

[20] 恩格斯指出:“事实上,自从1825年第一次普遍危机爆发以来,整个工商业世界,一切文明民族及其野蛮程度不同的附属地中的生产和交换,差不多每隔十年就要出轨一次。交易停顿,市场盈溢,产品大量滞销积压,应该奇紧,信用停止,工厂停工,工人群众因为他们生产的生活资料过多而缺乏生活资料,破产相继发生,拍卖纷至沓来。停滞状态持续几年,生产力和产品被大量浪费和破坏,直到最后,大批积压的商品或多或少压低了的价格卖出,生产和交换又逐渐恢复运转。”(恩格斯.反杜林论[M]//马克思恩格斯选集. 3卷. 北京:人民出版社,1995:626)

[21] 混合经济是一种包括国有企业和私营部门混合的经济体制,反映市场经济和计划经济两方面的特点(Schiller, Bradley. The Micro Economy Today, McGraw-Hill/Irwin, 2010, p. 15; “Mixed ecoonomy-An economy that uoes botoh morket signals and government directives to allocate goods and resources.” This follows immediately from a discussion on command economies and market mechanism)。“混合经济体制”最早由庇古提出(〔法〕亨利·勒帕日.美国新自由主义经济学[M].北京:北京大学出版社,1985:120)。凯恩斯在《就业、利息和货币通论》(1936年)一书中指出,挽救资本主义制度的“唯一切实办法”就是扩大政府的机能,“让国家之权威与私人之策动力相互合作”(约翰·梅纳德·凯恩斯.就业、利息和货币通论[M].北京:商务印书馆,1986:326)。美国经济学家阿尔文·汉森在1941年发表的《财政政策和经济周期》中系统地解释了“混合经济体制”的含义。汉森认为,从19世纪末期以后,资本主义世界的经济模式就开始逐渐变为私人

经济和社会化经济并存的“公私混合经济体制”或者“双重经济”。此后，混合经济概念被广泛使用。路德维希·冯·米塞斯和哈耶克批评，混合经济是一个走向社会主义和增加国家的影响的体制(Gardner, Martin. *Whys of a Philosophical Scrivener*, St. Martin's Press,1991:126)。另外，北欧模型、莱茵资本主义、社会社团主义、社会市场经济、社会主义市场经济、福利资本主义等也被认为是混合经济体制(http://en.wikipedia.org/wiki/Mixed_economy#History)。

[22] 马克思恩格斯在《共产党宣言》中指出：“当人们谈到使整个社会革命化的思想时，他们只是表明了一个事实：在旧社会内部已经形成了新社会的因素，旧思想的瓦解是同旧生活条件的瓦解步调一致的。”(马克思，恩格斯，1995a, p. 292) 1871 年，马克思在《法兰西内战》一书指出：“工人阶级不是要实现什么理想，而只是要解放那些由旧的正在崩溃的资产阶级社会本身孕育着的新社会因素。”(马克思，恩格斯，1995c, p. 60) 这里的“新社会的因素”是未来新社会的“物质基础”。马克思在《资本论》第 1 卷中指出：“暴力是每一个孕育着新社会的旧社会的助产婆。暴力本身就是一种经济力。”(马克思，恩格斯，1995b, p. 266) 1879 年 7 月 29 日马克思在致卡洛·卡菲埃罗的信中谈到其《卡尔·马克思的〈资本论〉》一书时又指出：“我认为您在序言中阐述的观点有一个[缺陷]，就是说，其中没有指出，无产阶级解放所必需的物质条件是在资本主义生产发展过程中自发地产生的。”(马克思恩格斯全集[M]. 1 版 . 34 卷. 北京：人民出版社，1982:358)。实际上，马克思在《资本论》中非常明确地提出过“旧社会”必将孕育“新社会”的因素。马克思认为，在资本主义社会，合作社是社会主义生产关系的萌芽。“工人自己的合作工厂，是在旧形式内对旧形式打开的第一个缺口……资本和劳动之间的对立在这种工厂内已经被扬弃，虽然起初只是在下述形式上被扬弃，即工人作为联合体是他们自己的资本家，也就是说，他们利用生产资料来使他们自己的劳动增值。”(马克思，1976d, pp. 495～496)。同时，“资本主义的股份企业，也和合作工厂一样，应当被看做是由资本主义生产方式转化为联合的生产方式的过渡形式，只不过在前者那里，对立是消极地扬弃的，在后者那里，对立是积极地扬弃的。”(马克思，1976d, p. 496)

[23] 列宁. 列宁全集[M]. 37 卷. 北京：人民出版社，1986:18。

[24] 日本著名马克思主义经济学家伊藤诚(2006)认为，当前世界资本主义发生的变化：第一，电子自动控制系统被广泛应用于工厂和办公室，靠比较少的投资就可以灵活地实现劳动生产率的提高；第二，资本主义企业在工厂、办公室、商店广泛地推进信息化，大量使用妇女、小时工、临时派遣工及其他各种临时雇佣工等非正式职工，其结果是主要由成年男性正式从业人员组成的传统工会出现组织效率下降和社会地位弱化的现象；第三，20 世纪 70 年代末，凯恩斯主义在解决萧条和财政危机问题上遭受失败，出现了国家经济职能被极大削弱的趋势，新自由主义成为资本主义世界占统治地位的政策潮流；第四，在信息技术高度发达的条件下，企业作为金融资本的运动超越了国界，贸易投资、投资、金融和跨国公司的全球性大发展趋势增强(伊藤诚，2006, pp. 9～13)。

[25] 类似的概念有知识经济时代、信息社会等。“后工业社会”理论是 20 世纪 70 年代初期由丹尼尔·贝尔提出来的。后工业社会的基本特征是：(1) 由产品生产转变为服务生

产;(2)职业:专业/技术人员主导;(3)理论知识居中心地位;(4)未来:技术评估及智能技术的重要性;(5)管理革命:管理由人与自然转变为人与人;(6)新的匮乏——信息、时间、资源的供应不够;(7)信息经济的挑战:信息 = 公共物品。如果信息被私有化,那占有的人有无上的权力,相反,未能占有者便会被推向低层/边缘(贝尔,p.14)。

[26] 关于社会主义,尚未有一个统一的标准。在社会主义社会,社会商品和服务的生产资料主要部分不是掌握在私人手中,而是由国家企业、社会化企业或合作化企业所有与经营(约翰·伊特韦尔,2002c,p.427)。邓小平指出:“社会主义的本质.是解放生产力,发展生产力,消灭剥削,消除两极分化,最终达到共同富裕。”(邓小平,1993c,p.373)

[27] 马克思.1844年经济学哲学手稿//马克思恩格斯全集[M]. 42卷. 北京:人民出版社,1982:168。

[28] 托·约·登宁.工联和罢工//马克思.资本论[M]. 1卷. 北京:人民出版社,1976:829。

[29] 恩格斯.英国工人阶级状况//马克思恩格斯全集[M]. 2卷. 北京:人民出版社,2002:410。

[30] 马克思,恩格斯.神圣家族//马克思恩格斯全集[M]. 2卷.北京:人民出版社,2002:45。

[31] 马克思,恩格斯.德意志意识形态//马克思恩格斯全集[M]. 3卷. 北京:人民出版社,2002:410~411。

[32] 康德认为人的本性中有向善的原初禀赋,同时,人的本性中也有趋恶的倾向或偏好。“如果他把感性的动机作为本身独立自主地规定任性的东西纳入自己的准则,而不把道德法则(这是他在自身之中就拥有的)放在心上,那么,他就会在道德上是恶的……人是善的还是恶的……在于主从关系(准则形式),即他把二者中的哪一个作为另一个的条件。”(康德,2010f,p.36)同时,康德认为:“自然用来实现所有禀赋之发展的手段,就是这些禀赋在社会中的对立,只要这种对立毕竟最终成为一种合乎法则的社会秩序的原因。”(康德,2010i,p.27)也就是说,向善(利他)和向恶(利己)的矛盾及其解决成了历史进步的动力。

[33] 钟学敏,丁明鲜. 黑格尔关于历史发展动力的合理思想[J]. 浙江大学学报,1999(8);李玉娟,曹清波.黑格尔的恶动力说正解[J]. 前沿,2005(5);张青卫. 对黑格尔“恶动力”思想的当代反思——兼与《黑格尔“恶动力说”正解》一文商榷[J]. 内蒙古社会科学,2006(2)。

[34] 张羽佳.马克思主义关于恶的历史作用的思想及其内涵[J].哲学研究,2005(4)。

[35] Rodney G, p. effer. Marxism, Morality, and Social Justice, Princeton University Press, 1990;洪镰德.人的解放——21世纪马克思学说新探[M].台北:扬智出版社,2000:38。

[36] 马克思.关于新闻出版自由和公布省等级会议辩论情况的辩论//马克思恩格斯全集[M]. 1卷. 北京:人民出版社,1995:167.

[37] 黑格尔指出:“本质是自己过去了的存在。”(黑格尔,1987,p.241)“本质是一个反思的存在,一个映现他物的存在,也可以说,一个映现在他物中的存在。所以,本质的范围又是发展的矛盾的范围,这矛盾存在范围内还是潜伏着的。”(黑格尔,1987,p.246)

[38] 马克思,恩格斯.德意志意识形态//马克思恩格斯全集[M]. 3卷. 北京:人民出版社,1960:514.

[39] 马克思,恩格斯.德意志意识形态//马克思恩格斯全集[M]. 3卷. 北京:人民出版社,1960:566.

[40] 马克思.经济学手稿(1857—1858)//马克思恩格斯全集[M]. 46卷(上).北京:人民出版社,1979:104.

[41] 马克思恩格斯全集[M]. 3卷.北京:人民出版社,1960:549.

[42] 马克思恩格斯全集[M]. 46卷(下). 北京: 人民出版社,1980:218~219;225.

[43] 1964年,美国哲学家、社会学家马尔库塞出版了《单向度的人》一书。马尔库塞指出,发达资本主义以前的社会是双向度的社会,在这个社会里,私人生活和公共生活是有差别的,因此个人可以合理地、批判地考虑自己的需求。而现代文明,在科学、艺术、哲学、日常思维、政治体制、经济和工艺各方面都是单向度的。人们失去的"第二向度"是什么呢?就是否定性和批判性原则,即把现存的世界同哲学的准则所揭示的真实世界相对照的习惯。哲学的准则能使我们理解自由、美、理性、生活享受等的真正性质。而"社会的压抑管制变得越是合理,越具生产性,越有技术性和总体性,受管制个人可以据之打破他们的奴役,并把握住自己自由的手段和方式就越是不可想象"(马尔库塞,1988,p.6)。现代工业社会技术进步给人提供的自由条件越多,给人的种种强制也就越多,这种社会造就了只有物质生活,没有精神生活,没有创造性的麻木不仁的单面人(One-Dimensional Man)。单面人只知道物质享受而丧失精神追求,只有物欲而没有灵魂,只有屈从现实而不能批判现实,即纯然地接受现实,盲目地肯定现实,将自身完全融入现实之中。

[44] 黑格尔反对康德把现象同"自在之物"绝对地隔离开的做法,认为"康德只走到半路就停止了,因为他只理解到现象的主观意义,于现象之外去坚持着一个抽象的本质,认识所不能达到的物自身。殊不知直接的对象世界之所以不能是现象,是由于它自己的本性有以使然,当我们认识了现象时,我们因而同时即认识了本质,因为本质并不存留在现象之后或现象之外,而正由于把世界降低到仅仅的现象的地位,从而表现其为本质"(黑格尔,1987,p.267)。在黑格尔看来,现象和本质之间有着辩证的联系,而且是可以相互转化的。本质表现在现象中,而现象则是本质的显现。认识了现象也就可以进而认识现象的本质,因此所谓物自身或"自在之物"是可知的。黑格尔从客观唯心主义出发,把所谓绝对精神或绝对理念说成是第一性的永恒的本原,认为自然界和人类社会都是从精神中派生出来的。绝对理念由于自身的发展而外化为自然界,又通过进一步发展克服了外化,在人类的精神生活中回到自身,最后在精神发展的最高阶段绝对精神中认识了自身。黑格尔的《精神现象学》描述了意识的五个发展阶段:意识、自我意识、理性、精神、绝对精神。在意识发展的第二个阶段,意识的主要任务就在于自我的产生与探索,但是意识如果仅仅停留在单方面的自我理解之中而不去寻求他物的承认,那么这种产生与探索是根本不可能继续的。

[45] 恩格斯认为,自由是对必然的认识。"必然只是在它没有被了解的时候才是盲目的。"(恩格斯.反杜林论//马克思恩格斯选集[M]. 3卷.北京:人民出版社,1977:455)"自

由就在于根据对自然界的必然性的认识来支配我们自己和外部自然;因此,它必然是历史发展的产物。"(同上,p. 456)同时,在恩格斯看来,人取得自由是有条件的,"自由不在于幻想中摆脱自然规律而独立,而在于认识这些规律,从而有计划地使自然规律为一定的目的服务。无论对外部自然的规律,或对支配人本身的肉体存在和精神存在的规律来说,都是一样。"(马克思,恩格斯,1995c,p. 455)

[46] 马克思,恩格斯. 马克思恩格斯全集[M]. 1卷. 北京:人民出版社,1956:280~281.

[47] 〔美〕悉尼·胡克. 对卡尔·马克思的理解[M]. 徐崇温,译. 重庆:重庆出版社,1989:242~243.

[48] 马克思恩格斯全集[M]. 16卷. 北京:人民出版社,1964:83.

[49] 2013年2月25日,美国普利策奖获奖记者 David Cay Johnston 发表《收入不平等:1英寸到5英里》的报道。他根据两位备受推崇的经济学家的数据表明,美国纳税人低收入的90%的群体,其平均收入2011年与1966年相比,45年只上升59美元,图表上升线只有1英寸长。如果按照1英寸相当于59美元的标准,收益排名前10%的纳税人,其收入同比增长84%,45年(从116071美元上涨至254864美元),相当163英尺长的线。因此,收入差距是1英寸到5英里(http://www.taxanalysts.com/www/features.nsf/Articles/C52956572546624F85257B1D004DE3FC)。

[50] 1789年法国大革命纲领性文件《人权宣言》第四条:"自由即有权做一切无害于他人的任何事情。"在1941年1月6日,美国总统罗斯福致国会的咨文宣布了四项"人类的基本自由",即:第一是在全世界任何地方发表言论和表达意见的自由;第二是在全世界任何地方,人人有以自己的方式来崇拜上帝的自由;第三是不虞匮乏的自由——这种自由,就世界范围来讲,就是一种经济上的融洽关系,它将保证全世界每一个国家的居民都过健全的、和平时期的生活;第四是免除恐惧的自由——这种自由,就世界范围来讲,就是世界性的裁减军备,要以一种彻底的方法把它裁减到这样的程度:务使世界上没有一个国家有能力向全世界任何地区的任何邻国进行武力侵略。1948年12月10日,联合国大会通过的《世界人权宣言》(联合国大会第217号决议,A/RES/217)重申了这四大自由的精神。也就是说,人类的许多"天赋"的自由是要限制的,不能为所欲为,一个人的自由不能影响他人的自由。

[51] 维基百科:经济民主,http://en.wikipedia.org/wiki/Economic_democracy。马克思指出:"资产阶级平时十分喜欢分权制,特别是喜欢代议制,但资本在工厂法典中却通过私人立法独断地确立了对工人的专制。"(马克思,1976a,p. 465)

[52] 〔英〕米夏埃尔·R. 克莱特克. 经济民主化——社会市场化[J]. 童建挺,译. 国外理论动态,2011(2)。但是左翼经济民主社会主义理论将经济民主或工业民主加社会主义,构造经济民主社会主义模式[于海青. 经济民主:一种社会主义的分析框架——国外左翼经济民主社会主义理论评析[J]. 当代世界社会主义问题,2005(2)]。

[53] 事实上,"人们把马克思的教训忘得干干净净!通俗的解释(这种解释多不胜数)是不提这一点的。把这一点看做已经过时的'幼稚的东西','照例'不讲它。"(列宁:国家与革命[M]//列宁,1978c:207)。苏联、东欧的社会主义所建立的国家政权与马克思主义经典作家的设想是有差别的,相反,特权阶层恶性发展,贪污腐败、党员干部作风

败坏、严重脱离人民群众、严重损害人民群众的根本权益。因此,著名的马克思主义经济学家曼德尔尖锐地指出:“东欧政权为什么会垮台? 可以明确地回答:是由于官僚集团对权力的篡夺,是由于这个集团政治基础的瓦解。问题不在于掌握权力的人腐化变质了或是受了错误思想的影响,而在于经济、政治、文化、意识形态和社会心理等力量的相互作用。”([比]曼德尔.权力与货币——马克思主义官僚理论[M].北京:中央编译出版社,2000:3)。

[54] 马克思,恩格斯.德意志意识形态//马克思恩格斯选集[M]. 1卷.北京:人民出版社,1995:88;[日]广松涉.文献学语境中的《德意志》[M].南京:南京大学出版社,2005:38。

[55] Wikipedia. “Nature”:http://en. wikipedia. org/wiki/Nature.

[56] 恩格斯.家庭、私有制和国家的起源//马克思恩格斯选集[M]. 4卷.北京:人民出版社,1995:74;恩格斯.共产主义原理//马克思恩格斯选集[M]. 1卷.北京:人民出版社,1995:224;恩格斯.致卡·考茨基[M]//马克思,恩格斯,1995c:641。

[57] 1946年,第一台计算机Eniac在美国诞生。此后信息技术突飞猛进,大约每15年计算模式发生一次重大的变革。20世纪90年代中期浏览器成熟,人类社会进入了互联网时代。2010年开始进入了“云计算”和“大数据”(big data)时代。信息技术、智能技术、数字技术的发展,已经改变或正在改变人类的生产方式、消费方式和学习方式。电子商务和虚拟组织正在快速发展。2012年的诺贝尔经济学奖获得者美国经济学家埃尔文·罗斯与罗伊德·沙普利关于稳定市场匹配的理论和市场设计实践表明,在没有价格的市场或者对于价格有严格限制的市场中,价格不再是配置资源及实现交易双方配对的有效工具。他们的工作在理论上解决了如何处理实现这种市场的有效性以及稳定匹配的问题。埃尔文·罗斯设计的是“全国住院医生配对程序”,通过这一程序,每年美国约有20000名医生找到了心仪的医院作为自己职业生涯的起点。他还帮助设计了纽约高中配对系统,每年有约9万名高中生通过这一系统择校(http://en. wikipedia. org/wiki/Alvin_E. _Roth)。

第　二　篇

绿色文化

天人合一思想的形成、发展与运用

第八章

天人合一思想的形成与发展

一、中国古人对天文、历法的探索

人类很早就开始了对天文、物候、气候的观察与探索。

两河流域或美索不达米亚地区在公元前3000多年前就有发达的文明。[1]在苏美尔阿卡德时代(公元前3500—前2000年),制定了太阴历,以月亮的阴晴圆缺作为计时标准,定每个月29天或30天,12个月为1年(6个月为29天,6个月为30天),每年354天,并发明闰月,通过置闰月的办法调整。开始依靠经验置闰,后来先后有8年3闰和27年10闰的规定。把1小时分成60分。公元前2000年左右,美索不达米亚人已经能够区分恒星和行星;前13世纪巴比伦人绘制了十二星座图,并命名了这些我们沿用至今的星座名称,如天蝎座、狮子座、巨蟹座、双子座和天秤座;巴比伦人知道月亮和五大行星的运行周期,所以他们能够计算和预测日食和月食。Pingree认为古巴比伦天文学成为古希腊、古印度、萨珊王朝、拜占庭、叙利亚、中世纪伊斯兰、中亚和西欧天文学的基础。[2]

中国在一万年前的新石器时代也已经开始了定居农耕生活。“凡耕之本,在于趣时。”(《泛胜之书》)先民必须进行天文、物候、气候的观察、总结,以不误农时,取得好的农业收成。在“五帝时期”就有天文观察和“四分历”。《尚书·虞书·尧典》记载,“历象日月星辰,敬授人时”,“期三百有六旬有六日,以闰月定四时成岁”,以此指导人们的生产生活。当时测得的回归年长度是366日,编制的是加闰月的阴阳合历,有别于古埃及的“太阳历”和古巴比伦人的“太阴历”。帝尧时期的观象活动在《史记·五帝本纪》也有类似的记述。经考古挖掘,山西省襄汾县“陶寺城址祭祀区大型建筑”古观象台基址可能就是帝尧时期的观象台。[3]

中国上古时期,根据不同的农业牧业生产情况需要,分别产生过太阳历法和太阴历法。农历作为中国传统历法,最早源自何时无从考究,据出土的甲骨文和古代中国典籍多有记载,现时阴阳合一的历法规则一般认为源自殷商时期。“殷历”已经失传,《史记·夏本纪》中记载:“孔子正夏时,学者多传夏小正云。”司马迁认为孔子所指的夏时就是《夏小正》[4]。《夏小正》是结合天文、气象、物候知识指导农事活动的历法。书中除2、11与12月外,每月载有确定季节的星象,并以物候现象相应,植物候应有植物的幼芽萌动、开花、结实等,动物候应有动物的始振、始鸣、交配、迁徙等;非生物候应有始冻、解冻、雷始发声等。与《逸周书・周公时训》、《礼记・月令》相比要粗糙得多,也没有24节气和72候应。但其中候应之辞可能是“由卦象而生”(尚秉和,2010,p.4)。天文、气象、物象以及所应从事的农事和政事包括农耕、渔猎、采集、蚕桑、畜牧等,但无一字提到“百工之事”。《夏小正》所记星象不仅北斗柄指向受到重视,还记有天空明亮的织女、南门以及最显眼的天河“汉案户”,二十八星宿还没有形成概念,只出现了参、辰、昴这几颗亮星。刘尧汉和陈久金把《夏小正》和彝族的太阳历作对比研究,指出《夏小正》原是把一年分为十个月的太阳历,今本《夏小正》把一年分为十二个月是后人添加的(刘尧汉,陈久金,卢央,1983;陈久金,1982)。

张汝舟以天文科学数据、地下出土文物和典籍记载为依据,多年研究,精心推求,终于考证出《史记・历书・历术甲子篇》是我国第一部历法宝书(四分历)(张汝舟,1987)。根据赵定理的考证,《史记・历书・历术甲子篇》给出的甲子历是汉以前古六历之颛顼历(赵定理,1989)。张汝舟、张闻玉认为,公元前427年为四分历行用之年(张闻玉,2008,p.143)。其创历之法,依据日、月相会于冬至日夜半朔旦冬至时刻,即日月下中天之时刻的天象,加当地冬至之物候,然后以六十甲子干支数来度量日数、月数。月之日数与年之日数不合,用年终加闰的方法来调整,每年岁始时刻日、月之周行方位,用月计大余、小余和年记大余、小余来考察月亮和太阳的时空方位。《历术甲子篇》是上古时间以千年计积天文观测、历算实践基础上进行的中国古人智慧的结晶,但可能吸收了古巴比伦人的天文学成就。《历术甲子篇》所列年名共76年。76年为1蔀,1蔀岁为4章,1章岁为19年(岁),1年(岁)为12朔望月(29)等于365天,运用了十进位、十二进位、十九进位、三十二进位、六十进位和九百四十进位等六种以上进位制的混合运算。[5]同时,天支地干纪年、纪月、纪日、纪时的甲子均为音译,如甲(焉逢)、乙(端蒙)、丙(游兆)、丁(强梧)、戊(徒维)、己(祝犁)、庚(商横)、辛(昭阳)、壬(横艾)、癸(尚章);子(困顿)、丑(赤奋若)、寅(摄提格)、卯(单阏)、辰(执徐)、巳(大荒落)、午(敦牂)、未(协恰)、申(涒滩)、酉(作噩)、戌(淹茂)、亥(大渊献)[6],并且,有些音译与《尔雅》有一定差别。尽管如此,中国的古四分历可视为“集成创新”,是一项具有世界意义的伟大贡献。

中国先民很早就观察和掌握了太阳、月亮、金星、木星、水星、火星、土星(七曜)的运行规律。公元前170年左右成书的《五星占》做了详细的记载[7],而成书于战国时期(公元前370—前270年)的甘德《天文星占》八卷和石申《天文》八卷比古希腊著名天文学家伊巴谷的活动年代要早约两个世纪。[8]我国是16世纪以前天文现象的最精确的观察者和最丰富的保存者(郑文光,席泽宗,1975,p.12)。我们祖先远在三千多年前,即对日食作了文字记载。夏代仲康元年的一次日食是最早的记载,出现于《书经·胤征篇》:"乃季秋月朔,辰弗集于房……瞽奏鼓,啬夫驰,遮人走……"其实在更早的年代已有待考证的记载,例如可从出土的殷代甲骨文中发现约在公元前12—前14世纪间已有大量的日食、月食等纪录。夏代有五星聚合天象记录。据《太平御览》卷七引《孝经钩命诀》载:"禹时五星累累如贯珠,炳炳若连璧。"另据《古微书》载:"帝王起,纬合宿,嘉瑞贞祥。"殷商时期就有了"十二次",类似于今日西方的黄道十二宫。"十二次"导源于古巴比伦,但殷商以来对"十二次"有详细的观察与实际运用(见表8-1)。《国语·周语下》:"昔武王伐殷,岁在鹑火,月在天驷,日在析木之津,辰在斗柄,星在天鼋。"其所载故事即:武王伐纣这天的天象是岁星在鹑火(狮子宫)。实际上,这是"岁星纪年法"(张闻玉,2008,p.32)。按照岁星(木星)周年视运动(右旋)依次出现的星纪、玄枵、阪訾、降娄、大梁、实沈、鹑首、鹑火、鹑尾、寿星、大火、析木即"十二次"来定季节、时候。相传,"实沈"为帝喾(高辛氏)之子,与其兄阏伯不和,时动干戈。尧因迁之于大夏,主参星,为参神;迁阏伯于商丘,主辰星(《左传·昭公元年》)。由此形成了以阏伯观测大火星为中心的东方苍龙星座和以实沈为中心的西方白虎星座。随着华夏联盟民族的增加与发展,为更精确地区分季节,天文"二象"发展成"四象"(东方苍龙之象、南方朱雀之象、西方白虎之象、北方玄武之象)。它象征着四季星象,对应着四个民族(东夷、西羌、南蛮、北狄)(陈久金,2004,p.3)。这种划分,至少距今已有6000年的历史,距今6000多年前的濮阳西水坡遗址M45号墓中发现和出土的蚌塑龙虎图案和公元前21—前16世纪的夏文化时期偃师二里头遗址出土的镶嵌绿松石龙形饰[9],表明远古各民族都有自己崇祀的星座。

同时,我国的先民还采用二十八宿来划分星区。与"十二次"不同之处是对周天的划分。二十八宿是不均匀的周天划分,而十二次是均匀的周天划分,两者的参照体系也不同。二十八宿是沿天球黄、赤道带,将其临近天区划分成28个区域的恒星区划系统。《吕氏春秋·圆道》说:"月躔二十八宿,轸与角属,圆道也。"东汉王充在《论衡·谈天》中也说:"二十八宿为日、月舍,犹地有邮亭,为长吏廨矣。"1978年,湖北随县发掘的战国早期曾侯乙墓中,出土有一只漆箱

表 8－1　　十二次、十二宫、二十八宿、十二分野、十二律吕

地支	方位	十二星次	二十八宿	十二分野	十二律吕	黄道十二宫(西方星座)
丑	北方玄武	星纪	斗牛	吴·扬州	大吕	摩羯宫
子	北方玄武	玄枵(颛顼)	虚危女	齐·青州	黄钟	宝瓶宫
亥	北方玄武	诹訾(豕韦)	壁室	卫·并州	应钟	双鱼宫
戌	西方白虎	降娄	娄奎	鲁·徐州	无射	白羊宫
酉	西方白虎	大梁	毕昴胃	赵·冀州	南吕	金牛宫
申	西方白虎	实沈	参觜	晋·益州	夷则	双子宫
未	南方朱雀	鹑首	鬼井	秦·雍州	林钟	巨蟹宫
午	南方朱雀	鹑火	柳星张	周·三河	蕤宾	狮子宫
巳	南方朱雀	鹑尾	翼轸	楚·荆州	仲吕	室女宫
辰	东方苍龙	寿星	角亢	郑·兖州	姑洗	天秤宫
卯	东方苍龙	大火	心房氐	宋·豫州	夹钟	天蝎宫
寅	东方苍龙	析木	箕尾	燕·幽州	太簇	人马宫

盖,上面绘有二十八宿的全部名称,这是迄今所发现的最早的二十八宿恒星系统的完整记载。[10]二十八宿系统的建立,为日、月、五星以及若干天象发生位置的确定,提供了一个统一的和定量化的背景依据。到汉代,形成了三坦四象二十八宿。这个体系的特点,一是天文地理分野;二是以皇权统治机构命名星官系统。

所谓"三垣"即紫薇、太微、天市。在"紫薇垣"内星座命名有天帝及其家属、家臣,"中宫,天极星,其一明者,太一常居也。"(《史记·天官书》)"太微垣"内的星座命名为天帝的行政机构。"天市垣"内为诸管理星官。由于地球绕太阳公转一周,太阳的直射点在南北回归线内移动的轨道,即黄道。古人又将黄道附近的星空分出东、西、南、北四方,并分别用相应的吉祥灵兽代表。即东方苍龙、西方白虎、南方白雀、北方玄武(或螣蛇)。二十八宿的命名规则主要还是"取其象"。如东方七宿实际上是表示东方苍龙的七个部位。古人将地上的州、诸侯国划分为 12 个区域,使两者相互对应。就天而言,称为"十二分星";在地而言,称为"十二分野"(见表 8－1)。《尚书·虞典》:"肇十有二州,封十有二山。"孔氏正义:"肇始也。禹治水之后,舜分冀州为幽州,并州,分青州为营州,始置十二州。"(见《十三经注疏》)因而,"十二分野"在虞夏时期就已经有了。而诸侯国分野实际上为战国时期。

二、《周易》的宇宙观

《周易》是儒家群经之首，是我国传世最古的著作之一。《周易》包括“易经”和“易传”两部分。严格上讲，易经是一部占卜著作。[11]而占卜和宗教一样是一种普世文化现象，其起源很古老。由于原始民族对于事物的发展缺乏足够的认识，往往借由自然界的征兆来指示行动，这就诱发占卜活动的兴起。实际上，两河流域、古希腊、古埃及、古印度的占卜与天文一开始是不分的。占卜是天文学发展的主要动力，而天文、物候、气候知识的增长反过来促进占卜技术的发展。占卜是一种神秘主义，但它也是各种自然科学经验的实际应用。[12]

与其他古老文明一样，华夏民族的宗教、巫术和占卜[13]也是与生俱来的。在原始社会，部落首领主持宗教仪式、施行巫术和从事占卜活动，并以此控制民众，维护社会稳定。古国或城邦建立之后，“王”的手中掌握了国家机器，往往不再需要通过直接施行巫术和从事占卜等工作，而是由专门机构掌管。黄帝、尧、舜、禹都直接从事巫术活动。[14]“国之大事，在祀与戎，祀有执膰，戎有受脤，神之大节也。”(《左传·成公十三年》)故此，殷遗臣箕子向武王提出的治理国家必须遵循的九条大法，其中第七条就是“明用稽疑”(《尚书·洪范》)，即通过龟卜和筮占以探询上天的旨意，同时，参照卿士、众民和自己的意见做出判断和决定。因此，部落首领、国家统治者是十分重视占卜活动的经验总结的。

传世的《周易·易经》包括八经卦、六十四卦、阴阳卦画、数字卦，有卦辞、彖辞、象辞和爻辞，是一个比较完整的体系。易经的形成和发展是与华夏民族天文、物候、气候和社会政治经济、军事、文化发展密切相关的。《史记·太史公自序》：“余闻之先人曰：‘伏羲至纯厚，作《易》八卦。’”而八卦实际上是上古时期的历法。在古代，用圭表(日晷仪)测量日影长度变化并以此测定季节、划分四季和推算历法。圭是一种测量工具，长一尺五寸，表八尺，垂直立于地面的圭上，指向正北。正午，“表”的日影落在“圭”的刻度上。《周礼·地官·大司徒》：“以土圭之法测土深、正日影以求地中。日南则景(影)短，多暑；日北则景长，多寒；日东侧景夕，多风；日西则景朝，多阴。”通过测量两次正午时(12点整)表影长度最长时刻(冬至点)的时间间隔(两个冬至点之间的时间间隔)，确定一年的长度。通过测量正午表影长度确定冬至、夏至，进而推算回归年长度。“卦者，圭也。古造律历制量，六十四黍为一圭，取六十四象为卦，故古文圭者卦也。”(常秉义，p.44)“八卦”“☰、☱、☲、☳、☴、☵、☶、☷”本是古字，虽然在《周易》之前传说有夏代的《连山》和商代的《归藏》[15]，但八卦的字义应该还是后来的“乾艮巽离兑坤坎震”。传统上,认为伏羲画《八卦》,文王演《周易》,周公写《爻辞》,孔子作《十翼》。[16]但考古发现,在周文王之前已经出现重卦。[17]阴阳卦画并不是起源于数字卦[18],数字卦应该是一种筮法。《左传·僖公十五年》:“龟,象也;筮,数也。物生而后有象,象而后有滋,滋而后有数。”阳数九、阴数六是根据十二律吕确定的(《汉书·律历志》)。而作为一套上古时期的历法[19],八卦与六十四卦应该是在同一时期形成的。仅有八卦还不能建立完整的历法。[20]作为占卜之书,基本上采用以“象”为媒介而进行“类比推理”。《系辞》:“是故易者象也。象也者,像也。”又讲:“是故夫象,圣人有以见天下之赜而拟诸其形容,象其物宜,是故谓之象。”而“凡卦爻辞皆从象生”(尚秉和,2005,p. 190)。《易经》中动物之象有:龙、马、鹿、虎、蛊、鱼、牛、猪、龟、羊、鼠、鸟、狐、豹、鸡、鹤等,有的是天上的,有的是地上。例如,乾卦、丰卦、睽卦都是“星占”,其象都是天上的。乾卦已经运用了“四象”、二十八宿的知识(闻一多,2003,pp. 49~50;卢央,2003;陈久金,2004)。睽卦上九中有“先张之弧,后说之弧”。“弧”是指“弧星”,弧星象弓弦,矢指天狼星座。《春秋纬》:“狼弧张,四年之后,天下永乱。”古埃及人发现,每当天狼星黎明前出现在东方地平线附近时,尼罗河的汛期就要到来了。[21]在此,易经有可能吸收了古埃及的天文学成就。

《易经》本身并没有讲阴阳、五行、太极、河图、洛书。这些说法都是《易传》在解释时增加的。到了汉代,京房把六十四卦纳入八个纯卦中而建立“八宫”,并且纳甲、纳音、加“六神”等来运用易经。孟喜以六十四卦分配气候,以卦气言《易》。宋儒画出了太极图,河图洛书用点用数来表示,等等。易经已经成了一个庞杂的“百宝箱”。

《周易》的宇宙观是“天地”观[22],准确地说是“天圆地方”观。这种宇宙观与华夏人文始祖居住在内陆有密切的关系。[23]关于“天”是圆的观念,起源很早,考古挖掘出来的一些文物可以用来说明。在新石器时代,郑州的大河村遗址[24]、湖南澧县梦溪三元宫遗址[25]、四川巫山的大溪文化遗址[26],都发现了实心或空心的甚至还有带“经纬线”的陶球。屈家岭彩陶“纺轮”,其精美图案,具有特殊的宗教含义,是五六千年前原始先民对天体运行旋转时的混沌之状的认识水平(蔡运章,1996)。易经也沿袭了这种观念。《说卦》认为乾为天、为圆,坤为地。荀九家易逸象将“方”作为坤的象(尚秉和,2005,p. 193)。《坤》六二:“直,方,大,不习无不利。”尚秉和认为:“直方大皆谓坤。象传文言所释至明。文言云:直其正也,正谓二,二得位中正,故曰直。象传云:含弘光大,大谓坤,坤万物资生,焉得不大。盖方者地之体,大者地之用。而二又居中直之位。故曰直方大。"(《尚氏易学》)胡朴安认为,直为地之德,方为地之性,大为地之形,而地形人所共见,地德、地性隐不可见,必于动见,故象曰:"六二之动,直以方也。"(胡朴安,2006,pp.5~6)但是,天圆地方是如何结合的,易经没有说,易传也没有说。大约在西汉末年成书的《周髀算经》据说是周公所作,可以作为易经宇宙观的说明。《周髀算经》:"方属地,圆属天,天圆地方。方数为典。以方出圆,笠以写天。天青黑。地黄赤。天数之为笠也。青黑为表。丹黄为里。以象天地之位。"[27]

《周易·系辞》:"是故《易》有太极,是生两仪。两仪生四象。四象生八卦。"也就是说,易成卦的过程,先是有太极,尚未开始分开蓍草(易占卜用蓍草做工具),分蓍占后,便形成阴阳二爻,称作两仪。二爻相加,有四种可能的形象,称为四象。由它们各加一爻,便成八卦。"太极"指宇宙最初浑然一体的元气。唐颖达《周易正义》:"太极谓天地未分之前,元气混而为一。""两仪"为天地。"四象"为四正方向(东西南北);"八卦"为四方加四隅,配一乾(北)、二兑(西北)、三离(西)、四震(西南)、五巽(东北)、六坎(东)、七艮(东南)、八坤(南)(先天八卦)。如果用阴阳卦画来排列,四象是二仪的重卦,八卦是四象的重卦,六十四卦是八卦的重卦。如果我们把太极视为"1",那么,它们的数列为:1,2,4,8,64,…,2^{n-1}($n=1,2,\cdots$)。这可以视作一种古老的宇宙爆炸模型。[28]朱钟万认为,太极是构造宇宙万物的基本组件,不仅空间、虚粒子、光子和实粒子由太极构成,而且黑洞也是由太极构成的宇宙事物(朱钟万,2003,p.160)。因此,易经构造的模型还适合于量子力学、复杂性科学等。[29]这是因为易经是上古的历法,是一种能基本反映太阳、地球、月亮周期运行规律的历法,易经模型可能初步揭示了宇宙一些规律或"宇宙节律"。但是,"数规律实际上是不能用于外在事物的,它们是自然规律的规律,但是它们一定可以应用于对外界的判断:它们是自然规律的规律,它们断定的不是自然现象之间的联系,而是判断之间的联系;而且这些判断也包括自然规律。"(费雷格,1998,p.105)

三、自然之天

"天"有甲骨文即""(《一期》后下一八·七)、""(《一期》乙四五〇五)(徐中舒.1989,p.3)。关于"天"字义,《说文解字注》:"颠也。至高无上,从一大。"颠者,人之顶也。《易·睽》:"其人天且劓。"显然,"天"字的本义是指"颠",而"颠",清代段玉裁《说文解字注》:"顶也……引申为凡物之顶。"在人类的生存空间中,底为地,顶为天。

“天”是一种自然现象。康德指出,“种种显象,就它们作为对象按照范畴的统一性被思维而言,就叫做现象”(康德,2010c. P243),也就是说,事物对我们的显现即通过直观而被给与我们的是杂多表象,而现象则是这些杂多表象经过范畴的综合统一而形成的经验对象。所以现象可以成为现象界,即由知性立法的作为“一切可能经验的总和”的自然界。在康德看来,人类认识现象,应该“对象依照知识”(康德,2000,p. 17)。实质上涉及认识主体的主观能动性的问题。在中国传统文化中,不同的哲学流派关于“天”有不同的看法。冯友兰曾总结出“天”在中国哲学史上的六种含义:“物质之天”、“主宰之天”、“意志之天”、“命运之天”、“自然之天”、“义理之天”或“道德之天”。“主宰之天”或者“义理之天”是唯心主义的;而唯物主义者所说的“天”是“物质之天”或“自然之天”(冯友兰,1998,p. 103)。实际上,“物质之天”或“自然之天”都是自然界的现象。因为在远古先民眼里,日月星辰、风雨雷电、四季更替等现象都属于天之运行的范畴;“命运之天”是个人或某个集体的运气,一般被理解为天的命令使然,可并入主宰之天。但在先秦哲人那里,对“天”的观念里并没有“自然之天”和“宗教之天”的清晰区分。从“天人合一”这个命题出发,我们重点介绍自然之天、宗教之天(或主宰之天、命运之天)、义理之天(道德伦理之天)等观念或学说。

广义上讲,所谓自然(nature),是指自然界、物理学宇宙、物质世界或物质宇宙。我们在前面讲到,“自然之天”是“自然界”的现象。秦汉及以前时期的传世文献,涉及自然之“天”,往往前置形容词,如:

“肆皇天弗向。”(《诗·大雅·抑》)
“钦若昊天。”(《书·尧典》)
“上天同云,雨雪雰雰。”(《诗·小雅·信南山》)
“春曰苍天,夏曰昊天。”(汉·班固《白虎通·四时》)
“春为苍天,夏为昊天,秋为旻天,冬为上天。”(《尔雅·释天》)

皇为“大也。从自”(《说文解字》);昊,大貌,故言其混元之气昊昊广大;旻,犹愍也,愍万物雕落(郭璞《尔雅注疏》)。古人很早就对苍天的认识达到一定深度。顾炎武《日知录》:“三代以上,人人皆知天文。‘七月流火’,农夫之辞也;‘三星在天’,妇人之语也;‘月离于毕’,戍卒之作也;‘龙尾伏辰’,儿童之谣也。后世文人学士,有问之而茫然不知者矣。”关于自然之天,诸子百家各有表示。

(一)儒家的“自然之天”观念

自然之天并不是儒家“天人合一”的“天”。但“天”作为一种自然现象,儒家也有其深刻的认识。儒家认为人是自然的一部分。“天何言哉？四时行焉，百物生焉。天何言哉。”(《论语·阳货》)虽然中国古代缺乏自然法则观念的分析传统(李约瑟,1991b,p.551)，但儒家主张“能尽物之性，则可以赞天地之化育，可以赞天地之化育，则可以与天地参矣”(《中庸》)。“观乎天文，以察时变；观乎人文，以化成天下。”(《易传》)也有“天道”、“天常”的观念。[30]《国语·越语》：“天道皇皇，日月以为常。”“天道”在此有天体运动规律的含义。《左传》“天事恒象”(《春秋左传正义》卷四十八)，即宇宙天象的变化有其不变的秩序和规则。《左传》引述《夏书》曰：“唯彼陶唐，帅彼天常。”(《春秋左传正义》卷五十八)“天常”指天之常道，具有一定的自然规律或自然法则含义。荀子《天论》指出，“天行有常，不为尧存，不为桀亡”，“天不为人之恶寒也辍冬”。既然存在自然规律，就必须尊重自然规律。显然，这种“天”是客观存在。

（二）道家、道教的“自然之天”

道家是以老子、庄子为代表的春秋战国时期诸子百家中重要的思想学派之一。而“道教实源于道家，及古代以来的方士神仙之说，其先皆托于老子”(傅勤家,p.11)。《老子》、《庄子》、《周易》同为道教义理之源。虽然道教是一种崇拜诸多神明的多神教原生的宗教，主要宗旨是追求长生不死、得道成仙、济世救人，但道教与道家在“道”的观念上是大同小异的。[31]

在老子的《道德经》和庄子等道家著作中，“天”字出现的频率比较高。除少量用作“主宰之天”外[32]，绝大部分是物质之天或自然之天。道家讲“天人合一”的“天”就是自然之天。关于天地的关系和宇宙的形成，其与《易经》有异曲同工之妙。《道德经》开篇就提出：“道可道，非常道；名可名，非常名。无名天地之始，有名万物之母。”“道”(或谷神、玄牝)具有“不死”的永恒性，无形、无象、无状、无名、无始无终，“有物混成，先天地生”(《道德经·第二十五章》)，“道生一，一生二，二生三，三生万物。万物负阴而抱阳，冲气以为和”(《道德经·第42章》)。这与易经的“宇宙观”没有根本性差别。同时，道家与易经一样，把天、地、人统摄在一个大的体系遵循共同的规律，“人法地，地法天，天法道，道法自然。”(《道德经·第二十五章》)《道德经·第五章》：“天地不仁，以万物为刍狗。”此处之“不仁”，并非无仁心，而是指无心而为，与文中曾提及的“为而不恃”、“长而不宰”意义相同。这有力地破除了当时盛行的“天神”之观念。

庄子的思想以老子为宗，但发挥了老子的主张。庄子说：“夫道，覆载万物者也。”(《庄子·天地篇》)又说：“且道者，万物之所由也。”(《庄子·渔父篇》)庄子认为“道”“生天生地”(《庄子·大宗师》)，并且“道兼于天”(《庄子·天地篇》)；庄子认为天是无意志的自然之道,“知天之所为者,天而生也。”(《庄子·大宗师》)郭象注:“天者,自然之谓也。”庄子说“无为为之之谓天”(《庄子·天地篇》),由此肯定“天”是纯粹的至善,尊崇“天”为最高的价值(即“无为”);《庄子·大宗师》:“彼特以天为父,而身犹爱之。”又说:“有人,天也;有天,亦天。”(《庄子·山木篇》)第一、三个“天”是指自然、天然的意思,第二个“天”是指自然界万物。整句话的意思是:有人类,是出于自然;有自然界万物,也是出于自然。庄子认为天人之间是和谐一致的,“天地与我并生,而万物与我为一。既已为一矣,且得有言乎?既已谓之一矣,且得无言乎?一与言为二,二与一为三。自此以往,巧历不能得,而况其凡乎!”(《庄子·齐物论》)由于庄子把人、社会与自然视为一体,从而陷入相对主义(relativism)的深渊。针对儒墨之争论,庄子写下了《齐物论》。庄子认为:“因是因非,因非因是。是以圣人不由,而照之于天,亦因是也。是亦彼也,彼亦是也。彼亦一是非,此亦一是非。果且有彼是乎哉?果且无彼是乎哉?彼是莫得其偶,谓之道枢。枢始得其环中,以应无穷。是亦一无穷,非亦一无穷也。故曰莫若以明。”(《庄子·齐物论》)也就是说,人们的各种看法和观点,看起来也是千差万别的,但没有真是真非、公是公非,世间万物既是齐一的,言论归根结底也应是齐一的,没有所谓是非和不同。因此,庄子提出:“莫若泯除是非,照之于天。”(《庄子·齐物论》)这是消极的。

老庄的宇宙观或自然观在魏晋时期的自然主义哲学中得到发展[33],也成为道教的理论基础。道教最高的神是由道衍化的三清尊神(“一炁化三清”)即元始天尊、灵宝天尊和道德天尊(太上老君)。道教认为“道”是宇宙万物的本原和主宰,无所不在,无所不包,万物都是从“道”演化而来的。而“德”则是“道”的体现。三清尊神是“道”最初的人格化显现,也代表了宇宙创生的三个重要过程,三清化生出天地宇宙和自然诸神,先天既与道体合一,道法无远弗届充斥无边宇宙,故道教徒祝颂语常曰“无量天尊”。道教追求长生不老,认为人的生命可以自己做主,认为人只要善于修道养生,就可以长生不老或得道成仙。因此也就产生了许多修炼方法:炼丹、服食、吐纳、胎息、按摩、导引、房中、辟谷、存想、服符和诵经。人类通过修道方式可以达到天人合一的境界。部分道教流派按照人间的秩序发展出了天庭及玉皇大帝和一系列官员,并吸收了佛教的地狱和海中世界的概念,作为天庭的附属,也发展出了阎罗地府和龙王水晶宫的一系列神仙官员,再加上地方神仙系列如四值功曹、山神、城隍、土地公、灶君等,还吸收了众多中国古代神话中的西王母、九天玄女等。所以道教的神仙众多,并且,各地民间信仰的任何神仙与崇拜的历史名人,如妈祖、关帝、双忠等,佛教神祇,如摩利支天、哪吒等,都可以纳入道教的神仙系统。

(三)中国佛教的"自然之天"之观念

公元前后,佛教开始由印度传入中国。由于传入的时间、途径、地区和民族文化、社会历史背景的不同,中国佛教形成了汉传佛教、藏传佛教和云南地区上座部佛教。隋唐时期汉传佛教正式形成八大宗派,并形成了以融会般若性空论为特色的心性学说(洪修平,2001)。

印度原始佛教与原始基督教一样[34],是底层人民反对压迫而新兴的宗教。印度佛教在魏晋南北朝时期爆发性传播是与当时中国战争频仍、人民生活疾苦、社会矛盾激化等原因分不开的。[35]基督教信仰唯一真神(圣父、圣子、圣灵),"佛教虽似一神教、有神教,而实则泛神论、无神论。"(吕思勉,1996,p. 17)佛教旨在追求一种智慧(佛),以求解脱人生的苦难。佛教认为,现实世界是人的火宅,不利于人修炼成佛、解脱苦难。因此,佛教需要在理论上就世界的生起、世界的结构进行说明(方立天,2006,p. 116),以此"对外扫相,对内破执"。毫无疑问,早期佛教关于物质世界的认识是以古印度天文学的成就为基础的,而在解释物质世界的生起和结构时其语言表达是随意的、夸张的,并没有严格的逻辑推理或任何依据。在中国流传广泛的《金刚经》和《华严经》都认为,"三千大千世界"是以微尘因缘和合而成。但也非是真实恒常的世界,仅是一个假名;如果是实有的,也是一合相,缘生而聚,分合离散(星云大师,p. 171;p. 410)。《华严经》认为莲华藏世界总共有二十层,我们所住的娑婆世界,就在华藏世界的第十三层的中间。虚空有多大,华藏世界(华严世界)就有多大。华藏世界是一切世界的总称,包括娑婆世界、极乐世界、袈裟幢世界、胜莲花世界(《大方广佛华严经如来寿量品》)。在微观层面,物质小到不能再小叫"邻虚尘","观地性,粗为大地,细为微尘,至邻虚尘,析彼极微,色边际相,七分所成。更析邻虚,即实空性。阿难,若此邻虚,析成虚空,当知虚空出生色相"(《楞严经卷三》)。中国本土的天台宗开宗祖师智顗提出"一念三千",认为宇宙整体是一念心的产物[《摩诃止观》卷五(上)]。佛教认为,时间是竖穷三际,贯通过去、现在、未来三世,是无始无终的[36];空间则是横遍十方,横此方世界、他方世界、十方世界,是无量无边、无穷无尽的。印度佛教因公元前326年亚历山大率希腊军入侵而使印度"希腊化"的同时接受了希腊哲学思想的影响,用长于理论判断和通达的否定思辨的方法来看世界(于可,p. 301):"诸行无常,是生灭法;生灭灭已,寂灭为乐"(《涅盘经卷十四》),"色不异空,空不异色;色即是空,空即是色"(《摩诃般若波罗蜜多心经》),由此形成了"虚空"的宇宙观和"生空"的人生观(顾净缘,pp. 7 ~8)。虽然佛教没有讲"天人合一",但

“空”是佛教义理的最高范畴(方立天,p. 315),空性也是佛性,因而,人与物质世界是一体的。如果说道家的天人合一是“道人合一”,佛教的天人合一就是“佛人合一”。同时,关于“天”的观念,根据达默迪纳考证,南传巴利佛经《长尼迦耶》的“deva”、“magga”相当于老庄著作中的“天”和“道”。[37]

四、宗教之天

宗教之天,包括主宰之天和命运之天。它们共同之点是认为天是宇宙最高的主宰。这里的“天”实为“天神”,“天神”的形成是一个历史自然过程。

(一)从动物神、自然神过渡到“宗神”

关于“神”的起源的说法很多。我们认为,人类首先是把动物作为神来崇拜。因为人类本身是从动物界分离出来的,又需与动物发生密切的关系。原始人不懂得男女媾和繁衍人类的道理,而认为本氏族的祖先与某种特别动物有密切联系,因而认为氏族的祖先就是图腾动植物的化身或转世。动物往往成为图腾崇拜的基础(郑春苗,p. 293),女娲就是由“雌蛙”演变而来(何星亮,p. 75)。在古代,许多动物被视为神兽,如龙、凤凰、麒麟、龟、白泽、夔、凤凰、麒麟、梼杌、獬豸、犼、重明鸟、毕方、饕餮、腓腓、诸犍、混沌、庆忌,等等。[38]

人类对自然崇拜的起源应该晚于对动物的崇拜。人类对天地日月星辰、山川河泊产生神秘感,而对自然的神灵往往人格化。例如土地神,《左传通俗篇》:“凡有社里,必有土地神,土地神为守护社里之主,谓之上公。”《礼记·祭法》:“共工氏之霸九州岛也,其子曰后土,能千九州岛,故祀以为社。”土地神最后人格化为后土。

实际上,我国先民在旧石器时代晚期就已经形成了原始宗教意识。根据考古发现,距今18000年前的北京周口店山顶洞人遗址的下室,先民用赤铁矿粉末埋葬死者。这种红色物质可能被认为是血的象征,人死血枯,希望死者到另外的世界而永生。[39]“灵魂不死”的观念,在中国文化中产生了“鬼”和“神”的概念。但无论是“神”还是“鬼”,都是死人。“人死曰鬼”,“鬼,无形而生”(《礼记·祭法》)。《说文》:“人所归为鬼。”“众生必死,死必归土,此之谓鬼。”(《礼记·祭义》)神:《说文》“天神,引出万物者也”。申即引也,天主降气,以感万物,故言引出万物(《康熙字典》)。宰我向孔子请教鬼神,孔子回答说:“气也者,神之盛也;魂也者,鬼之盛也;合鬼与神,教之至也。众生必死,死必归土,此之谓鬼。骨肉毙于下,阴为野土。其气发扬于上,为昭明,焄蒿,凄怆,此百物之精也,神之着也。因物之精,制为之极,明命鬼神,以为黔首则。百众以畏,万民以服。圣人以是为未足也,筑为宫室,设为宗祧,以别亲疏远迩,教民反古复始,不忘其所由生也。”(《礼记·祭义》)因而,“夫鬼者,神也”(王充《论衡·祀义》)。显然,鬼神是不分的。但墨子把鬼神分为三类:天鬼(神)、地鬼(神)、人鬼。他说:“古之今之为鬼,非他也。有天鬼,亦有山水鬼神者,亦有人死而为鬼者。”(《墨子·明鬼下》)

在远古时期,人鬼或民神“杂糅”。《国语·楚语下》:“及少皞之衰也,九黎乱德,民神杂糅,不可方物。夫人作享……颛顼受之,乃命南正重司天以属神,命火正黎司地以属民,使复旧常,无相侵渎,是谓绝地天通。”至尧统治时期,“帝命羲、和,世掌天、地、四时之官,使人、神不扰,各得其序,是谓‘绝地天通’”(《尚书·尧典》)。显然,由黄帝结束了人神混杂的局面。实际上,这个时期的“神”已经由动物神过渡到“宗神”,即把祖宗奉为神。

早期的宗神,如女娲、共工、祝融、伏羲、黄帝、炎帝、神农氏、蚩尤等,都是部落或古国首领。但在由动物神到宗神的过渡时期,宗神不免被描绘成半人半兽的形象,如《山海经西·山经》对黄帝(帝江)的描述是:“又西三百五十里曰天山,多金玉,有青雄黄,英水出焉,而西南流注于汤谷。有神鸟,其状如黄囊,赤如丹火,六足四翼,浑敦无面目,是识歌舞,实惟帝江也。”其他神也大多人面兽身,如祝融(人面兽身)、共工(人面红发蛇身)、奢比尸神(人面、犬耳、兽身,珥两青蛇)、犬戎(人面兽身)、神长乘(人面豹尾)、神陆吾(人面虎纹身,有虎爪,九条尾巴),等等。但是,关于“人面兽身”的文化意义在学术界见仁见智。[40]我们认为,由动物神向宗神过渡,实际上是由母系氏族社会向父系氏族社会的过渡,“人面”是族祖,“兽身”实际上是原图滕。[41]

(二)从宗神到天神

恩格斯指出:“随着理智和意志对世界的统治,就出现了超自然主义。从虚无中进行创造以及一神论,还特别用‘人的意识的统一性’来说明一神论。至于没有统一的君主就决不会出现统一的神,至于神的统一性不过是统一的东方专制君主的反映。”[42]到夏商周时代,天神完全形成。

虞夏时期,在传世文献中大量使用“天”、“天命”等概念,也出现“帝”和“上帝”等说法。《尚书·虞书·舜典》:“正月上日,受终于文祖。在璇玑玉衡,以齐七政。肆类于上帝,禋于六宗,望于山川,遍于群神。”其中,“类”、“禋”、“望”都是祭祀方式。“上帝”,宋蔡沈注为“昊天”。“所谓昊天上帝者,盖元气广大则称昊天,远视苍苍即称苍天,人之所尊,莫过于帝,讬之于天,故称上帝。”(《通典·礼典》)在《尚书·虞书·益稷》提到了“上帝”,即:“徯志以昭受上帝,天其申命用休。”在《尚书·夏书》中没有“上帝”的提法,关于“天”的说法很多,如天命、天道、天工、天功、天戒、天罚、天纪、天吏等。

殷商时期,虽然也使用“宗教之天”,但使用“帝”、“上帝”的称谓明显多起来了。在最古的传世文献《尚书》、《诗经》和《周易》等书中都有记载。近几十年的考古挖掘发现,甲骨文卜辞中有对“上帝”的祈求(宋镇毫,2010,pp. 27~79)。殷商甲骨文卜辞和周朝金文中的“帝”、“上帝”,《诗经·荡》传疏曰:“上帝者,天之名也。”清人吴大征认为“帝”为“花蒂”(《说文古籀补·附录》),王国维认为:“帝者,蒂也……但象花萼全角。”(《观堂集林》卷六)郭沫若说:“知帝为蒂之初字,则帝之用为天帝义者,亦生殖崇拜之一例也。”(郭沫若,1962)显然,“帝”为“蒂”,与“后”[43](甲骨文字形为“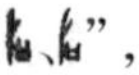”,像一个女人生子时有水液之形,本义是生子(马如森,p. 402)一样,可引申“繁殖”,与天之“生”德是对应的。“德合天者称帝”(《白虎通》);“万物本乎天,人本乎祖,此所以配上帝也。郊之祭也,大报本反始也”(《礼记·郊特牲》)。陈梦家认为“帝”有三种含义:“一为上帝或帝,是名词;二为禘,祭之禘,是动词;三为庙号的区别字,如帝甲、文武帝,名词。”(陈梦家,1988,p. 62)但实际上关于“帝”和“上帝”也有时指君王,如:《诗·大雅·荡》:“荡荡上帝,下民之辟。”毛传:“上帝,以托君王也。”孔颖达疏:“王称天称帝,《诗》之通义。”《后汉书·党锢传·李膺》:“顷闻上帝震怒,贬黜鼎臣。”李贤注:“上帝谓天子。”

在殷商时期,至上神就是帝俊,宗神上升为天神。帝俊在《山海经》中多次被提到,在甲骨文卜辞中出现帝俊(夋)、帝喾、帝舜。王国维、郭沫若、章炳麟等学者对此做了深入的研究。从各个方面研究的情况来看(安京,2010,pp. 236~249),帝俊(夋)、帝喾、帝舜实为一人。刘起釪曾分析《楚辞·天问》所问,也认为其中“商族的古史神话传说从舜开始,和《国语·鲁语》所记商族最早的宗神是舜相符合,证实古史传说中确以舜为商祖”。因而,“由这位称为东夷之人的舜,作为东方鸟夷商族的祖先,是合于历史情实的”(刘起釪,1987,p. 21)。殷人的上帝与他们的祖先神之间也有明确的上下尊卑关系。《合集》1402 正版上刻辞说:

贞:大甲不宾于帝。贞,下乙不于咸。
贞,下乙不宾于帝。贞,咸不宾于帝。
贞,大〔甲〕宾于帝。贞,大甲不宾于咸。
贞,下乙〔宾〕于帝。贞,咸宾于帝。
甲辰卜,壳贞,下乙宾于〔咸〕贞,大甲宾于咸。

其中,"宾于帝"之"宾",可理解为"服从",如"诸侯咸来宾从"(《史记·五帝本纪》)。说明帝的地位座次明显要高于成汤、大甲及下乙。显然,帝在殷代神谱中的座次肯定在众多的先祖神之上。这个上帝兼殷人高祖的主神便是帝喾。《礼记·祭法》说:"殷人禘喾而郊冥,祖契而宗汤。"

殷商对"帝"、"上帝"是非常崇拜的,但对"天"是不信任的。伊尹对大甲说:"呜呼!天难谌,命靡常。"(《尚书·商书·咸有一德》)《史记·殷本纪》:"帝武乙无道,为偶人,谓之天神。与之博,令人为行。天神不胜,乃僇辱之。为革囊,盛血,昂而射之,命曰'射天'。"《龟策列传》:"(纣)杀人六畜,以韦为囊。囊盛其血,与人县而射之,与天帝争强。"由此可见,殷商崇拜"帝"、"上帝",而"天"为虞夏和周人等西部民族所崇拜。

但是,西周仍然保留着殷商的上帝崇拜。殷商崇拜的上帝人物原型是帝喾。而帝喾被编写成是商、周共同的祖先。"殷契,母曰简狄,有娀氏之女,为帝喾次妃。"(《史记·殷本纪》)"周后稷,名弃,其母有邰氏女,曰姜原。姜原为帝喾元妃。"(《史记·周本纪》)因而,"有虞氏禘黄帝而郊喾。祖颛顼而宗尧。夏后氏亦禘黄帝而郊鲧。祖颛顼而宗禹。殷人禘喾而郊冥。祖契而宗汤。周人禘喾而郊稷。祖文王而宗武王"(《礼记·祭法第二十三》)。[44]依据考古发现的周原甲骨卜辞,周人是有上帝观念的。陕西凤雏 H11 所出第 122 片有"上帝"一辞,第 82 片契有"王其(绍)帝"。《尚书·周书》、《诗经》等传世文献都有"帝"、"上帝"的概念。

同时,西周发扬了虞夏"天"的观念。侯外庐《中国古代思想学说史》认为,"天"为周人的发现,在殷商卜辞中并没有天。周人以"天"变革了殷人"帝"的思想,但没有否定殷人祖先神之"帝"。由于西周在政治制度上实行分封制和宗法制,受民受疆土,城市国家出现,同时不能脱破氏族纽带,既要受天命,又要顾及人事,于是便产生了上帝和先祖的二元观以及天人合一的命理。胡适认为:"老子以前的天道观念,都把天看做一个有意志、有意识,能喜能怒,能作威作福的主宰。"(胡适,1997,p. 39)郭沫若在对彝铭的研究基础上也提出,在周代思想中,宇宙之上有至上神主宰曰天(郭沫若,2002,pp. 25 ~52)。

但是,人们逐渐开始怀疑"天命"和天的主宰地位。

第一,天命无常,重在修身积德。根据《尚书》记载,夏商周统治者都知道,天命无常。只有敬天爱民,才不会遭天谴、天罚。"惟上帝不常,作善降之百祥,作不善降之百殃。尔惟德罔小,万邦惟庆;尔惟不德罔大,坠厥宗。"(《尚书·商书·伊训第四》)"天作孽,犹可违;自作孽,不可逭。"(《尚书·商书·太甲中》)"呜呼！惟天无亲，克敬惟亲。民罔常怀，怀于有仁。鬼神无常享，享于克诚。天位艰哉！德惟治，否德乱。与治同道，罔不兴。”（《尚书·商书·太甲下》）

第二，“天道福善祸淫”，是根据人民的意见做出的。“天聪明，自我民聪明。天明畏，自我民明威。达于上下，敬哉有土”（《尚书·皋陶谟》）；“天视自我民视，天听自我民听”（《尚书·周书·泰誓中》）。

第三，人为万物之灵，王为天、地、人参通者，宣扬由对天的祈求变为对人的祈求。《尚书·周书·泰誓上》：“惟天地万物父母，惟人万物之灵。亶聪明，作元后，元后作民父母。”《说文解字》：“王，天下所归往也。董仲舒曰：‘古之选文者，三画而连贯其中谓之王。三者，天地人也，而参通者王也。’孔子曰：‘一贯三为王。’凡王之属皆从王。”也就是说，王是参通天地人的特殊人物，普通老百姓对天的祈求应该转向对天子的祈求。

第四，王、天子的行为无常无德，以致人民怨天恨天和重人轻天。《尚书·商书·汤誓》：“天道福善祸淫，降灾于夏，以彰厥罪。”《尚书·周书·泰誓下》：“天有显道，厥类惟彰。今商王受狎侮五常，荒怠弗敬。自绝于天，结怨于民。”《诗经》有许多怨天恨天的句子，如《诗经·大雅·雨无正上》：“浩浩昊天，不骏其德。降丧饥馑，斩伐四国。旻天疾威，弗虑弗图。舍彼有罪，既伏其辜。”毛传释为“刺幽王”，《节南山》、《正月》、《十月之交》、《小旻》、《巧言》、《巷伯》、《瞻卬》、《民劳》、《板》、《荡》、《桑柔》虽然有怨天恨天的诗句，实际上是人民对厉王、幽王时赋税苛重，政治黑暗腐朽，社会弊端丛生的强烈怨愤和不平。同时，春秋时期，重民轻天的思想已经很普遍了，如：

“夫民，神之主也，是以圣王先成民而后致力于神。”（《左传·桓公六年随季梁语》）

“虢其亡乎！吾闻之，国将兴，听于民；将亡，听于神。神聪明正直而一者也，依人而行。虢多凉德，其何土之能得？”（《左传·壮公三十二年虢史嚚语》）

“鬼神非人实亲，惟德是依，故周书曰：‘皇天无亲，惟德是辅。’……神所凭依，将在德矣……”（《左传·僖公五年虞宫之奇语》）

“祭祀以为人也。民，神之主也。”（《左传·僖公十九年宋马子鱼语》）邾文公卜迁于绎。史曰：“利于民，不利于君。”邾子曰：“苟利于民，孤之利也。天生民而树之君，以利之也；民既利矣，孤必兴焉。”（《左传·文公十三年》）

“天生民而立之君，使司牧之，勿使失性……天之爱民甚矣，岂其使一人肆于民上，以从其淫，而弃天之性，必不然矣。”（《左传·襄公十四年晋师旷语》）

第五，道家构建的宇宙生成论的自然哲学体系对“宗教之天”是一个很大的冲击。

但是，周人又必须把“天”作为统治的工具，以天道为愚民政策、以德政为操持这一政策的权柄（郭沫若，2004，p. 259）。在两汉时期，宗教之天的观念得到了强化，并形成了神学经学。

（三）诸子百家的天命说

根据傅斯年考证，东周时期，天命论表现为五种趋势，即命定论、命正论、俟命论、命运论和非命论（傅斯年，2012b，pp. 136～140）。

命定论也称宿命论。[45]认为天命为固定，不可改易。《左传·宣公三年》记载楚庄王在洛水之滨举行盛大的阅兵式，欲以威吓天子，与周分割天下。周大夫王孙满请求慰劳楚王，并说：“成王定鼎于郏鄏，卜世三十，卜年七百，天所命也。周德虽衰，天命未改，鼎之轻重，未可问也。”实际上，宿命论的观念十分普遍，也是一种普世文化，最早起源于古代的美索不达米亚或巴比伦，古埃及把伊希斯神描述为“生命的女神，命运的主宰”，埃及人同样热衷于占卜和占星术。宿命论在希腊和罗马同样普遍。伊斯兰教徒每逢灾祸发生都会说“梅克蒂”，意思是“这是天意”，反映出他们同样笃信命运。宿命论在基督徒当中曾经引起广泛的争辩，但教父奥古斯丁（公元354—430年）认为，在决定事情方面，自由意志其实无足轻重。他的这番话使争论变得更加复杂，宿命论得以在一般基督教会里奠基。印度教徒和佛教徒都相信“业”，也就是人今生的功过会决定他来生的命运，是逃避不了的[46]。“中国，这块活的化石”[47]，君主专政实行几千年，由国家机器宣扬“君权神授”，在中国社会强化了这种“东方宿命论”[48]，并形成了形形色色占卜算卦术数（苗元一，2011）。鲁迅说：“许多外国的中国研究家，都说中国人是定命论者，命中注定，无可奈何；就是中国的论者，现在也有些人这样说。”（《且介亭杂文·运命》）

命正论认为天眷无常，依人之行事以降祸福。这种观念是对“天命”的否定，具有唯物主义的性质。《左传·桓公六年》：“夫民，神之主也。”“君失问，是阴阳之事，非吉凶所生也。吉凶由人。”东汉时期的王充指出：“正命，谓本察之自得吉也。性然骨善，故不假操行以求福而吉自至，故曰正命。随命者，戮力操行而吉福至，纵情施欲而凶祸到，故曰随命。遭命者，行善得恶，非所冀望，逢遭于外，而得凶祸。故曰遭命。”（《论衡·命义篇》）王充本人是反对“天人感应”和“随命”论、“遭命论”的。他说：“夫天道，自然也，无为。”（《论衡·遣告篇》）也就是说，天没有能力根据人的行为改变其命运。王充认为人生的一切都是“命”中注定，而命又是由人的骨相等体质决定的。“凡人受命,在父母施气之时,已得吉凶矣。”(《论衡·命义篇》)“人之封侯,自有天命。天命之符,见于骨体……封侯有命,非人操行所能得也。”(《论衡·祸虚篇》)晋郭璞《玉照定真经》、宋人京图《滴天髓》、清代沈孝瞻《子平真诠》的命理学却是从人的生辰“四柱”来推理命运。

俟[49]命论认为,上天之意在大体上是福善而祸淫,也有不一致的方面,如贤者不必寿,不仁者不必不禄。傅斯年认为,这种观念同时受命定论和命正论的影响,儒家持这种观念(傅斯年,2012b,p.140)。但是,儒家的天命观念也是有差别的。孔子的天命观念宗教色彩更浓厚一些。[50]其宗教根源是“顺天休命”(《周易·大有》)(唐文明,1999)。孔子说:“君子固穷,小人穷斯滥矣。”(《论语·卫灵公》)又曰:“富与贵,是人之所欲也,不以其道得之,不处也;贫与贱,是人之所恶也,不以其道得之,不去也。”(《论语·里仁》)《礼记·中庸》:“上不怨天,下不尤人,故君子居易以俟命,小人行险以徼幸。”郑玄注:“俟命,听天任命也。”孟子曰:“尧舜,性者也;汤武,反之也。动容周旋中礼者,盛德之至也;哭死而哀,非为生者也;经德不回,非以干禄也;言语必信,非以正行也。君子行法,以俟命而已矣。”(《孟子·尽心下》)朱熹集注:“细微曲折,无不中礼,乃其盛德之至。自然而中,而非有意于中也。经,常也。回,曲也。三者亦皆自然而然,非有意而为之也,皆圣人之事,性之之德也。”

命运论是有关天命运数的观点,实际上是对命定论的系统化。儒家的“义命分立”是命运论的体现。孟子提出“一治一乱”、“五百年必有王者兴,其间必有名世者”(《孟子·公孙丑》)。邹衍《主运》把用来解释自然现象的五行,附会到社会现象上来,称其为“五德”,用来解释历史上的政权兴衰,“递兴废,胜者用事”(《史记·孟子荀卿列传》)。汉班固《白虎通·灾变》:“尧遭洪水,汤遭大旱,命运时然。”

非命论来源于“命正论”,《墨子》为其代表。墨子反对儒家把“寿夭贫富,安危治乱”看成是先天命定的思想。《墨子·非命上》:“今用执有命者之言,则上不听治,下不从事。上不听治则刑政乱,下不从事则财用不足。”“必使饥者得食,寒者得衣,劳者得息,乱者得治,遂得光誉令问于天下,夫岂可以为命哉,故以其力也。”(《墨子·非命下》)墨子认为一切事情在于人的努力而不在“命定”。连社会道德伦理也以此转移:“故时年岁春,则民仁且良;时年岁凶,则民吝且恶。”(《墨子·七患》)

(四)西汉“宗教之天”神学的发展

为适应汉帝国政治的需要,从理论上强化“君权神授”观念,汉儒经学应运而生。由董仲舒《春秋》公羊学发端并为主帅,其他如《诗》、《书》、《易》诸经的今文经师等继起而辅翼之，皆以灾异谴告说经。汉初陆贾已借《春秋》所载自然现象来阐发自己对天人感应的观点，认为天与人之间相互感应，人君为政之善恶尤其对天产生影响，行善道则善气感于天而天则降福于民，行恶政别恶气生灾异。贾谊不但相信孟子的"五百年必有王者兴"的命运论，并提出："凡天子者，天下之首，何也？上也。"要求皇帝"以天子之位，乘今之时，因天之助。"(《汉书·贾谊传》)。这就将天人观念直接用于论证君权神授。董仲舒更从其天人感应的思想体系出发，以灾异说经，认为"天者，百神之君也。""唯天子受命于天，天下受命于天子。""王者必受命而后王。王者必改正朔、易服色、制礼乐，一统于天下，所以明易姓非继仁，通以己受之于天也。"(《春秋繁露》"郊义"、"为人者天"、"深察名号")董仲舒发挥《春秋》大义，说："孔子作《春秋》，上揆之天道，下质诸人情，参之于古、考之于今，故《春秋》之所讥，灾害之所加也；《春秋》之所恶，怪异之所施也。""《春秋》之文，求王道之端，得之于正。正次王，王次春。春者，天之所为也；王者，王之所为也。"(《汉书·儒林传》)

汉章帝建初四年(79 年)，令太常、将、大夫、博士、议郎、郎官及诸生、诸儒会白虎观，讲议《五经》同异，参加者有贾逵、丁鸿、杨终、班固、李育、楼望、成封、桓郁等数十人，有今文经学家，也有古文经学家；当时撰有《白虎议奏》，统名《白虎通德论》，后又命班固撰《白虎通义》。《白虎通义》认为"天"是最高的神，是具有意志及无上权威的"上帝"，故称"皇天上帝"(《白虎通义·三军篇》)。他能作威作福，谴告惩戒君主。《白虎通义·灾变》篇说："天所以有灾变何？所以谴告人君，觉悟其行，欲令悔过修德，深思虑也。"《援神契》曰："行有点缺，气逆于天，情感变出，以戒人也。"谶纬中的"天"是至高无上的神，故引《孝经·援神契》为证。"天"是有意志的，故称"天意"，所以引《乐纬·稽耀嘉》为证。但是如果君主顺承天意，使阴阳和谐，万物有序，那么"天"也会降符以示嘉奖。《白虎通义》与纬书一样，"天"是至高无上、统理一切的。人间的帝王就是"天"的儿子，《白虎通义》说："爵所以称天子何？王者父天母地，为天之子也。"《周易·乾凿度上》云："天子者继天理物，改正统一，各得其宜，父天母地，以养万民，至尊之号也。"《白虎通义》融合今文经学、古文经学与谶纬迷信于一体，企图统一经学，建立神学经学，把自然秩序和专制社会秩序紧密结合起来，提出了完整的神学世界观。后来，《白虎通义》所建立起来的理论形态被摧毁了，阴阳五行、天人感应一类的说法不再有人重复了，但是君权至高无上、君主制的政体神圣不可侵犯，以及三纲五行这些实质内容已经被树立为绝对无可怀疑的信条(任继愈 1985b，p. 507)。

五、义理之天

义理之天(或称心性道德之天、伦理之天),也是哲学之天,即视天为道德义理的本源。

义理之天或道德之天的观念,在商代已经萌芽,到西周已经有大的发展。《诗经·大雅·文王》:"上天之载,无声无臭","维天之命,于穆不已"(《诗经·周颂》)。上天的敬穆之德,是不停地施予的。

老子说:"道生之,德畜之,物形之,器成之。是以万物莫不尊道而贵德。道之尊,德之贵,夫莫之命而常自然。"(《道德经·第51章》)"道"为体,"德"为用;"道"为本,"德"为"性"。老子的"德"就是"遵循自然"而无为,是人之德的最终目标。但是,老子的"无为"更多的是对君主而言的。[51]老子认为德表现为"厚实",而反对儒家的"仁"、"义""礼"、"智"(《道德经》第38章、第48章)。庄子认为宇宙万物均源于"道",而万事万物尽管千差万别,归根到底又都浑然为一,从这两点出发,体现在人的观念形态上便应是"忘形"与"忘情"。这种精神状态就是庄子笔下的"德"。庄子说:"物得以生谓之德。"(《庄子·天下篇》)"平者,水停之盛也。其可以为法也,内保之而外不荡也。德者,成和之修也。德不形者,物不能离也。"(庄子·内篇·德充符)"道与之貌,天与之形,无以好恶内伤其身。今子外乎子之神,劳乎子之精,倚树而吟,据槁梧而瞑。天选子之形,子以坚白鸣。"(庄子·内篇·德充符)《庄子·天地篇》:"玄古之君天下,无为也,天德而已矣……无为为之之谓天。无为言之之谓德。"只有"虚无恬淡"才合于"天德"。但是,庄子对"天"持肯定态度,而对"人"则持否定态度,"畸人者,畸于人而侔于天。故曰:天之小人,人之君子;人之君子,天之小人也。"(《庄子·大宗师篇》)这种观点被荀子批评为"蔽于天而不知人"(《荀子·解蔽》)。

心性道德之天是儒家的"天人合一"之"天"。《周易·系辞上》:"天地之大德曰生","天地氤氲,万物化醇;男女构精,万物化生。"(《系辞传下》)[52]"天德施,地德化,人德义。"(《春秋繁露·人副天数》)"天,仁也"(《春秋繁露·王道通三》)。天的道德含义主要就是指这种生生之德。这种生生之德也是现实人生的楷模与标尺。"天行健,君子以自强不息。"儒家以德化之天为依据,重建社会人伦纲常,从而摈弃对天的盲目崇拜。儒家以天德为法,修人德以效天德。孔子说:"天生德于予,桓魋其如予何!""志于道、据于德、依于仁、游于艺。"(《论语·述而》)皇侃《义疏》:"德谓行事得理者也",而"据于德、依于仁"可以解释为:固守于道德实践,依据于仁心自觉。"德"的根据是由天命下贯于"性","仁"就是“性”的实际内涵（吴肇嘉，2011）。《孟子·尽心上》：“尽其心者，知其性也。知其性，则知天矣。”因而，孟子提出了“天爵”、“人爵”的范畴。“仁义忠信，乐善不倦，此天爵也；公卿大夫，此人爵也。”（《孟子·告子章句上》）天爵实际上是精神的爵位、内在的爵位。根据孟子“尽心—知性—知天”的逻辑思维模式，“修其天爵”是为了证明人心源于天心，人性源于天性。孟子说：“乃若其情，则可以为善矣，乃所谓善也。若夫为不善，非才之罪也。恻隐之心，人皆有之；羞恶之心，人皆有之；恭敬之心，人皆有之；是非之心，人皆有之。恻隐之心，仁也；羞恶之心，义也；恭敬之心，礼也；是非之心，智也。仁义礼智，非由外铄我也，我固有之也，弗思耳矣。”（《孟子·告子上》）孟子的“四心”表示为“仁义礼智”四德。而“四心”实为“情”。孟子说：“可欲之谓善，有诸己之谓信，充实之谓美，充实而有光辉之谓大，大而化之之谓圣，圣而不可知之之谓神。”（《孟子·尽心下》）其中“欲”的含义有不同解释，赵注以“忠恕”解“可欲之谓善”。朱熹注所谓“其善者必可欲，其恶者必可恶”。宋儒张栻云：“可欲者，动之端也。盖人具天地之性，仁义礼智之所存，其发见，则为恻隐、羞恶、辞逊、是非，所谓可欲也。以其渊源纯粹，故谓之善。”（《癸巳孟子说》卷七）李景林认为“欲”，非“忠恕之道”，而是“动之端”，即“恻隐、羞恶、辞逊、是非”等“四端”（李景林，2006）。实际上，“欲”为“情”，董仲舒说：“人欲之谓情，情非度制不节。”（《汉书·董仲舒传》）所以，“情”在建构孟子伦理体系时起着基础性作用（马寄，2009）。

郭店楚简《性自命出》：“凡人虽有性，心亡奠志，待物而后作，待悦而后行，待习而后奠。喜怒哀悲之气，性也。及其见于外，则物取之也。性自命出，命自天降。道始于情，情生于性。始者近情，终者近义。知情者能出之，知义者能内（入）之。”[53] 显然，形成了一个天决定命，命决定性，性决定情，情决定道的思维逻辑模式。所谓“性”，“喜怒哀悲之气”，“凡性，或动之，或逆之，或交之，或厉之，或出之，或养之，或长之。凡动性者，物也；逆性者，悦也；交性者，故也；厉性者，义也；出性者，势也；养性者，习也；长性者，道也。”（《郭店楚简·性自命出》）在这个体系中，“情”的地位很高。《性自命出》：“凡人情为可悦也。苟以其情，虽过不恶。不以其情，虽贵不难。苟有其情，虽未之为，斯人信之矣。未言而信，有美情者也。未言而信有美情者也。未教性而民恒性，善者也。未赏而民劝，含福者也。未型（刑）而民畏，有性心畏（威）者也。贱而民贵之，有德者也。贫而民聚焉，有道者也。性独处而乐，有内礼者也。恶之而不可非者，口于义者？非之性而不可恶者，笃于仁者也。行之不过，知道者也。”“强调治民者内在情性的修养”。[54] 由理情、教化、生德，由情始而义终，形成了儒家的伦理体系。

心性道德义理之天的观念在宋代理学中得到了光大。理学义理之天观念主要继承发挥孟子的思想。张载《西铭》指出:“乾称父,坤称母,予兹藐焉,乃浑然中处。故天地之塞,吾其体;天地之帅,吾其性。民吾同胞,物吾与也。”(《正蒙·乾称》)实际上是认为人与天地万物是一体的。张载还说:“大其心则能体天下之物。物有未体,则心为有外……圣人尽性,不能闻见牿其心,其视天下无一物非我。孟子谓尽心则知性知天以此。”(《正蒙·大心》)在宋代理学家中,程颢第一个明确提出了“仁者以天地万物为一体”的论断。“仁者以天地万物为一体,莫非己也……如手足不仁,气已不贯,皆不属己。故博施济众,乃圣人之功用。”(《二程遗书》卷2上)“天者,理也;神者,妙万物而言者也;帝者,以主宰事而名。”(《二程遗书》卷11)“性之本谓命,性之自然者谓之天,自性之有形者谓之心,自性之有动者谓之情,凡此数者皆一也。”(《二程遗书》卷25)朱熹是理学集大成者。朱熹认为,天有三种,“要人自看得分晓,有说苍苍者,有说主宰者,有单训理时。”“理者,天之体。”“太极只是天地万物之理。在天地言,则天地之中有太极;在万物言,则万物中各有太极。”(《朱子语类》卷1)“本是一太极,而万物各有禀受,又自各全具一太极尔。如月在天,只一而已,及散在江湖,则随处可见,不可谓月已分也。”(《朱子语类》卷49)显然,太极即理,作为天地万物之理的理,是最高意义上的理,是本体的理;而万物之中各有太极的意思是,具体的实物中包含这各自的理。朱熹从程颐对理的说明而肯定“性即理”的理论,“伊川性即理也,自孔孟后无人见得到此,亦是从古无人敢如此道。”(《朱子语类》卷59)“性者,人所受之天理。”(《朱子语类》卷5)“性只是理,万理之总名。此理亦只是天地间公共之理,禀得来便为我所有。”(《朱子语类》卷8)朱熹以为天命是自然的天理,人依天理,生而有此人性。人性乃是天地之理赋予人,在天原称为理,人所禀受的理称为性。实际上,这种“理一分殊”的方法源于唐代的华严宗和禅宗。

六、“天人合一”的形式

“天人合一”的思想形成于夏商周时代,而这个成语则出现较晚。汉代董仲舒曾说:“以类合之,天人一也”(《春秋繁露·阴阳义》),又说:“天人之际,合而为一”(《春秋繁露·深察名号》),但是没有直接标出“天人合一”四字。宋代邵雍曾说:“学不际天人,不足以谓之学。”(《观物外篇》下)“际天人”即是通贯天人,也是天人合一的思想,但也没有提出这四个字。明确提出“天人合一”四字成语的是张载,他说:“儒者则因明致诚,因诚致明,故天人合一,致学而可以成圣,得天而未始遗人。”“合内外,平物我,自见道之大端。”(《正蒙·诚明》)

讲天人合一,不同的学理有不同的“天”。儒家讲“宗教之天”和义理之天,道家讲自然之天;道教讲道人合一,释家讲佛人合一。

“天人合一”中的“人”在不同学理中也是不同的。儒家强调“天人合德”,那么,这里的“人”就是“大人”。《易传·文言》:“夫大人者,与天地合其德,与日月合其明,与四时合其序,与鬼神合其吉凶。先天弗违,而况于人乎,况于鬼神乎。”《周易·乾凿度》:“孔子曰:《易》有君人五号:帝者,天称也;王者,美行也;天子者,爵号也;大君者,兴盛行异也;大人者,圣明德备也。”因此,孔子说:“大哉尧之为君也!巍巍乎,唯天为大,唯尧则之。荡荡乎,民无能名焉。巍巍乎其有成功也,焕乎其有文章!”(《论语·泰伯》)“王者,仁义归往曰王。”(《谷梁传》)但是,自从孟子认可“人皆可以为尧舜”(《孟子·告子下》)之后,经过儒学的教化,“天人合一”中的“人”不仅指帝王、大人,越来越普遍化。“天人感应”、“天人同性”“天人同气”、“天人同类”、“天人相副”、“天人同构”、“天人一体”、“天人同理”、“天人同象”、“天人同数”等“天人合一”中的人,有的是指君主(天人感应),有的是指“社会之人”,有的是指“自然之人”。

道家的天人合道的“人”,在老子体系中主要是指君主,也指“自然之人”;在庄子学理中也是指符合道家道德标准的“大人”,同时也指君主。《庄子·在宥》:“出入六合,游乎九州岛,独往独来,是谓独有。独有之人,是谓至贵。大人之教,若形之于影,声之于响。有问而应之,尽其所怀,为天下配。处乎无响,行乎无方。挈汝适复之挠挠,以游无端,出入无旁,与日无始,颂论形躯,合乎大同,大同而无己。无己,恶乎得有有!睹有者,昔之君子;睹无者,天地之友。”这里的“大人”是指独来独往的至贵之人。从《在宥》全篇内容来看,也是指合乎道家道德标准的君王。庄子在《在宥》篇中指出,仁义礼智会扰乱人心,以此治国,国家将会越治越乱。因此,他主张“绝圣去知”,要求君王无视自身和各种物象的存在,清静无为。庄子说:“无为而尊者,天道也;有为而累者,人道也。主者,天道也;臣者,人道也。”(《庄子·在宥》)道家和道教关于“人天同源”、“人天同运”、“天人同构”等天人合一的人就是“自然之人”。

七、小结

“天人合一”思想基本是在约公元前500年的“轴心时代”(Axial Age)(雅斯贝斯,1989,pp.7~8)形成的,诸子百家均有阐述,并成为中国传统哲学思想的核心问题。“直至今日,人类一直靠轴心期所产生、思考和创造的一切而生存。每一次新的飞跃都回顾这一时期,并被它重燃火焰”(雅斯贝斯,1989,p.14)。实际上,古希腊、基督教和伊斯兰教的“神人合一”思想也和中国的“天人合一”有相通之处,但本质上仍有一定差异。“中国哲学家认为肯定天人合一才达到人的自觉,这可谓高一级的自觉。把人与自然界区别开,是人的初步自觉;认识到人与自然界既有区别也有统一的关系,才是高度的自觉。”(张岱年,1988,p.15)在古希腊,“神人合一”是只有具特殊能力的“法师”(sorcerer)才可以做得到;而在基督教,他们认为世人都是上帝的儿女,人只要向在天上的父亲祷告,天父就必会聆听,无须修炼而可以“直上天庭”;伊斯兰教的观点与基督教近似。

“天”是华夏文化特有的范畴。《史记·五帝本纪》:“于是帝尧老,命舜摄行天子之政,以观天命。”按照司马迁的说法,虞唐时代就已经有了“天子”。《诗·大雅·江汉》:“明明天子,令闻不已。”其中“天子”为周宣王(姜亮夫,1998,pp.628~630)。前文已述,中国一开始就是以家族或家族集团来猎取“天下”的,最高统治者为“天子”,那么,天神或主宰之天就是王族的,天子“祭天”也是祭族祖,“国之大事,在祀与戎。”(《左传·成公十三年》)同样,天下老百姓认为“祭祖”是家族大事。这使得中国社会形成多神信仰,甚至长期保持着原始宗教的传统。人们不是像一神教社会那样,把独一无二的天神(基督教的上帝)视为创造了世界和人类,还用其智慧和权能主宰世界和人类,是全知全能的精神实体,是智慧和美德的化身[55],信者可以通过祈祷与他接近。然而,在多神信仰的社会,人们需要去揣摩、讨好各路鬼神(牛天伟,pp.290~340),占卜、巫术在中国传统社会经久不衰,“宗教适应大众需要的一种形式就是使崇拜仪式的宗教变成纯粹的妖术。”(鲍柯克,汤普森,p.23)。由于多神信仰,在中国社会不容易产生“人类中心主义”。这也是中国社会形成“天人合一”的宗教原因。

萧公权认为老庄生于楚宋,或为殷民之后(萧公权2011a,p.36);傅斯年认为老子是齐国人(傅斯年,2012b,p.154)。齐国盛行殷商文化。[56]如果老子是殷商遗民,也是政治上的边缘人。他们不会崇敬西夏、西周的天神。而老子用唯物主义方法论创建一套宇宙生成理论,与他的生存环境和生活境遇是有关系的。我们在上文论述的《周易》的宇宙模型,实际上是《易传》的宇宙模型,而《易传》是受老子的影响的。从虞唐到周文王到孔子,都有主宰之天的观念,但没有世界创造过程和创造者。斯达克由此认为东方没有“神学”(斯达克,2011,p.4)。斯达克认为由于没有世界创造过程和创造者,宇宙被认为是神秘莫测、反复无常、无法预测、随心所欲的,人们就不可能去拥抱理性。因而,中国学者孜孜以求的是“觉悟”而不是“解释”。中国科学匮乏的根源在于宗教,因为中国学者不相信自然法则的存在(斯达克,2011,pp.12~13)。斯达克甚至认为:“真正的科学只产生一次，那就是在欧洲。中国、伊斯兰、印度、古希腊、古罗马都有高度发达的炼金术，但是只有在欧洲，炼金术发展成了化学。同样，许多国家都有精巧的占星术，但是只有在欧洲，占星术发展成了天文学。为什么？答案同样和上帝的形象有关。”（斯达克，2011，p.11）斯达克认为个人主义和资本主义的产生都是基督教的功绩。[57]这样的观点不仅极端，而且也不符合历史。我们知道，古希腊重视修辞学和逻辑学，亚里士多德的《工具论》对概念、判断、推理（主要是三段论）、证明、逻辑谬误以及逻辑规律等作了系统的论述。这是理性思维的基本的方法论。而基督教萌芽与产生之时正是希腊化时代（公元前323—前300年），亚历山大大帝扩张到哪里，希腊化就到那里。亚历山大大帝死后，罗马帝国在地中海建立了独立的政权。而罗马的征服（公元前2—前1世纪）更加强了希腊化，并且罗马本身也被希腊化。《新约》最早是用希腊语书写的，其思维方式也是希腊式的。7世纪，随着伊斯兰的入侵，罗马帝国东、西方彻底割裂开来了，并形成了一个拉丁化的西方教会和一个希腊化的东方教会。16世纪，马丁·路德的宗教改革与恢复希腊式人文主义和原始基督教精神是分不开的。宗教改革运动以后，变成了两种教派，长期斗争的结果是天主教在17世纪的改革引入了人民主义的色彩而出现18世纪法国的自由思想，而基督教却在18世纪没落而发动自己的改革，结果产生了宗教思想自由原则的资本主义，最终产生了现代的各种思想，包括社会主义。也就是说，基督教的“理性”与古希腊文化是分不开的。基督教对在欧洲产生科学的贡献主要是它创办了“大学”，注重教育，而不是“上帝的形象”。爱因斯坦“推崇古代希腊是西方科学的摇篮”（爱因斯坦，1976a，p.313）。他曾在给友人的一封信中说道：“西方科学的发展是以两个伟大的成就为基础，那就是：希腊哲学家发明的形式逻辑（在欧几里得几何中）以及通过系统的实验找出可能的因果关系（在文艺复兴时期的发现中），在我看来，中国的贤哲没有走上这两步，那是用不着惊奇的。”（爱因斯坦，1976a，p.574）

儒家的开创者孔子持宗教之天的观念，孟子却持义理之天的观念。荀子与孔孟的思想有很大的差异，荀子持“明于天人相分”（《荀子·天论》）的自然主义天道观。汉儒发挥了孔子的宗教之天的思想，宋儒在吸收道、释思想的基础上发挥了孟子的义理之天思想。但“子不语怪、力、乱、神”（《论语·述而》），孔子大力提倡“仁德”、“礼治”等道德观念。因此，李约瑟认为，“儒家根本重理性，反对一切的迷信，甚至反对宗教中的超自然部分……但在另一方面，儒家的集中注意于人与社会，而忽略其他方面，使得他们只对‘事’的研究而放弃一切对‘物’的研究。因此不只在中国，也不只是历史上唯一的例外，理智主义对于科学的进展,反不如神秘主义。”(李约瑟,1999,p.14)但是,李约瑟的“理性”太庞统。康德认为,纯粹理性包括思辨理性和实践理性。思辨理性是认识能力,是基础,但思辨理性隶属于实践理性,实践理性占主导和领先地位(康德,2010e,p.129)。梁漱溟认为,中国文化长于理性而短于理智,西方文化长于理智而短于理性(梁漱溟,1990f,p.205)。在梁漱溟看来,理智相对于理性是低一层次的认知水平。实际上,梁漱溟的“理智”就是康德的“实践理性”,两者均认为,道德高于认识,伦理学高于认识论,行高于知。“先秦儒家‘实践理性’是一种统彼岸自在于此岸现世、统理性认知于感性实践、统天道自然于人道伦理的德性实践型思维。没有如西方那样,当纯粹理性产生科学的同时,‘非理性’因素培养出了对宗教神性的迷信。”(李友生,1996)正是由于这种原因,在基督教文化中,自然与人、社会是分立的。基督教的自然观认为,宇宙万物是馈赠给所有人的礼物,任何人都有权利利用它来满足个人的需要,任何人都有权累聚和霸占世界的财富而使另一些人沦为贫困。对宇宙万物尊重的概念在基督教道德观中并没有成为必要的突出因素(坎默,p.79)。

儒家注重道德实践理性,注重人与社会的和谐,如孔子所创立的“六艺”分别为礼、乐、射、舆、书、数;柏拉图发端而至中世纪定型的“七艺”为:文法、修辞、辩证法、算术、几何、天文学和音乐学。显然,前者注重操作技术,后者注重思想方法。因而,西方有科学而中国古代却不能产生科学,只是在技术上有辉煌的成就(陈炎,2009)。数学是能体现理性思维的,“算术定律是分析判断,因而是先验的。这样,算术就会仅仅是一种扩展形成的逻辑,每个算术句子就会是一条逻辑定律,然而是一条导出的定律。把算术用于对自然的解释,相当于对观察的事实进行逻辑加工;计算就会成为推理。”(费雷格,p.105)与古希腊相比,中国古代数学注重计算,也称“算术”(吴文俊,1986,p.4)。先秦时期,公孙龙、荀子对名词和概念有所论述,后期墨家著作对概念、判断、推理和证明进行了研究(金岳霖,p.345),但公孙龙逻辑谜题实际上是诡辩术,墨子的逻辑学是一种原始逻辑,并没有成为一门学问加以学习与发展。中国古代思维方式一开始就是“意象类比推理”。中国的天文学秉承“法天取象”的原则,文字“深于取象”(李振峰,2011),《易经》在“意象类比推理”上达到登峰造极的地步,《周易·系辞下》认为,黄帝、尧、舜垂衣裳而天下治,盖取诸乾、坤卦;刳木为舟,剡木为楫,取诸涣卦;服牛乘马,引重致远,取诸随卦;重门击柝,以待暴客,盖取诸豫卦;断木为杵,掘地为臼,杵臼之利,取诸小过卦;弦木为弧,剡木为矢,取诸睽卦;宫室建造,上栋下宇,取诸大壮卦;以棺椁葬,取诸大过卦,书契取诸于夬卦。列维·斯特劳斯认为,原始人的思维是“类比思维”,“它构造了思维的结构,这有利于人们在理解这个世界时把世界看成和这些结构相似。从这种意义来看,野蛮人的思维可以界定为类比的思维。”(斯特劳斯,p. 263)由于中华文化绵延不断,传承这种思维方式并不奇怪。李宗桂指出:“中国传统思维方式中的类比、比喻、象征等思维形式,从本质上看,是同一形态的东西。比喻是类比的表现形式,象征即是隐喻,是一种特殊的比喻。三者都建立在经验的、具象的基础上,都是主体借助一定的物象和原理,以阐明特定的情感意志的一种方法。它们的基本功能在于通过由此及彼的类别联系和意向涵摄,沟通人与人、人与物、人与社会,达到协同效应。”(李宗桂,p. 100)类比推理是一个由个别到个别、由特殊到特殊的思维过程,其结论往往是或然性的。同时,类比只能是经验性的,仅仅只能作为经验的知识运用才有普遍意义,如果超出经验范围之外进行类比就没有意义(康德,2010e, p. 155)。也就是说,类比推理对于更抽象的理论研究是有其严重的局限性的。也许正是这种注重经验类比推理的思维方式在“群经之首”的《周易》(许外芳,2007)的代代传承的强化下使得“天人合一”思想成为贯穿中国传统文化的红线。

毫无疑问,中国几千年的农商文明是“天人合一”思想得到传承和发展的客观基础。

注释

[1] 苏美尔人于公元前3200年左右发明了楔形文字。迄今出土的50多万块楔形文字泥板书中,约有300块为纯数学泥板。其中包含乘法表、除法表、倒数表、平方表、平方根表、立方表、立方根表,甚至还有指数表和对数表。在代数学方面,古巴比伦人已经能够解一元一次、二元一次、一元二次甚至一元三次方程,另外还发现有讨论级数问题的泥板,他们用近似值的方法算出$\sqrt{2}=1.414222$。在几何学上古巴比伦人把圆分为360等份,并求出$\pi=3.125$;他们在三角学方面不仅掌握了计算直角三角形和等腰三角形面积的计算方法,还知道相似直角三角形对应边成比例、等腰三角形顶点垂线平分底边及内接半圆的三角形为直角三角形,最了不起的是他们掌握了在直角三角形中,斜边平方等于两条直角边的平方和(在中国称为“勾股定理”)。巴比伦人还计算了正五边形、正六边形、正七边形的面积和边长的比例(于殿利,郑殿华. 巴比伦古文化探研[M]. 南昌:江西人民出版社,1998:89)。

[2] http://en.wikipedia.org/wiki/Mesopotamia#CITEREFPingree1998.

[3] 中国社会科学院考古研究所山西工作队,山西省考古研究所,临汾市文物局. 山西襄汾县陶寺城址祭祀区大型建筑基址2003年发掘简报[J]. 考古,2004(7);何驽确认陶寺遗址扁壶上的“文字”为“尧”字(何驽. 陶寺遗址扁壶“文字”新探[N]. 中国文物报,2003-11-28)。

[4]《夏小正》的写作年代和星象反映的年代，在学术界有争论。日本学者能田忠亮将《夏小正》星象分类作分析、计算和比较，得出结果是极大部分天象属于公元前2000年左右的(能田忠亮.夏小正星象论.中日文化:第2卷.1941年第9、10期);国内学者潘鼐先生认为，有关夏代的文献与考古，经碳14测定，夏文化年代即在公元前2070—前1600年，正同《夏小正》星象的大部分记事从天文学测算所得的年代相吻合(潘鼐.中国恒星观测史[M].北京:学林出版社,2009)。胡铁珠认为《夏小正》是一部从夏代到周代都可以使用的历法(胡铁珠,2000)。

[5] 有一种说法认为，十进位是古埃及人发明的，六十进位是古代巴比伦人发明的(张健，袁园,pp.252~253)。李约瑟指出:“在商代甲骨文，十进位制已经明显可见，也比同时代的巴比伦和埃及的数字系统更为先进。巴比伦和埃及的数字系统，虽然也有进位，唯独商代的中国人，能用不多于9个算筹数字，代表任意数字，不论多大，这是一项巨大的进步”(李约瑟，柯林.中华科学文明史[M].3卷(第一章).上海:上海人民出版社,2002)。实际上，中国上古度量衡进位制是十分复杂的。《虞书》:“同律度量衡。”“六十四进位制”曾在周代实行过。如64寸为一步。《王制》:“古者以周尺八尺为步，今以周尺六尺四寸为步”;十龠为合，十合为升，十升为斗，十斗为斛,64升为1釜;24铢为1两,16两为1斤,30斤为1钧,4钧为1石(《文献通考》卷一百三十三·乐考六)。

[6] 郭沫若在许多文章中认为，中国之天文学始于殷人，疑为殷之先人从西方携来(郭沫若.甲骨文字研究·释支干//郭沫若全集·考古编[M].1卷.北京:科学出版社,1982:328)，从古文字和神话传说的角度来看，“十天干”纯属于十进位记数法的自然发生，其中多半是由殷人所创制的。这些字既无神秘的意味，也没外来的痕迹;十二辰“导源于古代巴比伦之十二宫，其朔乃黄道周天之十二星座”(郭沫若.卜辞通纂考释//郭沫若全集·考古编[M].2卷.北京:科学出版社,1982)。但是，如果天干是殷人所创制的，其别称是难以解释的，因为中国汉字是象形字，为什么“甲”也称“焉逢”(《史记》)或“阏逢”(《尔雅》)呢？显然，天干也是导源于古巴比伦。

[7]《中国天文学史文集》编辑组.中国天文学史文集[M].北京:科学出版社,1978:1~13.

[8] 席泽宗.中国天文史上的一个重要发现——马王堆汉墓帛书中的《五星占》[C]//《中国天文学史文集》编辑组.中国天文学史文集[M].北京:科学出版社,1978:14.

[9] 濮阳市文物管理委员会.河南濮阳西水坡遗址发掘简报[J].文物,1988(3);濮阳西水坡遗址考古队.1989年河南濮阳西水坡遗址发掘简报[J].文物,1989(12)。

[10] 中国有二十八宿，印度、波斯、阿拉伯都有二十八宿。关于二十八宿的起源问题，在国际学术界存在争议(竺可桢,1944;竺可桢,1979,pp.234~254)。

[11] 宋祚胤认为，《周易》是部政治哲学著作，是作者为了帮助周厉王复国中兴所提出的一些理论与方法(宋祚胤.周易校注[M].长沙:岳麓书社,2011)。

[12] 克劳狄乌斯·托勒密(90—168年)是生活在埃及用希腊文写作的古希腊罗马公民。他是一名数学家、天文学家、地理学家、占星家。其著作《天文学大成》十三卷是当时天文学的百科全书，直到开普勒的时代，都是天文学家的必读书籍。同时，他编辑的四本

书目(书名 Tetrabiblos),托勒密在书中论及天体运行冥冥之中对俗世的生命以及物理现象具有一定的影响力(http://zh.wikipedia.org/wiki/占星四书)。

[13] 卦:《说文》筮也;筮:《易》卦用蓍也。从竹从𢍰。𢍰,古文巫字。显然,占卜也是从巫术分离出来的。

[14] 夏禹为巫祝宗主,"禹步"成为民间巫术的标准步(俗称跳大神),道教做法时也使用"禹步"。关于"禹步",《史记夏本纪》、《尸子》、扬雄《法言·重黎》、睡虎地秦简《日书》、《抱朴子·登涉》都有记载。王晖认为,所谓的"禹步"、"禹步三",实际上就是禹因治水而留下跛足残疾的步伐,后来被巫祝人员利用作为一种特殊的步法。魑魅魍魉害怕禹,这些走"禹步三"的巫祝扮成了禹的化身,也就具有了镇妖驱邪的特殊功能[王晖.夏禹为巫祝宗主之谜与名字巫术论[J].人文杂志,2007(4)]。胡新生认为,"禹步"是惯于假托的战国术士宣称这种巫米舞步出自夏禹,并将其命名为"禹步"。从此,"禹步"即被所有术士奉为经典性的基本步法,且对宗教、巫术等仪式产生了深刻的影响[胡新生.禹步探源[J].文史哲,1996(1)]。

[15]《周礼·春官·宗伯·大卜》:"(大卜)掌三《易》之法:一曰《连山》,二曰《归藏》,三曰《周易》。其经卦皆八,其别皆六十有四。"郑注曰:"三易卦别之数亦同,其名占异也。"贾疏:"经卦皆八者,谓以卦为经,即《周易》上经、下经是也;皆八者,《连山》、《归藏》、《周易》皆以八卦乾、坤、震、巽、坎、离、艮、兑为本,其别六十四。"又曰:"占异者,谓《连山》、《归藏》占七、八,《周易》占九、六,是占异也。"

[16]《系辞下》:庖牲氏王天下,仰观俯察,始作八卦。《史记·太史公自序》:"伏羲纯厚,作易八卦。"在《列传》中则进一阐明,"伏羲作八卦,周文王演三百十四爻而治天下"。《周本纪》则记载:"西伯盖即位五十年。其囚羑里,盖益易之八卦为六十四卦。"

《孔子世家》:"孔子晚而喜易,序彖,象,说卦,文言。"《仲尼弟子列传》:"孔子传易于瞿。"

[17]《青海柳湾》所列马厂类型彩陶单独纹样之487号是剥卦和复卦(青海省文物管理处考古队,中国社会科学院考古研究所.青海柳湾——乐都柳湾原始社会墓地[M].北京:文物出版社,1984:54);甘肃海下海石出土半山类型或马厂类型双耳彩陶罐外壁画有三爻的坤卦、六爻的复卦等(甘肃省文物考古研究所.甘肃海石湾下海石半山,马厂类型遗址调查简报[J].考古与文物,2004);郑州大河村遗址仰韶文化第三期白衣彩陶钵上有一周三组六个六爻坤卦符号而且其数量关系完全吻合古天文历法之做法(王先胜,2007),等等。

[18]《乾凿度》卷下记"卦当岁,爻当月……六十四卦,三百八十四爻,戒各有所系焉。故阳唱而阴和,男行而女随,天道左旋,地道右迁,二卦十二爻,而期一岁。《乾》阳也,《坤》阴也,并治而交错行。《乾》贞于十一月子,左行阳时六;《坤》贞于六月未,右行阴时六,以奉顺成其岁。岁终次从于《屯》《蒙》……法于《乾》《坤》。三十二岁而周。"由此,六十四卦及其每卦的各爻,就被分配到32岁、384个月中。根据《易·系辞》和《易纬·乾凿度》说法,以卦纪年,两卦值一年,64卦恰值32年。每年两卦合一岁周天之数,即360°,32对卦值32年即:$360 \times 32 = 11520$(策)。我国历法以月球绕地球一周的

时间(29.5306 天)为一朔望月(太阳、地球、月亮连续两次成一线的时间间隔),以地球绕太阳一周的时间(365.2419 天)为一年,为使一年的平均天数与回归年的天数相符,设置闰月。黄帝、颛顼、夏、殷、周、鲁六种历法都是“四分历”,采用 19 年 7 闰月法协调阴历和阳历。一般有三年一闰,五年再闰,十九年七闰的方法。朔望月古称“朔策”,即月相变化的周期(参见:卢央,2003,pp. 91 ~93)。

[19] 于奕华. 试论《易经》六十四卦画的历法功能——兼对陶寺镇古观象台遗址发掘报告的一点质疑[J/OL]. 国学网:http://www.guoxue.com/? p =658.

[20] 关于阴阳卦画与数字卦的关系在学术界是存在争论的。钱穆在《〈易传〉与小戴〈礼记〉中之宇宙论》一文指出:“《周易》上、下经,本不言‘阴阳’,十传始言‘阴阳’”(钱穆. 中国学术思想史论丛[M]:卷二. 台北:台北联经出版事业公司,1998:29.);汪宁生认为,“阴阳两爻是古代巫师举行筮法时用来表示奇数和偶数的符号,八卦则是三个奇偶数的排列组合”(汪宁生. 民族考古学论集[M]. 北京:文物出版社,1989:150);张政烺认为筮数多步演化出八卦[张政烺. 试释周初青铜器铭文中的易卦[J]. 考古学报,1980(4)];王化平认为,阴阳爻可能是从数字卦演变而成[王化平. 数字卦与《周易》[J]. 周易研究,2009(2)];李宗焜认为,数字卦与易卦,是并存的两个不同的系统,两者之间并不存在一脉相承的关系(李宗焜. 数字卦与阴阳爻[J]. 台北:“中央研究院”历史语言研究所集刊,第 77 辑,2006 年)。

[21] 根据古埃及祭司观测和记录,每年夏天,当天狼星黎明前升起之时,尼罗河就开始泛滥,因此古埃及人认为天狼星是掌管圣河尼罗河的神祇,他们建造神殿,祭祀天狼星。另外也有人认为金字塔是用来观测天狼星而建造的。通过对天狼星准确的观测,埃及人确定一年(天狼年,即一种恒星年)的长度为 365.25 天,与现在的计算长度相当接近(江晓原. 12 宫与 28 宿:世界历史上的星占学[M]. 沈阳:辽宁教育出版社,2005:45 ~64;“古埃及”:维基百科(http://zh.wikipedia.org/wiki/)。

[22] 宇宙与世界是等同的,都是时间和空间的统一。中国“世界”的概念是来自佛教。世指时间,界指空间。《楞严经》卷四:“何名为众生世界? 世为迁流,界为方位。汝今当知,东、西、南、北、东南、西南、东北、西北、上、下为界,过去、未来、现在为世。”战国(前476—前 221)末年的尸佼对宇宙有一个明确的定义,即:“四方上下曰宇,往古来今曰宙”(《尸子》)。东汉张衡(78—139 年)明确提出“宇之表无极,宙之端无穷”(《灵宪》)的无限宇宙概念。元代邓牧(1247—1306 年)认为在无限的虚空中有无限多的天地,“天地大也,其在虚空中不过一粟而已耳”(《伯牙琴》)。这与 300 年后欧洲布鲁诺(1548—1600 年)的宇宙无限论十分相似。

[23] 由于大海上的航船靠近时总是先看见桅杆后看见船身,而远离时正好相反。这样很容易使得沿海居民认识到地不是方的而是球体。生活在地中海附近的亚里士多德(前 384—前 322)第一次科学地论证了地球是球体,他估计地球大圆长度为 400000 斯特迪亚,相当于现在公认数值的两倍(霍金等,2006,p. 8)。同时,亚里士多德认为地球占据中心位置而不做任何运动;宇宙的上部最高部分称为天宇,是诸神的居处。星辰为神物。全宇宙

与全天做球形,绕着一个穿过地球中心的轴线旋转(亚里士多德,1999,p.276)。

[24] 郑州市博物馆.郑州的大河村遗址[J].考古学报,1979(3).

[25] 湖南省博物馆.澧县梦溪三元宫遗址[J].考古学报,1979(4).

[26] 四川省博物馆.巫山大溪遗址第三次发掘[J].考古学报,1981(4).

[27] 江晓原认为,《周髀算经》有印度式的宇宙结构、希腊式的寒暑五带知识之类等异域天文学成分(江晓原,1997)。

[28] 谢尔顿·A.加纳拉奈.从《易经》的观点看世界体系与民主[C]//成中英,冯俊.康德与中国哲学智慧[M].北京:中国人民大学出版社,2009:160.

[29] 谢尔顿·A.加纳拉奈.从《易经》的观点看世界体系与民主[C]//成中英,冯俊.康德与中国哲学智慧[M].北京:中国人民大学出版社,2009:159.

[30] 子贡对"夫子何以老而好《易》"颇感困惑,孔子解释道:"……故《易》有天道焉,而不可以日月星辰尽称也,故为之以阴阳;有地道焉,不可以水火金土木尽称也,故律之以柔刚;有人道焉,不可以父子、君臣、夫妇先后尽称也,故为之以上下;有四时之变焉,不可以万物尽称也,故为之以八卦。"(邓球柏.帛书周易校释[M].长沙:湖南出版社,1987:484)

[31] "道"是中国文化之源。道家、道教讲"道",儒家也讲"道"。关于道,《说文》:"所行道也。从辵从"。吕洞宾认为,"首"指"先天一炁";"辵"义为"乍行乍止"。《周易·系辞》:"一阴一阳之谓道"、"天之道,曰阴与阳",并引用孔子的话:"形而上者谓之道,形而下者谓之器",所以说儒家认同"道者,阴阳变化之理也"。道,即宇宙运行、自然变化的法则。《周易·系辞》:"易有太极,是生两仪,两仪生四象,四象生八卦。"易经中的"太极"与"道"字相通,正因为万物由"道"所生,因此万物变化均由太极,化成两仪、四象、八卦。《中庸》:"天命之谓性,率性之谓道,修道之谓教。道也者,不可须臾离也,可离非道也。"但《中庸》并没有对"道"做进一步的阐述,而"道"的"玄妙"却呼之欲出。

[32] 侯艳芳.宗教之天与老庄之天[J].西北农林科技大学学报(社会科学版),2008(6).

[33] 容肇祖.魏晋的自然主义[M].北京:东方出版社,1996.

[34] 恩格斯:"基督教和工人的社会主义都宣传将来会解脱奴役和贫困;基督教是在死后的彼岸生活中,在天国寻求这种解脱,而社会主义则是在这个世界里,在社会改造中寻求这种解脱。"(马克思恩格斯全集[M].22卷.北京:人民出版社,1972:525)

[35] 马克思指出:"宗教里的苦难既是现实苦难的表现,又是对这种现实的苦难的抗议。宗教是被压迫者生灵的叹息,是无情世界的心境,正像它是无精神活力的精神一样。宗教是人民的鸦片。"(马克思.《黑格尔法哲学批判》导言//马克思恩格斯选集[M].1卷.北京:人民出版社,1977:2)。

[36] 霍金指出:"按照广义相对论,宇宙在过去某一时刻必须有一无限密度的状态,亦即大爆炸,这是时间的有效起始。类似地,如果整个宇宙坍缩,在将来必有另一个无限密度的状态,即大挤压,这是时间的终点。即使整个宇宙不坍缩,在任何坍缩形成黑洞的局部区域里都会有奇点。这些奇点正是任何落进黑洞的人的时间终点。"(霍金等,2006,p.102)

[37] 达默迪纳. 老庄学派的"道"与巴利佛经中的"magga"[J]. 中国文字研究,2006(00);达默迪纳. 老庄著作和巴利语佛经若干词的比较研究[N/OL]. http://cdmd.cnki.com.cn/Article/CDMD-10269-2007082725.htm。

[38] 中国十大上古神兽[N/OL]. 百度文库:http://wenku.baidu.com/link? url=axv-g1599JnhRzJz9zwiFN9tPQ4rVzLbFlUxlfGt840C7Nw-YvIHQcFRwkKm8Al_81Yx5Qe5usbvrGjx74-VjQn2FsQxbA3igATPw6KGLohW。

[39] 贾兰坡. 中国大陆上的远古居民[M]. 天津:天津人民出版社,1978:121;杨学政认为"山顶洞人"的跨越还不足以证明已经出现了"灵魂观念"(杨学政. 原始宗教论[M]. 昆明:云南人民出版社,1991:3)。

[40] 良渚文化玉琮"神人兽面纹"[浙江省文物考古研究所反山考古队. 浙江余杭反山良渚墓地发扬简报[J]. 文物,1988(1)],属于张光直所提出的"玉器时代"。这个时代是在石器时代和青铜时代中间的时代,是巫政结合、产生特权阶级的时代(张光直. 谈"琮"及其在中国古史上的意义[C]//文物与考古论集[M]. 北京:文物出版社,1986:259~260)。卢昉认为,"神人兽面纹"的上部为头戴羽冠的人形,这应当是当时的巫师或酋长形象的写实。呈现三爪鸟足状的"下肢"应当是兽的前肢,而所谓"带腿的兽面纹"实际上是兽趴伏时的正面形象。反山琮王上的"神人兽面纹"实际上是巫师骑于趴伏的神兽身上,双手扶住兽头两侧的正面造像。其含义很可能是巫师以兽为通天坐骑,乘之往返于天地之间[卢昉. 良渚玉琮"神人兽面"纹含义新释[J]. 艺术百家,2010(7)]。《周礼·典瑞》:"驵圭、璋、璧、琮、琥、璜之渠眉,疏璧琮以敛尸。"徐峰认为,随葬的良渚玉琮"神人兽面纹"是一种死亡—再生的生命模式,龟和太阳鸟为通天地之交通工具,"神人兽面纹"是一种更新、再生、回归的宗教法器[徐峰. 良渚文化玉琮及相关纹饰的文化隐喻[J]. 考古,2012(2)]。王政认为"鸟爪神兽"是良渚人鸟卵繁衍意味的复合型图腾(王政. 战国前考古学文化谱系与类型的艺术美学研究[M]. 合肥:安徽大学出版社,2006:225)。"图滕说"可能更符合历史情况,否则,《山海经》中的众多的"人面兽身"就无法解释。

[41]《汉书·哀帝纪》:"待诏夏贺良等言赤精子之谶。"颜师古注引应劭曰:"高祖感赤龙而生,自谓赤帝之精。"刘邦被认为不是人而是真龙天子。这也是沿袭"人面兽身"的思维模式虚构出来的。

[42] 恩格斯. 恩格斯致马克思的信//马克思恩格斯全集[M]. 27卷. 北京:人民出版社,1972:65.

[43] 郭沫若认为"毓"即"后"字,帝王称。参见:郭沫若. 卜辞中的古代社会[C]//中国古代社会研究[M]. 石家庄:河北教育出版社,2004:117;《说文》:"毓乃育的别体字"。

[44] 关于这段话,有关注疏差别很大。程子说:"万物皆本乎天,人本乎祖,故以冬至祭天而祖承之……万物成形于帝,人成形于父,故以季享帝父配之。"(《二程·河南程氏粹言卷第二》)其中"殷人禘喾而郊冥",由此,"禘喾"可理解为祭天配喾。至少在春秋时期,天子祭昊天上帝的同时,也祭五帝。五帝说法不一,通行说法是东方太昊,南方炎帝,西方少昊,北方颛顼,中央黄帝。

[45] 在西方有宿命论(fatalism)、决定论(Determinism)、先决论(predeterminism)之分,但三者也有交叉的地方。宿命论强调所有事件或活动屈服于命运;先决论认为所有事件的历史(过去、现在和将来)都已经由上帝、命运或其他力量决定或已经知道,包括人的行动;决定论强调发生的一切是有条件的,给定这些条件,没有什么能够发生(http://en.wikipedia.org/wiki/Fatalism)。在西方学术界,把马克思的历史唯物主义视为"经济决定论",把社会发展规律视为"历史宿命论"。霍金认为"马克思主义"是"科学宿命论"(霍金,蒙洛迪,p.66)。而非决定论者认为自然界与人类社会的变化是无规律的,水既可以随温度的变化而变化,也可以不变化;人类社会的发展更无规律可言,"一切都可能发生"(波普尔,p.304)。波普尔引证:"试想某一天,如果我们的经济体系(包括全部的机器设备和社会组织)被毁灭了,但是科学技术方面的知识却还能保存下来。在这个例子中,它要获得重建,可想而知用不了多少时间。然而,试想有关这些事物的一切知识都消灭了,而这些物质的东西却保存着。这好比是一个野蛮的部落占据了一个高度工业化却又废弃了的国家所发生的情形。它很快会导致文明的物质遗迹的完全消失。"(波普尔,pp.176~177)

[46] http://zh.wikipedia.org/wiki/宿命论。

[47] 马克思.中国纪事//马克思恩格斯全集[M].15卷.北京:人民出版社,1995:545.

[48] 恩格斯.波斯和中国//马克思恩格斯选集[M].1卷.北京:人民出版社,1977:709~710.

[49] "俟":《说文》释"大";《唐韵》等释为"待"(《康熙字典》)。

[50] 孔子说:"君子有三畏,畏天命,畏大人,畏圣人之言。小人不知天命而不畏也,狎大人,侮圣人之言"(《论语·季氏》)。唐君毅指出:"'命'这个字代表了天与人的相互关系"(唐君毅.中国先秦哲学中的天命[C]//郝大维,安乐哲.孔子哲学思微[M].蒋弋为,李志林,译.南京:江苏人民出版社,1996:159)。《谷梁传》:"人之于天也,以道受命。天之于人也,以言授命。不若于道者,天绝之,不若于言者,人绝之也。"实际上,这里"天命"具有浓厚的宗教色彩。《中庸》:"天命之谓性,率性之谓道","从天而颂之,孰与制天命而用之"(《荀子·天论》)。这里的"天命"宗教色彩已经消失,荀子甚至把"天命"理解为具有必然性的自然法则。

[51] 老子说:"我无为,而民自化;我好静,而民自正。"(《道德经·第57章》)庄子说:"有天道,有人道。无为而尊者,天道也;有为而累者,人道也。主者,天道也;臣者,人道也。天道之与人道也,相去远矣,不可不察也。"(《庄子·外篇·在宥》)毛泽东早年读《曾文正公手书日记》时笔记写道:"言士要转移世风,当重两义,曰厚曰实。厚者勿忌人;实则不说大话,不好虚名,不行架空之事,不谈过高之理。不行架之事,福泽谕吉。"(毛泽东.讲堂录,1913年10—12月)

[52] 1984年在云南澄江帽天山发现距今5.3亿年的寒武纪动物化石,累计已发现200余种早寒武纪珍稀动植物化石和遗迹化石。这种现象也被称为"寒武纪生命大爆发",达尔文当年非常困惑,在《物种起源》(1859年)中写道:"这件事情到现在为止都还没办法

解释。所以,或许有些人刚好就可以用这个案例,来驳斥我提出的演化观点”(达尔文.物种起源[M].北京:商务印书馆,1997:531)。目前对这一现象并没有得到科学解释[孙毅霖.寒武纪生命大爆发现象的困惑与思考[J].自然辩证法通讯,2008(1)]。张宝盈认为:“人类以及庞大的生物家族的存在铁一般地证明了一个事实:地球是一架十分高超的创造生命的神奇机器。她创造了地球上的所有生命。那么,这架神奇机器的核心部位在哪里呢?它可能也在大气层中的电离层、辐射带与地壳表层之间的电磁场中。”(张宝盈.发现天机[M].北京:光明日报出版社,2006:10)当然,这也只是一种“假设”。但表明生物进化论是存在严重缺陷的。而中国古代哲人从整体上、系统上讲天地万物由阴阳化生应该是正确的。

[53] 荆门市博物馆.郭店楚简[M].北京:文物出版社,1998:179.

[54] 陈来.荆门竹简之《性自命出》篇初探[C]//中国哲学[M].20 辑.沈阳:辽宁教育出版社,1999。

[55] 巴鲁赫·斯宾诺莎(1632—1677 年)认为宇宙间只有一种实体。神、实体、自然就是一回事。因为神(Deus)是绝对无限的存在,也即具有无限多的属性的实体,其中每一属性各表示永恒无限的本质(斯宾诺莎.伦理学[M].贺麟,译.北京:商务印书馆,1983:3)。但斯宾诺莎的神等同的自然是“产生自然的自然”(naturanatruans)或者可称作“自然规律”。“自然,我这里指的不是一种物质及状态,而是指除了物质之外还有一个无限物。”(斯宾诺莎,1963,p.91)因此,“自然就是上帝。自然规律就是上帝的意志。所以,我们能够追求一个统一的知识系统,即对自然的认识就是对上帝的认识。一旦神学被科学所同化,那么实在就会充分地趋近于理性。”(H. P. 里克曼.理性的探险[M].北京:商务印书馆,1996:79)爱因斯坦在和 A.施特恩的谈话中,说他自己的哲学是“宇宙的宗教”(爱因斯坦,1976c,p.379)。爱因斯坦在谈到上帝概念时说:“我信仰斯宾诺莎的那个在存在事物的有秩序的和谐中显示出来的上帝,而不信仰那个同人类的命运和行为有牵累的上帝。”(爱因斯坦,1976a,p.243)“同深挚的感情结合在一起的、对经验世界中所显示出来的高超的理性的坚定信仰,这就是我的上帝概念。照通常的说法,这可以叫做‘泛神论的’概念(斯宾诺莎)。”(爱因斯坦,1976a,p.244)

[56]《史记·卷四·周本纪》:“封尚父于营丘,曰齐。”齐的周围是东夷的许多古老氏族部落及殷遗民,“简其礼,因其俗”,齐国盛行东夷文化和殷商文化。《史记·齐世家》记载:“盖太公之卒百有余年(?),子丁公吕伋立,丁公卒,子乙公得立。乙公卒,子癸公慈母立。癸公卒,子哀公不辰立”。这一世系是依庙号记载下来的,是以天干纪名,和殷商相同,却不同于鲁文化或周文化。

[57] 马克斯·韦伯在其著作《新教伦理与资本主义的发展》一书中阐释了新教伦理在资本主义精神的形成与发展中起着至关重要的作用,进而深刻地影响了资本主义的经济发展。斯达克不赞成韦伯的观点,斯达克认为基督教是唯一一个推崇理性的宗教。正是这种对理性的信仰,推动了科学研究、个人自由和资本主义的发展。

第九章

天人合一思想的应用

一、引言

“天人合一”是中国传统文化的核心思想。中国传统思想在几千年的发展过程中，诸子百家、派别林立，不断推陈创新。而天人合一思想渗透到中国政治、经济、军事、文化和社会生活的各个方面，限于篇幅，我们围绕本书的主题，主要介绍如下几个方面。

二、生态绿色农业

狩猎、采集可能是人类出现以来到旧石器时代为止基本的生存技能。在人类处于“原始游群”(primitive horde)时代，因人口的繁衍，为满足肉食的需要要追逐移栖的兽群。据古生态学家估计，这种迁移速度为每年10英里。人类为了招徕更多的猎物，会定期进行焚烧以增加牧草的营养含量，从而改变植物演替的进程(贝纳特，科茨，p. 21)；由采集到森林的采伐都会对生态环境造成影响。进入文明时代，渔猎、采集、采伐仍然是人类从自然获取的一种重要技术。

农业大概在12000年前在两河流域、亚洲及中美洲、安第斯地区出现。从那时开始农业社会渐渐开始扩张取代狩猎采集社会。中国的农业起源是多元的。长江流域、黄河流域、华南地区、云贵高原和北方地区等，都形成了区域性农业文化。[1]迄今为止，在湖南省道县玉蟾岩、江西省万年县仙人洞及广东省英德市牛栏洞等洞穴有稻作遗存。据有关方面测定，玉蟾岩遗存距今15000～14000年，仙人洞遗存距今10000～9000年，7500年以后则完全是栽培稻，也就是说，栽培稻出现于新石器时代初期(距今10000～9000年)；牛栏洞遗存距今11000～8000年(陈文华，pp. 43～44；刘庆柱2010，pp. 99～110)。距今8000年，黄河流域、西辽河地区普遍种植了粟作物，栽培粟可能距今10000年前后在太行山东侧和燕山南麓等地率先发现(刘庆柱，2010，p. 110)。

农业是自然经济体系。要取得农产品需要生物环境、非生物环境和人文环境投入。“农业是整个古代世界的决定性的生产部门”(马克思，恩格斯，1995d，

p. 149)。人类对生态环境的影响随着生产力的发展日益加大，而自然环境对农业乃至人类社会的影响也是全面的。

我国先民对于如何将自然环境有效地纳入农业生产之中有着丰富的经验积累。据不完全统计，我国古代的农业著作，包括现存的和已经散失的，总共有376种。这三百多种古代农书，按其内容大体上可分为两类，一类是综合性农书；另一类是专科性农书（项弋平，1985）。王毓瑚《中国农学书录》把《神农》列为农书之首，“似乎本书内容纯属占候性质。如《占经》所引，其言大都近于神秘，与后世的农谚不同”（王毓瑚，p. 2）。《夏小正》成书于战国时期，也有人说它是夏代的历法。《礼记·礼运》：“孔子曰，我欲观夏道，是故之杞而不足征也，吾得夏时焉。”《史记·夏本纪》：“孔子正夏时，学者多传夏小正云。”《夏小正》是太阳历，分别记载每月的物候、气象、星象和有关重大政事，特别是生产方面的大事。书中反映当时的农业生产的内容包括谷物、纤维植物、染料、园艺作物的种植，蚕桑，畜牧和采集、渔猎；蚕桑和养马、马的阉割，染料的蓝和园艺作物的芸、桃、杏等的栽培。《夏小正》的指时标志，以动植物变化为主，用以指时的标准星象都是一些比较容易看到的亮星，如辰参、织女等。[2]同时说明我国对生态农业的经验积累在三千多年前已经达到了一定程度。

农业生产讲究“天、人、地”统一。《易经·系辞下》：“易之为书也，广大悉备，有天道焉，有人道焉，有地道焉。”《吕氏春秋·审时》：“夫稼，为之者人也，生之者地也，养之者天也。”到汉代，天、地、人演变为“力”、“地”、“时”。晁错说：“粟米布帛，生于地，长于时，聚于力。”（《汉书·食货志》）

农业生产首先是要合理开发利用土地。班固说：“人非土不立，非谷不食。土地广博，不可遍敬也；五谷众多，不可一一祭也。故封土立社，示有土地；稷，五谷之长，故立稷而祭之也。”（《白虎通》）最初的农业耕作制度是生荒耕作制度，即“刀耕火种”。随着生产力的提高和人口的繁衍，先民逐渐采用“轮种轮休”。大概到秦汉时期，我国已经实行“精耕细作”，积累了大量识土、用土、改土、养土的经验（杜娟，2012）。《氾胜之书》提出：“趣时和土”，“变通者，趣时者也”（《易·系辞下》）。《氾胜之书》提出根据不同季节和时间“耕田”或“和土”，例如：“春冻解，地气始通，土一和解。夏至，天气始暑，阴气始盛，土复解。夏至后九十日，昼夜分，天地气和。以此时耕田，一而当五，名曰膏泽，皆得时功。”由于土地利用强度的提高，必须实行人工施肥来提高土壤的“地力”。根据考古发现，距今5000年前后浙江吴兴钱山漾遗址就有施肥的痕迹，并发现一种形似畚箕的带柄木器，形制亦同该地区农民现代使用的木千篰一样，是一种取河泥施肥的工具。中耕除草同施肥结合起来，无疑会大幅度地提高农作物的单位面积产量。[3]关于殷代的农业种植技术，在甲骨文中已发现有施肥的记载，如云：“西单田受（有）年。十三月。”（《存》2·166）（徐中舒，2003，p. 943）胡厚宣先生考证“”即“屎”字。显然，这里指的是在西单平地上施用粪肥，将来能否得到丰收的施肥卜辞。[4]《周礼》中提出“土化之法”，认为土壤可以通过人工施肥的办法达到熟化的目的。《诗经·周颂·良耜》：“其镈斯赵，以薅荼蓼；荼蓼朽止，黍稷茂止。”这表明西周时期人们使用绿肥。《礼记·月令》：“仲夏之月，土壤溽暑，大雨时行，烧剃行水，利以杀草，如以热汤，可以粪田畴，可以美土疆。”战国初，李悝在魏国为相时，作“尽地力”之教：“治田勤谨，则亩益三升。”（《汉书·食货志》）汉代推广“代田法”和“区田法”等方式。宋代陈旉的《农书》提出了“地力常新壮”、“用粪犹用药也”（《陈旉农书·粪田之宜》）的观念，我国的农田不断精细化耕作。

如果说土地是财富之母，那么，“水”就是生命之源。中国远古时代就开始了水利工程的建设。传说尧舜时洪水泛滥，禹率众疏导江河，障围湖沼，开挖沟洫，足迹遍及河、济、江、淮流域，终于把洪水平息了。当时的“治水”主要是防洪。于省吾根据商代甲骨文的研究，认为商人只是害怕洪水，全然不知道筑堤、水利和灌溉（于省吾，1957）。有关灌溉文字记载首见于《左传》。“为田洫，司氏、堵氏、侯氏、子师氏皆丧国焉。”（《左传·襄公十年》）公元前424—前296年，魏国在河南北部的漳河地区完成了第一个著名的灌溉网，这个灌溉网只有20里长（友于，1959）。公元前8世纪，大规模的灌溉网才出现于陕西渭河流域和四川盆地。公元前250年左右建成的著名的都江堰水利系统一直在使用，目前灌溉面积扩大到1000多万亩。汉代以来，农民耕种国家土地需要向国家缴纳税赋等义务，水利工程都由国家统一计划与组织实施。对水资源的分配，国家设立了专门的职位来进行管理，历朝历代在全国各地进行有规模的灌溉工程建设（郑肇经，1993，pp. 294～300）。

同时，科学灵活地掌握农时是取得农业收成的根本条件。为了掌握农时，我国很早制定了农用的历法。殷墟甲骨文和《逸周书·时训》等古文献中就有立春、立夏、立秋、立冬、春分、夏至、秋分、冬至的记载。《诗经·豳风·七月》中已经有“四月秀葽，五月鸣蜩”，“八月剥枣，十月获稻”的物候记载。西汉初期的《淮南子·天文训》一书中已有二十四节气的全部名称。《逸周书·时训解》将一年分为七十二候，每个节气为3候，每候5天，各有一相应的物候现象。《夏小正》、《吕氏春秋·十二纪》、《淮南子·时则训》、《礼记·月令》等书中，都有大量的物候内容。农民根据历法合理安排农业生产。“不违农时，谷不胜食也”；“春耕、夏耘、秋收、冬藏，四者不失时，故五谷不绝，而百姓有余食也”（《荀子·王制》)；“污池渊沼川泽，谨其时禁，故鱼鳖优多，而百姓有余用也。斩伐养长不失其时，故山林不童，而百姓有余材也”(《荀子·王制》)。

为了取得好的收成，形成了一套选种、提高成活率的办法与制度。《祀胜之书》认为：“母强则子良、母弱则子病”，“取麦种，候熟可获，择穗大强者”，收割下来，成束晒干，收藏好，“顺时种之，则收常倍”。北魏时期农学家贾思勰说：“粟、黍、穄、粱、秫常岁别收，选好穗色纯者，劁刈高悬之，至春治别种，以拟明年种子”(《齐民要术》)，还强调留种田要“尝须加锄”，收获时要“先治而别埋”。元代的《王祯农书》也注意到选种留种问题，明确提出如果播种低劣的种子，长出的苗会”“疥而不肥”。“疥”即病害。徐光启在《农政全书》中谈到棉苗立枯病发生的原因时，指出“种病如胎病”，阐明了种子带病对今后棉苗生长的影响，并提出“欲求不病，择种一矣”的防除棉苗立枯病的方法。同时，在种子处理方法上，秦汉时期有“后稷法”、“神农法”(《氾胜之书》)。经过这样处理的种子，不仅可使庄稼免于蝗虫等的为害，而且还可以使庄稼更加耐旱，从而能使人们获得加倍的收成。

三、生态环境保护

(一)生态系统理念

“天人合一”观把天、人、地统摄在一个有机的系统之中，表达了思维的系统性、整体性特点，主张人、社会与自然和谐的生态伦理思想。中国古代有八卦、五行、阴阳三个思想体系，天与人都是一一相对应的。

1. 阴阳

阴阳在《易传》中作为哲学范畴，主要代表相反相成的两种属性，在宇宙自然或自然事物整体之中相互关系而又对立统一的两个方面，它们之间具有互根、互动、交感、互制、消长、转化、胜复等关系。《黄帝内经》说：“夫言人之阴阳，则外为阳，内为阴；言人身之阴阳，则背为阳，腹为阴；言人身脏府(腑)中阴阳，则脏者为阴，府者为阳。肝、心、脾、肺、肾，五脏皆为阴；胆、胃、大肠、小肠、膀胱、三焦，六府皆为阳……此皆阴阳、表里、内外、雌雄相输应也，故以应天之阴阳也。”(《黄帝内经·金匮真言论篇第四》)男为阳，女为阴，气为阳，血为阴，君子为阳，小人为阴，《周易·泰卦·象言》曰：“内阳而外阴，内健而外顺，内君子而外小人，君子道长，小人道消也。”《周易》还将阴阳与道德对应起来，例如：“立天之道曰阴与阳，立地之道曰柔与刚，立人之道曰仁与义。”柔、仁与阴对应，刚、义与阳对应。总之，中国古人将人事与阴阳对应，这是很普遍的现象。

2. 八卦

《周易》中的八卦是乾、坤、震、巽、坎、离、艮、兑。它们对应的自然界是天、地、雷、风、水、火、山、泽。对应的人事是父、母、长男、长女、中男、中女、少男、少女。对应人体的是首、腹、足、股、耳、目、手、口。这样,天为父,地为母,天人就对应上了。

表 9－1　　中国古代八卦思想体系

八卦	乾☰	兑☱	离☲	震☳	巽☴	坎☵	艮☶	坤☷
物象	天	泽	火	雷	风	水	山	地
方位	西北	西	南	东	东南	北	东北	西南
人物	父	少女	中女	长男	长女	中男	少男	母
人体	首	口	目	足	股	耳	手	腹
季节	秋冬	秋	夏	春	春夏	冬	冬春	夏秋

3. 五行

五行说最早见于《尚书·洪范》,它将人事的貌、言、视、听、思与五行中的水、火、木、金、土一一对应。到战国后期,建立起以五行为框架的宇宙模式,把当时人们所能掌握的内容都尽量装入这个体系。例如把一年四季(四时)和方位、五色、五味都与五行对应,四季与五行对应是有困难的,但是,人们先将土挂在季夏之末,如《吕氏春秋》;有的则在夏季中设一个长夏来与土对应,如《黄帝内经》。到了汉代,要提高土的地位,就将土与四时对应,使土在五行中具有了特殊的地位。

表 9－2　　中国古代五行思想体系

自然							五行	人体						
五音	五味	五色	五化	五气	五方	五季		五脏	六腑	五官	形体	情志	五声	变动
角	酸	青	生	风	东	春	木	肝	胆	目	筋	怒	呼	握
征	苦	赤	长	暑	南	夏	火	心	小肠	舌	脉	喜	笑	忧
宫	甘	黄	化	湿	中	长夏	土	脾	胃	口	肉	思	歌	哕
商	辛	白	收	燥	西	秋	金	肺	大肠	鼻	皮毛	悲	哭	咳
羽	咸	黑	藏	寒	北	冬	水	肾	膀胱	耳	骨	恐	呻	栗

综上可见,“天人一类”,人与天的关系是非常密切的,甚至是一一对应的。西汉董仲舒将天人关系归纳成一句话:“以类合之,天人一也”(《春秋繁露·阴阳义》)。马王堆出土的《黄老帛书》中说:“天地无私,四时不失。天地立,圣人故载。过极失[当],天将降央(殃)。人强胜天,慎辟勿当。天反胜人,因与俱行。先屈而信(伸),必尽天极,而勿擅天功。”人类的政治行为要顺从自然规律,如果

“过极失当”,就会要遭到天(自然)的报复。《黄老帛书》把破坏生态的因素归结为五个方面,叫做五逆:“阳窃者疾,阴窃者几(饥),土敝者亡祀,人执者失民,党别者乱,此谓五逆。”所谓阳窃、阴窃,指阳气、阴气过度损耗,是用阴阳平衡理论来说明生态平衡的破坏问题。土地过度使用造成贫瘠或荒漠化,那就要“绝祀”,人不能繁衍下去了;人力的过度使用则会失去民心,党派斗争要造成社会动乱。

(二)把自然界的万物视为“天物”

老子说:“天之道,利而不害。”(《道德经》第八十三章)河上公注:“天生万物,爱育之令长大,无所伤害也。”王方曰:“天者,群物之宗,常以慈畜万物,岂有害之之意。”[5]实际上,这种思想在夏商时代就存在。《尚书·周书·武成》:“今商王受无道,暴殄天物,害虐烝民。”孔颖达疏:“天物之言,除人外,普谓天下百物鸟兽草木。”《后汉书·皇后纪上·和熹邓皇后》:“未有内遭家难,外遇灾害,览总大麓,经营天物,功德巍巍若兹者也。”唐陆龟蒙《书李贺小传后》:“吾闻淫畋渔者谓之暴天物;天物既不可暴,又可抉擿刻削露其情状乎?”《太平经卷之六十七·六罪十治诀第一百三》:“今皇天有道,以行生凡物,扰扰之属,悉仰命焉……其心善,则助天地帝王养万二千物,各乐长生;人怀仁心,不复轻贼伤万物,则天为其大悦,地为其大喜,帝王为其大乐而无忧也,其功增不积大哉?夫一人教导如此百愚人,百人俱归,各教万人,万人俱教,已化亿人,亿人俱教,教无极矣。”

在此,与基督教把宇宙万物视为人的“礼物”的伦理观(坎默,p. 79)是完全对立的。

(三)遵循生态发展自然规律,制定可持续发展之政令

我国保护生态环境的论述与政令很早就有。“文王受命之九年,时维暮春,在鄗召太子发曰:‘呜呼!我身老矣,吾语汝。我所保与我所守,传之子孙。吾厚德而广惠,忠信而志爱,人君之行。不为骄侈,不为泰靡,不淫于美,括柱茅茨,为民爱费。山林非时,不升斤斧,以成草木之长,川泽非时,不入网罟,以成鱼鳖之长。不麛弭不卵,以成鸟兽之长,畋渔以时,童不夭胎,马不驰骛,土不失宜。土可犯材,可蓄润湿,不谷树之竹苇莞蒲,砾石不可谷,树之葛木,以为絺绤,以为材用。故凡土地之间者,胜任裁之,并为民利。是鱼鳖归其泉,鸟归其林,孤寡辛苦,咸赖其生,以遂其材。工匠以为其器,百物以平其利,商贾以通其货。工不失其务,农不失其时,是谓和德。’”(《逸事周书·文传》)这是我国最早的有关生态保护的论述。而这种生态保护的意识可溯源至虞夏。“旦(周公旦)闻禹之禁,春三月,山林不登斧,以成草木之长;三月遄不

入网罟,以成鱼鳖之长。且以并农力执,成男女之功。夫然则有生而不失其宜,万物不失其性,人不失七事,天不失其时,以成万财。既成,放此为人。此谓正德。”(《逸周书·大聚》)

西周时期,已有“山虞”、“林衡”等专司林业事务的官员,且严格规定:“不树者,无椁。”就是说,不植树者,死后无棺木。顾炎武《日知录》卷十二《官树》条在证引《周礼·野庐氏》、《国语》单襄公述周制等事后说:“古人于官道之旁必皆种树以记里,至以荫行旅。是以南土之棠,召伯所茇;道周之徒,君子来游;固已宣美风谣,流恩后嗣。子路治蒲,树木甚茂;子产相郑,桃李垂街。”所以,植树起到绿化、固渠、记里、遮阴、体现政绩之作用。此后,一些封建朝廷出台法规政令保护林木,鼓励人们植树造林,并成立管理机构以保证政令的执行。民间也制定乡规保护林木。古代除了大力提倡经济林木的种植,用以改善百姓的生计外,也大力提倡种植行道林、护堤林及山地育林,用以固护道路、堤岸,改善环境(刘彦威,2004)。

《礼记·月令》和《吕氏春秋·十二纪》将每个月的时令,政府的祭祀礼仪、职务、法令、禁令,归纳在五行相生的生态系统中。例如:“孟春之月,牺牲毋用牝。禁止伐木,毋覆巢,毋杀孩虫、胎夭飞鸟,毋麛毋卵,毋聚大众,毋置城郭,掩骼埋胔……仲春之月,毋竭川泽,毋漉陂池,毋焚山林……季春之月,命野虞无伐桑柘。”(《礼记·月令》)

《吕氏春秋·孟春纪第一》:“始生之者,天也;养成之者,人也。能养天之所生而勿撄之谓天子。天子之动也,以全天为故者也。此官之所自立也。立官者,以全生也。”也就是说,天子、官员必须制定政策来“养天之所生”。

1975 年 12 月在湖北云梦睡虎地出土的《云梦秦简》,其中,《秦律·田律》:“春二月,毋敢伐材木山林及雍(壅)堤水。不夏月,毋敢夜草为灰,取生荔、麛(卵)鷇,毋□□□□□□□毒鱼鳖,置罔(网),到七月而纵之。唯不幸死而伐绾(棺)享(椁)者,是不用时。邑之(近)皂及它禁苑者,麛时毋敢将犬以之田。百姓犬入禁苑中而不追兽及捕兽者,勿敢杀;其追兽及捕兽者,杀之。河(呵)禁所杀犬,皆完入公;其他禁苑杀者,食其肉而入皮。”此后,各朝代在农业法规中都有一些生态环境保护的规定。

四、绿色的生活方式

我国古代哲人提出天人相应、天人同性、天人同气、天人同类、天人相副、天人同构、天人一体、天人同理、天人同象、天人同数、天人感应等思想,有的是根据感觉所形成的经验知识,有的是主观唯心主义的东西。但是,我国古代哲人明确提出地理环境、气候、饮食、起居和自然界周期性变化等因素对人的身体健康影响极大。大量的统计报告表明，人的生老病死都有时间倾向（崔允文，pp. 314～327）。《黄帝内经》："上古之人，其知道者，法于阴阳，和于术数，食饮有节，起居有常，不妄作劳，故能形与神俱，而尽终其天年，度百岁乃去。今时之人不然也，以酒为浆，以妄为常，醉以入房，以欲竭其精，以耗散其真，不知持满，不时御神，务快其心，逆于生乐，起居无节，故半百而衰也。"（《黄帝内经·素问卷第一》）

（一）绿色饮食文化

饮食的本质是满足人体维持正常生理活动的需要。在人工取火发明之前，人类基本上采取"自然饮食"的方式。考古学研究表明，人类在一百万年前就能控制用火。由用火到人工取火是一个历史自然过程。我国古代有"钻燧生火"的神话传说和"火镰取火"传承（叶茂林，1989）。《管子·轻重》："炎帝作，钻燧生火，以熟荤臊，民食之，无兹胃之病，而天下化之。"《韩非子·五蠹》："上古之世，民食果蓏蚌蛤，腥臊恶臭，而伤腹胃，民多病，有圣人作钻燧取火，以化腥臊，而民悦之，使王天下，号之曰燧人氏。"人工取火发明之后，人类由自然饮食阶段进入了调制饮食阶段，并形成了各具特色的饮食文化。

饮食文化包括烹调、食品制造、食疗、民俗和饮食文艺等方面。

民以食为天（《汉书·郦食其传》），历朝历代的政策往往把民食政策放在第一重要的地位。在周代，人民主食五谷，肉食有牛猪羊鸡雁雉兔（《曲礼》）、龟鲤鲂鱮，狗马狼也多捕食，鼋蜃蛤也食用，蔬菜多用羹，酒醴浆湆等为饮物。显然，食物范围比今天少得多。古人讲究饮食，并形成了华夏特有的饮食文化。对后世影响最大的饮食理论，当数儒家和医家学说。孔子的语录《论语》一书记录了孔子不少关于饮食的论述。孔子认为"君子食无求饱，居无求安，敏于事而慎于言"（《论语·学而》）。《千金要方》："饮食过多则聚积，渴饮过多则成痰。"《管子》："饮食有节……则身体利而寿命益；饮食不节……则形累而寿命损。"《黄帝内经》："谨和五味.骨正筋柔，气血以流，腠理以密……长有天命。"等等。传统的饮食理论对于改变今天吃喝成风的恶俗具有指导和警示作用。

我国在很早就发明了食品的绿色保鲜与贮藏技术。考古发现，二万年前的山顶洞遗址，地下室就是恒温保藏法的物证。周代已经有冰窖、井藏和荫凉餐厅。另外，我国先民用薰烤法和风干法来对食品进行保鲜与贮藏（林乃燊，p. 43）。实际上，在电冰箱发明和防腐剂（如亚硝酸盐及二氧化硫等）发现之前，我国人民一直就用绿色的方法来对食品进行保鲜与贮藏。

我国的烹调理论与技术在世界上是独具一格的。在夏商周三代，我国的烹调技艺就已经达到很高水平。《礼记·内则》："凡食齐视春时，羹齐视夏时，酱齐视秋时,饮齐视冬时。凡和,春多酸,夏多苦,秋多辛,冬多咸,调以滑甘。牛宜稌,羊宜黍,豕宜稷,犬宜粱,鴈宜麦,鱼宜苽。春宜羔豚,膳膏芗。夏宜腒鱐,膳膏臊。秋宜犊麛,膳膏腥。冬宜鲜羽,膳膏膻……脍,春用葱,秋用芥。豚,春用韭,秋用蓼。脂用葱,膏用薤,三牲用藙,和用醯,兽用梅。"中医认为,咸、甜、酸、苦、辣分别与人体的肾、脾、肝、心、肺相对应,各有其特殊的作用。五味适量,对五脏有补益作用,"多食咸,则脉凝泣而变色;多食苦,则皮槁而毛拔;多食辛,则筋急而爪枯;多食酸,则肉胝皱而唇揭;多食甘,则骨痛而发落,此五味之所伤也。"(《黄帝内经·五藏生成篇第十》)显然,在选食料和五味调配上,不但要注意到口感,而且要注重营养和调节生理阴阳平衡。

传统饮食养生学特别强调天人相应、调补阴阳和审因用膳的观点,在营养保健学方面独具特色。《黄帝内经》提出了保健的三大途径:第一,人要与自然环境相适应,"阴阳四时者,万物之终始也,死生之本也。逆之则灾害生,从之则苛疾不起,是谓得道"(《黄帝内经·四气调神大论篇第二》)。第二,膳食要平衡。"五谷为养,五果为助,五畜为益,五菜为充,气味合而服之,以补精益气。此五者,有辛酸甘苦咸,各有所利,或散或收,或缓或急,或坚或委,四时五藏,病随五味所宜也。"第三,调适情绪,"余知百病生于气也,怒则气上,喜则气缓,悲则气消,恐则气下,寒则气收,炅则气泄,惊则气乱,劳则气耗,思则气结,九气不同,何病之生?"(《黄帝内经·举痛论篇第三十九》)《黄帝内经》、《山海经》等先秦著作列出许多食疗方济。以此为基础,食疗方法在我国得到进一步发展。

同时,不同地域,因气候、地理、历史、物产及饮食风俗的不同,经过漫长历史演变而形成的一整套自成体系的烹饪技艺和风味,形成了区域性饮食文化。到唐宋时,南食、北食各自形成体系。发展到清代初期时,鲁菜、苏菜、粤菜、川菜,成为当时最有影响的地方菜,被称作"四大菜系"。到清末时,浙菜、闽菜、湘菜、徽菜四大新地方菜系分化形成,共同构成中国汉族饮食的"八大菜系"。除"八大菜系"外还有一些在中国较有影响的菜系,如东北菜、京菜、冀菜、豫菜、鄂菜、本帮菜、赣菜、客家菜、清真菜等。在少数民族聚居地,其饮食文化也出现各不相同的特色。

(二)四季中的生活起居

宇宙万物都存在周期性,这种周期性就是节律。自然有自然的节律,生物有生物的节律。调控生物节律运行的调控器就是生物钟(崔允文,p. 36)。生物钟受多种因素的影响,包括光照周期、褪黑素(Melatonin)、钟基因、温度等(孙杰,等,2009)。到目前为止,已确定的生命或生物节律已达百种以上。从生物分子的代谢过程、细胞膜的通透性、组织器官的生理功能直至个体的心理行为几乎都存在着不同频率的周期性波动。根据周期长短，其类型分为：超日节律，即周期小于20小时的生物节律；近日节律，又称昼夜节律，即周期在20～28小时的生物节律；还有亚日节律、周节律、月节律、近年节律等。其中研究最多的、生物体中最常见、节律性最强的算是昼夜节律（赵瑛，1999）。而我国传统医学在二千多年前已经开始研究和应用节律生物学。“子午流注”应用的根据是“昼夜节律”。在《灵枢·经脉》篇、《营气》篇，以及《难经·一难》、《二十三难》记载着人体中12条经脉对应着每日的12个时辰，气血其顺序流注，流注到什么经位，什么经位最旺。“六气五运”则是关于时间空间运变节律性周期的应用（傅景华，2008）。它是古代的一种历法（卢央，2003，pp.109～112），在病理学的应用的依据是季节律、年节律和十年节律（马维骐，2009）。陈俊鸿、郑大正根据1976—1981年福建省建阳、莆田、仙游、福清四个县医院具有完整病历的1294例自然死亡病例进行分析发现，每年6月的死亡数最高，达153例，超过月平均死亡数的1.42倍；而死亡数最低为11月份，仅64例，只占月平均死亡数的0.59。这与《素问·阴阳应象大论》“地不满东南，故东南方阳也”的论述相符。因脑溢血、咯血、胃溃疡出血等各种出血症而死亡的病例中，以春季的死亡数为最高，是季平均死亡数的1.17倍，而其余三季因出血死亡的死亡数均在该病的季平均死亡数之下。这和《素问·金匮真言论》所说的“春善病鼽衄”相一致。白天（5—17时）、黑夜（17—6时）两组中，其死亡人数近似于3∶4，夜间死亡的例数较白天为多。这和《灵枢·顺气一日分四时》所说的“百病者，多以旦慧、昼安、夕加、夜甚”有相同之处。其中肺病死亡的以午时为最多。这和《素问·藏气法时论》所说的“肺病者，下晡慧，日中甚”相符合（陈俊鸿，郑大正，1984）。

中医认为，阴阳是“生杀之本始”，因而，“春夏养阳，秋冬养阴”。人体内心、肝、脾、肺、肾五个脏器合称五脏，古称藏。其主要生理功能是生化和储藏精、气、血、津液和神。由于精、气、神是人体生命活动的根本，所以五脏在人体生命中起着重要作用。《黄帝内经》认为，春季“发陈”养肝，夏季“蕃秀”养心，秋季“容平”养肺，冬季“闭藏”养肾，协调好人与自然界的和谐统一（《黄帝内经·四气调神大论篇第二》）。同时，根据“子午流注”，在一天12个时辰中，个人的起居要注意气血的流注及其新陈代谢，即：即子时胆经、丑时肝经、寅时肺经、卯时大肠经、辰时胃经、巳时脾经、午时心经、未时小肠经、申时膀胱经、酉时肾经、戌时心包经、亥时三焦经。实际上，生活起居的关键问题是正确处理工作、休息与睡眠的问题。而中国传统上是多阶段睡眠，即分为午睡和晚睡。清朝曹庭栋的《老老恒言》：“每日时至午，阳气渐消，少息所以养阳；时至子，阳气渐长，熟睡所以养阴也。”晚睡时间长，根据“子午流注”学说和时间生物学，从亥时初（21点）

开始到寅时末(5点)结束,是人体细胞休养生息、推陈出新的时间,也是人随地球旋转到背向太阳的一面,阴主静,是人睡眠的良辰。随着年龄的增大总睡眠时间就相应减少,"深睡期"占总睡眠的比率也是下降的(李延忠,2005,p.4),但如果最佳睡眠时间经常性出现睡眠障碍就得进行调适甚至必要的医学干预。

(三)身体锻炼

我国先民很早就注意通过运动来锻炼身心(王莹,王智慧,张秋,2013)。"昔陶唐之始,阴多滞伏而湛积,水道壅塞,不行其原,民气郁阏而滞着,筋骨瑟缩不达,故作为舞以宣导之"(《吕氏春秋·古乐篇》)。《新唐书·宦者传上·高力士》:"朕将吐纳导引,以天下事付林甫,若何?"这里指的"宣导"、"吐纳"也就是后来被称之为"气功(炁功)"一类的锻炼身体的运动方法,以呼吸的调整、身体活动的调整和意识的调整(调息、调形、调心)为手段,以强身健体、防病治病、健身延年、开发潜能来锻炼身心。这类运动在后来的发展中种类众多、流派林立。但它们的一个共同特点是体现了天人合一、人和自然合一、形神合一的整体观。同时,根据黄帝内经有关"子午流注"和阴阳节律的论述,以及国内外有关运动的统计分析,人在一天中各种机能与运动能力都有一定的时间节奏规律。人的总体运动能力在一天中的白天呈现出"三高峰"、"三低峰"的规律:第一个高峰是7—12点,是一天中的掌握技能最高峰,适宜学习和掌握技术动作;第二个高峰是14—18点,这是一天中体力的最高峰,最容易提高体力;第三个高峰是19—21点,这是灵活性、协调能力最好的时间,这个高峰实际是第二个高峰的延续。人在一天中的白天的三个运动能力低潮期是:第一低潮在4—7点;第二低潮是12—14点,这是一天中白天的最低潮,尤其14点体力最差;第三低潮是一个小低潮,是晚饭前后,时间很短,晚饭后即开始进入高潮。同时,健身锻炼时间也有讲究。一般来说,8—9点开始才是公园绿地最佳的健身锻炼时间,而一年中夏、秋两季空气最清洁,更适宜户外健身锻炼(肖平,徐本力,2006)。

(四)精神调养

中医学认为,精神与形体的协调一致,是人体健康长寿的根本保证。《黄帝内经·灵枢·大惑论》:"目者,五藏六府之精也,营卫魂魄之所常营也,神气之所生也。故神劳则魂魄散,志意乱。是故瞳子黑眼法于阴,白眼赤脉法于阳也,故阴阳合传而精明也。目者,心使也,心者,神之舍也。""心者,君主之官也,神明出焉。"(《黄帝内经·灵兰秘典论篇第八》)说明心神在人的生命活动中占主宰地位。正是由于心神的统帅作用,脏腑经络气血津液才能维持正常的机能,并能与自然界的变化相适应。精神调养有许多具体的摄养方法。如老子提出"见素抱朴,少思寡欲"(《道德经·第19章》),孔子认为"故大德……

必得其寿”(《礼记·中庸》)。《吕氏春秋·仲春纪第二》:“天生人而使有贪有欲。欲有情,情有节。圣人修节以止欲,故不过行其情也。故耳之欲五声,目之欲五色,口之欲五味,情也。此三者,贵贱、愚智、贤不肖欲之若一,虽神农、黄帝,其与桀、纣同。圣人之所以异者,得其情也。由贵生动,则得其情矣;不由贵生动,则失其情矣。此二者,死生存亡之本也。俗主亏情,故每动为亡败。”(《礼记·玉机真藏论篇第十九》)

同时,人的情绪也受生物节律的影响。《内经·阴阳应象大论》:“天有四时五行,以生长收藏,以生寒暑燥湿风。人有五藏化五气,以生喜怒悲忧恐。故喜怒伤气,寒暑伤形。暴怒伤阴,暴喜伤阳。厥气上行,满脉去形。喜怒不节,寒暑过度,生乃不固。故重阴必阳,重阳必阴。故日:冬伤于寒,春必湿病;春伤于风,复生飧泄;夏伤于身,秋必疾疟;秋伤于湿,冬生咳嗽。”20世纪初,英国医生费里斯和德国心理学家斯沃博特同时发现了一个奇怪的现象:有一些病人因头痛、精神疲倦等,每隔23天或28天就来治疗一次。于是他们就将23天称为“体力定律”,28天称为“情绪定律”。20年后,特里舍尔发现学生的智力是以33天为周期进行变化的,于是将其称为“智力定律”,后来人们就将“体力节律”、“智力节律”和“情绪节律”总称为生物三节律(李永鑫,高宏章,1998)。人体生物节律学认为,人自出生之日开始,直至生命终止,他的体力、情绪、智力节律分别按23天、28天、33天的周期在进行着临界—高潮—临界—低潮—再临界—高潮—临界—低潮类似正弦曲线这种规律的变化运动。每个人一生的三项节律曲线都是相同的,只不过在不同的日期呈现不同的点位。因此,人们应根据自己的“生物三节律”安排好工作,有效处理人际关系,调适情绪。

(五)房中术、养生与优生

房中术也称黄赤之术或男女合气之术。房中术在其形成和发展过程中,受到道家、儒家、阴阳家等“天人合一”思想的影响。大多数的房中术,都是男子对女子施行。女子对男子施行的房中术,又称为“媚术”,目的多在希望吸引男子、生育后代以及停止男子外遇。中医学吸收了房中术有益成果,成为保健、胎教及优生的指导原则。《素女经》:“天地有开阖,阴阳有施化,人法阴阳随四时。今欲不交接,神气不宣布,阴阳闭隔,何以自补?”“男不可无女,女不可无男。无女则意动,意动则神劳,神劳则损寿……强抑郁闭之,难持易失,使人漏精尿浊。”(《千金要方·养性·房中补益》)说明禁欲是有害的。同时,纵欲也是有害的,“人年四十以下多有放恣,四十以上即顿觉气力一时衰退。衰退既至,众病蜂起,久而不治,遂至不救。”(《千金要方·养性·房中补益》)“色欲过度则伤肾”(《中藏经·劳伤论》)。1973年于湖南长沙马王堆出土的竹简古医书《天下至道谈》认为房中术是“天下至道”。说明古人对生育、对性生活极其敬重。在性伴侣的选择上有完善的礼制规范,“娶妻如之何,必告父母……娶妻如之何,非媒不得”(《诗·齐风·南山》),严控乱伦与婚外性行为。但互相矛盾的是,古人认为性行为是不洁的,根源是认为妇女的月经为“血污”。“女子阴类也,以血为主,其血上应太阴,下应海潮,月有盈亏,潮有朝夕,月事一月一行,与之相符,故谓之月水、月信、月经……女人入月,恶液腥秽,故君子远之,为其不洁,能损阳生病也。”(李时珍《本草纲目》)由于认为性行为是不洁的,不能因性行为亵渎神明,“天地晦冥,日月薄蚀,虹霓地动,若御女则损人神不吉,损男百倍,令女得病,有子必癫痴顽愚,喑哑聋聩,挛跛盲眇,多病短寿,不孝不仁。又避日月星辰,火光之下,神庙佛寺之中,井灶圊厕之侧,冢墓尸柩之旁,皆所不可。”“雷且发声,有不戒其容止者,生子不备,必有凶灾。”(《吕氏春秋·促春纪第二》)“大寒、大热、大燥、大湿、大风、大震、大雾七者动精则生害矣。故养生者,莫若知本,知本则疾无由生矣。”(《吕氏春秋·季春记》)在男女身体状况不佳的情况应避免房事,如情志不调、饱食与醉酒、饥饿、疲劳、病期禁忌房事(《千金要方·养性·房中补益》等)。在时间安排上,也存在性行为禁忌。如冬至、夏至前后半月内禁忌房事。冬至阳气尚微,夏至阴气尚微,这时候行房事恐怕不能配合节气而走泄了精血,导致神气疲乏,引来祸灾。每个月的初一、十五是月廓亏空之时日,月属阴,此为阴虚,民间也忌房事,阴阳不调。每年五月初五,俗称“五毒日”;九月九日,俗称“九毒日”,均忌房事。《素女经》中提到的“合阴阳”、“九殃”指的是这类禁忌。同时,《天下至道谈》提出了“七损八益”性养生理论。“七损”为“一曰闭,二曰泄,三曰竭,四曰勿,五曰烦,六曰绝,七曰费”;八益为“一曰治气,二曰致沫,三曰知时,四曰蓄气,五曰和沫,六曰积气,七曰持赢,八曰定顷”。其核心思想是要求人体阴阳平衡,甚至滋阴补阳,健康长寿。房中术后来式微,有的说法并没有科学依据。

同时,房中术也有关于优生的论述。“人之始生……以母为基,以父为楯……血气已和,营卫已,五脏已成,神气舍心,魂魄毕具,乃成为人。”(《灵枢天年》)人体胚胎生成是男女阴阳交感而成(边海云,陈利国,2008)。《本经》:“欲得贤智之子,需得天时、地利、人和。”天时,要避免四时不正之气;地利,要注意空间环境的安宁和宜;人和,要夫妻精神心态良好,融洽愉悦。《千金翼方》:“夜半合阴阳生子上寿贤明,夜半后合生子中寿聪明智慧。”这些是可以以现代优生学和时间生物学来解释的(兰伯,pp. 98 ~ 110)。房中术作为古代的性学、性伦理学,倡导慎重性行为与注重性生理卫生、讲究性生活质量,强调对于提高人口再生产质量、社会稳定,提高人民健康幸福生活水平,是有积极意义的。

(六)绿色居住

根据考古发现,新石器时代中期的黄河流域房屋已经很普遍(刘庆柱,2010,pp. 118~119)。先民们建造房屋聚集而居,首先要考虑房屋的选址、房屋座落朝向问题等。《诗经·大雅·公刘》:“笃公刘,既溥既长,既景乃冈,相其阴阳,观其流泉。其军三单,度其隰原,彻田为粮。度其夕阳,豳居允荒。”这是记载周人的先祖公刘相土尝水,观察山川的阴阳向背,选择居外营建住房,和军民一起治理田地、种植庄稼的场景。这说明至少在周代就有了相土尝水等有必要及实际用途之规划。先民们认为居住地的地理位置对人的身体健康有直接的关系。《素问·五常政大论》:“一州之气,生化寿夭不同,其故何也?岐伯曰:高下之理,地势使然也……高者其气寿,下者其气夭,地之小大也,小者小异,大者大异。”

中国古建筑在设计、建造上充分贯穿着“天人合一”思想。春秋时代,伍子胥受命造阖闾城,“相土尝水,象天法地,造筑大城,周回四十七里。陆门八,以象天之八风。水门八,以法地之八聪”(《吴越春秋·卷四·阖闾内传》);秦始皇陵“以水银为百川江河大海,机相灌输,上具天文,下具地理”(《史记·秦始皇本纪第六》);汉代宫苑“其宫室也,体象乎天地,经纬乎阴阳,据坤灵之正位,仿太紫之圆方”(班固《西都赋》)。汉武帝开上林苑,将海上三山“移入”宫苑:“营建章、凤阙、神明……象海水周流方丈、瀛洲、蓬莱”(《汉书·扬雄传》)。

同时,城镇、村庄、住宅、阴宅(坟墓)选址和规划,把天地人和建筑作为一个有机的生态系统整体考虑其阴阳、五行、地理、山水等协调。这种技术也称为堪舆学,“堪舆,天地总名也”(《汉书·扬雄传》)。由于冬多西北风、夏多东南风,住宅多座北朝南;城镇、村庄、住宅最好的选址是依山靠水。古代提倡居住低矮、面积小的卧室。“室大则多阴,台高则多阳;多阴则蹶,多阳则痿。此阴阳不适之患也。是故先王不处大室,不为高台,味不众珍,衣不燀热。”(《吕氏春秋·孟春纪第一》)

这里特别值得一提的是我国西北的窑洞,依山靠崖,妙居沟壑,深潜土原,凿土挖洞,取之自然、融于自然,是“天人合一”思想的最佳典范。2004 年,考古工作者在陕北的吴堡县相继发现了两座原始社会龙山文化时期(属新石器时代晚期)的石头城,其中有窑洞式房址近 70 座。古人在黄土层为壁体的土穴上,用木架和草泥建造简单的穴居和浅穴居,并逐渐形成聚落。这种窑洞的雏形的产生距今已有 4500 年的时间了。陕北窑洞发展到周代还是半地穴式,到秦汉后发展为全地穴式,就是现在的土窑。明朝中叶,开始用石块做窑面墙。清末民初,当地人仿土窑模式建起了石砌窑洞。现在也有用彩色瓷砖添窑面和分割厅室及上下两层楼房式的新窑洞。窑洞在建造上资源消耗小,隔热、保温,冬暖夏凉，素有“神仙洞”的美誉[6]，是最典型的绿色建筑。

（七）绿色殡葬

中国是一个多民族国家，各民族各地区殡葬风俗有很大的差别。传统社会，汉族一般土葬。关于火葬，《墨子》、《列子》、《荀子》中都有记述。如《荀子》“大略篇”说，氐羌的俘虏，不担忧其被捆绑系累，而担忧死后不被焚烧。当时，火葬是西北地区游牧民族的习俗；西藏及临近地区十分盛行天葬；江河湖海的地区流行水葬；藏族、东北、内蒙古等地流行风葬法；古代西南少数民族地区流行崖葬，还有塔葬、高棺葬、瓮棺葬等。

各民族对葬法有不同的看法，这些观念往往与原始宗教有关。各民族文化普遍都承认有阳间、阴间，天堂、地府。灵魂不死是丧葬观念的核心。同时，华夏普遍具有“祖宗崇拜”，“孝”就是儒家伦理的基础，我国古代对丧葬高度重视，并形成了一整套丧葬制度。“丧”指哀悼死者的礼仪，“葬”指处置死者遗体的方式。古代的丧葬制度包括埋葬制度和居丧制度。居丧制度还可分为丧礼制度和丧服制度。而丧葬制度与宗法制度密切相关，其中许多内容由国家法典规定，还有许多内容在民间相沿成俗。

在墓葬的选址上贯穿着“天人合一”思想。“葬者，藏也”（《礼·檀弓》）。《周礼》：“众生必死，死必归土”，《韩诗外传》：“人死曰鬼，鬼者归也，精气归于天，肉归于地。”因而，“入土为安”。古人认为，墓地的风水关系到家族的兴旺乃至国运的长久，所以尽量厚葬，帝王更是大兴土木。中国商代时为厚葬高峰期，不仅殉葬品奢侈，并迫使大量奴隶、战俘殉葬。西周时，墓葬大小、棺椁层数、随葬品的种类及多寡，都按礼制作了规定。战国中晚期，又产生了以国君为中心的陵墓制度。秦始皇陵在其即位后即开始营建，规模巨大。汉代盛兴选择风水的墓地之说，以人殉葬之俗基本废止，随葬以陶器、漆器为主。但是，相应地，盗墓行为应运而生，新石器时代的考古资料已经可以看到有意识的墓葬破坏现象的遗存。

在先秦诸子百家中，墨子是主张“节葬”的。墨子针对当时统治者耗费大量钱财来铺张丧葬而提出“节葬”的主张。墨子认为，厚葬久丧不仅浪费了社会财富，而且还使人们无法从事生产劳动，并且影响了人口的增长。这不仅对社会有害，而且也不符合死者的利益和古代圣王的传统，因而必须加以废止（《墨子·节葬》）。《荀子·正论》：“太古薄葬，棺厚三寸，衣衾三领。”韩非子指出：“墨者之葬也，冬日冬服，夏日夏服，桐棺三寸，服丧三月，世以为俭。”（《韩非子·显学》）列子曰：“晏平仲曰：既死岂在我哉？焚之亦可，沈之亦可，瘗之亦可，露之亦可。”（《列子·杨朱篇》）《吕氏春秋》：“尧葬于谷林，通树之；舜葬于纪市，不变其肆;禹葬于会稽,不变人徒。是故先王以俭节葬死也,非爱其费也,非恶其劳也,为死者虑也。先王之所恶,惟死者之辱也。发则必辱,俭则不发。故先王之葬,以必俭、必合、必同。何谓合?何谓同?葬于山林则合乎山林,葬于阪隰则同乎阪隰。此之谓爱人。夫爱人者众,知爱人者寡。故宋未亡而东冢抇,齐未亡而庄公冢抇。国安宁而犹若此,又况百世之后而国已亡乎?故孝子、忠臣、亲父、交友不可不察于此也。”(《吕氏春秋·孟冬纪第十》)这里倡导的“深埋”方式,与大自然融为一体,在地面上不留“痕迹”。王充批评厚葬,“重死不顾生,竭财以事神,空家以送络”,主张“贤圣之业,皆以薄葬省用为务”(《论衡·薄葬》)。魏晋时期,在社会意识领域盛行自然主义风尚,同时,当时正处社会动乱,战争频繁,经济遭到破坏。厚葬之风止,薄葬盛行。曹操和曹丕成为薄葬之风的先行者。据《三国志·武帝纪》记载,曹操死后,遗令:“天下尚未安定,未得遵古也。葬毕,皆除服。其将兵屯戍者,皆不得离屯部。有司各率乃职。敛以时服,无藏金玉珍宝。”曹丕死后,皆按照曹操的遗令进行薄葬。晋沿袭曹魏之风,崇尚薄葬。据史书记载,东晋时期,皇室的葬礼基本实行薄葬。在帝王的带动下,士大夫间遗命薄葬蔚然成风。宋代的丧葬习俗受到佛教、道教和民间迷信习俗的影响,再加上正在形成体系的理学以及周边少数民族的影响,与前朝有所不同。虽然处在太平盛世,社会财富相对富足,但“薄葬”之风成为时人倡导的士流风俗。宋朝宰相王旦、范仲淹、宋祁、欧阳修、司马光、程颐等,均极力反对厚葬。南宋官府制定的“丧葬令”,规定棺椁内不得安放金宝珠玉,不准用石板作为棺椁和建造墓室。同时,宋代薄葬思想也促进了“火葬”这一丧葬形式的发展。清末民初,随着相对文明的西式丧礼的传入,中国丧葬礼仪受到严重的冲击,民国时期的丧葬习俗呈现新旧杂糅、中西杂用的特点。这一时期,传统的丧葬习俗仍然占据主导地位,但一些新式的丧葬礼仪逐渐被世人接纳(李冠杰,2007)。

殡葬不仅涉及费用问题,同时涉及生态环保问题。这也是一个世界性问题。据有关统计,美国各地公墓22500个,每年使用硬板棺材用木材30亿板英尺(70000立方米),棺材使用钢铁90272万吨,14000吨钢拱顶,2700吨铜和青铜棺材,1636000吨钢筋混凝土拱顶,827060美制加仑(3130立方米)甲醛防腐液。甲醛是致癌物品,在太平间暴露影响工作人员健康,埋葬后破坏土体破裂所必需的微生物分解[7],并且,自然埋葬占用土地面积多。全世界的自然殡葬所造成的生态环境问题是相当严重的。同样,“火葬”也存在严重的污染,也占用土地。因此,可利用环保材料制作棺材,深埋于地,地上不留痕迹(现在通过技术可以精确确定其经纬度的位置),像“尧葬于谷林,通树之”,不实际占用耕地和山地,不影响正常生产经营活动,又能较好地保留汉族的文化传统。

五、小结

中国文化自产生以来，注重经验积累，长于应用和技术创新。而“天人合一”思想应用于生产生活，创造出灿烂的中华文明。

随着技术的发展，我们知道月球自转并绕地球公转，地球和太阳系其他五星都自转并绕太阳公转，太阳带领地球和其他行星围绕着银河系中心做椭圆运动，并且，银河系也呈周期性自转。[8]宇宙中的各类天体都在不停地进行周期性运动。这些周期性运动也就是“宇宙节律”。银河系、太阳系、地月系等周期性运动变化的规律和特征对地球产生不同程度的影响与制约[9]，人类感觉最深的宇宙节律就是地球上的昼夜循环交替(皮尔兹，p. 11)。中国是最早有天文观察的国家之一。我国先民们很早就掌握了有关天体出没的时间规律与特点，至少在战国时期就施行了阴阳历，并根据物候、气候和十二次、二十八宿等天体出没的时间规律与特点，构建了一个完整的反映宇宙节律的体系。我国古人用这套体系来指导农业生产和日常生活。当然，在中国传统文化中，经久不衰地热衷于以此为基础建立易经、星占、九宫八风、六气五运等进行占卜，陷入神秘主义的泥潭。

生物节律现在称为时间生物学(chronobiology)。18世纪法国天文学家德梅兰博士观察含羞草叶子的昼夜活动呈现节律(吴少会，向群，薛芳森，2006)，但直到20世纪人们才开始对该现象作科学研究。时间生物学在近几十年得到长足的发展。而成书于战国至秦汉之间的《黄帝内经》已经认识到生物节律并加以利用。《内经素问·宝命全形论》：“人体天地之气生，四时之法成。”“人与天地相参也，与日月相应也。”(《黄帝内经·素问·宝命全形论》)人类是地球上的生物，人体的生物节律不仅受太阳的影响，而且还受月亮盈亏的影响。《素问·八神明论》：“月始生，则血气始行；月郭满，则血气实，肌肉坚；月郭空，则肌肉减，经络虚。卫气去，形独居。”“月生无泻，月满无补，月郭空无治。”(《素问·八神明》)随着月相的盈亏，对人体产生不同影响。满月时，人头部气血最充实，内分泌最旺盛，容易激动。现代医学研究证实，妇女的月经周期变化、体温、激素、性器官状态、免疫功能和心理状态等都以一个月为周期。宋代陈自明所撰《妇人良方》指出：“经血盈亏，应时而下，常以三旬一见，以象月则盈亏也。”婴儿的出生也受影响，月圆出生率最高，新月前后最低。我们在前所介绍的“子午流注”、六气五运都是以人体生物节律为基础的。

在宇宙中，“眇乎小哉！所以属于人也”(《庄子·德充符》)，人类必须顺应自然；在地球上，人类虽然已经成为万物的主宰，但必须珍惜爱护地球。因为地球是人类唯一的家园！

注释

[1] 古非.农耕与游牧——中国古代民族融合中文化二元对峙矛盾的格局[J].固原师专学报,1990(1);汤晓芳.我国古代农业文化与草原文化的形成与交流[J].宁夏社会科学,1989(6).

[2] 胡铁珠.《夏小正》星象年代研究[J].自然科学史研究,2000(3);韩高年.上古授时仪式与农事诗——以《夏小正》、《七月》、彝族"根谱"为例[J].西北师大学报(社会科学版),2006(6).

[3] 浙江省文物管理委员会.吴兴钱山漾遗址第一、二次发掘报告[J].考古学报,1960(2);良渚文化[N].百度百科(http://cache.baiducontent.com)。

[4] 胡厚宣.殷代农作施肥说[J].历史研究,1956(1);殷代农作施肥说补正[J].文物,1963(5);再论殷代农作施肥问题[J].社会科学战线,1981(1).

[5] 王方.道德真经集注[M]:卷十.《道藏》第13册第104页。

[6] 陕西吴堡县后寨子峁遗址发出庙底沟二期至龙山早期遗存[C]//发现中国:2005年100个重要考古新发现.中国文物报社,学苑出版社,2006。

[7] Natural burial:http://en.wikipedia.org/wiki/Natural_burial.

[8] 斯特鲁维于1887年利用自行数据研究银河系自转;1924年,斯特隆堡根据恒星运动的不对称性提出了银河系自转的假设。以后,林德布拉德又提出不同子系绕银河中心旋转速度不同的观睢。1927年,奥尔特从理论上推出了银河系自转对恒星视向速度和银河经自行的影响的公式(即奥尔特公式),并通过恒星视向速度的分析,证实了银河系自转(戴文赛.恒星天文学[M].北京:科学出版社,1965:212)。

[9] 韩延本.天文学与自然灾害研究[J].地球物理学进展,1998(8);汤懋苍,高晓清,董文杰.银河旋臂、地核环流与地球大冰期[J].地学前沿(中国地质大学),1997(4).

第　三　篇

绿　色　发　展

第十章

绿色发展概论

一、经济增长与经济发展

“经济发展”(economic development)一般表示社会经历的一种过程。现代制度经济学派一直强调经济发展应该是以某种社会的、政治的和文化的条件为背景的一个动态过程(克莱因,1990)。在第二次世界大战之前几乎很少使用“经济发展”一词,表示社会经济过程的词语往往用“物质进步”或“经济进步”(阿恩特,p.3),西方发达国家的人民因工业革命所引起的物质进步就是他们所经历的一切,包括资本主义发展的全部得与失;亚洲、非洲、拉丁美洲人民追求现代化、工业化,甚至西方化,获得民族独立、人民解放,享受民族生存、独立与权利,这是这些地区人民在第二次世界大战前后所经历的一切。第二次世界大战结束之后,苏联、东欧、中国等社会主义国家按照计划经济或“斯大林模式”发展经济。西方发达国家把经济增长上升为主要政策的地位,欠发达国家也把经济发展作为一种政策目标。因而,很长时间,经济增长实际上被认为是经济发展的同义语(阿恩特,p.57)。20世纪60年代后,这种情况受到了若干欠发达国家现实的挑战。一些欠发达国家按照发达国家的模式大力促进工业化、现代化和西方化,使人均国民生产总值迅速增长,但其社会政治和经济结构并未得到相应的改善,贫困和收入分配不公等情况仍十分严重。因而,纷纷放弃这种传统发展战略,改而采取变通的发展战略,即放弃经济增长理论而采用经济发展理论。发展经济学的先驱纲纳·缪达尔指出:“研究欠发达和发展的任务在于确定社会系统中各种条件之间的关系。社会系统由大量互为因果的条件组成,其中一个条件的变化会引起其他条件的变化。我们已经粗略地把这些条件归类为:产出和收入、生产条件、生活水平、对待生活与工作的态度、各种制度以及政策。”(缪达尔,2001,p.339)阿马蒂亚·森认为“发展可以看做是扩展人们享有的真实自由的一个过程”(阿马蒂亚·森,2002,p.1;p.30)。阿马蒂亚·森所谓的“真实自由”,又称“实质自由”或“实际自由”,是一种实质的(Substantive)意义上的自由,即享有人们有理由珍视的那种生活的可行能力。具体来说,“实质自由包括免受困苦——诸如饥饿、营养不良、可避免的疾病、过早死亡之类——基本的可行能力,以及能够识字算数、享受政治参与等的自由。"(阿马蒂亚·森 2002,p.30)他还指出,"自由"不仅仅包括基本的经济生活的物质保障权利(如失业者有得到救济的权利,收入在最低标准线以下者有得到补助的权利等),也不仅仅扩大到基本的意见表达和政治参与权利,更扩及到基本的教育文化权利(每个孩子享有接受教育的权利等)。总之,自由是人们能够过自己愿意过的那种生活的"可行能力"(Capability)。

实际上,经济增长(economic growth)与经济发展是一对既有联系又有区别的范畴。一般来说,经济增长是指一个国家或地区一定时期内总产出的增长,通常用一个国家或地区实际"国内生产总值"(GDP,或潜在 GDP)的年增长率进行衡量。经济增长的源泉主要是劳动、资本和技术。技术进步是经济增长的首要力量,实物投资及人力投资主要是作为技术进步的伴随物对经济增长发挥作用的(纳尔森,p.33~35),经济增长也意味着决定生产力之诸多因素的扩展与改善。但是,由于经济增长是用 GDP 来衡量,而 GDP 的增长不一定代表了生产力的发展。例如,A 国每生产 1 吨钢材需要 2 吨煤,而 B 国生产 1 吨钢材只要 1 吨煤,那么,用 GDP 来衡量,A 国的 GDP = 1 吨钢材 + 2 吨煤,而 B 国的 GDP = 1 吨钢材 + 1 吨煤,A 国的 GDP 大于 B 国的 GDP,但 A 国的生产效率是落后于 B 国的。同时,GDP 往往包含"无效 GDP"。例如,A 国在上半年建了一座高楼,耗资 50 亿元,因质量问题不能使用,采用爆破方式拆除,拆除与清理耗资 5 亿元;下半年在原地耗资 50 亿元重建,那么,A 国全年的 GDP 为 105 亿元,但其中 55 亿元是无效 GDP。显然,没有技术进步和效率的经济增长虽然能够使 GDP 增加,但并不一定代表经济发展。由于技术进步的原因,人类历史的大部分时期,每小时的劳动产出或生产率是很低的。如图 10-1 所示,如果用生产率不同年份增长的百分数来表示生产率增长率,1700—1785 年,生产率根本就没有任何增长;工业革命开始之后,生产率增长率不断提高(泰勒,p.92),经济社会不断发展。

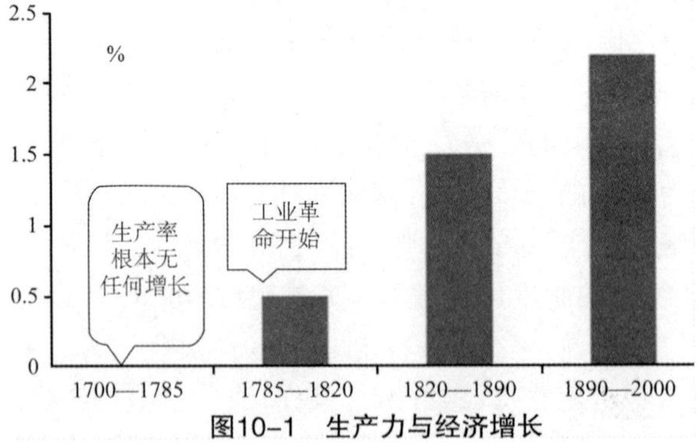

图10-1 生产力与经济增长

国内生产总值不考虑诸如休闲时间、环境质量或自然资源价值、自由、社会正义等问题。但经济发展不同,它不仅包括经济增长或人均收入的提高,还包括国民生活水平的提高,以及经济结构和制度结构的总体进步。其中两个最重要的结构性变化是,在国民总产值中随农业比重的下降,工业比重上升,以及居民在城市人口中的百分比上升。此外,进入发展阶段的国家,通常经历人口加速增长之后减速的过程,人口年龄结构出现明显的变化,消费结构也将发生变化(吉利斯等,p.7)。显然,经济发展是反映一个经济社会体系总体发展水平的综合概念,是一个国家或地区经济、政治和人民社会福利改善的过程与政策。[1]联合国开发计划署(UNDP)在1990年定义为:"发展的基本目的,就是创建一种能够使人长期地享受健康和有创造性的生活。"1993年UNDP进一步明确:"发展是人的发展,为了人的发展,由人去从事的发展。"实际上,从第二次世界大战结束后,欠发达国家在发展目标、政策措施和发展方式等方面都做了有益的探索,并形成了一门专门学科即发展经济学。发展经济学对发展的衡量问题提出了许多指标,例如识字率、预期寿命、贫困率等指标的改善。UNDP从1990年开始发布人类发展指数(Human Development Index, HDI),用来衡量各国社会经济发展的程度,并依此区分已开发(高度开发)、开发中(中度开发)、低度开发国家。HDI是根据平均预期寿命、识字率、国民的教育和生活水平计算出来的,在世界范围内可以进行国与国之间的比较。1980年中国HDI为0.4,2010年为0.663,排名第89位;2011年,居第101位。从图10-2[2]可见,中国HDI逐年提高,进入了"中度开发"国家行列。

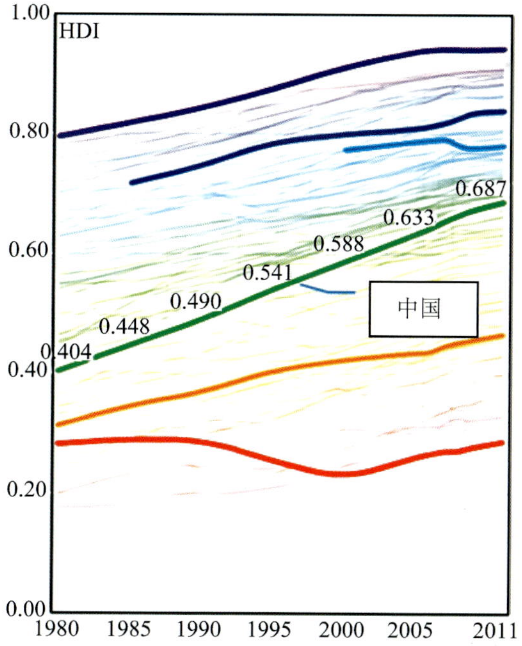

图10-2 中国HDI发展变化趋势

经济增长和人类发展存在一种双向的互相促进的关系。经济增长,国民生产总值和人均 GDP 增加,为居民家庭、政府和非政府组织提供物质支撑。随着经济增长的上升,家庭和个人可能会增加收入,从而促进人类的发展。而增加消费、提高健康和教育水平,也会促进经济增长(Hirschman, A. O., 1981, pp. 1 ~ 24)。同时,经济增长也产生额外的资源,可用于改善社会服务如医疗保健、安全饮用水等,通过创造更多的社会服务,缓解收入分配不均等问题,从而提高人民的生活水平。[3]

经济增长和社会经济发展在目标上往往出现不一致的情况,甚至出现严重的冲突。这种不一致与冲突往往表现为企业与政府政策之间、地方政府与中央政府之间、发达国家与发展中国家之间的博弈。同时,也会促进发展中国家中央政府发展目标、政策措施的不断改进。当经济增长的同时出现大量贫困人口,中央政府在发展政策措施方面就得考虑"扶贫"问题;当经济增长的同时出现经济社会结构不合理时,中央政府在发展政策措施方面就得考虑结构调整问题;当经济增长的同时出现大量环境破坏,中央政府在发展政策措施方面就得加强环境保护力度,等等。

1949 年新中国成立以后,经过三年的经济恢复,国民经济得到根本好转,工业生产已经超过历史最高水平,但是我国那时还是一个落后的农业国,工业水平远远落后于发达国家,同时也落后于许多发展中国家。1952 年,现代工业在工农业总产值中所占比例只有 26.7%(柳随年,p.7)。第一个五年计划(1953—1957 年)的基本任务是以工业化为中心的;第二个五年计划的基本任务是继续进行以重工业为中心的工业建设,进一步发展工业、农业和手工业、运输业和商业,强调加强人才与科学研究工作。但实际上形成了重工业优先发展的"赶超战略"。1964 年 12 月第三届全国人民代表大会第一次会议上,周恩来总理根据毛泽东主席建议,在政府工作报告中首次提出,在 20 世纪内,把中国建设成为一个具有现代农业、现代工业、现代国防和现代科学技术的社会主义强国。而"四化"的基础是"工业现代化",基本战略还是经济增长。在实际过程中,国家在农业方面通过工业品高价和农产品低价所形成的"剪刀差"为重工业发展积累资金,农业本身的现代化发展是十分缓慢的。1966 年开始的"文化大革命"也阻碍了科技现代化和文化的发展。因此,在计划经济时期,经济增长(扩大再生产)与经济发展没有多大差别。1979 年党的十一届三中全会把经济建设作为全党的中心工作任务,并实行改革开放,工业、农业、科教文化都得到显著的发展,经济增长持续上升,人民物质生活水平得到了明显的提高。但是,社会经济发展问题不断出现,如收入分配不公、腐败现象、贫困问题、教育资源分配不公、看病难看病贵、住房问题、食品安全与生产安全问题、自然资源低效利用和生态环境破坏问题,等等。为了解决经济社会发展过程中的诸多问题,与时俱进,党的十六大把“三个代表”重要思想同马克思列宁主义、毛泽东思想、邓小平理论一道确立为党必须长期坚持的指导思想,党的十七大把科学发展观同马克思列宁主义、毛泽东思想、邓小平理论、“三个代表”重要思想一道确立为党必须长期坚持的指导思想,并写入党章。相应地,我国国民经济和社会发展第十一个五年规划纲要提出的发展目标包括以下指标:GDP 年增长率、城镇新就业人数、转移农村劳动力人数、城镇登记失业率、价格总水平、货物进出口总额、研究与试验发展经费占 GDP 的比重、高等教育毛入学率、高中与初中毛入学率、全国总人口、主要污染物排放总量减少比例、城镇居民人均可支配收入年增长率、农村居民人均纯收入年增长率、城镇居民人均住宅建筑面积等,其重点更多地关注民生问题和社会经济发展问题。在“十一五”时期发展的基础上,我国国民经济和社会发展第十二个五年规划纲要提出了 24 项发展指标,其中自然资源合理利用和生态环境保护方面就占 10 项:耕地保有量保持在 18.18 亿亩、单位工业增加值用水量降低 30%、农业灌溉用水有效利用系数提高到0.53%、非化石能源占一次能源消费比重达到 11.4%、单位国内生产总值能源消耗降低 16%、单位国内生产总值二氧化碳排放降低 17%、化学需氧量与二氧化硫排放分别减少 8%、氨氮与氮氧化物排放分别减少 10%、森林覆盖率提高到 21.66%、森林蓄积量增加 6 亿立方米。但是,长期以来,政府部门在社会资源配置中实际上起着重要作用,尤其是 GDP 作为地方党政主要领导的绩效考核指标,地方政府公司化运作虽然促进了经济增长,但资源配置效率低,环境破坏严重,影响着经济发展,并隐存着极大的债务风险。[4]党的十八大报告提出要大力推进经济建设、政治建设、文化建设、社会建设、生态文明建设,明确提出要着力推进绿色发展、循环发展、低碳发展。党的十八届三中全会通过的《中共中央关于全面深化改革若干重大问题的决定》提出要紧紧围绕使市场在资源配置中起决定性作用深化经济体制改革,紧紧围绕更好保障和改善民生、促进社会公平正义深化社会体制改革,改革收入分配制度,促进共同富裕,推进社会领域制度创新,推进基本公共服务均等化,通过体制机制改革来真正促进经济可持续发展。

马克思曾指出,人类社会发展是一个自然历史过程,而人们不能自由选择自己的生产力(马克思,恩格斯,1995d,p. 532),因而,一个国家或地区的经济增长方式和发展模式是由其资本积累、科技发展、人力资源开发、制度安排等各种因素共同决定的。转变经济增长方式是一个渐进的过程。积极推进经济增长方式的转变,选择正确的发展道路,必须遵循客观规律,正确处理各种社会经济关系。

二、可持续发展

(一)可持续发展的概念

可持续发展源于20世纪80年代的“绿色运动”。目前世界对可持续发展的公认概念,其定义源于1987年世界环境与发展委员会的报告《我们共同的未来》:“既能满足我们现今的需求,又不损害子孙后代能满足他们的需求的发展模式”,并在1992年联合国环境与发展大会上取得共识,在《地球宪章》中得到了充分的体现。但这个定义并没有界定“需求”的概念及其含义。此后,也出现不少新的定义。有的认为,在一定的生产技术水平和偏好结构下有限的资源不能支持无限的需求(消费和投资);还有一种复杂的观点认为,如果技术和偏好结构不断变化,可持续性是一个动态的目标。显然,对怎样使这一概念具有可操作性尚未达成一致意见,但大多数维持了代际之间公平的核心伦理原则,强调当代人具有道义上的责任,以确保后代人至少能够享有同等好的生活质量(世界银行,2003,p.14)。

人类的基本活动是经济活动,但经济活动只是人类社会的一部分,而人类社会只是自然界的一部分。因而,可持续发展的概念在过去最常被分解成三个组成领域(图10－3)[5]:经济可持续性、社会可持续性和环境可持续性。有的将可持续发展区分为经济、生态、政治和文化可持续发展四个领域,有的列出了第四域即“制度”或作为“善治”。[6]

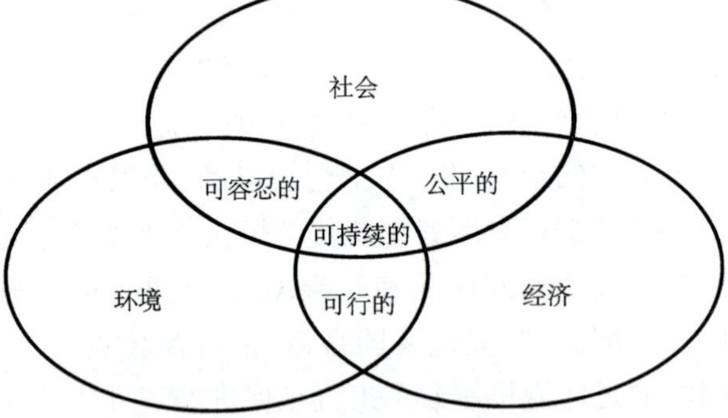

图10-3 可持续发展示意图

在传统经济学中,经济被划分为家庭、企业、政府和国外(进出口)四个部门。20世纪30年代兴起的制度经济学,尤其是科斯《企业之性质》(1960年)出版以来,制度、文化等被引入经济学分析。随着1970年人口、资源与环境等问题的出现,开始将自然系统引入经济学之中。保罗·霍伦认为自然资本主义时代，自然资源和生态系统提供的重要的生命支持服务是稀缺和相对昂贵的，自然资本（资源、生命系统和生态系统服务）将是经济体系运行的基本的资本形式，因而，生态目标与经济目标必须结合起来，企业、股东有责任解决环境问题。自然资本主义是资本主义的必然发展方向，而企业要成功迈向自然资本主义，需要经历四个阶段：第一阶段是大幅提高自然资源的生产率，努力消除资源浪费；第二阶段是构建生态型生产模式；第三个阶段是改变商业模式；第四个阶段是对自然资本进行再投资，以恢复、维系和扩大地球的生态系统，确保它提供更多的重要服务和更充裕的生物资源。也就是说，资本主义、市场经济的基本原则不变，通过制度与技术创新，使得人类的生存环境变得可持续。[7]

（二）可持续发展的衡量

可持续发展的核心是管理全部资产，包括人力资产、自然资产、人造资产、知识资产、社会（或关系）资产（世界银行，2003，p. 18），或“包容性财富”，关键是建立保护和合理使用全部资产的制度。但是，衡量可持续发展是一个很复杂的问题，有关机构一直在努力探讨一种更好的衡量方法。

1. 绿色 GDP 的核算

关于绿色 GDP 的核算问题，已有的方法主要是：

①扩展的国民账户（如联合国的“环境的绿色账户和经济账户”；世界银行的“调整后的净储蓄”；英国和其他国家的“真实进步指标”）；

②生物物理账户（如世界野生生命基金会和其他组织的“社会生态足迹”）；

③权重相同的指数（世界野生生命基金会的“地球生命指数”、世界经济论坛的“环境可持续性指数”）；

④权重不等的指数（荷兰、欧盟的“环境压力指数”）；

⑤生态效益（世界资源研究所的“资源流量”）；

⑥指标集（联合国和许多国家的可持续发展委员会所采用）；

⑦幸福指数（个人和社会全体对生活的满意程度）。

关于可持续发展衡量方法的探讨，早期主要是把经济核算与环境核算联系起来，即所谓的“绿色 GDP”账户。但“绿色 GDP”账户只是试图对国民账户进行修改，以便把环境损害、环境服务以及自然资本存量的变化包括进来。世界银行提出了“调整后的净储蓄”方法。“调整后的净储蓄”是衡量未来福利前景的一个很好的指标，它能反映一个国家或地区把消费流维持在一定水平上的能力，而 GDP 或绿色 GDP 只是衡量一个特定时间的消费流量。“调整后的净储蓄”的基本计算公式为：

$$\text{调整后的净储蓄} = \text{国内储蓄总量} - \left(\text{固定资本消耗量} + \text{能源枯竭} + \text{矿产枯竭} + \text{森林净存量枯竭} + \text{二氧化碳损害}\right) + \text{教育支出}$$

1999 年不同收入等级的调整后的净储蓄率见表 10 - 1(世界银行,2003,p.17)。尽管“调整后的净储蓄”指标在评价总体水平时是一个很有用的指标,但不能取代 GDP。它很难用于作为制定宏观调控政策的依据。而 GDP、消费、贸易等综合性指标,可以用来评估和指导有关通货膨胀率、利率和汇率等政策的制定与调整(世界银行,2003,pp.15~18)。

表 10 - 1　　1999 年调整后的净储蓄率(按人均 GDP 水平)

类型＼指标	国内储蓄总量	固定资本消耗量	能源枯竭	矿产枯竭	森林净存量枯竭	二氧化碳损害	教育支出	调整后的净储蓄
低收入国家	20.3	8.3	3.8	0.3	1.5	1.4	2.9	7.8
中等收入国家	26.1	9.6	4.2	0.3	0.1	1.1	3.5	14.3
低收入及中等收入国家	25.2	9.4	4.1	0.3	0.4	1.2	3.4	13.3
高收入国家	22.7	13.2	0.5	0.0	0.0	0.3	4.8	13.5

我国进入新世纪之后开始着手统计核算绿色 GDP 有关工作。2006 年,国家环保总局和国家统计局联合发布了《中国绿色国民经济核算研究报告 2004》。在我国绿色国民经济核算体系的框架体系下,分别采用治理成本法和污染损失法对我国 2004 年经环境污染调整的绿色 GDP 进行了核算,并分别给出全国各地区和行业的核算结果(王金南,于方,曹东,2006)。

2. 环境可持续发展指数

美国耶鲁大学环境法律与政策中心、哥伦比亚大学国际地球科学资讯网络,以及世界经济论坛合作,在 1999—2008 年间公开发表“环境可持续指数”(Environmental Sustainability Index,ESI)。该指数是一个整合性指标系统,追踪 21 项环境永续的因素,包括自然资源、过去与现在的污染程度、环境管理努力、对国际公共事务的环保贡献,以及历年来改善环境绩效的社会能力。[8] 2008 年,在全球 149 个国家中,中国位列第 105 名。

3. 城市可持续性指数

关于我国城市可持续发展的评价问题,学术界开展了一系列研究工作。[9] 2010 年,哥伦比亚大学、清华大学公共管理学院与麦肯锡公司共同实施的“城市中国研究计划”,发布中国城市可持续性指数。指数包括基本需求、资源充足性、环境健康、建筑环境、对可持续性的承诺五个方面的 18 个指标,不仅衡量城市的环境可持续性,还包括管理不断增长的城市人口所需的服务水平以及各城市的资源充足性。2011 年可持续发展指数选取了我国 112 个重点城市作为研究对象,按照一整套的社会、经济、环境和资源四大类 17 个指标对这些城市进行综合和分项的量化研究及排名。

4. 社会可持续发展指数

目前社会可持续发展指数主要是针对企业的。道琼斯公司 1999 年推出“道琼斯可持续发展指数”(Dow Jones Sustainability Indexes,DJSI)。这个指数主要是从经济、社会及环境三个方面,以投资角度评价企业可持续发展能力。该指数主要跟踪在可持续发展方面有卓越表现的大型公司,其成分股是从道琼斯全球指数(Dow Jones Global Index)2500 家全球最大的公司中表现最优秀的 10% 中选出。DJSI 被认为是全球社会责任投资的参考标杆之一,全球超过 50 亿美元的资产配置以 DJSI 为基础。道琼斯可持续发展评价体系中,经济、社会、环境保护三个维度各占 33% 的权重;行业标准占比 57%,一般标准占比 43%。指标分为两类:通用标准和与特定产业相关的标准。通用标准适用于所有产业,其选定基于对产业可持续发展所面临的一般性挑战的判断,包括公司管理、环境管理和绩效、人权、供应链管理、风险危机管理和人力资源管理等;与特定产业相关指标的选择主要考虑特定行业所面临的挑战和未来发展趋势。两类指标权重各占总权重的 50%。公司可持续性评价指标体系的指标结构与权重为:公司管理(6.0%)、风险和危机管理(6.0%)、公司制度/执行力/贪污舞弊状况(5.6%);环境维度包括:环境绩效(生态效益)(7.0%)、环境报告(3%);社会维度包括:人力资本开发(5.5%)、对专业人员的吸引力和人员稳定性(5.5%)、劳动力实践指标(5.0%)、企业公民/慈善行为(3.4%)、社会报告(3.0%)(Jump up,2012)。评价体系中数据主要来源于调查问卷、公司文件、公共信息和公司直接联系四种渠道。

我国的中证指数有限公司 2011 年 6 月正式发布中证财通中国可持续发展 100(ECPI ESG)指数。该指数以沪深 300 指数样本股为样本空间,对样本空间内的股票采用国际先进的 ECPI ESG 可持续发展评级体系,从环境保护、社会责任和公司治理等三方面进行评级,依据评级结果,选取评级靠前的 100 只股票构成指数样本股,指数采用等权重综合加权方式计算。指数基日为 2011 年 6 月 30 日,基点为 1000 点。指数每年定期调整两次,调整时间为每年 2 月和 8 月的首个交易日。

三、绿色发展

绿色发展也是可持续发展。但是,在新的历史条件下,只有改变过去的、以石化燃料为主要能源的经济发展模式，转入绿色发展（green development），才能导向可持续发展。

联合国环境规划署（2011 年）提出，绿色发展是改善人类福祉和社会公平，同时显著降低环境风险和生态稀缺的发展模式。[10]绿色经济是基于可持续发展和生态经济学知识的经济或经济发展模式。[11]欧洲环境局关于 2010 年环境状态与前景的分析认为，在至 2020 年即第七个 EAP 时期，欧洲地区将转入绿色经济，其中环境、经济、社会政策和创新使社会能够有效地利用资源，从而提高人类幸福，以一种包容的方式，保持人类赖以生存的自然系统。[12]这个定义强调了两个方面，一是经济（生产资本），其目标是提高资源效率；二是生态系统（自然资本），其目标是确保生态系统快速恢复的能力。[13]

卡尔·博卡定义了绿色经济的六个主要部门[14]：

可再生能源（太阳能、风能、地热能、海洋、包括波、沼气，燃料电池）；

绿色建筑（对能效和用水效率的绿色改造，住宅和商业建筑的评估，绿色产品和材料，LEED 工程等）；

清洁运输（替代燃料，公共交通，混合动力汽车和电动汽车，汽车共用和拼车计划）；

水资源管理（再循环、中水和雨水系统，低水环境美化，净化水质，雨水管理）；

废物管理（回收利用，城市固体废弃物打捞，棕土地整治，超级清理，可持续发展包装）；

土地管理（有机农业，栖息地的保护，城市森林和公园，造林和再造林、土壤保持等）。

显然，绿色发展是建立在生态环境容量和资源承载力的约束条件下，将环境保护作为实现可持续发展重要支柱的一种新型发展模式。绿色发展与可持续发展是有差别的。

首先，绿色发展是可持续发展的实现形式。绿色经济部门都是新兴产业。绿色经济不仅是以一种包容性的增长方式促进经济社会发展，而且是通过市场机制的方式来加强提高生态系统的快速恢复能力。“低碳经济”、“循环经济”等都是绿色经济或绿色发展的具体实现形式。绿色发展的关键是技术和制度创新。没有创新就没有绿色增长（Philippe Aghion，David Hemous，Reinhilde Veugelers，2009）。也就是说，没有绿色经济或绿色发展，可持续发展就无法实现。

其次，绿色经济是就解决当代人口、资源与环境的突出矛盾的需要而产生的。人类对环境的破坏是从局部一点一滴开始而积累起来的。然而,被人类破坏的环境反过来对人类的影响却是全面的。自工业革命以来,人类向大气中排入的二氧化碳等吸热性强的温室气体逐年增加,大气的温室效应也随之增强,已引起全球气候变暖等一系列严重问题。因此,可持续发展可以针对一个家庭、一个企业、一个城市、一个地区、一个国家或全球,但绿色发展只能针对一个区域、一个流域、一个国家和整个地球。2012 年 6 月 20—22 日,在巴西里约热内卢召开的联合国可持续发展大会(“里约 +20”峰会)上,各国就降低温室气体的排放的责任与义务进行博弈,发达国家强调发展绿色经济是大家共同的责任,但发展中国家认为,绿色经济必须纳入可持续发展的框架,必须以向发展中国家提供支持为前提。显然,绿色发展不能等同于可持续发展。

最后,绿色经济或绿色发展与自然经济也是有差别的。原始农业或传统社会的农业经济是自然经济,是原始的绿色经济或绿色发展。如果按照这种原始的绿色经济发展模式,地球上的耕地资源养活不了现在仍然在增长的人口。因此,我们讲的绿色经济或绿色发展是现代意义上的,是以技术创新和制度创新为基础的一种新型发展模式。

关于什么样的发展才是绿色发展,也有一个评估体系问题。许多组织或机构在这方面做了很大的努力。经济合作与发展组织(OECD)用绿色增长的社会经济背景和特点、环境和资源生产率、自然资产基础、经济机会和政策应对四个大类 39 个小类及具体指标来反映世界及各国绿色增长的情况。[15]我国国内一些机构已经着手编制有关绿色发展指数。2013 年 9 月,北京师范大学科学发展观与经济可持续发展研究基地、西南财经大学绿色经济与经济可持续发展研究基地和国家统计局中国经济景气监测中心联合发布了《2013 中国绿色发展指数报告》,此次省际和城市绿色发展指标体系由经济增长绿化度、资源环境承载潜力和政府政策支持度三部分构成,分别反映了经济增长中的生产效率和资源使用效率、资源与生态保护及污染排放情况、政府在绿色发展方面的投资和治理情况等。报告列出了中国 30 个省(自治区、直辖市)绿色发展指数及排名。[16]

绿色经济作为一种新的发展模式,在理论上并未成熟。前文已述,绿色经济或绿色发展是以可持续发展和生态学知识为基础的。生态学家林恩·马古利斯(Lynn Margulis)指出,真核细胞即那种具有严格定义的细胞核的细胞,其组件各自独立发展,然后相互之间形成共生关系,产生新的协同。因而,马古利斯主张把地球理解为一个“活的机体”。罗夫洛克以希腊大地女神

“盖亚”(Gaia)来命名全球生态系统。“盖亚假说”包含着“同情”大地母亲的呼吁。[17]由此,对任何一种由生态系统组成的经济理论来说,“绿色经济”是一个松散的定义,以致经济思想由许多其他的东西混合而成,包括女性主义、后现代主义、生态运动、和平运动、绿色政治的支持者、绿色无政府主义和反全球化运动所使用的术语来描述非常不同的想法。“绿色经济学家”一般主张向绿色经济、仿生学和生物多样性的全面的核算的转变。[18]因而,一些经济学家反对把绿色经济学作为一个分支或子学派。例如,作为古典经济学传统的土地是广义的自然资本,但其中有一些具有劳动力和物质资本的共同属性(因为像河流的自然资本资产直接代替人力的,如运河)。尽管有这种关联性,但“土地”和“资本”之间的历史区别是,土地是自然发生的,其供给被假定为固定的,而资本最初定义仅指人造物品。仅仅是对“土地”(主要是耕地、矿山等)的使用需要支付“地租”。在绿色经济学中,自然资本是指土地、空气、水、生物和地球生物圈为我们提供生态系统的产品和生存、福祉服务的所有方面。为了纠正对自然资本的片面性认识和破坏性行为,需要管理全部资产或包容性财富。

同时,生态学、物理学强调绿色经济或绿色发展是一种“稳态经济”。热力学第一定律揭示,我们既不能创造能量也不能消灭能量。而根据热力学第二定律,我们不可能把热从低温物体传到高温物体而不产生其他影响。热能除以温度之所得为“熵”(entropy),不可逆热力过程中熵的微增量总是大于零。因而,从一个纯物理的角度看,“经济过程仅仅是把有价值的自然资源(低熵)转化为废物(高熵)”(戴利,2001,pp. 43 ~ 45)。里夫金指出:“多数经济学家不理解这样一个简单的道理。他们固执地认为,人类施加在自然资源上的劳动创造了更大的价值,而不是减少了价值。由于机械资本最终被看做是过去的人类劳动与资源的结合物,所以,机械资本也被看做是在创造经济价值。他们拒绝接受关于机器和人什么也创造不了的观点。机器和人在过程中仅仅提供‘暂时效用’,只能把现有的能量供应从有用状态转化到无用状态。”(里夫金,1987,p. 114)地球上的低熵物质(或不可再生资源)是有限的,“无论未来的技术可以怎样应用于能量和物质的转化,但我们的生态系统并没有一个完善的再生过程”,因而,“持续增长”是一个“不可能原理”(戴利,2001,pp. 10 ~ 11)。稳态经济的核心是财富,而不是目前所认为的收入和消费。并且财富不能增长。在物质财富恒定时,经济增长必须是非物质的商品:服务和休闲。技术进步带给人们更多的是休闲,而历史上,技术进步更主要的是增加人们的物质商品(戴利,2001,pp. 43 ~ 45)。要进入稳态经济必须要有一个合理的人口规模和生活标准。

四、小结

由经济增长到经济发展，由经济发展到可持续发展，由可持续发展到绿色发展，是人类在人口、资源和环境的矛盾运动中所作出的正确选择。

1996 年，我国将可持续发展上升为国家战略并全面推进实施。进入 21 世纪，我国进一步深化对可持续发展内涵的认识，于 2003 年提出了以人为本、全面协调可持续的科学发展观。科学发展观是我国立足基本国情，总结发展实践，借鉴国外经验，适应新的国内外发展形势需要提出的重大理论。党的十八大报告正式确立了“生态文明建设”的国策，并慎重提出了“绿色发展”的发展模式。

绿色发展是贯彻落实科学发展观的基本形式。绿色发展的基础是创新，是与第三次工业革命相适应的一场大变革。对于像我国这样一个人口规模大，又处在工业化、城市化快速发展过程中的大国，推进绿色发展，首先要合理控制人口规模、优化人口结构，倡导绿色消费，形成合理的社会需求。同时，必须加大创新力度，提高资源利用效率，严格控制污染，提高生态系统快速恢复能力，真正建设资源节约型、环境友好型社会。

注释

[1] O'Sullivan, A. and Sheffrin, S. M. (2003). Economics: Principles in action. Pearson Prentice Hall, Upper Saddle River, New Jersey. 471pgs. http://hdr.undp.org/en/data/trends/。

[2] 联合国开发计划署网站(http://hdr.undp.org/en/data/trends)。

[3] Anand, S. & Sen, A., 2000. Human Development and Economic Sustainability. World Development, 28(12), 2029 - 2049.

[4] 凌华，唐弟良，顾军. 公司化运作的地方政府贷款风险控制[J]. 金融研究，2005(3)；官希魁. 地方政府公司化倾向及其治理[J]. 财经问题研究，2011(4)；李鹏飞. 地方政府“公司化”、公众福利弱化与财税体制改革[J]. 黄河科技大学学报，2011(9)；曾纪茂. 地方政府公司化的运作逻辑与后果[J]. 太平洋学报，2011(11)；赵树凯. 地方政府公司化：体制优势还是劣势[J]. 文化纵横. 2012(2)。

[5] http://zh.wikipedia.org/wiki/可持续发展.

[6] http://en.wikipedia.org/wiki/Sustainable_development.

[7] Paul Hawken. 绿色资本主义[M]. 吴信如，译. 台北：台湾天下杂志股份有限公司，2002.

[8] Peart, Karen. Finland Tops Environmental Scorecard at World Economic Forum in Davos. Office of Public Affairs at Yale. 2005 - 01 - 26.

[9] 张坤民,何雪炀,温宗国. 中国城市环境可持续发展指标体系研究的进展[J]. 中国人口、资源与环境,2000(2);李祚泳,乐为. 城市可持续发展评价的分指数及综合指数公式[J]. 城市环境与城市生态, 2002(2);徐宏. 建立科学的城市可持续发展指标体系[J]. 城市发展研究, 2004(3);曹凤中,国冬梅. 可持续发展城市判定指标体系[J]. 中国环境科学,1998(5)。

[10] Working towards a Balanced and Inclusive Green economy: A United Nations System-wide Perspective, p. repared by the Environment Management Group: www. zaragoza. es/contenidos/medioambiente/onu/1209-eng, p. df.

[11] http://en. wikipedia. org/wiki/Green_economy.

[12] European Environment Agency. Environmental Indicator Report 2013, pp5 (http://www. eea. europa. eu/publications).

[13] European Environment Agency. Environmental Indicator Report 2013, pp17 (http://www. eea. europa. eu/publications).

[14] Karl Burkart. How do you define the' green' economy? (http://www. mnn. com/green-tech/research-innovations/blogs/how-do-you-define-the-green-economy).

[15] http://stats. oecd. org/Index. aspx? DataSetCode = GREEN_GROWTH.

[16] http://www. cbcsd. org. cn/kcxfz/20130924/73471. shtml.

[17] Harold Morowitz. "Biolog yasa Cosmological Science," Main Currentsin Modern Thought 28 (1972):156;Callicott, J · Baird. "The Metaphysical Implications of Ecology", Environmental Ethics . Winter: Volume 8, 1986:301 – 316.

[18] Green economy-Wikipedia, the free encyclopedia http://en. wikipedia. org/wiki/Green_economy.

第十一章

人口增长与绿色发展

一、引言

人口增长及人口问题主要是人与自然的关系问题,是社会可持续发展和绿色发展的基础性问题。保罗·R. 埃利希、安妮·H. 埃利希指出:“全球变暖、酸雨、臭氧层被破坏、对流行病脆弱的抵抗力、土地和地下水的日益枯竭,全都与人口规模有关。”(戴利,p. 69)

在汉语中,“人口”是作为一个固定词来使用的。《说文》:“口,人所以言食也。”在生产力落后的历史条件下,人类的主要活动就是解决衣食问题。18世纪,马尔萨斯出版了《人口原理》(1798)一书,首次较为系统地提出了人口经济学的基本体系。1972年,罗马俱乐部发表了《增长的极限》[1]一书,认为“人口增长,粮食生产,投资增长,环境污染和资源消耗具有按指数增长的性质,如果按这个趋势发展,我们的经济增长在今后一百年内的某个时期将达到极限,原因在于地球是有限的,人类生活的空间是有限的,资源是有限的,地球吸纳消化污染的能力也是有限的”,“所以人类应制止增长和技术对生态环境的破坏”(米都斯,p. 17)。20世纪70年代初,围绕着“增长极限论”展开了大讨论。基于对《增长的极限》的批判及其合理性的继承,1977年,西蒙出版了《没有极限的增长》一书。西蒙乐观地指出,自然资源的供应在任何一种经济意义上都是无限的(西蒙,1985, p. 87),而决定人口规模的因素不仅是灾难,还包括政治、经济、文化因素(西蒙,1985, p. 145)。虽然目前人口、资源和环境发展趋势给技术、工业化和经济增长带来了一些问题,但人类能力的发展也是无限的,世界的发展趋势是在不断改善而不是在逐渐变坏。没有极限的增长理论将人类能力提升到无限地步,人的能力的提高和技术的进步可以解决发展中的问题。20世纪70年代经济“适度增长”理论在西方盛行后,适度人口论再次风行起来。法国人口学家A·索维被认为是现代适度人口论的主要代表人物(高建昆,2010)。索维将适度人口定义为:“一个以最令人满意的方式达到某项特定目标的人口”(索维,1983a, p. 53)。索维提出了衡量适度人口的指标的设想，诸如个人福利、增加财富、就业、实力、健康长寿、文化知识、福利总和、寿命总和、居民人数，等等，但着重考察的是经济适度人口和实力适度人口。在考察经济适度人口时，他提出人口“适度增长”的概念，并对技术进步和生产率提高对适度人口的影响进行分析，通过对人口变动带来的效益和花费的均衡分析，得出经济适度人口增长率。

马克思指出：“抽象的人口规律只存在于历史上还没有受过人干涉的动植物界。”（马克思，1976a，p. 692）每一种特殊的、历史的生产方式都有其特殊地、历史地起作用的人口规律。人口增长问题与生活资料增长、技术创新和经济制度安排密切相关。无论是中国人口发展史还是世界人口发展史，都表明人口增长受到自然、社会多种因素的共同影响。

二、先秦时期的人口状况与特点

我们在前文已述，在新石器晚期，定居农业在我国境内呈多元化发展。裴李岗时期农耕文明已经确立，我国已经初步形成“南稻北粟”及“粟稻交错”分布的格局（贾兵强，2010），在我国现有疆土内的各大区域早已有先民定居。早在公元前789年（周宣王三十九年）“料民于太原”（《国语 · 周语》），开始了人口统计。在战国前期有详细的人口统计，但文献资料没有流传下来，自班固编纂《汉书》开始，中国人口历史资料流传较多，但需要分析处理。根据有关学者估算，夏朝总人口大约240万人，商朝大约为400万人（宋镇豪，1991），西周初期为735.98万人（沈长云，1987），战国盛期为2000万人（王育民，1995，p. 70）。这个时期由于地广人稀，战争频仍，甚至以部族为单位进行大规模的人口迁移。夏商周的都城都多次被迫迁徙。尽管当时生产力低下，但人与自然的关系是共生和顺应的。

三、秦汉至清初人口状况与社会发展问题

秦汉以来，我国有关人口统计方面的资料虽然较多，但人口资料多见于正史中记录的纳赋人口。为了逃避赋税等原因，有为数不少的人口并不见于正史的记录，造成统计上的偏差。因此，国内外学者对中国历史上的人口数据的评估因各自的标准不同得出的评估数据差距很大。公元2年人口大约为5959万人[2]，对此，国内外学者的评估数基本接近。英国学者麦迪森测算的数据表明（图11－1）（麦迪森，p. 186），元朝至元十七年（1280年），中国人口已经突破1亿大关。国内学术界一般认为乾隆六年（1741年）突破了1亿大关（1.4亿），1753年中国人口达到18368万人。两者时间相距700多年。按照国内学术界和官方的评估，秦汉至清代初期，中国人口一直在5000万人上下波动（图11－2），呈

缓慢增长的态势。[3]随着人口缓慢的增长，历朝历代政府十分重视防洪灌溉工程的建设，推广精耕细作，引进棉花、番薯和玉米[4]，不断缓解人口增长对土地的压力。同时，商品经济的发达，保障了不因人均耕地面积减少而使人均 GDP 减少。麦迪森用“国际元”（Geary-Khamis Dollar）测算了自公元 1 年以来有关年份的中国人均 GDP（见表 11－1）（麦迪森，p. 176）。从公元元年到 1952 年，中国人均 GDP 也一直在 500 国际元上下波动。这在一个以农业为基础的国家是一个了不起的成就。由于人民实际生活水平变化不大，历朝历代通过法律强制的方式鼓励生育。汉惠帝时期，“令女子年十五以上至三十不嫁，五算”（《九朝律考》）；晋武帝规定：“女年十七父母不嫁者，长吏配之”（《晋书·武帝纪》）；北齐更严厉：“女二十已下十四上未嫁悉集省，隐匿者家长处死刑”（《北齐书·后主本纪》）。唐初规定女 15 岁为法令婚龄，中期又降为 13 岁。像明、清两代女子法令婚龄都为 14 岁。在民间，实际结婚年龄更小（张念瑜，1995）。同时，民间也没有有效的节育技术，但存在“溺婴”现象（常建华，2002）。实际上，“马尔萨斯抑制”主要是自然灾害与战乱。

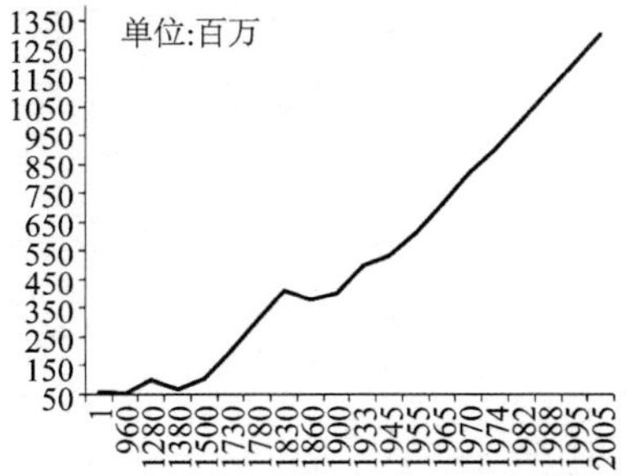

图11－1　麦迪森测算的中国历史人口发展变化趋势

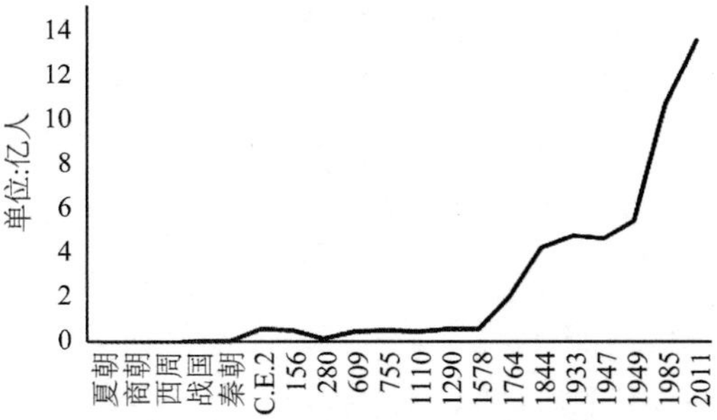

图11－2　中国历史人口发展变化趋势

表 11－1　　中国的人均 GDP 长期表现

单位：国际元

年份	人均 GDP	年份	人均 GDP	年份	人均 GDP
1	450	1700	600	1936	597
960	450	1820	600	1938	562
1300	600	1850	600	1950	448
1500	600	1913	552	1951	491
1600	600	1929	562	1952	538

中国是一个灾荒频发的国度。灾荒导致粮食减产，墨子说：“一谷不收谓之

馑,二谷不收谓之旱,三谷不收谓之凶,四谷不收谓之馈,五谷不收谓之饥。”(《墨子·七患》)灾荒直接造成人员伤亡和因饥饿致死,甚至出现人相食的惨剧。《汉书·食货志》记载:“汉兴,接秦之弊,诸侯并起,民失作业,而大饥馑。凡米石五千,人相食,死者过半。高祖乃令民得卖子,就食蜀汉。天下既定,民亡盖藏。自天子不能具醇驷,而将相或乘牛车。”汉代元始三年(公元3年)至汉光武中元二年(公元57年),共发生9次蝗灾、8次旱灾、7次水灾、4次雨雹之灾、3次疫灾、2次地震、2次风灾、1次霜雪之灾,共计36次大的自然灾害。平帝在位时,有12233062户,计59594978口人;到中元二年减少为4279634户,计21007820口,减少65%(邓云特,1993,pp.136~137)。

瘟疫是抑制人口增长的一个重要因素。我国历史有记载的主要瘟疫有:鼠疫、天花、麻疹、水痘、霍乱、伤寒、痢疾、白喉、猩红热、疟疾等。根据我国传世文献,瘟疫频率是不断提高的,并且规模越来越大(参见表11-2)。根据记载,西汉建宁二年(169年)疫气流行,死者极众。在南阳患疫疠者甚多(《千金复方·伤寒》)。建安十二年(208年)荆州疾疫。魏文帝与元城令吴质书曰:“昔年疾疫,亲故多离其灾,徐(干),陈(琳),应(玚),刘(桢),一时俱逝”(《三国志·魏书》)。建安十四年,“疫气,吏士死亡不归,家室怨旷,百姓流离”(《三国志·魏书》)。建安二十二年(217年)疠气流行,“或阖门而殪,或覆族而丧”(《曹集诠评》)。泰始四年(468年)六月,太白犯舆鬼,占曰:“民大疫,死不收”,其年“普天大疫”[5]。据《明史》载,1408—1643年,发生大瘟疫19次,其中1641年流行的一次瘟疫遍及河北、山东、江苏、浙江等。嘉靖三十三年(1554年),北京“时疫太甚,死亡塞道”。龚钟庵有诗云:“疫疠饥荒相继作,乡民千万死无辜。浮尸暴骨处处有,束薪斗粟家家无。”(龚钟庵《水东日记》)吴有性(1582—1652年)《瘟疫论·原序》:“崇祯辛巳(1641年),疫气流行,山东、浙省、南北两直,感者尤多。至五六月益甚,或至阖门传染。”尽管没有确切的死亡人数的记载,但由于古代医疗技术落后,无论是中国还是国外,瘟疫造成的人口损耗是对社会的巨大的摧残。黑死病终结古希腊、古罗马(马凯尔,pp.33~52)。1437年和1348年的黑死病毒夺去三分之一到二分之一的欧洲人口的生命,黑死病作出经济的反应是“马尔萨斯主义的”(Hatcher, j1977, pp.101~194)。由此,诺思、托马斯指出:“14世纪是在人口受到马尔萨斯制约下开始的。西欧的人口在这个世纪下降了,也许有一个半世纪一直保持在低水平上。人口的下降使前一世纪的相对要素短缺颠倒了过来。这使13世纪的变革在某种程度上发生了逆转,从而影响了社会的经济组织。”(诺思,托马斯,1999,pp.110~111)。

表 11－2　　1949 年以前中国各时期瘟疫频率表

历史时期	东周（公元前 770—前 221）	秦汉（公元前 221—公元 189）	三国魏晋南北朝（190—581）	惰唐（582—907）	宋金元（961—1368）	明（1368—1644）	近代（1573—1948）
年数	550	441	391	326	408	276	377
瘟疫次数	5	28	70	5	114	184	485
瘟疫频率	0.009	0.06	0.18	0.14	0.28	0.63	1.29

资料来源：余新忠. 瘟疫下的社会拯救[M]. 北京：中国书店，2004：40。

战乱是抑制中国人口增长的主要因素。战乱往往与自然灾害、瘟疫混合在一起，由此造成人口严重损耗，有的朝代在几十年之内人口损耗在半数以上。第四章有关部分论述到，由于气温超常降低，北方民族南侵；同时也因中原地区农业收成减产，政府腐败，灾荒引致农民暴动和盗贼横行，引发改朝换代的战乱。每次战争之后，因大量杀戮，尸体遍地，血水成河，从而引发瘟疫。如，汉武帝时代因对匈奴长期用兵，加上自然灾害，人口折半。《汉书・昭帝纪》："承孝武奢侈余敝，师旅之后，海内虚耗，户口减半。"《汉书・五行志》：武帝"师出三十余年，天下户口减半"（袁祖亮，1985）。又如，太平天国时期（1851—1864 年），即"咸、同之际，兵革四起，册报每缺数省，其可稽者，只二亿数千万口不等"（《清史稿》卷 120，《食货志》，《户口》），人口损耗 1 亿以上。这个数字可能高估，但据王育民考证，人口损耗有 5000 万～6000 万人之多（王育民，1993）。

四、清初至 1952 年的人口状况与社会发展问题

根据图 11－2，1578 年以后，人口增长曲线变陡，呈快速上升趋势，人口已经成为中国的一个严重问题。这个人口问题由康熙皇帝发现（高王凌，1995，pp. 5～12）。根据正史记载，乾隆六年（1741 年）人口达 1.4 亿，乾隆三十一年（1766 年）突破 2 亿，乾隆五十五年（1790 年）突破 3 亿，道光十四年（1834 年）突破 4 亿，清代的人口过剩已十分严重（袁祖亮，延胜，1996）。但由于现在学术评估标准不同，尤其是受西方学者的影响，"大多数论文并没有得出令人满意的结论"（葛剑雄，1991，p. 243）。实际上，清初人口与明末人口基数直接相关。明末人口经过西方学者的深入研究，已基本令人信服地推翻了明代官方统计数字 5000 万～6000 万的可靠性，推测出早在明代中晚期（万历年间，约 1600 年），中国人口就已逾亿，数字在 1.2亿～2 亿之间。[6] 这种人口基数一旦形成，人口的大规模增长就不可避免。

1730 年人口为 20180 万人，1780 年为 30625 万人，1830 年为 40900 万人，

增长2亿人口用了100年时间；1933年为50000万人，增长1亿却用了103年时间；1952年为56891万人，增长7000万人用了19年（麦迪森，p. 186）。显然，中国近代以来，人口增长轨迹是不规则的。1730—1830年基本上处在所谓的“康乾盛世”[康熙二十年（1681年）至嘉庆元年（1796年）]。康熙四十年“人口问题”被发现之后，清政府转移政策重心（高王凌，1995，p. 12），鼓励开垦土地、组织水利工程建设。恰逢这段时期人类渡过小冰期，太阳活动也趋于正常，加上明代引进的新大陆高产作物普遍推广，食物问题基本解决。以康熙为代表的清初统治者实行“安民”、“宽民”的政策恢复和发展社会经济，特别是“永不加赋”和“摊丁入亩”的改革措施，促使清代的人口以前所未有的势态急剧膨胀（周荣，1990）。同时，在“康雍乾盛世”期间国内基本上没有发生过大的战争，人口增长没有受到“马尔萨斯抑制”。

1830年以后，虽然私营经济、国内外贸易空前发展，自“洋务运动”开始的资本主义经济迅速发展，社会财富的创造能力空前提高，为人口增长提供了一个厚实的经济基础，但是，1840—1952年的112年间，中国国内的内战、中国与外国的战争，连续不断，与战争相伴的自然灾难与瘟疫，造成巨大的人口损耗，抑制了“康乾盛世”所形成的人口快速增长的态势。

五、1954—1981年的人口状况与社会发展问题

1953年，新中国开始实行国民经济计划，1956年基本上建立了以公有制为基础的社会主义计划经济。1954年我国人口为60266万人，1964年为70499万人，1969年为80671万人，1974年为90859万人，1981年为100072万人。[7]从1933年的5亿增长到1954年6亿，用了21年；从1954年的6亿增长到1981年的10亿，仅用了27年。显然，1954—1981年是中国历史上“人口爆炸性”增长时期。这种情况与世界人口增长轨迹是大体吻合的。由图11－3[8]可见，在1950年之前的历史，世界总人口只有十几亿。1950年以后，世界人口增长进入高增长期，并且人口增长主要在发展中国家。导致我国人口高速增长的主要原因是：

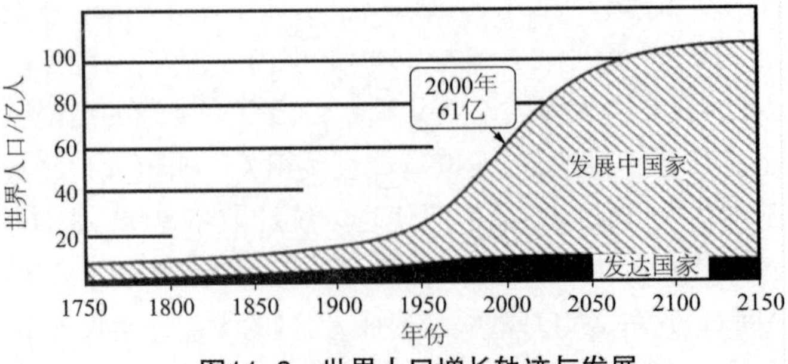

图11-3 世界人口增长轨迹与发展

第一,农村集体所有制和城市近乎免费式的公用物品供给是人口高速增长的经济基础。在计划经济时期,家庭新增人口的费用是很低的,无论是农村家庭还是城镇家庭,多生育一个孩子或少生育一个孩子,对家庭经济不会产生明显的影响。

第二,公共医疗、公共卫生事业的普及性发展,大大降低了婴儿的死亡率,并普遍地提高了人均预期寿命。

第三,严禁"溺婴"。在实行计划生育政策之前尤其是在广大农村,并没有安全有效的避孕技术的推广应用,法律上严禁"溺婴",因而,结婚怀孕,生育。人口繁衍基本上是一种自然状态。

第四,在中国本土没有发生过战争。

实际上,毛泽东在20世纪50年代初期就认识到人口计划生育的重要性。1954年1月中央批准了卫生部《关于节育问题的报告》,第一次以正式文件的形式发布了《关于控制人口问题的指示》。1956年,毛泽东主持制订了《全国农业发展纲要》,规定除少数民族地区外,在一切人口稠密的地区,宣传和推广计划生育,提倡有计划地生育子女,使家庭避免过重的生活负担,使子女受到良好的教育,并且得到充分的就业机会。"生育方面加以适当控制"的人口政策第一次被纳入发展国民经济的五年计划。1957年10月,毛泽东在党的八届三中全会上谈到人口问题时说:"计划生育,也来个十年规划。少数民族地区不要去推广,人少的地方也不要去推广。就是在人口多的地方,也要进行试点,逐步推广,逐步达到普遍计划生育……人类在生育上头完全是无政府状态,自己不能控制自己。将来要做到完全有计划的生育,没有一个社会力量,不是大家同意,不是大家一起来做,那是不行的。"[9] 1962年,国务院成立了计划生育办公室,中共中央发出了《关于认真提倡计划生育的通知》,明确指出:"在城市和人口稠密的农村提倡计划生育,适当控制人口自然增长率,使生育从完全无计划的状态逐渐走向有计划状态,这是我国社会主义建设中的既定政策。"这个通知还要求做好宣传工作和技术工作。1973年,国务院成立了计划生育领导小组,各地区各基层单位也陆续开始建立计划生育机构,国务院提出了"四五"期间人口增长计划,这是我国第一个人口增长计划。1974年年底,毛泽东在国家计委《关于1975年国民经济计划的报告》上作了"人口非控制不可"的批示。70年代末,邓小平在总结新中国成立以来社会主义建设经验教训的基础上,深刻分析了中国的基本国情,指出要使中国实现四个现代化,必须考虑中国国家大、底子薄、人口多、耕地少的特点,揭示了人口与经济、社会、资源、环境必须协调发展的客观要求。根据邓小平的这一思想,政府把实行计划生育、控制人口数量、提高人口素质确定为一项基本国策,并在《中华人民共和国宪法》中作了明确规定,确立了计划生育工作在中国经济和社会发展全局中的重要地位。1979 年 12 月,国务院计划生育领导小组办公室在成都召开工作会议,提出“提倡一对夫妇最好生一个孩子……这是我国目前人口发展中的一个战略性要求”。1980 年 9 月发表《中共中央关于控制我国人口增长问题致全体共产党员共青团员的公开信》[10],称三十年以后将调整人口政策。[11]计划生育有效地抑制了我国人口增长过快的势头。从图 11 -4[12]可见,1970 年中后期开始,人口出生率一直呈下降趋势。

由图 11 -4 可见,1959—1961 年出现了一个人口增长抑制现象。1959—1961 年三年非正常死亡人数在国内外争论比较大,各种推算结果都有。根据国家统计局公布的数据(表 11 -3),1960 年与 1959 年相比减少了 1000 万人,1961 年比 1960 年又减少了 348 万人。正常情况下 1960 年和 1961 年每年应该增加 1300 万人,两年共计增加 2600 万人左右,然而不仅没有增加还共计减少了 1348 万。国外学者首先开始研究这种存在矛盾的统计数据现象。[14]国内外评估的非正常死亡人口数字,越估越高。[15]但是,正常死亡人口与非正常死亡人口在实际中并不容易确定。并且,根据公布的数据计算,1960 年出生的人口为 13915080 人,而第四次全国人口普查 30 岁(1960 年出生)总人数为 14443119 人(《1990 年人口普查资料》);1995 年 10 月 1 日完成的全国人口1.04%抽样调查显示,35 岁(1960 年出生)的人口仍然有 14491481 人[16];2000 年进行了第五次全国人口普查,40 岁(1960 年出生)的人口仍然有 14684726 人[17]。显然,1960 年出生人口,每次普查的人数都高于 1983 年公布的数据,并且呈增加的趋势。这足以说明,1959—1961 年人口统计存在严重的漏报和少报的情况。1995 年民政部与统计局公布数据表明,1959—1961 年非正常死亡总计为 1039753 人(民政部,统计局,1995,p.67)。

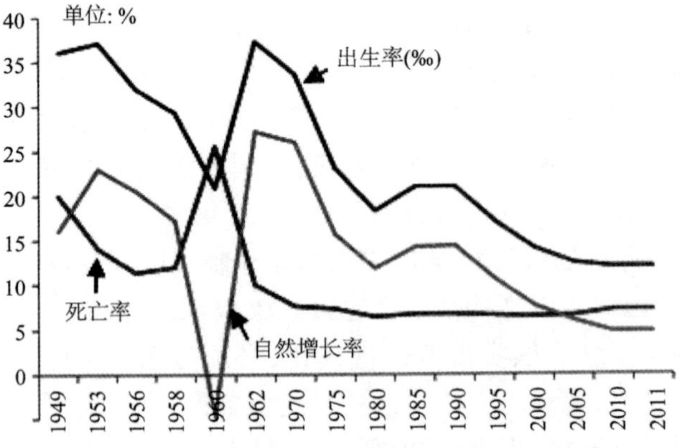

图11-4　1949—2011年我国人口变化趋势

表 11－3 1957—1962 年中国人口变化[13]

年份(年末)	人口(万人)	出生率(‰)	死亡率(‰)	自然增长率(‰)
1957 年	64653	34.03	10.80	23.23
1958 年	65994	29.22	11.98	17.24
1959 年	67207	24.78	14.59	10.19
1960 年	66207	20.86	25.43	－4.57
1961 年	65859	18.02	14.24	3.78
1962 年	67295	37.01	10.02	26.99

而造成这次“马尔萨斯灾难”的原因,在学术界是有争议的。我们知道,中国当时对农产品实行严格的统购统销制度,1958 年开始“大跃进”,各地“浮夸风”愈演愈烈。1958 年 8 月 14 日《人民日报》报道,中国科学院生物学部委员植物生理研究所副所长殷宏章在“安徽枞阳县连着参加了两块高产早稻的丈量和收割,亲自看见亩产万斤以上的水稻‘卫星’上天”,其他地区不甘落后,纷纷放“高产卫星”,到处是一派丰收的景象。[18]同时各地农村实行“公共食堂”,农民家庭不允许“生火做饭”,农民家庭也就没有粮食储备。在食物不足的情况下,如果农民家庭“生火做饭”,必然会十分节省地吃粮食,从而顺利渡过“青黄不接”的难关。薛暮桥回忆:“1958 年冬开始提倡在公共食堂集体吃饭,吃饭不要钱,甚至提倡‘放开肚皮吃饭’,把一年的口粮在半年中吃完了。农民分不到口粮,除原有的少量存粮外,只能吃瓜菜野草。1959 年农业大减产,情况更为严重。但是公社干部不敢反映农民的呼声。”[19]粮食的过量消费加剧了饥荒。饥荒最严重的是自古就有“天府之国”之誉的四川和粮食生产大省安徽,有的地方政府没有向中央如实反映情况、申请动用国库储备粮,人间惨剧就不可避免了。研究这三年饥荒的文章很多。有的认为原因在于城市偏向的粮食供应制度[20],有的认为是当时政府关于缺粮区的划分造成的[21],还有的认为是没有退出权的公共食堂制度导致的[22],等等。根据曹树基统计,1959—1961 年非正常死亡人口数量排名前十名的省依次为:安徽、四川、贵州、湖南、甘肃、河南、广西、云南、山东、江苏[23],而 1960 年国家统计局上报的《一九五九年年底全国农村公共食堂发展情况》的材料表明,90% 以上的人口参加食堂的有河南、湖南、四川、云南、贵州、上海、安徽 7 个省份;70% ~90% 的人口参加食堂的有北京、新疆、浙江、广西、广东、河北、山西 7 个省份;50% ~70% 参加食堂的有湖北、福建、江西、陕西、江苏、宁夏 6 个省份;50% 以下人口参加食堂的有甘肃、山东、青海、吉林、黑龙江、辽宁、内蒙古 7 个省份,参加食堂人口的比例最高的是河南,为97.8%;最低的是内蒙古,为 16.7%。[24]显然,非正常死亡人数排序与参加公共食堂的人口比例排序至少在省一级并不是严格对应的。另外,当时国家政策

法规并没有严格要求农村全部实行公共食堂制度。[25]因此,在大范围自然灾害的情况下,导致饥荒的主要原因是我国当时的干部制度[26]和政府信息不公开[27]。正如森所说:"饥荒曾经发生在古代王国和当代权威主义社会,发生在原始部落和现代技术官僚专制体制,发生在来自北方的帝国主义的传统的殖民地经济以及由君主式国家领袖或不宽裕的单一政党政治的南非新独立国家,但饥荒从来没有发生在以下国家:独立,经常进行选举、有反对党提出批评,允许报界自由报道,并对政府政策是否明智提出疑问而不受严密审查的国家。"(阿马蒂亚·森,2002,p.154)因此,马尔萨斯关于自然灾害导致人口大量减少的论述在民主化、市场化程度高的经济体系中是失效的。

六、1982 年以来的人口发展趋势与社会发展问题

根据国家统计局统计,1988 年我国总人口为 111026 万,1995 年为 121121 万,2005 年为 130756 万,2011 年为 134735 万。1981—1988 年的 8 年时间增长 1 亿人口,1988—1995 年的 7 年时间增长 1 亿人口,1995—2005 年 10 年时间增长 1 亿人口,2005—2011 年 6 年时间仅增长 3979 万人。总人口增长速度明显下降。导致我国人口自然增长率下降的主要原因是:

第一,经济制度的改革。1979 年党的十一届三中全会之后,农村普遍推行土地承包经营责任制,农民家庭成为生产经营单位。穆勒曾指出:"在现存的农业制度中,没有什么制度能够对国民的勤劳、才智、节俭和审慎产生比自耕农制度更大的积极作用,总的说来也没有什么制度能够比自耕农制度更为有力地阻止农民轻率地增加人口。"(穆勒,1991a,p.333)在城市,随着企业的改革和教育、医疗、住房制度的改革,家庭经济的独立性明显增强,生育子女的费用大大提高,家庭在生育安排问题上更加理性化。

第二,教育的普及,尤其是女性教育的普及和社会生育观的改变,使家庭自愿选择少生,自觉选择优生优育。人均 GDP 1978 年为 381 元,2011 年为 35083 元[28],相应地生育率却逐步下降。1991 年生育率为 19.68‰,2011 年为 11.93‰[29]。根据 2010 年第六次人口普查基本数据,表明我国已经进入低生育水平国家行列。根据有关研究,认为我国生育水平已经下降到 1.5 ~ 1.6 左右,有的认为在 1.8 左右。[30]而低生育水平是与生育观念转变密切相关的(李建新,彭云亮,2012)。

第三,计划生育政策的严格贯彻执行。张风雨利用 1990 年我国 2031 个县(市)的人口和社会经济发展、民族类型和所在地区的生育政策等资料研究表明,各社会经济因素如教育、社会经济发展水平和产业结构对生育水平有显著影响,社会经济发展水平越高,生育率越低。在县级水平上,所在省份的生育政策差异,是导致生育水平差异的重要原因之一,随着政策的放宽,生育水平逐渐

提高(张风雨,1998)。

但是,人口自然增长率的快速下降和人口平均预期寿命的提高,必然会产生“人口老龄化”问题。1982 年 65 岁及以上人口为 4991 万人,占总人口比为 4.91%;2000 年为 6.96%;2001 年为 7.1%;2011 年为 9.12%。国际上通常把 60 岁以上的人口占总人口比例达到 10% 或 65 岁及以上人口占总人口的比重达到 7% 作为国家或地区进入老龄化社会的标准。显然,我国 2000 年正式进入老龄化社会。由图 11-5[3] 可见,老年抚养比是逐年增加的。随着老年人口占比的提高,将会不断改变我国的产业结构和消费结构。同时,社会养老保险、医疗保险费用等开支也将逐年增长。我国将面临“未富先老”的挑战。

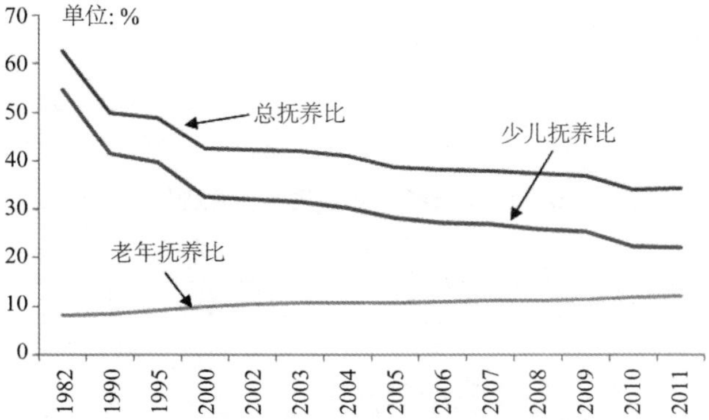

图11-5　1982—2011年我国人口抚养系数变化趋势

性别失衡是我国人口结构性又一个重大问题。我国总体人口男女性别比基本上在 105 左右。但各年龄段的性别比差距很大。

第五次全国人口普查的数据显示,我国老年人口性别比为 64.86,年龄越大,女性多于男性的人数越多。这种状况是自然规律的结果,产生的社会经济后果较为微弱。相反,出生性别比的失衡一直广泛受到关注。我国的出生性别比逐年提高(图 11-6)。诺贝尔经济学奖获得者阿马蒂亚·森在 20 世纪 90 年代提出了“失踪女性”(missing women)概念,用来指代那些因人为干预因素没能来到这个世界或者因性别偏好较早死亡的女性人口。阿马蒂亚·森以非洲撒哈拉沙漠以南地区妇女与男人的比率为标准(他的根据是,在非洲撒哈拉沙漠以南地区,在卫生保健、社会地位和死亡率方面,相对几乎不存在针对妇女的偏见),以那里女性对男性的 1.022 的比率,计算妇女短缺、国家失踪妇女的数字。根据他的计算,与男性人口相比,印度存在达 9% 的妇女“相对赤字”。这导致印度“失踪妇女”1986 年即已达到 3700 万。中国在同一时间点的“失踪妇女”达 4400 万。如果将这些国家于 1986 年“失踪”的妇女的估算数字加在一起,全世界妇女短缺数量超过 1 亿。[32] 根据姜全保、李树茁的研究,“失踪女性”现象贯穿于中国整个20世纪。20世纪60年代之前,女性失踪的比例一直比较高,最高的1940年前后,达到约14%。1960—1970年比例较低,而从70年代后半期开始,“女性失踪”的比例开始稳步升高,一直达到2000年的约7%(图11-7)(姜全保,李树茁,2009,p.85)。

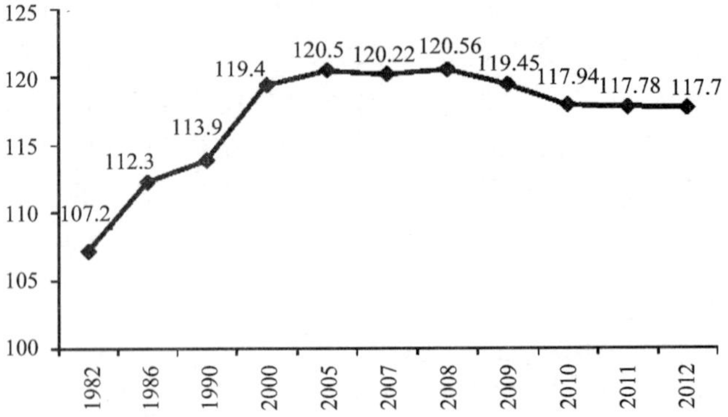

图11-6 1982—2012年中国出生性别比变化趋势

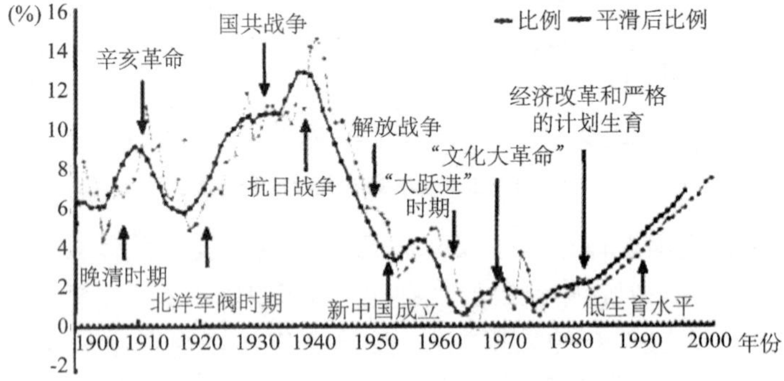

图11-7 1900—2000年中国“失踪”女性比例变化趋势

七、小结

自秦汉以来,我国农业一直实行“精耕细作”,历朝历代政府重视农业生产,在防洪灌溉、耕地开垦上都付出了巨大的努力。但是,在人口快速增长的情况下,仅仅“精耕细作”和开垦土地是不够的。清代满足人口快速增长所引起的食物需求,很大程度是得益于推广自前代所引进的玉米、红薯等高产稳产作物。20世纪60年代人口快速增长。为了满足亿万人民的衣食问题,传统农业被发展到极致。我国曾不惜人力物力财力,不计成本代价,用“愚公移山”精神,长期性在全国范围开展防洪灌溉工程的建设,通过“开山造田”、“围海造田”、“围湖造田”,甚至“平坟复垦”,把能开垦利用的土地都利用了。1953年我国耕地面积为10853×104公顷,80年代初期全国实有耕地面积13250×104～13970×104公顷,比1957年净增达1/5～1/4(毕于运,郑振源,2000)。相应地,建立和完善农业科技投入与管理体系,1962年农业部印发了《关于充实农业科技推广站加强农业科技推广工作的指示》,到1965年每百万公顷良田科技人员上升到近645人(姜全保,李树苗,2009,p.85),良种推广、农业生物病虫害基础研究和防治技术的应用,在最大限度地减少了农业生产损失的同时使农业增产增收。同时,大规模发展小化肥、小农药、小农机厂,对农产品产量的增产、稳产起到了很大的作用。然而,粮食总产量不断提高,人口也在不断增长(图11－8)[33],在"青黄不接"时期,农民还是填不饱肚子。1978年农村绝对贫困人口数量达到2.5亿,也就是说,三分之一的农村人口没有解决温饱问题。

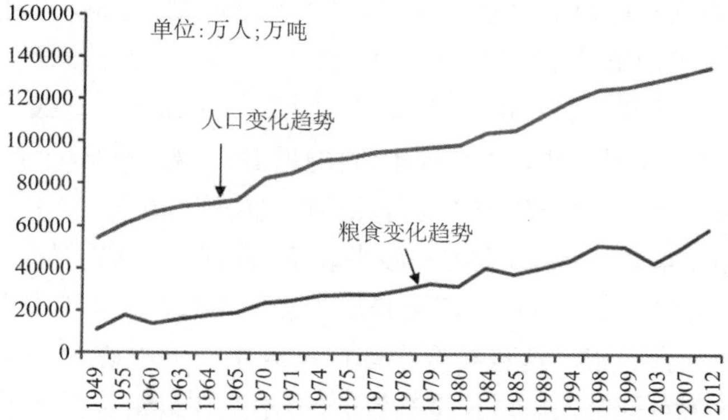

图11-8 1949—2012年中国人口—粮食变化趋势

1979年之后,杂交水稻继续推广(万昕等,2009),现代化肥厂建成投产,我国农业开始抛弃农家肥,大规模使用尿素、碳氨、钾肥等化肥,使农业产量继续提高。1980年代初普遍推广大棚蔬菜生产,基本上解决了城市居民的蔬菜供应问题。尤其重要的是,我国通过市场机制大力发展畜牧业、水产业。肉类产品和水产品产量,1979年每人平均分别为11、4.4千克,1985年每人平均分别为18、6.6千克;1991年每人平均分别为27、11.6千克;2011年每人平均分别为59、41.5千克。[34]肉类产品和水产品消费的增加直接替代了部分粮食的消费,从而使我国基本解决了食物问题。但这种基础是非常脆弱的,甚至隐含着危机。因为我国人口在2030年之前仍然将继续增长[35],而食物供给方面却存在诸多问题,如耕地面积保护,化肥农药激素不合理使用[36],耕地土壤污染(彭巨水,2012),农业用水资源短缺、浪费与污染,畜牧、水产品生产不合理使用抗生素等药物(王云鹏,马越,2008),等等。耕地安全、粮食安全、食品安全都是我国目前所面临的需要解决的重大课题。我国人口增长对食物增长的压力并没有真正缓解。

马尔萨斯认为生活水平的改善将不可避免地会带来人口的激增,工资最终会降低到最低生活费的水平。李嘉图认为工人人口的繁殖率随着工资的涨落而发生变化,而工人人数的增减又会引起劳动供求的变化,结果就使得劳动的市场价格与其自然价格趋于一致,但是,“在社会的自然发展中,劳动工资就其受供求关系调节的范围而言,将有下降的倾向”(李嘉图,1983a,p.84)。此后,坎南(Edwin Cannan ,1861—1935 年)、威克塞尔(Knut Wicksell,1851—1926 年)认为,家庭规模的选择使得生活水平的选择成为可能。19 世纪欧洲普遍推行控制生育的措施,由此永久性地摆脱最低消费水平的陷阱。为此,西方学术界提出了“适度人口”(optimum population)的概念,但关于这个概念有各种说明,也有相应的标准,如每个人都拥有可观的财富和资源,人人都享有基本人权,文化的多样性,知识、艺术和技术创新的激励,生物多样性的保护等。[37] 在计划经济条件下,家庭规模的选择缺乏理性选择的经济基础(贝克尔,2001,p.107)。20 世纪 80 年代初期,我国制定了强制性计划生育政策,普遍提倡“一对夫妇只生育一个孩子”,但允许少数民族、农村家庭和城镇有特殊性情况的家庭生第二胎。有 35.9% 的家庭适用一胎政策,52.9% 的适用一胎半政策,另有 11% 以上的可以生育二胎或多胎。[38] 但这种计划安排并不完全是出于经济增长和资源环境因素的考虑,考虑更多的是社会因素。这也符合中国以家族主义为中心的文化传统。这种强制的生育政策对抑制人口增长是有效的,但不是在自由选择下形成的人口结构是非常不合理的。尤其是通过 B 超等技术手段的帮助、有选择性堕胎[39],导致出生性别比过高,严重影响到“人口安全”。

我国人口结构另一个不合理的现象是“未富先老”。老年人离开了工作岗位,就不能创造价值。随着年龄的增大,需要更多的医疗、护理服务。客观上讲,老年人不再是生产者而是消费者。其“消费费用”主要包括基本生活、医疗费用和护理费用。前两部分需要社会或政府部门提供,护理费用一般主要由家庭支出。目前我国政府是通过社会养老保险制度来解决退休人员的基本生活费用问题。但由于社保基金的征缴和支付实行的是多轨制,城市中的企业退休人员与公务员、事业单位的职员是不同轨的,城市户口的社保与农村户口的“新农保”是不同轨的。城乡一体化建设的难点之一就是农民的“新农保”与城市的社保的并轨问题。由于社保是保障基本生活的,对于家庭不富裕的人员是至关重要的。社会医疗保险的情况与社会养老保险的情况大体相同。人口老龄化对医疗费用增长的影响是长期的,虽然人口老龄化对医疗费用增长的影响明显低于经济增长(何平平,2006),但经济增长赶不上人口老龄化对医疗卫生费用的需求。在老龄化进程中,发达地区医疗卫生费用的投入效率比中等发达地区和欠发达地区高,但发达地区面临更大的环境质量对居民健康水平所造成负面影响的压力。欠发达地区医疗卫生费用占 GDP 的比重比发达地区和中等发达地区高,但居民的健康水平却低于这两类地区。2011 年,我国卫生总费用占 GDP 的比重为 5.15%,已经达到了 WHO 的最低要求(医疗费用占 GDP 最低比例为 5%)。但卫生费用的支出结构不合理,2008 年我国政府卫生费用占政府总费用的比例为 9.8%,与世界卫生组织成员国或地区有关数据(图 11 – 9)[40]对照,是偏低的。同时,通过对我国政府卫生支出的结构的分析,发现我国中央与地方政府的负担比例不协调,地方政府在卫生支出上存在明显差异,并且在城乡之间的分配不尽合理(赵雷,2011)。显然,随着城乡一体化的发展和老年人口的逐年增加,老年人的医疗费用会增长得更快。

因此,人口问题是国民经济和社会发展战略规划的出发点和落足点。人口规模和生活标准决定着社会财富的总体规模,进而决定着社会经济结构的发展变化。在市场经济条件下,人口规模总的发展趋势是下降的,会回归到一个合理的适度规模。但中国的老龄人口在近几十年内将呈上升的发展趋势。无论是一个孩子还是多个孩子的家庭,无论是城市还是农村,大部分家庭的养老将会选择社会化的养老模式;社会生活标准是一个社会经济问题,也是一个哲学问题。当家庭财富积累到一定程度,人们会更关注保健和闲暇。在后工业社会将会形成第五产业(包括卫生保健、养老、教育、研究、政府、娱乐等)(贝尔,1987,135)。

注释

[1] 梅多斯和 Jorgen Randers 对最初的版本进行了修改。1993 年,他们在该书出版 20 周年之际,出版了新版本《超越极限》,2004 年再版标题是《增长的极限:30 年后的更新》。但是,《增长的极限》一出版便引起争议。耶鲁经济学者亨利·华利克在 1972 年 3 月 13 日的《新闻周刊》编者按中称此书为"不负责任的一派胡言",是华盛顿博物馆学者以夸大其词来哗众取宠,模型里的许多变量设置没有足够的依据。1978 年美国赫德森研究所发表报告《下一个 200 年:关于美国和世界情景的描述》和朱利安·西蒙撰于 1981 年的名著《最后的资源》,全面批评了《增长的极限》的论点。美国总统里根在 1985 年宣称:"当人类自由地追寻梦想时,根本没有增长的极限,因为人的智力、想象力和创造力是无限的。"尽管如此,今天许多人认为这本书传递的总体信息是准确的:地球资源是有限的,因此,无可避免地会有一个自然的极限。

[2] 中国农业科学院农业自然资源和农业区划研究所. 中国耕地[M]. 北京:中国农业科技出版社,1995:27 ~ 28.

[3] 资料来源:夏朝总人口大约240万人,商朝大约为400万人(宋镇豪,1991),西周初期为735.98万人(沈长云,1987),战国盛期为2000万人(王育民,p.70),秦朝(公元前213年)为2500万人(葛剑雄,1991,p.107),西汉(公元2年)为5959万人(《通典·食货志》),东汉(156年)为5006万人(《后汉书·郡国志》),西晋(280年)为1616万人(《晋书·地理志上》),隋朝(609年)为4601万人(《隋书·地理志》),唐朝(755年)为5291万人(《通典》),北宋(1110年)为4673万人(《宋史·地理志》),元朝(1290年)为5883万人(《元史·地理志》),明朝(1578年)为6069万人(《明史·食货志》),清朝1764年为20559万人(《清史稿·食货志》)、1844年为41944万人(刘锦藻《清朝续文献通考》),1933年为47354万人(1934年《申报年鉴》),1947年为46100万人(中华民国统计年鉴),1949年为54100万人,1985年为105851万人,2011年为134700万人(参见相关年份《中国统计年鉴》)。

[4] 李芳洲.美洲玉米的引进[J].中国科技史料,1985(6);小广.引进番薯和玉米令中国人口破亿[J].黄金时代,2008(9).

[5]《宋书》[J].卷26《天文志》,第756页。

[6] 高王凌.明清时期的中国人口[J].清史研究,1994(3);葛剑雄,曹树基.对明代人口总数的新估计[J].中国史研究,1995(1).

[7] 国家统计局网,"年度数据":http://data.stats.gov.cn.

[8] 资料来源:http://www.wrsc.org/attach_image/world - population - 1750 - 2050。

[9] 毛泽东.毛泽东选集[M].5卷.北京:人民出版社,1977:471.

[10] http://news.xinhuanet.com/ziliao/2005 - 02/04/content_2547034.htm.

[11] 田雪原.新中国人口政策回顾与展望[N].人民日报,2009 - 12 - 04.

[12] 国家统计局网,"年度数据":http://data.stats.gov.cn。

[13] 国家统计局.中国统计年鉴(1984)[M].北京:中国统计出版社,1984:83.

[14] 美国人口与人口学委员会主席安斯·利·科尔教授估算我国1958—1963年期间超线性(非正常)死亡人口为2680万人(Coale, Ashley J. Rapid Population Change in China, 1952—1982, National Academy Press, Washington D.C. 1984;李成瑞.中国人口普查及结果分析[M].北京:中国财政经济出版社,1987)。

[15] 西安交通大学人口研究所所长蒋正华教授估算1958—1963年我国非正常死亡人口约为1697万[蒋正华.中国人口动态估计的方法和结果[J].西安交通大学学报,1986(3)];丁抒认为非正常死亡人数达3500万~4400万(丁抒.人祸:"大跃进"与大饥荒[M].台北:黎明文化出版社,1998:369 - 378);MacFarquhar认为三年非正常死亡人数超过3000万(Roderick MacFarquhar, The Coming of the Cataclysm 1961—1966. In the Origins of the Cultural Revolution. Vol. 3. Oxford :Oxford Univ Press,1997:2 ~ 8));杨大利认为三年非正常死亡人数2300万~4000万(Dali L Yang, Calamity and reform in China : State, Rural Society, and Institutional Change since the Great Leap Famine, 257 ~ 258.);曹树基认为1959—1961年的非正常死亡人数为3245万(曹树基.大饥荒:1959—1967年的中国人口[M].香港:时代国际出版社,2005:3 ~ 4);香港大学人文学院讲座教授冯客在2010年9月出版的《毛泽东的大饥荒——1958—1962年的中国浩

劫史》中指出，他用了4年遍阅全国解封档案，认为大跃进造成4500万人非正常死亡(联合早报，2011-10-02)。上述数字有没有实际意义？如果1959—1961年农村的死亡率都按照1958年的死亡率11.98‰计算，那么，三年期间农村正常死亡人口合计大约为2000万人，加上非正常死亡人口3200万人，共死亡5200万人。也就是说，在这三年里，农村地区几乎家家有人死亡，或者少数地区出现整村整村村民死亡。笔者也是这个时期出生于农村，没有听长辈说过有这么恐怖的事情。

[16] 中国统计年鉴(1996年)[M]. 北京：中国统计出版社，1996：72.

[17] 中国统计年鉴(2000年)[M]. 北京：中国统计出版社，1996.

[18] 1958年8月农业部报告北戴河政治局扩大会的1958年预计产粮为8000亿斤，会议核定公布的数字为6000亿~7000亿斤，分别比上年增长60%~90%。但实际的粮食产量为4000亿斤(薛暮桥. 薛暮桥回忆录[M]. 天津：天津人民出版社，1996：191)。1958年11月19日，毛泽东真的发愁粮食太多了，除了"人吃马喂"找不到出路，批准谭震林、廖鲁言《关于农业生产和农村人民公社情况报告》，决定将粮食播种面积由19亿亩减少至15亿亩(建国以来毛泽东文稿[M]. 7册. 北京：中央文献出版社，1989：542)。各省执行的结果实际减少17386万亩，其中水稻播种面积下降9.1%，小麦播种面积下降8.5%(《建国30年全国农业统计资料》，第45~49页)。

[19] 薛暮桥回忆录[M]. 天津：天津人民出版社，1996：199。有关"把一年的口粮在半年中吃完了"的说法是错误的。我国南方水稻种植普遍是一年两熟，上半年不可能把下半年的粮食吃完。

[20] 林毅夫，杨涛. 食物供应量、食物获取权与中国1959—1961年的饥荒[J]. 香港：Economic Journal, 2000(1)：136~158。其观点用来说明农村地区大量人口损耗有一定的解释力。但近代以来，世界各国饥荒导致饿死的人绝大多数都是社会底层农业工人等，而中国城市偏向的粮食供应制度一直实行到20世纪90年代，期间也是自然灾害不断，但并没有导致饥荒。

[21] 范子英，孟令杰. 对阿马蒂亚·森的饥荒理论的理解及验证——来自中国的数据[J]. 经济研究，2006(8)：104~112。其观点用于说明不同行政区域饥荒分布差异有一定的解释力，但"缺粮区的划分"是根据各地上报的信息确定的，而导致信息失真有更加深刻的原因。

[22] 文贯中，刘愿. 再论公共食堂退出权在"大跃进"饥荒中的作用[J]. 经济学，2010(4)。但"没有退出权的公共食堂制度"问题，是加剧饥荒的重要因素而不是导致饥荒的主要原因。

[23] 曹树基. 大饥荒：1959—1961年的中国人口[M]. 香港：香港时代国际出版有限公司，2005.

[24] 张曙光. 一个共产主义乌托邦的兴衰——公共食堂和《食堂报告》[J]. 领导者，2012(4).

[25]《农村人民公社工作条例(草案)》关于公共食堂的规定有："在居住分散或者燃料困难的地方，也可以不办食堂"。实际上，我国农村地区搞公共食堂在合作化时期就已经有了。最初是农忙时开公共食堂，后来发展到长年开办。1958年7月8日，《人民日报》刊登题为"农业社办食堂促进生产发展和集体主义思想成长"的专题报道，介绍湖南邵阳、桃源县，湖北公安县和福建安溪县部分地区的农业社试办公共食堂的情况。此后，

全国各地跟风。1959 年,很多地区又取消了公共食堂。“庐山会议”之后“反右”,全国各地纷纷恢复公共食堂。参加公共食堂的人口比例各地并不一样。当时很多省市领导向毛泽东反映“公共食堂”好,柯庆施首先向毛泽东提到“明年上海可以试行吃饭不要钱了”,毛泽东听了非常高兴地说:“做到吃饭不要钱,在全世界的影响,可比苏联放一颗卫星大得多。”(李锐. 公共食堂始末[C]//李锐诗文自选集[M]. 北京:中国文联出版公司,1999:154;薄一波. 若干重大决策与事件上的回顾[M]. 下. 北京:中共党史出版社,2008:532)。由于毛泽东认可“公共食堂”,许多省市领导投其所好,大力开办公共食堂。

[26] 我们党的领导干部制度是在战争年代逐步形成的。在战争年代的恶劣环境下,又主要进行的是军事斗争,在干部任用问题上,不容易弄虚作假,也很少弄虚作假。新中国成立之后,我们党沿袭了过去的干部制度,党的事业涉及党和国家的各个方面,干部由少数人考核任用,少数对多数,必然存在信息不对称,同时,干部对上负责不对下负责。因而,许多干部为迎合上级领导,希望得到提拔重用,投机取巧、弄虚作假、阳奉阴违,“浮夸风”、“公共食堂”跟风是比较典型的反应;当饥荒发生之后,出于“政绩”的考虑,没有如实向上级反映、申请粮食调拨,企图蒙混过关。当时河南信阳地区出现大量饿死人的情况“震惊全国”。1960 年 10 月 21 日,中共中央组织部、中央监察委员会将《四名干部关于河南省信阳地区大量饿死人和干部严重违法乱纪等问题的调查材料》送到中共中央政治局委员、中央书记处书记李富春处。10 月 24 日,李富春将这一调查材料报送毛泽东(建国以来毛泽东文稿(1960. 1—1961. 12)[M]. 9 册. 北京:中央文献出版社,1996:326)。

[27] 震惊全国的河南“信阳事件”就是一个很好的说明。1958 年,河南全省的粮食产量实际上只有 281 亿斤,而河南省委竟然吹估为 702 亿斤,最后导致了全省性的高征购。基层干部完不成征购任务,就一味地“反瞒产”,因向农民逼粮食而实行捆、绑、吊、打、捕等现象屡见不鲜。1959 年一二月间,党中央、国务院、内务部、粮食部连续收到群众来信,反映河南东部地区发生严重浮肿病和饿死人的现象。在国务院总理周恩来、副总理李富春的直接干预下,由于及时采取了相应措施,安排群众生活,基本上控制了发生大规模非正常死亡的现象,但河南省委主要负责人并未就此接受教训。1959 年 8 月中旬,河南省委第一书记吴芝圃从庐山回到郑州,立即召开省地县三级干部会议,要求各县市层层揪“小彭德怀”,在全省内又一次掀起了反对右倾机会主义斗争的高潮。“共产风”再度刮起,夹带着疯狂的“反瞒产”。哪个农民若是交不够粮食,就会被捆起来,吊打追逼,关押拘留,拆毁房屋……一时间,全省上下都笼罩在阴霾的恐怖气氛之中。信阳地区将老百姓的口粮、种子粮、饲料粮都征购了,致使很多食堂开不了伙,浮肿病人日益增多,人们开始收藏红薯叶、野菜;有的干脆偷吃人肉。活着的人为求生计,开始大量外逃。人员外流,势必导致大批死人消息传开。于是,信阳地委指示各县市,要设岗拦堵,不准外逃。各村民兵在路口设卡,拦截外逃群众,还专门设有收容所、监狱,随意拘捕外逃人员,除被没收钱财、衣物外还要遭到毒打。就在农民大量饿死或外逃之时,地委书记路宪文还在吆喝:“不是没有粮食,而是粮食很多,百分之九十的人是因为思想问题。”1959 年 11 月间,当他从潢川县驱车返回地委,沿途亲眼见到倒毙在公路旁边的死人、拦车要粮的群众、被父母遗弃的孩子时,他不仅置若罔闻,还下令要地区的公安部门,“限期消灭人员的外流”;指示社队的干部民兵,封锁村庄,不准群众外出

逃荒；指示城镇机关、工厂、企业单位一律不准收留农村来人；还要求各个县委做到"街头、交通要道没有一个流浪汉"，等等（林蕴晖.震惊全国的"信阳事件"[N]. http://www.liandu.gov.cn,2009-09-15）。但文中关于"哪个农民若是交不够粮食，就会被捆起来，吊打追逼，关押拘留，拆毁房屋……"不太符合当时的实际情况。粮食、种子都在生产队的仓库，由仓库保管员控制。如果是办了公共食堂的生产队，农民家庭根本就没有粮食。当然，笔者并不怀疑当时信阳地区饿死人和有关干部不顾农民死活的现象。在此强调的是，人类在抵抗自然灾害和传染性病疫过程中，政府信息公开和新闻媒体及时报道至关重要。2003年抗击"非典"(SARS)是一个很好的佐证。

[28] 国家统计局.中国统计年鉴(2012年)[M]. 北京：中国统计出版社，2012:21.

[29] 国家统计局.中国统计年鉴(2012年)[M]. 北京：中国统计出版社，2012:41.

[30] 中国人口和计划生育年鉴(2010). 中国人口和计划生育年鉴社，2010:444。

[31] 资料来源：国家统计局网，"年度数据"：http://data.stats.gov.cn/workspace/index。

[32] Amartya Sen. More Than 100 Million Women Are Missing(Missing women of Asia:http://en.wikipedia.org/wiki)。芝加哥大学经济系的女经济学家Oster(2005)提出了新见解，她认为没有所谓的1亿女性失踪问题，都是乙肝惹的祸。乙肝和生育选择是有关系的，母亲若是乙肝病毒携带者，那么生男孩的概率是生女孩的150%，这一论断的理论依据来自1976年诺贝尔医学和生理学奖得主Blumberg的研究成果。这项研究表明了乙肝病毒和生育性别比例之间是有关系的，Oster的研究表明在中国75%的"失踪女性"可能是因为乙肝病毒的原因导致的。2008年，林和Luoh利用在台湾相当长的时间内近300万出生婴儿的数据，发现产妇乙型肝炎病毒感染对男性生育的概率的影响是非常小的[Lin, Ming-Jen; Luoh, Ming-Ching(2008). "Can Hepatitis B Mothers Account for the Number of Missing Women? Evidence from Three Million Newborns in Taiwan". American Economic Review,1998(5)]。这意味着乙肝病毒感染的母亲之间的概率无法解释"失踪妇女"。Oster只得收回其观点[Levitt, Steven (22 May 2008). "An Academic Does the Right Thing". Freakonomics: The Hidden Side of Everything. New York Times blogs]。

[33] 资料来源：国家统计局网，"年度数据"：http://data.stats.gov.cn/workspace/index。

[34] 国家统计局网，"年度数据"：http://data.stats.gov.cn/workspace/index。

[35] World Population Prospects: The 2012 Revision:http://esa.un.org/wpp.

[36] 魏树和，周启星.重金属污染土壤植物修复基本原理及强化措施探讨[J].生态学杂志，2004,23(1)；李东坡，武志杰，梁成华.土壤环境污染与农产品质量[J].水土保持通报，2008(8)；袁仲，杨继远.农药化肥污染与食品安全[J].农产品加工(学刊)，2009(7)；刘道光.浅谈当前土壤污染现状与净化[J].安徽农学通报，2010,16(10)。

[37] Gretchen C. Daily, Anne H. Ehrlich, and Paul R. Ehrlich. Optimum Human Population Size. Population and Environment: A Journal of Interdisciplinary Studies Volume 15, Number 6, July 1994 01994 Human Sciences Press, Inc.

[38] 于学军.除豫以外各省区市独生子女夫妻可生二胎[N].新华网.2007-07-10.

[39] 夏明珠.官方统计中国每年堕掉一千三百万胎[N].中国时报(中时电子报).2009-07-30.

[40] http://apps.who.int/iris/bitstream/10665/44371/3/9789245564027_chi,pdf.

第十二章

转向绿色发展的路径与制度整合

一、引言

党的十一届三中全会以后,我国以市场取向进行了组织制度改革,相应地不断建立和健全法律法规,规范各类生产经营单位的行为。目前,我国市场经济的法律框架基本建立,有关自然资源与环境保护的法律体系比较健全。这对于贯彻科学发展观,促进可持续发展和绿色发展提供了一种制度保障。党的十八届三中全会通过的《中共中央关于全面深化改革若干重大问题的决定》对全面深化改革进行了战略部署。因而,本章对于绿色发展有关具体问题做些论述。

二、我国转入绿色发展的优序

前文已述,绿色发展是可持续发展和科学发展观的具体实现形式。在市场经济条件下,当人口、资源和环境出现严重矛盾的情况下,绿色经济就会应运而生。我国绿色经济作为产业形态出现是改革开放之后逐渐形成的。

2012 年,联合国环境署组织起草的有关绿色经济发展报告关于转入绿色经济的测量提供了一个示意图(图 12 - 1)[1],将农业、住宅、城市、能源、森林、渔业、信息和通信技术、制造业、旅游、运输、废品、水作为转入绿色经济的关键行业,通过解耦(Decoupling)(李慧明,王磊,张菲菲,2007)或提高效率来实现绿色发展。

从我国的实际情况来看,需要全面转入绿色经济的也是 UNEP 所提出的上述行业。但就产品而论,我国当前亟待进入绿色经济的,依次是能源、水、食品、材料和建筑。

第一,我国的能源结构包括石化能源(煤炭、石油、天然气)、清洁和可再生产能源(核能、太阳能、风能、生物质能、地热能、海洋氢能等)。根据英国石油公司(BP)《世界能源统计 2013》发布的数据,世界煤炭采储比为 109 年,中国为 31 年;世界石油采储比为 52.9 年,中国为 11.4 年;世界天然气采储比为 55.7 年,

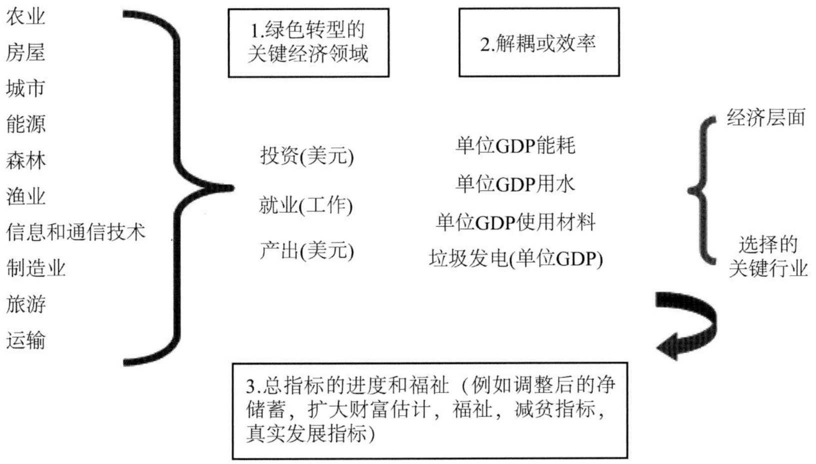

图12-1 UNEP关于测量转入绿色经济指标概念示意图

中国为28.9年。[2]也就是说，在21世纪，人类要利用新能源全面替代石化能源，能源利用方式的改变将引起新技术创新与工业革命。[3]同时，我国能源浪费严重或者利用效率低下，GDP约占全世界的14%，而单位GDP能耗是世界平均水平的2.5倍、美国的3.3倍，也高于巴西、墨西哥等发展中国家。由于目前我国是以煤炭为主体的能源消费结构，2006年我国的二氧化碳排放总量就居世界第一位，2009年排放量占全球的23.33%[4]，2011年占29%[5]。据有关方面测算，我国能耗和二氧化碳排放将于2025年达到峰值[6]。能源低效利用和温室气体排放的增加，直接导致气温的提高。图12－2中的趋势线是温度，柱形是月平均降雨量。根据东英吉利大学（UEA）的统计，1990—2009年与1930—1990年相比，12月、1月的平均气温提高了1℃，7月份的平均气温升高了0.5℃，降雨量月平均却下降了2.1毫米。[7]同时，空气污染也将直接危害人民群众的身心健康。党的十八大之后，我国进一步推进制度创新，加大政府财政资金的投入和监管力度，为能源的绿色产业发展注入了生机。通过大力发展新能源，优化能源结构，加强能源需求侧管理，提高能效和减少二氧化碳排放，到2020年，实现单位GDP二氧化碳排放将比2005年下降40%～45%的承诺。显然，我国的能源与减排存在着挑战，也是绿色经济发展的重大商机。

第二，淡水资源短缺将是21世纪人类所面临的又一个危机。根据世界粮农组织测算，水资源短缺已经影响到几乎每一个大洲和超过40%的人口。到2025年，18亿人将生活在绝对缺水的国家或地区，三分之二的世界人口将生活在缺水的条件下。[8]2011年，我国的淡水资源供水总量虽然达到6107.18亿立

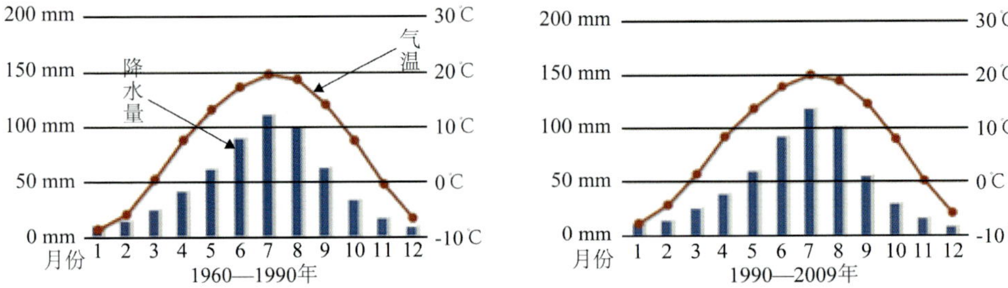

图12-2 中国气温和降雨量月平均变化趋势

方米,但人均用水量仅454.4立方米[9],人均占有量仅为世界平均值的1/4,我国将进入严重缺水期。目前我国有三分之二的城市缺水[10],其中110个城市严重缺水。2005年我国城镇生态系统的总体用水量超过11351亿立方米,约占全国淡水资源总量的40.5%。其中城镇生态系统的直接用水量为1452.5亿立方米,约占系统用水总量比重的12.8%(张雷,朱鹏,2008),随着工业化、城市化的推进,城市缺水将日益严重。同时,我国的用水方式落后,浪费严重。近几年,淡水利用效率有所提高,2006—2011年万元GDP用水分别为313、269、222、190、177、152立方米,但用水结构不合理的现象(图12-3)没有根本改变,农业用水占61.3%。水资源污染严重,废水排放总量2010年为6172562.00万吨,2011年为6591922.44万吨。占总用水的10.1%、10.8%,分别占工业和生活用水的21.3%、22.5%。[11]由于农业生产大量施用化肥与农药(图12-4)[12],不但地表水受到污染,地下水污染也严重。而我国的用水有六分之一是由地下水供给的。水资源的污染不仅严重危害生态环境,而且直接危害人民的身体健康。据有关方面预测,到2025年,全球水务部门的支出实现供水和卫生设施的普及利用每年都会花费发展中国家国内生产总值的1%(76亿美元)。[13]目前,我国加大了城市用水污染治理的力度,国家对中西部地区农村饮水给予必要的资金支持。《全国农村饮水安全工程"十二五"规划》计划在2015年之前解决2.98亿农村人口的饮水安全问题。因此,供水产业将率先进入绿色经济发展轨道。

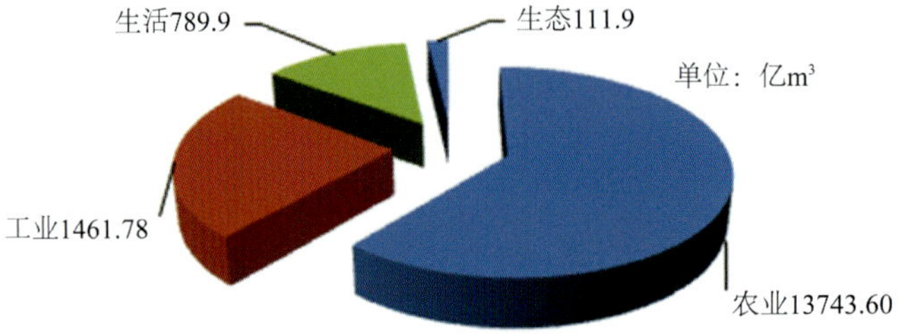

图12-3 2011年我国用水结构

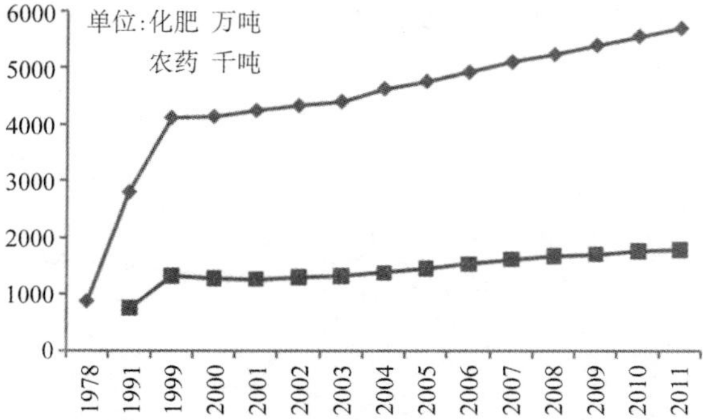

图12-4 1978—2011年我国化肥农药使用情况

第三是食品安全问题。食品包括粮食、蔬菜、食用油、畜产品和水产品等，但粮食是基础。粮食生产需要依靠阳光、气候、淡水和土地等自然资源。而我国的土地资源是短缺的。如图 12 -5 所示，在 20 世纪 90 年代以前，我国的耕地(Arableland)[14]一直是递增的。但 60—80 年代耕地面积统计数字有下降现象。这基本上是农民接受“三年灾害”时期“浮夸”的教训，采取少报“耕地”从而少交公粮做法的结果。而实际上，耕地面积是增加的(毕于运，郑振源，2000)，因此我们在图中用虚线连接。从 90 年代中期开始，由于城市化发展，耕地面积开始下降，按照世界粮农组织(FAO)定义的耕地，2005 年我国耕地为17.7525亿亩，2011 年为 16.74 亿亩[15]；2011 年全国粮食作物播种面积为 16.59 亿亩，都突破了 2006 年制定的《国民经济和社会发展第十一个五年规划纲要》所提出的 18 亿亩耕地的约束性指标。我国整体上耕地质量差，退化严重。全国 66% 的耕地分布在山地、丘陵和高原地区，只有 34% 的耕地分布在平原、盆地。中产田、低产田分别占耕地总面积的 29.6% 和 41.7%(张琳，张凤荣，姜广辉等，2005)。尤其是耕地污染日益严重。我国农村的水资源退化和污染、农药和化肥等滥用造成的农业环境污染以及农村环境污染都是比较严重的(唐丽霞，左停，2008)。2005 年的相关研究表明，全国受“三废”和农药严重污染的耕地约占全国耕地总面积的 16%(杨修，章力建，李正，孙芳，2005)。

根据 2014 年 4 月 17 日环境保护部和国土资源部发布的全国土壤污染状况调查公报，全国土壤总的点位超标率为 16.1%，其中，耕地、林地、草地土壤点位超标率分别为 19.4%、10.0%、10.4%。从污染类型看，以无机型为主，有机型次之，复合型污染比重较小，无机污染物超标点位数占全部超标点位的 82.8%。从污染物超标情况看，镉、汞、砷、铜、铅、铬、锌、镍 8 种无机污染物点位超标率分别为 7.0%、1.6%、2.7%、2.1%、1.5%、1.1%、0.9%、4.8%；六六六、滴滴涕、多环芳烃三类有机污染物点位超标率分别为 0.5%、

1.9%、1.4%。[16]因而,治理和修复土壤污染迫在眉睫。这也是我国急待进入绿色发展的重点领域之一。

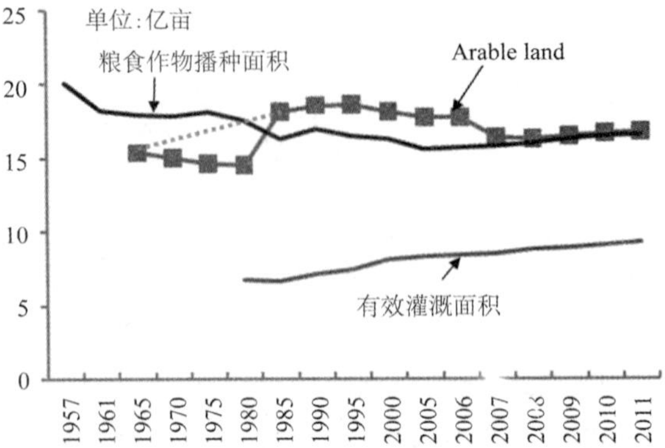

图12-5　1957—2011年我国历年耕地发展趋势

第四是材料。材料是人类赖以生存和发展的物质基础。材料的生产和供应直接关联着自然资源的合理开发与利用问题,涉及资源可持续利用和环境可持续性问题。目前,我国已发现的矿产有171种,已探明储量的矿产有157种,但我国矿产资源的综合回收率不超过50%,总体利用率约为20%。我国已经成为矿产资源消费大国,对外贸易中出口的增长在很大程度上意味着矿产资源附载于出口产品流往国外。同时,铁、铜、铝、铅、锌、金矿石的进口依存度不断提高。稀土等资源虽然储量居世界第一位,但开采年限也只有15~20年。改革开放以来,随着工业化、城市化的快速发展,我国以矿产资源为基础的电子材料、航空航天材料、核材料、建筑材料、能源材料、生物材料都有长足的发展。世界钢铁协会《2013年世界钢铁数据》表明,2002年中国粗钢产量占世界的20.1%,2012年为46.3%;2002年中国最终钢产品占世界的23.3%,2012年为45.7%。[17]2010年中国水泥消费占世界的57.7%。[18]但单位GDP消耗的材料是发达国家的3倍,我国最终钢产品占全球的45.7%,创造的GDP只占全球的14.92%(见图12-6[19])。因此,合理开发利用矿产资源、高效绿色发展我国材料工业,需要改革体制和形成长效机制,激发创新活力。

第五是建筑。建筑是利用建筑材料构成的一种供人居住和使用的空间,如住宅、办公楼、学校、宾馆、医院、商场、厂房、体育馆、桥梁、窑洞、水塔、寺庙等。2011年,我国民用建筑面积大约为460亿平方米(其中村庄建筑面积为245亿平方米[20]),我国建筑能耗(包括建造能耗、生活能耗、采暖空调等)约占全社会总能耗的30%。在建筑能耗中,北方的采暖占20%左右,公共大型建筑(4%)能耗占建筑能耗的22%,建筑所用实心黏土砖、水泥、钢材高出发达国家的

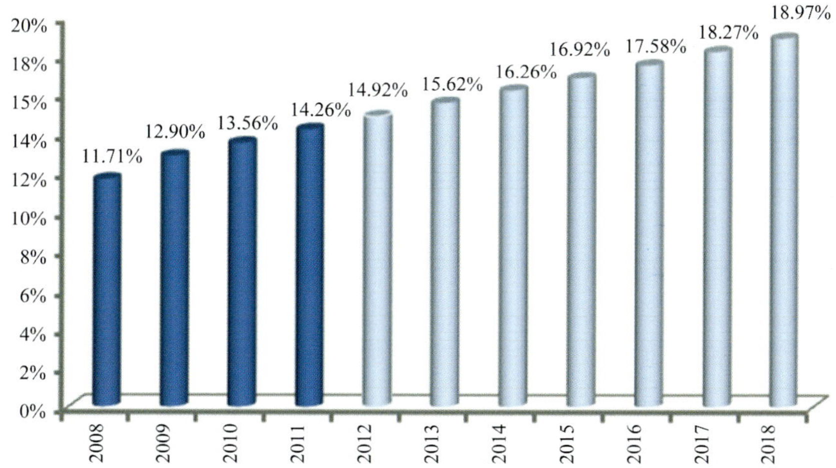

图12-6 2008—2018年中国占全球GDP的份额(按PPP调整)

10%~30%。随着城镇化的发展和人民生活水平的提高,新建筑将以每年20亿~30亿平方米的速度增长。[21]根据目前人口、资源和环境的突出矛盾,必须从传统建筑全面向绿色建筑转变。所谓绿色建筑(Green Building),是指以提高建筑物所使用资源(能量、水及材料)的效率,同时减少建筑对人体健康与环境的影响,更好地选址、设计、建设、操作、维修及拆除,由此形成整个完整的建筑生命周期。绿色建筑设计理念的基本要义是节约能源、节约资源、回归自然。1992年巴西里约热内卢联合国环境与发展大会以来,我国政府相续颁布了若干相关纲要、导则和法规,大力推动绿色建筑的发展。2006年,建设部正式颁布了《绿色建筑评价标准》。2013年8月8日,住房城乡建设部发布了国家标准《绿色工业建筑评价标准》,自2014年3月1日起实施。2013年9月6日,住房城乡建设部发布了国家标准《绿色办公建筑评价标准》,自2014年5月1日起实施。绿色建筑法规和标准的实施,为绿色建筑材料的发展注入了动力与压力。例如,用新型干法工艺技术生产高质量水泥材料,发展具有轻质、高强、防水、保温、隔热、隔音等优异功能的新型复合墙体和门窗材料,开发高性能的水泥混凝土、保温隔热、装饰装修材料,发展抗菌、除臭、调温、调湿、屏蔽有害射线的多功能玻璃、陶瓷、涂料、无石板纤维水泥制品、无毒无害的水泥混凝土化学外加剂,开发利用矿渣、粉煤灰、硅灰、煤矸石、废弃聚苯乙烯泡沫塑料等生产建筑材料,开发用于开发海洋、地下、盐碱地、沙漠、沼泽地的特种水泥等建筑材料,等等。同时,大力推广太阳能一体化建筑和生态建筑。

能源、淡水、食物、材料、建筑涉及我国大部分产业,以此为基础,通过创新,将会全面推进我国的绿色发展。

三、以绿色经济引领增长方式的转变

1979 年改革开放以来，我国经济连续三十多年的高速增长，极大地丰富了人民的物质生活，极大地增强了国力。但由于经济粗放性增长的模式没有根本改变，导致经济、社会与自然资源不协调发展。

党的十六大明确指出，"要把促进经济增长，增加就业，稳定物价，保持国际收支平衡作为宏观调控的主要目标"。经济增长是社会财富增加和综合国力增强的重要标志，是社会发展和人民生活水平提高的物质基础，是宏观调控的首要目标。[22]实际上，经济稳定增长是保证增加新的就业机会的基础，也是解决社会发展问题的基础。而增加就业是解决民生问题最基本的保障。1962 年，美国经济学家阿瑟·奥肯发现了周期波动中经济增长率和失业率之间的经验关系，即失业率每高于自然失业率 1%，实际 GDP 便低于潜在 GDP 2%。这也被称为"奥肯定理"(Okun' slaw)。关于奥肯定理在我国是有效还是失效，学术界存在争议[23]，如果换一种视角来考察 GDP 增长与城镇就业增长率的关系，奥肯定理是有效的(居科伟，王小利，2013)。如图 12 - 7[24]，1980—2012 年城镇就业增长率趋势线接近 4%，而 GDP 增长率的趋势线接近 10%。也就是说，从长期来讲，城镇就业增长率增加 1 个百分点，需要 GDP 增加 2.5 个百分点。但是，我国是城乡二元结构的经济体，并且各个产业增长对就业增长率的贡献存在很大的差异，不能简单地关注 GDP 增长率与就业增长率的关系。图 12 - 8[25]中，在第Ⅰ阶段(1980—1990 年)，1983 年就业人口为 46436 万人，占总人口的 45.1%；2001 年就业人口为73025万人，占总人口的57.2%。1983年乡村就业人员占

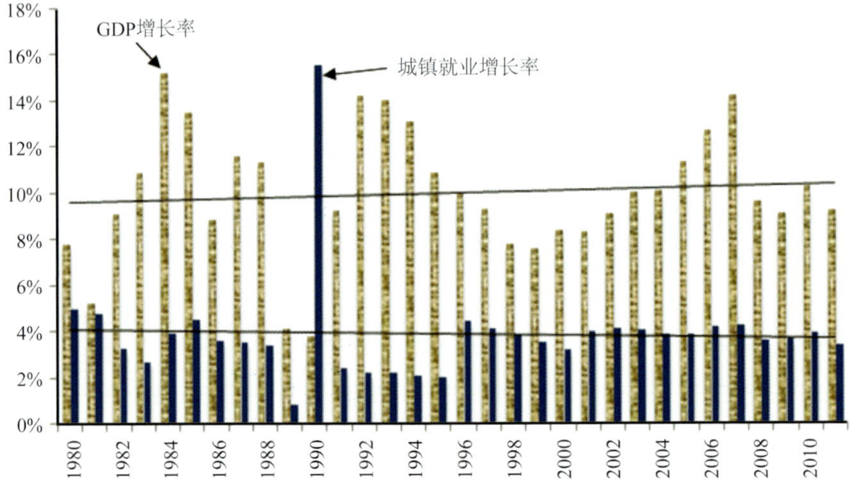

图12-7　1980—2012年中国GDP和城镇就业增长率发展趋势

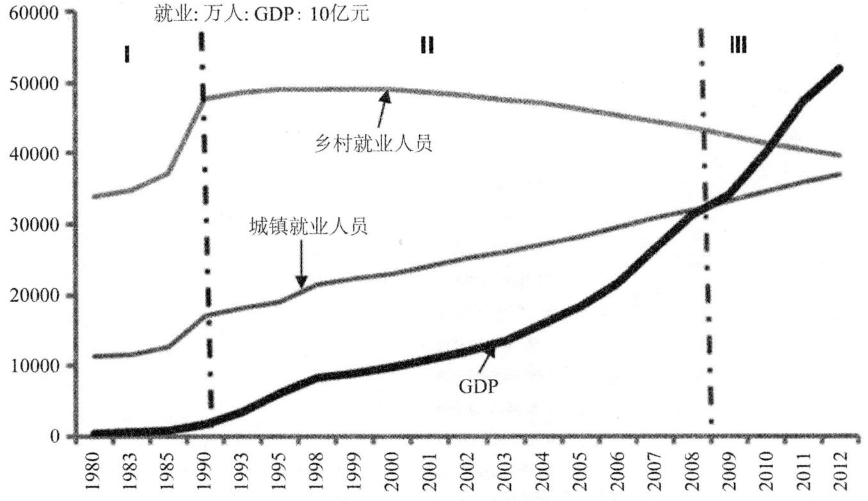

图12-8 1980—2012年中国GDP与就业发展趋势

74.7%,2001 年降为 67.4%。这个时期的总的就业人数是增加的。在第Ⅱ阶段(1990—2008 年),乡村就业人数已经达到峰值并缓慢下降。由于农业附加值低,农业产值在国民收入中的比重逐年下降,而乡村就业人数居高不下,农村劳动者人均 GNP 就相应地降低。据袁志刚、陆铭测算,1985 年农村隐性失业率为65.6%,1990 年下降为53.1%,1994 年为31.0%(袁志刚,陆铭,1997,p.99)。农村劳动者成了工业化、城镇化发展的“产业后备军”。而乡村就业人数降低速度慢也是我国相对贫困人口增加的重要原因。相反,城镇就业人数一直呈稳定的增长趋势。这主要是“农民工”进城务工的作用结果。因而,城镇就业人数的增加与 GDP 增长的正相关系数达到 0.9318。但从 2006 年之后,GDP 的快速增长并没有相应地多增加城镇就业人数,2008 年世界金融危机爆发,我国因出口下降造成非农就业数量减少了 1345 万人[26],中央政府投资 4 万亿元拉动 2416 万个就业岗位,部分弥补了社会、企业投资减少对就业的拉动(人力资源和社会保障部专题组,2010)。这也说明 4 万亿元投资在增加就业岗位的贡献方面只是起着一种“弥补”作用。这与 4 万亿元投资的重点不在第三产业而主要投向基础设施、大型项目等与建筑相关的领域有密切关系。2011 年全社会固定资产投资中,房地产业占比为 26.22%,交通运输、仓储和邮政业占比为 9.08%。[27]房地产业、交通运输基础设施建设投资的增加,直接带动钢材、水泥、平板玻璃等建材产业和能源的投资。而这些产业能耗大、环境破坏严重。虽然房地产业、基础设施的发展是工业化、城镇化发展的有机组成部分,但以政府为主体,在环保技术与制度建设相对滞后的情况下,全国性、大规模地推进房地产和基础设施建设必然引发不可持续发展问题(12－9[28])。

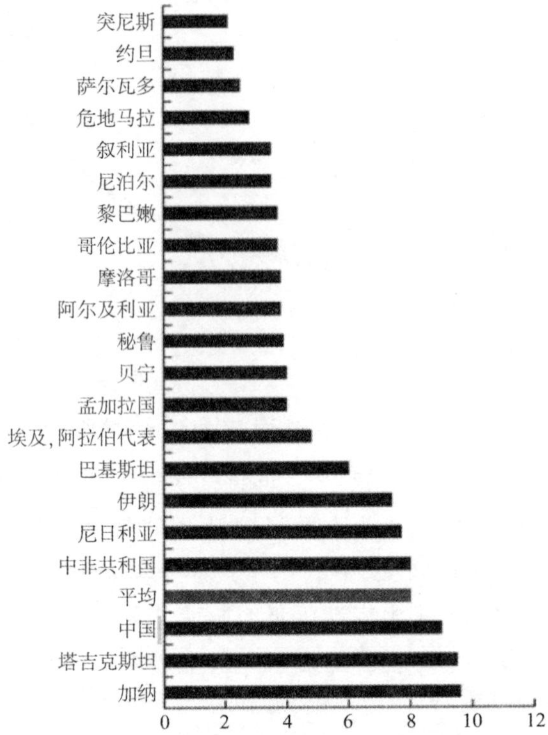

图12-9 环境退化成本占GDP的比例

资料来源:世界银行《包容性绿色增长》

“十二五”规划纲要明确提出“坚持发展是硬道理的本质要求,就是坚持科学发展,更加注重以人为本,更加注重全面协调可持续发展,更加注重统筹兼顾,更加注重保障和改善民生,促进社会公平正义”。这基本上体现了包容性绿色增长的要义。但是,由于长期以来 GDP 成为地方政府领导干部考核的重要指标,因而各地政府部门更多地关注 GDP 而忽视生态环境保护。同时,由于个人所得税占财政收入的比重低,企业上缴税收占比高,政府部门在 GDP 与就业关系问题上更注重 GDP。2011 年,中央财政收入中个人所得税占比7.08%,地方财政税收收入中个人所得税占比为 5.89%[29],与发达国家税收结构有很大差别。2011 年,在美国联邦总收入中,个人所得税占比 43.98%。[30]20 世纪 80 年代以后,美国及一些发达国家地方政府财政收入中个人所得税占比有所提高,加拿大为37%,丹麦为53%,芬兰为50%,挪威、瑞典达60%～70%,美国、日本为20%～30%(戎生灵,p. 130)。因而,国外联邦或中央政府和地方政府都重视

GDP，但更重视就业问题。中国是一个发展中国家，虽然在财政收入中个人所得税占比低，但在社会保障体系覆盖有限的情况下，不断增加就业机会，尤其是增加乡村就业人员的非农就业机会，不仅是一个重大的社会问题，也是一个重大的政治问题。

我国坚持“多予、少取、放活”的方针，推进社会主义新农村建设，对于缓解“三农”矛盾是有积极意义的。目前我国推进城乡一体化建设和推进基本公共服务均等化，对于保障农民家庭尤其是贫困户维持基本生活需要是非常必要的，也有利于“人”的城镇化发展。但根本的问题还是要为农村劳动者从事非农产业就业提供更多的机会，通过包容性创新与前沿创新齐头并进，进一步推行积极的劳动力市场政策，提升农民或贫困弱势人群的就业机会。西部地区，尤其是连片贫困区，应避免重复东部地区的发展老路，要以绿色经济为中心，实行跨越性发展。对于连片贫困区或少数民族地区，政府应加强地区性中心城镇的基础建设，做好文化遗产的保护与开发[31]，鼓励绿色产业发展，逐步推行包容性绿色增长。

四、政策、法规、标准和政府行政协调配合形成合力

前文已述，无论是市场经济发达国家还是发展中国家，都程度不同地存在着市场失灵。市场失灵往往与时间不一致偏好、信息不对称、非竞争的市场、委托代理、外部性、公用物品等问题有关。针对市场失灵，需要政府进行干预。对于市场能正常运行的领域，国家依法保障正当竞争；对于不完全竞争的领域，政府部门应不断破除人为垄断、打击不正当竞争；对于应该实行国家干预的领域，政府应该尽可能利用市场的作用来提高效率。但是，政府部门也存在失灵的现象。政府失灵并非是具体政府政策的失败，而是一个阻碍政府解决目标的有效性问题。政府失灵在需求方和供应方都普遍存在。不同类型的政府其失灵的原因是不相同的。官僚科层制政府失灵的根本原因是 X 非效率、政策非灵活性、组织型资源的浪费和非有效使用；权力分散制政府失灵的根本原因是政策处理缓慢或无序，当地公共物品的不公平性分布等（Dsavid L. Weimer, Aidan R. Vining, 2004, pp. 190 ~ 191）。实际上，上述两类原因在我国都程度不同地存在。同时，腐败会扰乱政策的执行效果，不仅导致商业成本增加，而且导致 GDP 损失。根据透明国际公司（Transparency International）编制的《2013 年全球腐败感知指数报告》（图 12 - 10[32]），我国腐败感知指数在 177 个国家或地区中排名第 88 位，属于中等程度。

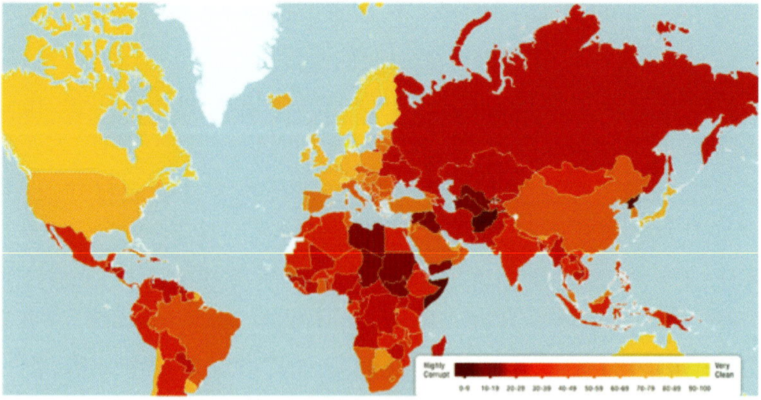

图12-10 2013年全球腐败感知指数

显然,在市场经济条件下,既存在着市场失灵的领域,也存在政府失灵的现象。非营利组织的出现是由于市场失灵和公共物品供应不足(史蒂文斯,1999,p. 143)。但我国的行业组织是政府行政体制改革的产物,对政府部门的依附性强,事业单位改革严重滞后,因而,我国的非营利性组织也是失灵的(叶常林,2006),或者说“社会失灵”。在这种情况下,只有按照党的十八届三中全会精神加大改革力度,分别推进政府、企业和非营利组织的治理,通过三方的互动来治理三方的“失灵”。[33]

进一步促进绿色发展,需要有法律保障,需要健全的标准体系,需要有效的政府行政组织管理来制定协调的政策体系。改革开放三十多年以来,为了适应市场经济发展的需要,我国逐步建立和健全了市场经济的法律体系框架,不断完善标准体系,与市场经济相适应的宏观调控体系初步确定。政策、法规、标准和政府行政组织力量形成合力,才能促进可持续发展和绿色发展。然而,我国的政策、法规、标准和政府行政组织力量存在“激励不兼容”或存在许多不协调的现象,有的甚至存在严重的抵牾,需要改革和调整。

第一,积极推进政府行政管理职责转变和政府治理,创建依法行政的政治文明。我国仍然受到计划经济形成的行政命令主义管理体制的严重影响,政府经济管理工作运用行政手段驾轻就熟。虽然经过三十多年改革开放的积累,也广泛应用法律手段、经济手段来进行宏观调控,但法律只是一种可供选择的手段,尚未成为政府运行的轨道。根据1982年修订的宪法规定,我国各级政府部门推行“行政首长负责制”;为了做好一些重大工作又推进了许多具体的行政责任制,如“菜篮子市长负责制”、“米袋子省长负责制”等。同时,逐渐推行“行政问责制”。2001年4月21日,国务院颁布了《关于特大安全事故行政责任追究的规定》;2009年5月22日党中央审议并通过《关于实行党政领导干部问责的暂行规定》。这对于推进责任政府和服务型政府建设是有重大意义的。但是，我国现行的“行政首长负责制”由于责任不清（杨开锋，吴剑平，2011）、职责不明、权力过大、责任过小、缺乏监督，由此导致行政效率低下和腐败现象。而“问责制”只是一种行政监督方式或若干零散的条例规定，没有形成一个完整的体系。作为一种系统化和规范化的行政责任制度体系应该包括行政责任的确定、行政责任的追究和行政问责的救济三个运行基点（张创新，赵蕾，2005）。而不健全的行政责任制必然导致问责面前不平等、问责客体不清晰、主体缺位、范围太窄、力度不强等消极后果，最后变成完全的人治。在地方党政领导干部政绩考核上，设置了指标，如关于生态环境保护、节能减排等规划、规定、条例和部委的有关文件中列出许多约束性指标，“十二五”期间提出了 12 个预期性指标和 12 个约束性指标，其中作为预期性指标的 GDP 在很大程度上与其他指标是冲突的，但 GDP 又是最重要的、最客观的。目前有关部门明确了“不以 GDP 论英雄”的规定，但建立一整套客观、科学的绩效评估体系将是一个重大的课题。因此，我们必须按照党的十八届三中全会精神，推进与市场经济相适应的政府治理，进一步完善行政法规建设，使政府行政在法治的轨道上推进绿色发展。

第二，推进政府投资管理体制的改革，不断提高政府投资效率。在市场经济条件下，政府投资可以弥补市场失灵，协调全社会的重大投资比例关系，进而推动经济发展和结构优化。但政府投资应严格限制在公共领域。1996—2010 年，我国政府投资资金规模从 3045.1 亿元增加到 4.2 万亿元。政府资金占全部投资资金来源的比重由 22.3% 降至 15.4%。但是，2004 年，政府资金比重保持平稳并略有回升。2008 年，政府大幅度增加财政投入，政府资金占比有一定程度的上升。如果按照政府资金占政府项目投资的 1/2 计算，政府投资的资本形成由 1996 年的 6104 亿元提高到 2010 年的 4.63 万亿元，政府投资率由8.6% 提高到 11.5%；如果按照政府资金占政府项目投资的 1/3 计算，政府投资的资本形成由 1996 年的 9156 亿元提高到 2010 年的 6.95 万亿元，政府投资率由 12.9% 提高到 17.3%。我国 1996—2010 年间政府投资率平均为 9% ~13.4%，明显高于美国、日本和瑞典的平均水平（刘立峰，2012）。根据 2003—2010 年各个省份的面板数据实证分析结果表明，我国公共投资中的基础建设支出、科研支出相对于其他支出对经济增长的作用更为重要（王芳杰，2013）。由于政府投资的累积性增加，财政政策的有效性在逐年递减（叶文辉，楼东伟，2010），政府投资产出弹性小于非政府投资的产出弹性，在一定范围内同等数量政府投资对经济增长的贡献度低于非政府投资（刘俊勋，2010），交通基础设施和产业存在配置扭曲现象（蒋冠宏，蒋殿春，2012）。2008 年第四季度 1000 亿元财政投资促进各部门总产出增长3798.83亿元,GDP增长1444.34亿元,能源需求量增加1369.46万吨标准煤和就业增长88.58万人(刘洪涛,等,2009)。2008年四万亿元政府投资是一个寄望于世界经济快速复苏的权宜之举,收益是短期内稳定了经济和社会,代价是牺牲了我国经济增长方式的优化与导致市场化改革理念的可能退步(王曦,陆荣,2009)。因此,政府直接投资效率越来越低。实际上,联合提供公共物品是解决政府失灵的重要方法(史蒂文斯,1999,pp. 129~130)。目前,世界各国尤其是市场经济发达国家或地区通行采用"PPPI"(Public-Private Partnerships in Infrastructure)模式。PPPI术语出现之前人们广为使用的术语是Concession(特许权)、BOT、PFI。PPPI的基本含义是:在基础设施方面,公共部门(中央的、区域的或者地方政府或者国有实体)与私人部门签订合同,进行设计、建设(或者改造)、运营和维护公共基础设施;在财政支持下,重大建设项目运营和维护的风险转移给私营实体。但公共部门仍需承担向市民提供服务的责任。在合同到期时,基础设施一般归还公共部门控制。[34] PPP应用的行业包括:运输(公路,桥梁,隧道、铁路,公共交通、航运、空运)、公共基础设施(学校、医院、监狱、公共住房、公共建筑)、军用设备、供水系统/调配、卫生设施,等等。PPPI的主要特点是:公共投资的私营运营和融资;强调私营部门提供的投资和服务;风险从政府转移到私营部门。项目一般涉及私营部门提供大部分的长期投资,投资者普遍关心"法律对投资者的保护"。在实际工作中,法律、制度、程序监督、监管框架和PPP合同设计至为关键。虽然PPP项目由私营企业投资,但如果没有选择物有所值的项目,政府接管之后,预算外支出不断,政府财政也是存在风险的。目前,美国、英国、日本、澳大利亚、韩国都在中央政府由一个部门专门组织协调PPPI工作。我国一些地方政府20世纪90年代中期就在基础建设中应用"特许经营",但项目时期都是3~5年的短期项目,也不是很规范。为此,我国应该借鉴国外经验,制定相关法律而不仅仅是国务院规定或部委规定,设立相关主管机构,在基础设施和公用事业建设、维修、营运等方面全面采用PPP模式,将能够提高资金和项目的效率,减少寻租等腐败行为,逐步将风险更大的地方融资平台淡出历史舞台。

第三,不断完善标准体系建设,以标准来形成规范化监管。目前,政府对行业标准的执行存在不确定性。我国近十多年淘汰"落后产能"使用的是动态标准。随着经济的发展和行业技术水平的不断提高,落后产能的标准也会进行调整。实际上,这些所谓的"落后产能"在立项时都进行过经济评估和环境评估,最后由各级政府部门审批而开工建设。几年之后,政府部门用动态标准来强制淘汰,在淘汰过程中还要给予财政资金支持。实际情况是,越淘汰"落后产能"

越多，造成社会资源严重浪费。这说明我国行业标准和企业标准都存在问题，政府随时改变行政许可条件，使企业投资形成不了合理预期。今后应该加强标准体系的完善，规范政府行政行为，提高行业标准的规范化作用。

第四，协调宏观调控政策，形成合力。诺贝尔经济学奖得主丁伯根指出："经济政策是一项复杂的活动。它的准备和实施需要有大量的机构，分布于全国各地，配备着的官员。为了把事情办好，需要把所涉及的任务仔细周密地组织起来。显然，这种组织的性质和范围决定于各种不同的情况。一种类型的政策要比另一种类型的政策有精细得多的组织。"（丁伯根，1988，p. 252）然而，在我国的实际工作中，政策之间不协调甚至抵牾导致政策效力互相抵消的现象经常发生。实际上，在市场经济条件下，政府的宏观调控目标主要是经济增长、充分就业、价格稳定和国际收支平衡。但这些目标的实现存在着矛盾，需要各项政策配合使用。而现实中政出多门，政策互相冲突。例如，为了保障和促进矿产资源的勘察、保护和合理开发，维护国家对矿产资源的财产权益，国家征收矿产资源补偿费，但如果利率大于矿产资源价值的贴现率，矿山企业就会加大采矿投入，提高产量（张帆，1998，p. 125）；为了保护环境，国家在产业政策和环保政策中对行业、企业设置了限制性条件，但现行的税收优惠政策、信贷政策并没有考虑相关政策与限制性条件，从而导致污染、耗能产业的快速发展；为了促进农业增产、农民增收，国家对化肥、农药、农膜、农机等进行财政补贴，从而导致农村面源污染和农机过度使用，农业面源污染导致农业减产和农民减收。[35] 因此，为了使经济政策能够平衡地和有效地施行，各种手段在各个机构间的分配要做到权限分明（丁伯根，1988，p. 253），政府的各个机构要相互配合，通过创新改进治理，形成合力。

五、小结

目前人类所面临的人口、资源和环境之间的矛盾比已往任何时候都要尖锐。绿色发展是人类社会的必然选择，绿色发展也是可持续发展和科学发展观的具体实现形式。

促进绿色发展的关键在于制度安排的改进。就我国目前的情况而言，首先是进一步推进政府、市场、社会组织的治理；其次是做好政策、法规和标准的协调工作。

政策和法规的制定与协调是一件非常复杂的工作。因为制定与协调政策和法规的是具体的自然人及其集合，而政策、法规规范的也是人的行为。政策、法规目的中可能存在个人目的与集体目的不兼容性，甚至还有可能会出现集体目的与社会目的不兼容性。如果存在目的不兼容性就会出现博弈。同时,制定与协调政策、法规的自然人及其集合有一系列偏好,不同偏好的人及其集合选择的政策工具也会出现差异,这会影响到效率与福利问题。根据丁伯根法则(Tinbergen's Rule),为达到一个经济目标,政府至少要运用一种有效的政策。例如,“公地悲剧”(Tragedy of the commons)问题(戴利,2001,pp. 146 ~ 178)是因为产权不明,使得企业和个人使用资源的直接成本小于社会所需付出的成本,从而使资源被过度使用,因而需要明晰产权。而“反公地悲剧”(Heller, Michael, 1998),可能是在公地内存在着很多权利所有者。为了达到某种目的,每个当事人都有权阻止其他人使用该资源或相互设置使用障碍,而没有人拥有有效的使用权,导致资源的闲置和使用不足,造成浪费。因此,需要有一种公共机制来协调,以降低交易费用,促进各所有者协调开发。但现实中的许多问题并不是独立存在的,如国有企业经营问题既存在“公地悲剧”问题,又同时存在“反公地悲剧”问题。如果这两个问题是独立的,采用两项政策工具就能有针对性地解决。但这两个问题是相关的,简单的两项政策工具是无济于事的。现实中这类问题俯拾即是,环保问题就是其中之一,而环境问题的解决,除需要运用经济政策外,需要政府及公众参与(金胜军,2010)。Shuqin Jin 通过对农户和农药零售商的调研发现,农药市场的信息传递扭曲以及零售商和农户之间的不信任是导致农药过度使用的主要原因(马贤磊,等,2013)。这也就说明,有的问题在政策纠偏的同时,需要政府和有关人员及单位进行互动,而不仅是政府部门颁发一份红头文件就能迎刃而解的。

注释

[1] The Environment Management Group. Working towards a Balanced and Inclusive Green economy: A United Nations System-wide Perspective: www. zaragoza. es/contenidos/medioambiente/onu/1209-eng, pdf.

[2] BP Statistical Review of World Energy, June 2013(bp. com/statisticalrevi).

[3] 杰里米·里夫金认为,第三次工业革命的支柱包括五个方面:向可再生能源转型;将每栋建筑转化为微型发电厂,以便就地收集可再生能源;在每一栋建筑物以及基础设施中使用氢和其他存储技术,以存储间歇式能源;利用互联网技术将每一大洲的电力网转化为能源共享网络;将运输工具转向插电式以及燃料电池动力车,这种电动车所需要的电可以通过洲与洲之间共享的电网平台进行买卖(杰里米·里夫金,2012,p. 32)。

[4] China now no. 1 in CO_2 emissions; USA in second position. Netherlands Environmental Assessment Agency, 2007 - 06 - 22.

[5] http://www. unep. org/pdf/2012gapreport, pdf.

[6] 中国社会科学院,中国气象局气候变化经济学模拟联合实验室,社会科学文献出版社.气候变化绿皮书:应对气候变化报告(2013)[C]:中国气象网(http://www.cma.gov.cn/2011).

[7] http://sdwebx.worldbank.org/climateportal/index.cfm? page = country_historical_climate & ThisRegion = Asia&ThisCCode = CHN.

[8] 资料来源:http://www.unwater.org/statistics_res.html#sthash.gEeYOOYE.dpuf。

[9] 资料来源:http://data.stats.gov.cn/workspace/index? m = hgnd。

[10] 赵勇,裴源生,陈一鸣.我国城市缺水研究[J].水科学进展,2006(5);中国2/3的城市缺水[N]:中国新闻网,2012-02-17。

[11] 资料来源:http://data.stats.gov.cn/workspace/index? m = hgnd。

[12] 资料来源:http://data.stats.gov.cn/workspace/index? m = hgnd。

[13] Diego J. Rodriguez & Amanda McMahon. Waterfinance: Preparing for the next critical juncture[N]: http://www.globalwaterforum.org.

[14] 根据《土地分类》的通知(国土资发〔2001〕255号)对耕地的定义,耕地指种植农作物土地,包括熟地、新开发复垦整理地,休闲地、轮歇地、草田轮作地;以种植农作物为主,间有零星果树、桑树或其他树木的土地;平整每年能保证收获一季的已垦滩地和海涂。耕地中还包括南方小于1.0米,北方小于2.0米的沟、渠、路和田埂。FAO的定义:耕地(Arable land)是在同一农业年播种和收获的作物所占用的农业土地。有时不止一次,临时割草草地或放牧,根据市场和厨房的需要用作菜园的土地,暂时休耕(不超过五年)的土地都是耕地,废弃的土地不算耕地(http://faostat.fao.org/site/375/default.aspx)。

[15] 有效灌溉面积、粮食作物播种面积的数据来源于国家统计局网:http://data.stats.gov.cn/workspace/index? m = hgnd;Arable land(耕地)的数据来源于世界银行网站:http://search.worldbank.org/data? qterm = Arable %20land%20(hectares)&language = ZH-HANS。

[16] http://www.mep.gov.cn/gkml/hbb/qt/201404/t20140417_270670.htm.

[17] http://www.worldsteel.org/dms/internetDocumentList/bookshop/Word-Steel-in-Figures-2013/document/World%20Steel%20in%20Figures%202013,pdf.

[18] http://betonabq.org/images/imguser/WorldReport_Aug_2013final__01__cement,pdf.

[19] http://www.statista.com/statistics/270439/chinas-share-of-global-gross-domestic-product-gdp.

[20] 住房和城乡建设部.中国城乡统计年鉴[M].北京:中国计划出版社,2012:181.

[21] 2011年全国竣工建筑面积为316429.3万平方米,其中住宅为194082万平方米(中国统计摘要[M].北京:中国统计出版社,2012:52)。

[22] 温家宝.提高认识,统一思想,牢固树立和认真落实科学发展观——在省部级主要领导干部"树立和落实科学发展观"专题研究班结业式上的讲话(2004年2月21日)[N].中央政府门户网站:http://www.gov.cn/test/2005-06/26/content_9581.htm.

[23] 邹薇.中国经济对奥肯定律的偏离与失业问题研究[J].世界经济,2003(6);姜巍,刘石成.奥肯模型与中国实证(1978—2004)[J].统计与决策,2005(12);周游,秦向东.奥肯定理在中国适用情况的实证分析[J].当代经济研究,2006(10)。

[24] http://data.stats.gov.cn/workspace/index? m = hgnd;《2013年中国统计摘要》。

[25] http://data. stats. gov. cn/workspace/index? m = hgnd;《2013 年中国统计摘要》。

[26] 蔡昉,王德文,张华初. 中国经济刺激方案的就业效应[D]. 2009 年中国社会科学院人口与劳动经济研究所工作论文,第 77 期.

[27] http://data. stats. gov. cn/workspace/index? m = hgnd.

[28] http: // web. worldbank. org/WBSITE/EXTERNAL/TOPICS/EXTSDNET/0,, contentMDK:23237667 ~ menuPK:64885113 ~ pagePK:7278667 ~ piPK:64911824 ~ theSitePK:5929282,00. html#top.

[29] http://data. stats. gov. cn/workspace/index? m = hgnd.

[30] http://www. census. gov/prod/2011pubs/12statab/fedgov, pdf, p314.

[31] 根据国务院发布的 2006 年版《中国农村扶贫开发概要》,达到标准的县级行政区总共有 592 个,民族自治区贫困县共有 341 个。国家级贫困县主要集中在中西部地区,且多集中于革命老区、少数民族地区以及边疆地区(即"老少边穷")。国务院扶贫开发领导小组会根据社会经济发展情况对国家贫困县进行一些调整,2012 年国家扶贫开发工作重点县总数未变,但有调整:http: // www. cpad. gov. cn/publicfiles/business/htmlfiles/FPB/gggs/201203/175445. html)。同时,少数民族地区也是非物质文化遗产比较集中的地区。

[32] http://cpi. transparency. org/cpi2013/results.

[33] 吴光芸,方国雄. 市场失灵、政府失灵与非营利组织失灵及三者互动的公共服务体系[J]. 四川行政学院学报,2005(1);许继芳,周义程. 公共服务供给三重失灵与我国公共服务供给模式创新[J]. 南京农业大学学报(社会科学版),2009,9(1)。

[34] Multilateral PPPI Capacity Building Initiative (MP3IC), Asian Development Bank Institute 10 March 2009:http: // www. adbi. org/files/2009. 03. 10. cpp. sess6. glennie. multilateral, p. ppi. capacity. building, pdf.

[35] 黄文芳. 农业化肥污染的政策成因及对策分析[J]. 生态环境学报,2011,20(1);潘丹. 基于资源环境约束的中国农业绿色生产率[M]. 北京:中国环境出版社,2013:55。

参考文献

一、英文文献

Adams, Ian(2001). Political Ideology Today. Manchester U Press.

Andrew Walder; Yang Su(2003). The Cultural Revolution in the Countryside. ,The China Quarterly, No. 173.

Anthony M. Snodgrass(1977). Archaeology and the Rise of the Greek State,Cambridge: Cambridge University Press.

Nicholas Toth and Kathy Schick (2007). Handbook of Paleoanthropology. Springer Berlin Heidelberg. p. 1963.

Dsavid L. Weimer; Aidan R. Vining(2004). Policy Analysis: Concepts and Practice. Pearson: Prentice Hall.

Anthony F. Harding: *European Societies in the Bronze Age.* Cambridge, 2000.

David Pepper. "Anthropocentrism, Humanism and Ecosocialism : A Blueprint for the Survival of Ecological Politics", Environmental Politics 2/3(1993),p. 439.

Hirschman,A. O. (1981). The Rise and Decline of Development Economics. Essays in Trespassing: Economics to Politics to Beyond.

Hatcher,J(1977). Plague,Populatiob,and the English Economy, 348 – 1530. London: Cambridge University Press.

Heller, Michael (1998). "The Tragedy of the Anticommons", Harvard Law Review.

Jump up. "PR Newswire: Results Announced for 2012 Dow Jones Sustainability Indexes Review". Retrieved November 8, 2012.

M. M. Austin and P. Vidal ~ Naquet:Economic and Social History of Ancient Greece:An Introduction,University of California Press.

Graziella Caselli, etc. Demography: Analysis and Synthesis, Four Volume Set, Volume 1 – 4: A Treatise in Population. Academic Press.

Stilwell, Frank. "Political Economy: the Contest of Economic Ideas." First Edition. Oxford University Press. Melbourne, Australia,2002.

Philippe Aghion,David Hemous,Reinhilde Veugelers. NO GREEN GROWTH WITHOUT INNOVATION[J]. bruegelpolicybrief,2009(7).

二、译著

马克思,恩格斯,1995a. 马克思恩格斯选集[M]: 第1卷. 北京: 人民出版社.

马克思,恩格斯,1995b. 马克思恩格斯选集[M]:第 2 卷. 北京:人民出版社.

马克思,恩格斯,1995c. 马克思恩格斯选集[M]:第 3 卷. 北京:人民出版社.

马克思,恩格斯,1995d. 马克思恩格斯选集[M]:第 4 卷. 北京:人民出版社.

马克思,恩格斯. 马克思恩格斯全集[M]:第 16 卷. 北京:人民出版社,1964.

马克思,恩格斯. 马克思恩格斯全集[M]: 第 46 卷下. 北京:人民出版社,1980.

马克思,恩格斯. 马克思恩格斯全集[M]: 第 42 卷. 北京:人民出版社,1979.

马克思,恩格斯. 马克思恩格斯全集[M]:第 9 卷. 北京:人民出版社,1961.

马克思. 1844 年经济学哲学手稿[M]. 北京:人民出版社,2000.

马克思,1975a. 剩余价值学说史[M]:第 1 卷. 北京:人民出版社.

马克思,1975b. 剩余价值学说史[M]:第 1 卷. 北京:人民出版社.

马克思,1975c. 剩余价值学说史[M]:第 3 卷. 北京:人民出版社.

马克思,1976a. 资本论[M]:第 1 卷. 北京:人民出版社.

马克思,1976b. 资本论[M]:第 3 卷. 北京:人民出版社.

马克思. 评阿 · 瓦格纳的《政治经济学教科书》[M]//马克思恩格斯全集:第 19 卷. 北京:人民出版社,1975.

马克思,2003a. 柯瓦列夫斯基《公社土地占有制,其解体的原因,进程和结果》//马克思恩格斯全集[M]:第 45 卷. 北京:人民出版社.

马克思,2003b. 易斯 · 亨 · 摩尔根(古代社会)一书摘要//马克思恩格斯全集[M]:第 45 卷. 北京:人民出版社。

恩格斯. 致卡 · 考茨基[M]//马克思恩格斯全集:第 35 卷. 北京:人民出版社,1971.

恩格斯. 论封建制度的瓦解和民族国家的产生[M]//马克思恩格斯全集:第 21 卷. 北京:人民出版社,1965.

列宁,1978a. 列宁选集[M]:第 1 卷. 北京:人民出版社.

列宁,1978b. 列宁选集[M]:第 2 卷. 北京:人民出版社.

列宁,1978c. 列宁选集[M]:第 3 卷. 北京:人民出版社.

列宁,1978d. 列宁选集[M]:第 4 卷. 北京:人民出版社.

斯大林. 斯大林文选[M]. 北京:人民出版社,1962.

J. 丁伯根. 经济政策:原理与设计[M]. 北京:商务印书馆,1988.

马克 · 布劳格. 经济学方法论[M]. 北京:北京大学出版社,1990.

马歇尔. 经济学原理[M]:上卷. 北京:商务印书馆,1964.

马克斯 · 韦伯. 学术与政治[M]//韦伯作品集. 钱永祥,译. 南宁:广西师范大学出版社,2004.

托马斯 · R. 马丁. 古代希腊简史[M]. 上海:上海三联书店,2011.

马尔库塞. 爱欲与文明[M]. 黄勇,薛民,译. 上海:上海译文出版社,2005.

马尔库塞. 单面人——发达工业社会的意识形态研究[M]. 左晓斯,译. 长沙:湖南人民出版社,1988.

凡勃伦. 有闲阶级论——关于制度的经济研究[M]. 北京:商务印书馆,1964.

马林诺夫斯基,2000a. 原始的性爱[M]:上册. 北京:中国社会出版社.

马林诺夫斯基,2000b. 原始的性爱[M]:下册. 北京:中国社会出版社.

尼科洛·马基雅维里. 君主论[M]. 北京:商务印书馆,1996.

孔飞力. 叫魂:1768 年中国妖术大恐慌[M]. 上海:上海三联书店,1999.

大河内一男. 转型时期经济思想:亚当·斯密与弗·李斯特[M]. 胡企林,沈佩林,译. 北京:中国人民大学出版社,2000.

贝克尔. 家庭经济分析[M]. 北京:华夏出版社,1987.

龙多·卡梅伦,拉里·尼尔. 世界经济简史——从旧石器时代到 20 世纪末[M]. 上海:上海译文出版社,2012.

马克斯·韦伯. 经济与社会[M]. 北京:商务印书馆,1997.

马克斯·韦伯. 儒教与道教[M]. 洪天富,译. 南京:江苏人民出版社,1993.

马克斯·韦伯,1998b. 经济与社会[M]:下册. 北京:商务印书馆.

霍华德·马凯尔. 瘟疫的故事[M]. 上海:上海社会科学院出版社,2003.

杰拉尔德·冈德林. 美国经济史新编[M]. 北京:商务印书馆,1994.

威廉·贝纳特,彼得·科茨. 环境与历史[M]. 南京:凤凰出版传媒集团,2008.

丹尼尔·贝尔. 后工业社会的来临[M]. 北京:新华出版社,1987.

阿兰·艾伯斯坦. 哈耶克传[M]. 秋风,译. 北京:中国社会科学出版社,2003.

艾兹赫德. 世界历史中的中国[M]. 上海:世纪出版集团,上海人民出版社,2009.

列维·布留尔. 原始思维[M]. 北京:商务印书馆,1994.

布哈林. 布哈林文选[M]:上册. 北京:商务印书馆,1988.

弗洛伊德. 图腾与禁忌[M]. 上海:上海人民出版社,2005.

弗洛伊德. 弗洛伊德后期著作选. 上海:上海译文出版社,1997.

弗洛伊德. 弗洛伊德后期著作选. 北京:商务印书馆,1987.

卢梭. 社会契约论[M]. 北京:商务印书馆,1982.

A. 皮尔兹. 生物钟[M]. 北京:科学出版社,1979.

约翰·史蒂文森,2007a. 欧洲史(公元前 4500—1000 年)[M]. 北京:中国友谊出版公司.

约翰·史蒂文森,2007b. 欧洲史(公元前 2500—前 1000 年)[M]. 北京:中国友谊出版公司.

詹姆斯·M. 布坎南. 自由、市场和国家[M]. 吴良健,等,译. 北京:北京经济学院出版社,1988.

史蒂文斯. 集体选择经济学[M]. 杨晓维,译. 上海:上海书店,上海人民出版社,1999.

朱迪斯·M. 本内特,C. 沃伦·霍利斯特. 欧洲中世纪史[M]. 上海:上海科学院出版社,2007.

世界银行. 变革世界中的可持续发展[M]//2003 世界银行报告. 北京:中国财经出版社,2003.

世界银行. 重塑世界经济地理——2009 年世界发展报告[M]. 北京:清华大学出版社,2009.

达尔文. 人类的由来[M]:上册. 北京:商务印书馆,1997.

菲斯泰尔·德·吉朗士. 古代城市——希腊罗马宗教,法律及制度研究[M]. 上海:世纪出版集团,上海人民出版社,2012.

古朗士. 希腊罗马社会研究[M]. 上海:商务印书馆,1932.

亚里士多德. 政治学[M]. 北京:商务印书馆,2012.

亚里士多德. 雅典政制[M]. 上海:上海出版集团,2011.

亚里士多德. 宇宙论[M]. 吴寿彭,译. 北京:商务印书馆,1999.

色诺芬. 经济论,雅典收入[M]. 北京:商务印书馆,1961.

约翰·伊特韦尔,默里·米尔盖特,彼得·纽曼,1992a. 新帕尔格雷夫经济学大辞典[M]:第1卷. 北京:经济科学出版社.

托克维尔. 论美国的民主[M]. 董果良,译. 北京:商务印书馆,2002.

托克维尔. 旧制度与大革命[M]. 冯棠,译. 北京:商务印书馆,2012.

路德维希·米塞斯. 官僚体制·反资本主义的心态[M]. 北京:新星出版社,2007.

罗伯特·A. 达尔. 论民主[M]. 李风华,译. 北京:中国人民大学出版社,2012.

休谟. 自然宗教对话录[M]. 北京:商务印书馆,1962.

休谟. 人类理解研究[M]. 北京:商务印书馆,1957.

休谟. 人性论[M]:下册. 北京:商务印书馆,1991.

西尼尔. 政治经济学大纲[M]. 北京:商务印书馆,1977.

伊藤诚. 幻想破灭的资本主义[M]. 北京:社会科学出版社,2006.

乔纳森·休斯. 生态与历史唯物主义[M]. 南京:江苏人民出版社,2012.

吉利斯,波金斯,罗默,斯诺德格拉斯. 发展经济学. 北京:中国人民大学出版社,1998.

丹尼斯·米都斯. 增长的极限[M]. 长春:吉林人民出版社,2004.

朱利安·林肯·西蒙. 没有极限的增长[M]. 黄江南,朱嘉明,译. 成都:四川人民出版社,1985.

安格斯·麦迪森. 中国经济的长期表现(公元960—2030年)[M]. 伍晓鹰,马德斌,译. 上海:上海人民出版社,2011.

道格拉斯·诺思,罗伯斯·托马斯. 西方世界的兴起[M]. 北京:华夏出版社,1999.

道格拉斯·C. 诺思. 经济史中的结构与变迁[M]. 上海:上海三联书店,1991.

约翰·希克斯. 经济史理论[M]. 北京:商务印书馆,1999.

A. И. 别尔什茨. 原始社会[M]. 北京:中央民族学院出版社,1987.

希罗多德,1959a. 历史[M]:下册. 北京:商务印书馆.

伊曼纽尔·沃勒斯坦. 现代世界体系[M]. 北京:高等教育出版社,2000.

海因茨·沃尔夫冈·阿恩特. 经济发展思想史[M]. 北京:商务印书馆,1999.

杜赞奇. 文化,权力与国家(1900—1942年的华北农村)[M]. 南京:江苏人民出版社,1992.

萨缪尔·亨廷顿. 文明的冲突与世界秩序的重建(修订版)[M]. 周琪,刘维,张立平,译. 北京:新华出版社,2012.

阿马蒂亚·森. 以自由看待发展[M]. 任赜,于真,译. 北京:中国人民大学出版社,2002.

克罗齐. 历史学的理论与实际[M]. 北京:商务印书馆,1982.

克莱因:增长与发展[J]. 国际社会科学杂志(中文版),1990(1).

詹姆斯·麦格雷戈·伯恩斯. 民治政府—美国政府与政治[M]. 北京:中国人民大学出版社,2007.

保罗·怀恩. 绿色资本主义[M]. 吴信如,译. 台北:台湾天下杂志股份有限公司,2002.

纳尔森. 经济增长的源泉[M]. 北京:中国经济出版社,2001.

杰里米·里夫金. 熵:一种新的世界观[M]. 上海:上海译文出版社,1987.

杰里米·里夫金. 第三次工业革命[M]. 北京:中信出版社,2012.

阿尔蒂尔·阿尔努. 巴黎公社人民和议会史[M]. 北京:中国社会科学出版社,1981.

李嘉图,1983a. 李嘉图著作和通信集[M]:第1卷. 北京:商务印书馆.

李约瑟,1991b. 中国科学技术史[M]:第二卷. 科学出版社。

李约瑟. 中国古代科学思想史[M]. 陈立夫,等,译. 南昌:江西人民出版社,1999.

查尔斯·坎默. 基督教伦理学[M]. 北京:中国社会科学出版社,1994.

萨拉·B. 波默罗伊,斯坦得·M. 伯斯坦,沃尔特. 唐兰,罗伯茨. 古代希腊政治、社会和文化史[M]. 上海:上海三联书店,2010.

修昔底德. 伯罗奔尼撒战争史[M]. 上海:上海人民出版社,2012.

孟德斯鸠. 法意[M]:上册. 严复,译. 北京:商务印书馆,1981.

罗素,1988b. 西方哲学史[M]:下册. 北京:商务印书馆.

理查德·A. 波斯纳. 资本主义失败:〇八危机与经济萧条的降临[M]. 北京:北京大学出版社,2009.

沟口雄三. 中国的公与私·公私[M]. 郑静,译. 北京:生活·读书·新知三联书店,2011.

波普尔. 开放社会及其敌人[M]:第二卷. 北京:中国社会科学出版社,1999.

A. 恰亚诺夫. 民经济组织[M]. 北京:中央编译出版社,1996.

悉尼·胡克. 对卡尔·马克思的理解[M]. 徐崇温,译. 重庆:重庆出版社,1989.

宫崎市定. 国上代ゾ封建制ろ都市国家ろ[J]. 史林:第2卷,1950(2).

雷蒙德·费思. 人文类型[M]. 北京:商务印书馆,1991.

纳撕尼尔·哈里斯. 古希腊生活[M]. 太原:希望出版社,2006.

费正清,1993a. 剑桥中华民国史[M]:上卷. 北京:中国社会科学出版社.

费正清,1993b. 剑桥中华民国史[M]:下卷. 北京:中国社会科学出版社.

费正清,费维恺,1994a. 剑桥中华民国史(1911—1949年)[M]:上卷. 北京:中国社会科学出版社.

费正清,费维恺,1994b. 剑桥中华民国史(1911—1949年)[M]:下卷. 北京:中国社会科学出版社.

R. 麦克法夸尔,费正清,1990. 中华人民共和国史(1949—1965)[M]. 北京:中国社会科学出版社.

城山智子. 大萧条时期的中国——市场、国家与世界经济[M]. 南京:凤凰出版传媒集团,江苏人民出版社,2010.

A. 哈耶克,1997a. 通往奴役之路[M]. 王明毅,等, 译. 北京:中国社会科学出版社.

A. 哈耶克,1997b. 自由秩序原理[M]:上卷. 邓正来,译. 北京:生活·读书·新知三联书店.

A. 哈耶克. 哈耶克论文集[M]. 北京:首都经济贸易大学出版社,2001.

A. 哈耶克. 个人主义与经济秩序[M]. 北京:北京经济出版社,1991.

亚诺什·科尔内. 短缺经济学[M]:下卷. 北京:经济科学出版社,1986.

罗纳德·哈里·科斯.论生产的制度结构[M].盛洪,陈郁,译.上海:上海三联书店出版社,1991.

奥利弗·E. 威廉姆森.资本主义经济[M].段毅才,王伟,译.北京:商务印书馆,2004.

洛克,1993a.政府论[M]:上篇.北京:商务印书馆.

洛克,1993b.政府论[M]:下篇.北京:商务印书馆.

柯林武德.历史的观念[M].何兆武,张文杰,译.北京:中国社会科学出版社,1986.

施密特.马克思的自然概念[M].北京:商务印书馆,1988.

米歇尔·莫维尼.马克思,自然以及非同一性伦理[M]//张永清,马元龙.后马克思主义读本.北京:人民出版社,2011.

G. 费雷格.算术基础[M].王路,译.北京:商务印书馆,1998.

爱因斯坦,1976a.爱因斯坦文集[M]:第一卷.许良英,等,译.北京:商务印书馆.

爱因斯坦,1976c.爱因斯坦文集[M]:第一卷.许良英,等,译.北京:商务印书馆.

康德,2010c.康德著作全集[M]:第3卷.李秋零,译.北京:中国人民大学出版社.

康德,2010e.康德著作全集[M]:第5卷.北京:中国人民大学出版社,2010:129.

康德,2010f.康德著作全集[M]:第6卷.李秋零,译.北京:中国人民大学出版社.

康德,2010h.康德著作全集[M]:第7卷.李秋零,译.北京:中国人民大学出版社.

康德,2010i.康德著作全集[M]:第8卷.李秋零,译.北京:中国人民大学出版社.

康德.未来形而上学导论[M].庞景仁,译.北京:商务印书馆,1978.

康德.纯粹理性批判[M].韦卓民,译.上海:华东师范大学出版社,2000.

康德.道德形而上学原理[M].上海:上海人民出版社,1986.

康德.实践理性批判[M].北京:商务印书馆,1960.

康德.判断力批判[M].北京:人民出版社,2002.

奥古斯特·勒施.经济空间秩序[M].北京:商务印书馆,1995.

安东尼·唐斯.官僚制内幕[M].北京:中国人民大学出版社,2006.

顾琳.中国的经济革命[M].王玉茹,等,译.南京:凤凰出版传媒集团,江苏人民出版社,2009.

П. С. 格拉齐安斯基.世界著名思想家评传[M].北京:商务印书馆,1993.

阿尔弗雷·索维,1983a.人口通论[M]:上册.北京:商务印书馆.

亨利·梅因.古代法[M].北京:商务印书馆,1959.

曼德尔.权力与货币——马克思主义官僚理论[M].北京:中央编译出版社,2000.

黄宗智.长江三角洲小农家庭与乡村发展[M].北京:中华书局,2000.

萨拉·萨卡.生态社会主义还是生态资本主义[M].张淑兰,译.济南:山东出版社,2012.

梯利,伍德.西方哲学史[M].葛力,译.北京:商务印书馆,2004.

西奥多·W. 舒尔茨.改造传统农业[M].北京:商务印书馆,1999.

谢苗诺夫.婚姻和家庭的起源[M].北京:中国社会科学出版社,1983.

特奥多尔·蒙森.罗马史[M]:第一卷.北京:商务印书馆,1994.

格里·斯托克.作为理论的治理:五个论点[J].北京:国际社会科学杂志(中文版),1999(1).

亚当·斯密.关于法律、警察、岁入和的演讲[M].北京:商务印书馆,1962.

亚当·斯密. 道德情操论[M]. 蒋自强,译. 北京:商务印书馆,1997.

亚当·斯密. 国民财富的性质和原因的研究[M]:下卷. 郭大力,王亚南,译. 北京:商务印书馆,2005.

约瑟夫·R. 斯特雷耶. 现代国家的起源[M]. 上海:上海格致出版社,上海人民出版社,2011.

J. S. 密尔. 代议制政府[M]. 北京:商务印书馆,1997.

黑格尔. 法哲学原理[M]. 北京:商务印书馆,1961.

黑格尔. 历史哲学[M]. 北京:北京三联书店,1956.

黑格尔. 1996a. 哲学史讲演录[M]:第 1 卷. 贺麟,王太庆,译. 北京:商务印书馆.

黑格尔,1996d. 哲学史讲演录[M]:第 4 卷. 贺麟,王太庆,译. 北京:商务印书馆.

黑格尔. 法哲学原理[M]. 北京:商务印书馆,1961.

黑格尔. 小逻辑[M]. 贺麟,译. 北京:商务印书馆,1987.

黑格尔,1979b. 精神现象学[M]:下册. 北京:商务印书馆.

黑格尔. 历史哲学[M]. 上海:上海书店出版社,1999.

粟本慎一郎. 经济人类学[M]. 北京:商务印书馆,1987.

詹姆斯·G. 斯科特. 农民的道义经济学:东南亚的反叛与生存[M]. 南京:译林出版社,2001.

列维·斯特劳斯. 野性的思维[M]. 北京:商务印书馆,1987.

斯莫伦斯基·兰伯. 发现你的健康密码:生理时钟[M]. 天津:天津教育出版社,2006.

让·博丹. 主权论[M]. 北京:北京大学出版社,2008.

博登海默. 法理学[M]. 邓正来,译. 北京:中国政法大学出版社,1999.

塞缪尔·鲍尔斯,赫伯特·金蒂斯. 民主与资本主义[M]. 韩水法,译. 北京:商务印书馆,2012.

亚当·普热沃尔斯基. 资本主义与社会民主[M]. 北京:中国人民大学出版社,2012.

施密特. 马克思的自然概念[M]. 北京:商务印书馆,1988.

约翰·B. 泰勒. 宏观经济学[M]. 北京:中国市场出版社,2007.

弗朗西斯·福山. 政治秩序的起源[M]:第一卷. 南宁:广西师范大学出版社,2012.

弗朗西斯·福山. 历史的终结及最后之人[M]. 黄胜强,许铭原,译. 北京:中国社会科学出版社,2003.

雅斯贝斯. 历史的起源与目标[M]. 魏楚雄,俞新天,译. 北京:华夏出版社,1989.

斯宾诺莎. 神学政治论[M]. 北京:商务印书馆,1963.

罗德尼·斯达克. 理性的胜利——基督教与西方文明[M]. 上海:复旦大学出版社,2011.

福泽谕吉,1959. 文明论概略[M]. 北京:商务印书馆.

E. 甄克斯. 社会通铨[M]. 严复,译. 北京:商务印书馆,1931.

罗伯特·鲍柯克,肯尼思·汤普森. 宗教与意识形态[M]. 成都:四川人民出版社,1992.

赫尔曼·E. 戴利. 珍惜地球:经济学. 生态学. 伦理学[M]. 北京:商务印书馆,2001.

滨下武志,2008a. 中国近代经济史研究[M]:上册. 南京:凤凰出版集团,江苏人民出版社.

路易斯·享利·摩尔根,1992a. 古代社会[M]:上册. 北京:商务印书馆.

路易斯·享利·摩尔根,1992b. 古代社会[M]:下册. 北京:商务印书馆.

约瑟夫·熊彼特,1991a. 经济分析史[M]:第一卷. 北京:商务印书馆.

纲纳·缪达尔. 亚洲的戏剧[M]. 北京:首都经济贸易大学出版社,2001.

霍布斯. 利维坦[M]. 黎思复,黎廷弼,译. 北京:商务印书馆,1995.

史蒂芬·霍金,列纳德·蒙洛连诺. 时间简史[M]. 吴忠超,译. 长沙:湖南科技出版社,2006.

约翰·穆勒,1991a. 政治经济学原理及其在社会哲学上的若干应用[M]:上卷. 赵荣潜,译. 北京:商务印书馆.

三、中文文献

丁山. 商周史料考证[M]. 沈西峰,点校. 北京:国家图书馆出版社,2008.

丁山. 由三代都邑论其民族文化[C]//河南省考古学会,河南省博物馆. 夏文化论文选集[M]. 河南:中州古籍出版社,1985.

丁文江,赵丰田. 梁启超年谱长编[M]. 上海:上海人民出版社,1983.

人力资源和社会保障部专题组. 40000 亿投资能够拉动多少就业岗位?[J]. 中国就业,2010(2).

么英莹,李志丹. 中央与地方之间的博弈分析——以房地产调控为例[J]. 法制与社会,2007(3).

于长清,慈鸿飞. 中国农业现代化之路[M]. 北京:商务印书馆,2000.

于省吾. 从甲骨文看商代社会性质[J]. 东北人民大学人文科学学报,1957(2~3).

广宇主. 东方巨人孙中山[M]:下卷. 呼和浩特:内蒙古人民出版社,1998.

卫惠林. 中国古代图腾制度范畴[J]//中央研究院民族学研究所. 民族学研究所集刊:1968(25).

万昕,李海林,罗斌,徐庆国. 中国杂交水稻和水稻分子育种研究与发展概况[J]. 作物研究,2009(5).

万国鼎. 中国田制史[M]. 北京:商务印书馆,2011.

马大英. 汉代财政史[M]. 北京:中国财政经济出版社,1983.

马斗成,王滨,20 世纪 90 年代以来中国大陆宋代士大夫研究综述[J]. 青岛大学师范学院学报,2007(6).

马敏. 商人精神的嬗变:近代中国商人观念研究[M]. 上海:华中师范大学出版社,2001.

马彪. 秦汉豪族人社会研究[M]. 北京:中国书店,2002.

马海涛,叶康涛. 论我国公共收费制度的重构[J]. 财经问题研究,1999(8).

马如森. 殷墟甲骨文学[M]. 上海:上海大学出版社,2007.

马寄. 情范畴是理解孟子性善论的关键[J]. 太原师范学院学报,2009(3).

马维骐. 中医运气象学[M]. 上海:中国医学科技出版社,2009.

马贤磊,唐鹏,冯淑怡,石晓平. 农村自然资源可持续治理结构转变:市场的角色——中国农村自然资源可持续利用管理冶国际学术研讨会综述[J]. 南京农业大学学报:社会科学版,2013,13(5).

上官绪智. 秦汉时期军费开支,筹措与管理问题研究[J]. 南都学坛:人文社会科学学报,2005(6).

于可. 世界三大宗教[M]. 长沙:湖南出版社,1991.

毛泽东,1991a. 毛泽东选集[M]:第1卷. 北京:人民出版社.

毛泽东,1991b. 毛泽东选集[M]:第2卷. 北京:人民出版社.

毛泽东,1991c. 毛泽东选集[M]:第3卷. 北京:人民出版社.

毛泽东,1991d. 毛泽东选集[M]:第4卷. 北京:人民出版社.

邓小平,2001a. 邓小平文选[M]:第1卷. 北京:人民出版社.

邓小平,2001b. 邓小平文选[M]:第2卷. 北京:人民出版社.

邓小平,2001c. 邓小平文选[M]:第3卷. 北京:人民出版社.

邓云特. 中国救荒史[M]. 北京:商务印书馆,1993.

王耕今,张宣三. 我国农业现代化与积累问题研究[M]. 太原:山西经济出版社,1993.

邓晓芒. 康德自由概念的三个层次[J]. 上海:复旦学报(社会科学版),2004(2).

王奇生. 民国时期乡村权力结构的演变[M]//周积明,宋德金. 中国社会史论:下编. 武汉:湖北教育出版社,2000.

王夷典. 日升昌票号[M]. 太原:山西经济出版社,1998.

王会昌. 2000年来中国北方游牧民族南迁与气候变化[J]. 地理科学,1996(8).

王尔敏. 明清时代庶民文化生活[M]. 长沙:岳麓书社,2002.

王晓卫. 历代兵制浅说[M]. 北京:解放军出版社,1986.

王晓燕. 官营茶马贸易研究[M]. 北京:民族出版社,2004.

王建,陶富海,王益人. 丁村旧石器时代遗址群调查发掘简报[J]. 文物世界,1994(3).

王承权. 从我国民间传说看母系氏族社会[J],广西民族研究,1992(3).

王国维. 殷周制度论,王国维论学集[M]. 北京:中国社会科学出版社,1997.

王恩田. 释匕氏示[M]//宋镇豪. 甲骨文献集成:第14册. :成都:四川大学出版社,2001.

王震中. 文明与国家起源的"聚落三形态演进"说和"邦国—王国—帝国"说[J]. 中国社会科学院研究生院学报,2012(5).

王毓銓. 周代不是奴隶社会[J]. 新建设,1951(8).

王平,〔德〕顾彬. 甲骨文与殷商人祭[M]. 郑州:大象出版社,2007.

王文强,李京华. 鹤壁市故县战国和汉代冶铁遗址出土的铁农具和农具范[J]. 农业考古,1991(3).

王亚南. 中国官僚政治研究[M]. 北京:中国社会科学出版社,1981.

王育民. 中国人口史[M]. 南京:江苏人民出版社,1995.

王育民. 太平天国革命时期"人口损耗逾亿说"辨正[J]. 学术月刊,1993(6).

王先胜. 考古学家应严谨对待器物纹饰[J]. 社会科学评论,2007(3).

王毓瑚. 中国农学书录[M]. 北京:中华书局,农业出版社,1964.

王莹,王智慧,张秋. 身体锻炼与伦理德行:儒、道、医思想规训下的古代体育价值观[J]. 体育与科学,2013(2).

王金南,于方,曹东. 中国绿色国民经济核算研究报告2004[J]. 中国人口资源与环境,2006(6).

王云鹏,马越. 养殖业抗生素的使用及其潜在危害[J]. 中国抗生素杂志,2008(9).

王芳杰. 我国公共投资支出的经济增长效应实证分析[J]. 金融经济,2013(4).

王曦,陆荣. 危机下四万亿投资计划的短期作用与长期影响[J]. 中山大学学报:社会科学版,2009,49(4).

中国农业科学院农业自然资源和农业区划研究所. 中国耕地[M]. 中国农业科技出版社,1995.

中国史学会,1953a. 太平天国[M]:第1册. 上海:神州国光社.

中国史学会,1953b. 太平天国[M]:第2册. 上海:神州国光社.

中国史学会,1953b. 中国近代史资料丛刊//戊戌变法[M]:第二册. 上海:神州国光社.

中共中央党史研究室. 中国共产党历史[M]:一卷(上卷). 北京:中共党史出版社,2002.

中共中央文献研究室,2003a. 毛泽东传(1949—1976)[M]:上册. 北京:中央文献出版社.

中共中央文献研究室,2003b. 毛泽东传(1949—1976)[M]:下册. 北京:中央文献出版社.

方立天. 佛教哲学[M]. 北京:中国人民大学出版社,2006.

方芳. 同治光绪年间进士授官情况探析[J]. 教育与考试,2009(5).

牛天伟. 汉画神灵图像考述[M]. 郑州:河南大学出版社,2009.

友于. 管于度地篇探微[J]. 农史研究集刊,1959(1).

白平浩,沈丹. 世纪之交以来国外社会主义研究的新进展[J]. 当代世界社会主义问题,2007(3).

田昌五. 中国历史体系新论[M]. 济南:山东大学出版社,1995.

左言东. 先秦职官表[M]. 北京:商务印书馆,1994.

冯天瑜,周积明. 中国古文化的奥秘[M]. 武汉:湖北人民出版社,1986.

史景迁. 追寻现代中国——最后的王朝[M]. 香港:时报文化出版企业股份有限公司,2001.

卢征良. 从大生纱厂看中国近代早期民营企业的经营特征[J]. 中国矿业大学学报:社会科学版,2007(1).

卢央. 易学与天文学[M]. 北京:中国书店,2003.

叶世昌,丁孝智. 南京国民政府时期蒋介石的经济思想[J]. 贵州社会科学,2011(8).

叶茂林. 人工取火的古老工具——火镰[J]. 化石,1989(1).

叶常林. 非营利组织失灵:组织边界之模糊与清晰[J]. 中国行政管理,2006(11).

叶文辉,楼东伟. 中国财政政策的有效性分析——基于金融危机的背景[J]. 山西财经大学学报,2010(5).

边海云,陈利国. 对"以母为基,以父为楯"释义的商榷[J]. 山东中医药大学学报,2008(3).

江晓原.《周髀算经》与古代域外天学[J]. 自然科学史研究,1997(3).

冯友兰. 三松堂全集[M]:4卷. 郑州:河南人民出版社,2001.

冯友兰. 中国哲学史新编[M]. 北京:人民出版社,1998.

安金槐. 中国考古[M]. 上海:上海古籍出版社,1992.

安京. 山海经新考[M]. 北京:中央编译出版社,2010.

孙晶晶,李慎令. 古希腊城邦同盟的类型[J]. 前沿,内蒙古社会科学联合会,2010(7).

孙永芬. 古代兵制对传统政治文化形成的影响[J]. 军事历史,2003(1).

孙中山. 孙中山文集[M]. 孟庆鹏,编. 北京:团结出版社,1997.

孙中山. 民权主义(第四讲)[M]//孙中山文选. 台湾:九州岛出版社,2012.

孙中山. 孙中山全集[M]:一卷. 北京:中华书局,1981.

孙中山,1985a. 孙中山全集[M]:第二卷. 北京:中华书局.

孙中山,1985b. 孙中山全集[M]:第三卷. 北京:中华书局.

孙中山. 孙中山全集[M]:九卷. 北京:中华书局,1986.

孙关宏. 政治学概论[M]. 上海:复旦大学出版社,2003.

孙毓棠. 中国近代工业史资料[M]:第一辑(下册). 北京:科学出版社,1957.

孙秋鹏. 国外马克思主义学者关于资本主义发展阶段划分与特征的新探讨[J]. 当代经济研究,2011(8).

孙寿涛. 20 世纪 70 年代以来发达资本主义国家工人阶级的数量增长与构成变动[J]. 马克思主义研究,2012(6).

孙杰,贾玉红,姜妙娜,等. 中西医观解读时间生物学[J]. 现代生物医学进展,2009(9).

关志霞. 古希腊妇女的婚姻家庭生活[J]. 沧桑,2009(4).

刘昀献. 国际垄断资本主义论[M]. 郑州:河南人民出版社,2005.

刘庆柱. 中国考古发现与研究(1949—2009)[M]. 北京:人民出版社,2010.

刘起釪. 古史续辩[M]. 北京:中国社会科学出版社,1991.

刘起釪. 我国古史传说时期综考(上)[J]. 文史:第 28 辑. 北京:中华书局,1987.

刘家和. 论黑劳士制度[J]. 世界古代史论丛[M]:第一集. 北京:三联书店,1982.

刘培平. 论中国共产党关于划分农村阶级标准的形成[J]. 山东大学学报:哲学社会科学版,1992(3).

刘寒波,李晶,姚兴伍. 税收、非税收入与经济关系的实证分析[J]. 财政研究,2008(9).

刘尧汉,陈久金,卢央. 从彝族十月太阳历看《夏小正》原貌[J]. 云南社会科学,1983(1)。

刘彦威. 中国古代的护林和造林[J]. 北京林业大学学报:社会科学版,2004(9).

刘立峰. 政府投资规模的统计分析[J]. 宏观经济管理,2012(3).

刘俊勋. 关于我国政府投资乘数效应的探讨[J]. 战略决策研究,2010(5).

刘洪涛,郭菊娥,席酉民,等. 金融危机背景下投资效应的社会核算矩阵分析[J]. 中国人口·资源与环境,2009,19(2).

刘伟. 同光年间州县官选任制度的嬗变[J]. 安徽史学,2010(1).

刘耀. 日本顾问与南京临时政府的法制建设——以寺尾亨、副岛义一的学术背景为中心[J]. 暨南学报(哲学社会科学版),2012(8).

吕新雨. 近代以来中国的土地问题与城乡关系再认识[J]. 开放时代,2012(7).

吕世忠. 试论范蠡的经济思想[J]. 东岳论坛,1998(4).

吕振羽. 中国原始社会史[M]. 桂林:耕耘出版社,1943.

吕思勉. 中国制度史[M]. 上海:上海世纪出版集团,上海教育出版社,2002.

吕思勉. 先秦史[M]. 上海:上海古籍出版社,2005.

吕思勉. 理学纲要[M]. 上海：东方出版社，1996.

吕诚之. 中国宗族制度小史[M]. 上海：上海书店出版社，1996.

西安半坡博物馆，等. 姜寨——新石器时代遗址发掘报告[M]. 北京：文物出版社，1988.

许涤新，吴承明. 中国资本主义发展史[M]：二卷. 北京：人民出版社，1990.

许顺湛. 黄帝时代是中国文明的源头[C]//许顺湛考古论集[M]. 郑州：中州古籍出版社，2001.

许顺湛. 郑州西山发现黄帝时代古城[J]. 中原文物，1996(1).

许顺湛. 黄河文明的曙光[M]. 郑州：中州古籍出版社，1993.

许倬云. 西周史[M]. 北京：生活·读书·新知三联书店，1994.

许外芳. 略论《易经》的类比思维及对中国古代科技的影响[J]. 湖北社会科学，2007(11).

朱红林. 战国时期官营畜牧业立法研究[J]. 古代文明，2010(10).

朱乃诚. 新石器时代几种主要特征的起源——兼论中国新石器时代开始的标志[C]//21世纪中国考古学与世界考古学[M]. 北京：中国社会科学院，2003.

朱钟万. 宇宙论[M]. 武汉：武汉出版社，2003.

齐涛，顾銮斋，夏继果. 世界通史教程(古代卷)[M]. 济南：山东大学出版社，2001.

任式楠. 我国新石器时代聚落的形成与发展[J]. 考古，2000(7).

任继愈，1985b. 中国哲学发展史(秦汉)[M]. 人民出版社.

向青，等. 三十年代中国[M]. 北京：北京大学出版社，1996.

伍德昌. 科学社会主义的理论与实践概论(第四版)[M]. 广州：华南理工大学出版社，2004.

任毅. 西方历史哲学眼中的中西文明观[C]//陈明. 新原道[M]：第一辑，河南：大象出版社，2003.

肖平，徐本力. "择时健身"的提出与"同步生物节奏健身锻炼法"的确立——兼论时间生物学在健身锻炼中的应用[J]. 体育学刊，2006(7).

民政部，国家统计局. 中国灾情报告[M]. 北京：中国统计出版社，1995.

何平平. 经济增长、人口老龄化与医疗费用增长——中国数据的计量分析[J]. 财经理论与实践，2006(2).

何俊志. 对马克思关于"巴黎公社"有关论述的再认识[J]. 马克思主义与现实，2006(1).

戎生灵. 中外地方税收比较[M]. 中国经济出版社，2005.

何家伟. 南京国民政府公务员数量的膨胀及其溃败之考察[J]. 人文杂志，2009(2).

杜雪君，黄忠华，吴次芳. 中国土地财政与经济增长——基于省际面板数据的分析[J]. 财贸经济，2009(1).

沈之瑜. 甲骨卜辞新获[J]. 上海博物馆集刊，1986(3).

宋镇豪. 夏商城邑的建制要素[C]//中华文明探源工程文集(社会与精神文化卷)[M]：下册. 北京：科学出版社，2009.

宋镇豪. 夏商人口初探[J]. 历史研究，1991(4).

宋镇毫. 商代宗教祭祀[M]. 北京：中国社会科学出版社，2010.

宋岩. 中国历史上几个朝代的疆域面积估算[J]. 史学理论研究，1994(3).

宋兆麟. 木牛挽犁考[J]. 农业考古,1984(1).

宋教仁. 宋教仁集[M]. 陈旭麓,主编. 北京:中华书局,1981.

汪敬虞. 中国资本主义现代企业生产过程中的若干[J]. 中国经济史研究,2000(4).

沈传宝. 马克思主义中国化在"文革"中的曲折命运和经验教训[J]. 中共党史研究,2008(2).

沈碧莲,李俊,马晴燕. 前东欧地区共产党党建工作中存在的问题[J]. 当代世界与社会主义,2002(1).

沈长云. 西周人口蠡测[J]. 中国社会经济史研究,1987(1).

苏秉琦. 国家起源与民族文化传统(大纲)[C]//华人·龙的传人·中国人——考古寻根记[M]. 沈阳:辽宁大学出版社,1994.

苏秉琦. 斗鸡台沟东区墓葬[M]. 北京:中国科学院出版社,1954.

肖东波. 毛泽东对封建主义的认识[J]. 长沙:毛泽东思想论坛,1995(1).

严中平. 中国近代经济史统计资料选辑[M]. 北京:中国社会科学出版社,2012.

严中平,1955a. 中国近代经济史统计资料选辑[M]. 北京:科学出版社.

严中平,1955b. 中国棉纺织史稿(1289—1937)——从棉纺织工业史看中国资本主义的发生与发展过程[M]. 北京:中国科学出版社.

严文明. 龙山文化与龙山时代[J]. 文物,1981(6).

严文明. 近年聚落考古的进展[J]. 考古与文物,1997(2).

邹逸麟. 先秦两汉时期黄淮海平原的农业开发与地域特征[J]. 历史地理,1993(11).

吴群,李永乐. 财政分权,地方政府竞争与土地财政[J]. 财贸经济,2010(7).

吴肇嘉. 孔子仁教之形上根据[J]. 成大中文学报:第35期,2011(12).

吴慧. 中国历代粮食亩产研究[M]. 北京:农业出版社,1985.

吴洪虎. 中国教会教育史[M]. 重庆:西南师范大学出版社,1998.

吴雁南. 儒学与维新[J]. 贵州师大学报:社会科学版,1988(6).

吴文俊. 近年来中国数学史的研究[C]//吴文俊. 中国数学史论文集(三)[M]. 济南:山东教育出版社,1987;中外数学简史编写组. 中国数学简史[M]. 济南:山东教育出版社,1986.

吴少会,向群,薛芳森. 昆虫的行为节律[J]. 江西植保,2006(12).

吴海山. 马克思"新社会因素"论解析[J]. 马克思主义与现实,2011(5).

陈东林. 实事求是地评价"文革"时期的经济建设[J]. 中国经济史研究,1997(4).

陈益元. 民国时期国民党农村基层政权建设:制度与实践的脱节——以湖南省醴陵县为中心的考察[J]. 中国农史,2008(1).

陈茹玄. 中国宪法史[M]. 上海:上海世界书局,1933.

陈学恂. 中国近代教育文选[M]. 北京:人民教育出版社,1983.

陈群. 中国兵制简史[M]. 北京:军事科学出版社,1989.

陈英. 汉代行业贫富差距与"禁民二业"政策[J]. 山西师大学报,2007(4).

陈村富,庞学铨,等. 古希腊名著精要[M]. 杭州:浙江人民出版社,1982.

陈絜. 商周姓氏制度研究[M]. 北京:商务印书馆,2007.

陈德珍. 中国新石器时代居民体质类型及其承继关系[J]. 人类学学报,1986(5).

陈诚. 陈诚回忆录——抗日战争[M]. 北京:东方出版社,2010.

陈万勇. 山西“丁村人”生活时期的古气候[J]. 人类学学报,1983(2).

陈文华. 农业考古[M]. 北京:文物出版社,2001.

陈独秀. 联省自治与中国政象[J]. 向导周报,1922(19).

陈独秀. 陈独秀文章选编[M]:中册. 北京:三联书店,1984.

陈炳辉. 后马克思主义与马克思主义[J]. 教学与研究,2005(3).

陈久金. 论《夏小正》是十月太阳历[J]. 自然科学史研究,1982(4).

陈久金. 星象解码[M]. 北京:群言出版社,2004.

陈梦家. 殷虚卜辞综述[M]. 北京:中华书局,1988.

陈炎. 儒家与道家对中国古代科学的制约——兼答“李约瑟难题”[J]. 清华大学学报:哲学社会科学版,2009(1).

陈俊鸿,郑大正. 从1294例患者的死亡时间讨论祖国医学和时间生物学[J]. 上海中医药杂志,1984(3).

张玉法. 清季的立宪团体[J]. “中央研究院”近代史研究所,1971.

张玉法. 民国初年的制宪之争[J]. “中央研究院”近代史研究所集刊,1983(12).

张五常. 佃农理论[M]. 北京:商务印书馆,2001.

张政烺. 卜辞裒田及其相关诸问题[J]. 考古学报,1973(1).

张光直. 中国青铜时代[M]. 北京:三联出版社,1983.

张念瑜. 中国婚姻制度及其历史选择[J]. 上海社会科学院学术季刊,1995(4).

张念瑜. 论马克思的“社会必要劳动时间”[J]. 价格理论与实践,1990(3).

张志清. 中原文化大典文物典陵寝墓葬[M]:上册. 郑州:中州古籍出版社,2008.

张富祥. 昭穆制新探[J]. 中国社会科学,2007(2).

张之洞. 劝学篇[M]. 上海:上海书店出版社,2002.

张国福. 中华民国法制简史[M]. 北京:北京大学出版社,1986.

张亦工. 第一届国会的建立及阶级结构[J]. 历史研究,1984(6).

张慧君,景维民. 国家治理模式构建及应注意的若干问题[J]. 社会科学,2009(10).

张清勇. 纵向财政竞争,讨价还价与中央—地方的土地收入分成——对我国20世纪80年代以来土地收入的考察[J]. 制度经济学研究,2009(1).

张永清,马元龙. 后马克思主义读本:理论批评[M]. 北京:人民出版社,2011.

张汝舟. 二毋室古代天文历法论丛[M]. 杭州:浙江古籍出版社,1987.

张闻玉. 古代天文历法讲座[M]. 南宁:广西师范大学出版社,2008.

张健,袁园. 巴比伦文明[M]. 北京:北京出版社,2008.

张岱年. 文化与哲学[M]. 北京:教育科学出版社,1988.

张风雨. 九十年代中国生育和人口自然增长水平研究——县级社会经济、民族和生育政策因素的综合分析[J]. 中国社会科学,1998(4).

张雷,朱鹏. 中国城镇化发育的淡水资源基础[J]. 地理科学进展,2008(1).

张琳,张凤荣,姜广辉,等. 我国中低产田改造的粮食增产潜力与食物安全保障[J]. 农业现代化研究,2005,26(1).

张创新,赵蕾.从“新制”到“良制”:我国行政问责的制度化[J].中国人民大学学报,2005(1).

张帆.环境与自然资源经济学[M].上海:上海人民出版社,1998.

张治中.张治中回忆录[M].北京:中国文史出版社,1985.

毕硕本,裴安平,闾国年.基于空间分析方法的姜寨史前聚落考古研究[J].考古与文物,2008(1).

毕于运,郑振源.建国以来中国实有耕地面积增减变化分析[J].资源科学,2000(2).

李秋零.德国哲人视野中的历史[M].北京:中国人民大学出版社,2011.

李新.马克思主义经济思想史:苏联俄罗斯卷[M].北京:中国出版集团,东方出版中心,2006.

李尚蒲,罗必良.我国土地财政规模估算[J].中央财经大学学报,2010(5).

李孝悌.建立新事业:晚清的百科全书家[J].东吴学术,2012(2).

李凯.先秦时代的海贝之路[J].青海社会科学,2010(1).

李剑农.中国古代经济史稿[M]:第一卷.武汉:武汉大学出版社,1991.

李根蟠.中国“封建”概念的演变和“封建地主制”理论的形成[J].历史研究,2004(3).

李根蟠.中国古代农业[M].北京:中国国际广播出版社,2010.

李根蟠.马克思恩格斯原始社会理论的若干问题[J].中国社会科学院经济研究所集刊[M]:第9辑.北京:中国社会科学出版社,1987.

李金莲.女性,污秽与象征:宗教人类学视野中的禁忌[J].宗教研究,2006(3).

李文治.中国近代农业史资料(1840—1911年)[M]:第一辑.北京:三联书店,1957.

李学勤,1997.中国文明与国家形成[M].云南人民出版社.

李伯谦.考古学视野的三皇五帝时代[J]//北京大学震旦古代文明研究中心.古代文明研究通讯:总第36期,2008(3).

李新,李宗一,1987a.中华民国[M]:第一卷(1912—1916)上册.北京:中华书局.

李新,李宗一,1987b.中华民国[M]:第二卷(1912—1916)下册.北京:中华书局.

李先伦,张福记.抗战时期国民党宪政建设评析[J].长江论坛,2006(3).

李文治.中国宗法宗族制和族田义庄[M].北京:社会科学文献出版社,2000.

李涛.士绅阶层衰落化过程中的乡村政治[J].南京师大学报:社会科学版,2010(1).

李仁,李松林.台湾四十年[M].太原:山西人民出版社,1992.

李景林.论“可欲之谓善”[J].人文杂志,2006(1).

李友生.试论儒家的实践理性[J].中国人民大学学报,1996(1).

李振峰.深于取象:甲骨文字的意义生成及其文学意蕴[J].北方论丛,2011(1).

李宗桂.中国思维偏向[M].北京:中国社会科学出版社,1988.

李延忠.睡眠呼吸障碍性疾病[M].济南:山东科学技术出版社,2005.

李永鑫,高宏章.神奇的生物三节律[J].心理世界,1998(6).

李冠杰.厚葬?薄葬?[J].百科知识,2007(24).

李建新,彭云亮.我国实际低生育水平的影响分析——邦戈茨低生育率模型应用[M].人口与经济,2012(2).

李慧明,王磊,张菲菲."解耦"——中国循环经济深入发展的目标和标准[J].中国软科学,2007(9).

李洪岩.半殖民地半封建理论的来龙去脉//中国社会科学院近代史研究所青年学术论坛(2003年卷)[M].北京:社会科学文献出版社,2005.

尚秉和.焦氏易林注[M]:焦氏易林注例言.北京:九州出版社,2010.

尚秉和.焦氏易诂[M].北京:光明日报出版社,2005.

何星亮.中国图腾文化[M].北京:中国社会科学出版社,1996.

侯宜杰.革命派反对在中国实行君主立宪理论之评议[J].史学集刊,1992(2).

杜娟.秦汉时期关中平原农耕土壤的利用与改良[J].自然科学史研究,2012(1).

周代启.本世纪三四十年代中国的发展经济学说[M].福州:福建教育出版社,1998.

周雪光.权威体制与有效治理:当代中国国家治理的制度逻辑[J].开放时代,2011(10).

周进庆.经济问题资料汇编[M].台北:华文书局,1967.

周长山.汉代城市人口试析[J].河北大学学报,2001(2).

周黎安.晋升博弈中政府官员的激励与合作——兼论我国地方保护主义和重复建设问题长期存在的原因[J].经济研究,2004(6).

周业安.地方政府竞争与经济增长[J].中国人民大学学报,2003(1).

周荣.康乾盛世的人口膨胀与生态环境问题[J].史学月刊,1990(4).

林济.新乡绅与近代宗族[J]. 二十一世纪,2002(8).

林甘泉.中国封建土地史[M].北京:中国社会科学院出版社,1990.

林耀华.原始社会史[M].北京:中华书局,1984.

林乃燊.中国饮食文化[M].上海:上海人民出版社,1989.

郑慧生.我国母系氏族社会与传说时代——黄帝等人为女人辨[J].河南大学学报:哲学社会科学版,1986(5).

郑定,马建兴.论宗族制度与中国传统法律文化[J].法学家,2002(2).

郑忠.近代非条约口岸城市化道路——以南通、无锡、常州为例[J].江海学刊,2008(2).

郑正,马力,王兴平.清朝的真实耕地面积[J].江海学刊,1998(4).

河南省文物考古研究所.汝州洪山庙[M].郑州:中州古籍出版社,1995.

郑文光,席泽宗.中国历史上的宇宙理论[M].北京:人民出版社,1975.

郑春苗.中西文化比较[M].北京:北京语言学院出版社,1994.

郑肇经.中国水利史[M].北京:商务印书馆,1993.

河南省文物考古研究所.舞阳贾湖[M].北京:科学出版社,1999.

杨阴浦.中国金融研究[M].上海:商务印书馆,1936.

杨升南.新干大洋洲商墓中的铜桦犁,商代的犁耕和甲骨文中的"犁"字[J].南方文物,1994(4).

范文澜.中国通史简编[M]:第一编.北京:人民出版杜出版,1949.

杨希枚.论先秦所谓姓及相关问题[J].中国史研究,1984(3).

杨肇清. 略论中原地区文明的起源及形成[J]. 华夏考古,2002(2).

杨际平. 汉代内郡的吏员构成与乡、亭、里关系——东海郡尹湾汉简研究[J]. 厦门大学学报:哲社版,1998(4).

杨修,章力建,李正,孙芳. 农业立体污染防治的生态学思考[J]. 生态学报,2005(4).

杨开锋,吴剑平. 中国责任政府研究的三个基本问题[J]. 中国行政管理,2011(5).

姚恩荣,邹迎曦. 1901—1949 年盐城市盐垦公司与废灶兴垦的概况[C]//大丰县文史资料(七). 大丰县文史资料研究委员会,1988.

竺可桢. 二十八宿起源之时代与地点[J]. 思想与时代,1944(34).

竺可桢. 中国近五千年来气候变迁的初步研究[J]. 考古学报,1972(1).

竺可桢. 竺可桢文集[M]. 北京:科学出版社,1979.

苗元一. 中国历史宿命论研究——推背学概论[M]. 长沙:岳麓书社,2011.

金岳霖. 形式逻辑[M]. 北京:人民出版社,1979.

金胜军. 基于丁伯根原则的中国环境政策取向分析[M]. 四川理工学院学报(社会科学版),2010(2).

居科伟,王小利. "奥肯定理"中国有效性的实证研究[J]. 统计与决策,2013(8).

柳随年. 第一个五年计划时期的国民经济(1953—1957)[M]. 哈尔滨:黑龙江出版社,1984.

赵曜. 冷战结束后世界社会主义的态势和走向[J]. 理论前沿,2002(19).

赵春青.《禹贡》五服的考古学观察[J]. 太原:中原文物,2006..

董实忠,黄祥春. 长江流域也是中华文明的发源地——首届长江文化暨楚文化国际学术讨论会述要[J]. 学习与实践 1995(11).

赵诚. 甲骨文与商代文化[M]. 沈阳:辽宁人民出版社,2000.

赵冈,2006b. 中国城市发展史论集[M]. 北京:新星出版社.

赵冈,2006a. 中国传统农村的地权分配[M]. 北京:新星出版社.

赵定理.《史记 · 历书 · 历术甲子篇》剖析[J]. 天文学报,1989(6).

赵雷. 我国政府卫生支出的国际比较及对城乡居民医疗费用的影响[J]. 中国卫生政策研究,2011(2).

赵瑛. 人体昼夜节律和健康[J]. 生物学通报,1999(8).

赵家祥. 资本主义社会内部能够孕育和形成社会主义因素——澄清对马克思恩格斯思想的一种误解[J]. 北京大学学报:哲学社会科学版,2008(5).

柳冬青. 红山文化[M]. 呼和浩特:内蒙古大学出版社,2002.

钟一鸣. 汉代公主之食邑及其他[J]. 湖南城市学院学报,1988(3).

胡适. 丁文江传[M]. 海南:海南出版社,1993.

胡适. 中国哲学史大纲[M]. 上海:上海古籍出版社,1997.

胡如雷. 几件新疆出土文书中反映的十六国时期租佃契约关系[J]. 文物,1978(6).

胡绳. 中国共产党的七十年[M]. 北京:中共党史出版社,1997.

胡铁珠. 论《夏小正》星象的使用年代[J]. 自然科学史研究,2000(3).

胡朴安.周易古史观[M].上海:上海世纪出版集团,上海古籍出版社,2006.

费孝通.乡土中国[M].上海:上海人民出版社,2006.

俞祖华.清末新型知识群体:从传统士大夫到现代知识分子的转型[J].人文杂志,2012(5).

闻黎明.抗日战争时期宪政运动若干问题的再研究[J].近代史研究,2006(5).

欧阳恩剑.试论我国古代商号保护的特点和方式——兼论古代牌号的性质[J].商场现代化,2009(10).

闻一多.周易与庄子研究[M].成都:巴蜀书社,2003.

洪修平.试论中国佛教思想的主要特点及其人文精神[J].南京大学学报,2001(3).

星云大师.金刚经讲话[M].北京:新世界出版社,2008.

姜亮夫.先秦诗鉴赏辞典[M].上海:上海辞书出版社,1998.

姜全保,李树茁.女性缺失与社会安全[M].北京:社会科学文献出版社,2009.

项弋平.中国古代农书之最[J].农业科学实验,1985(12).

袁祖亮.再论汉武帝末年人口并非减半——兼与葛剑雄同志商榷[J].学术月刊,1985(4).

袁祖亮,延胜.中国古代人口史研究回顾与展望[J].历史研究,1996(5).

袁志刚,陆铭.隐性失业论[M].上海:立信出版社,1997.

夏商周断代工程专家组.夏商周断代工程1996—2000年阶段成果报告[M].北京:世界图书出版社,2000.

郭沫若.奴隶制时代[M].北京:人民出版社,1954.

郭沫若.释祖妣[M]//甲骨文字研究.北京:科学出版社,1962.

郭沫若.郭沫若全集[M]:五册.北京:科学出版社,2002.

郭沫若.中国古代社会研究[M].石家庄:河北教育出版社,2004.

郭大顺.追寻五帝——揭幕中国历史纪元的开篇[M].沈阳:辽宁人民出版社,2010.

郭继兰.走出直接民主的困境——代议制民主理论的产生和发展[J].哈尔滨工业大学学报:社会科学版,2009(6).

郭松义,李新达,李尚英.清朝典制[M].长春:吉林人民出版社,1993.

钱穆,2001a.中国历代政治得失[M].北京:生活·读书·新知三联书店.

钱穆,2001b.湖上闲思录[M].北京:生活·读书·新知三联书店.

钱杭.中国宗族史研究入门[M].上海:复旦大学出版社,2009.

徐松岩,夏万芳.斯巴达公民人数与土地集中的关系探析[J].重庆师范大学学报(哲学社会科学版,2012(2).

周昆叔.环境考古[M].北京:文物出版社,2007.

徐天新.民主集中制的破坏与苏共的瓦解[J].当代世界社会主义问题,2003(3).

徐中舒.甲骨文字典[M].成都:四川辞书出版社,1989.

徐中舒.试论周代田制及其社会性质——并批判胡适井田辨观点和方法的错误[J].四川大学学报:社会科学版,1955(2).

顾净缘.佛教讲要[M].吴信如,编.北京:中国藏学出版社,2006.

顾准.希腊城邦制度[M].北京:中国社会科学出版社,1981.

顾炎武.顾亭林诗文集[M].北京:中华书局,1959.

高维刚.秦汉市场研究[M].成都:四川大学出版社,2008.

高凯.惊人相似的历史局面——兼论秦、隋速亡及汉、唐长久兴盛的原因[J].南都学坛,1995(2).

高王凌.十八世纪中国的经济发展和政府政策[M].北京:中国社会科学出版社,1995.

高建昆.适度人口问题研究综述[J].管理学刊,2010(2).

屈新儒.中国古代士兵婚姻与家庭生活探析[M].军事历史,2002(4).

康有为.康有为政论集[M]:第一集.上海:上海古籍出版社,1987.

康有为.新学伪经考[M].北京:古籍出版社,1956.

康有为.康有为政论集[M].北京:中华书局,1998.

严复.严复集[M]:第一册.北京:中华书局,1986.

唐皇凤.新中国60年国家治理体系的变迁及理性审视[J].经济社会体制比较,2009(5).

唐亚林,郭林.从阶级统治到阶层共治——新中国国家治理模式的历史考察[J].学术界,2006(4).

唐文明.顺天休命:孔孟儒家的宗教性根源[J].孔子研究,1999(4).

唐丽霞,左停.中国农村污染状况调查与分析——来自全国141个村的数据[J].中国农村观察,2008(1).

贾兵强.裴李岗文化时期的农作物与农耕文明[J].农业考古,2010(1).

梁琴,钟德涛.中外政党制度比较[M].北京:商务印书馆,2000.

梁漱溟,1990c.梁漱溟全集[M]:第三卷.济南:山东人民出版社.

梁漱溟,1990f.梁濑溟全集[M]:第六册.济南:山东人民出版社.

梁启超.中国历史研究法[M].北京:东方出版社,1996.

梁启超.《说群》序[M]//梁启超全集.北京:北京出版社,1999.

梁启超,1984a.梁启超哲学思想论文选[M].葛懋春,蒋俊,编选.北京:北京大学出版社.

梁启超,1984b.十种德性相反相成义[M]//梁启超选集.上海:上海人民出版社.

梁启超.先秦政治思想史[M].北京:中华书局,上海书店,1986.

梁启超.饮冰室合集·文集[M]:第十九辑,北京:中华书局,1989.

梁启超.民约论钜子卢梭之学说[N].新民丛报,1902,6(11,12).

曹必宏.中华民国实录[M]:五卷(上册).长春:吉林人民出版社,1997.

傅衣凌.明清时代商人及商业资本、明代江南市民经济试探[M].北京:中华书局,2007.

傅斯年,2012a.夷夏东西说(1933)[C]//氏族与古代中国史[M].上海:上海古籍出版社.

傅斯年,2012b.性命古训辨证[M].上海:上海古籍出版社.

傅乐成,2005a.中国通史[M]:上册.贵阳:贵州教育出版社.

傅勤家.中国道教史[M].北京:商务印书馆,2011.

傅景华.时空之道与五运六气[J].中国中医基础医学杂志,2008(12).

梅思平.中国社会变迁的概略[C]//陶希圣.中国问题之回顾与展望.新生命书局,1930.

萧公权,2011a.中国政治思想史[M]:上卷.北京:商务印书馆.

萧公权,2011b. 中国政治思想史[M]:下册. 北京:商务印书馆.

黄仁宇. 从大历史的角度读《蒋介石日记》[M]. 北京:九州出版社,2011.

黄宗智. 华北的小农经济与社会变迁[M]. 北京:中华书局,2000.

黄现璠. 古书解读初探//黄现璠学术论文选[M]. 桂林:广西师范大学出版社,2004.

黄展岳. 中国古代的人牲人殉[M]. 北京:文物出版社,1990.

黄怀信,张懋镕,田旭东,2007a. 逸周书汇校集注[M]:上卷. 上海古籍出版社.

黄今言. 秦汉赋役制度研究[M]. 南昌:江西教育出版社,1988.

黄今言,王福昌. 汉代农业商品生产的群体结构及其发展水平之评估[J]. 中国社会经济史研究,2003(3).

黄友珍. 中国近代百年教育[M]. 郑州:河南大学出版社,2009.

章有义. 本世纪二三十年代我国地权分配的再估计[J]. 中国社会经济史研究,1988(2).

章立明. 海贝:符号系统的文化解释[J]. 学术探索,2002(2).

章典,詹志勇,林初升,何元庆,李峰. 气候变化与中国的战争,社会动乱和朝代变迁[J]. 科学通报,2004(23).

章太炎,1977a. 演说录[J]. 民报,1906 年 7 月第 6 期//革命前十年间时论选集[M]:第二卷上册. 北京:三联书店.

章太炎,1977b. 诸子学略说[M]//汤志均,编. 章太炎政论选集[M]:上册. 北京:中华书局.

章太炎. 国粹学报发刊词[J]. 国粹学报,1905(1).

章开沅. 张謇传[M]. 北京:中华工商联合出版社,2000.

常秉义. 周易与汉字[M]. 北京:中央编译出版社,2009.

常建华. 明代溺婴问题初探[J]//中国社会历史评论[M]:第四卷. 北京:商务印书馆,2002.

蒋冠宏,蒋殿春. 基础设施、基础设施依赖与产业增长——基于中国省区行业数据检验[J]. 南方经济,2012(11).

蒋介石. 抵御外侮与复兴民族[M]//国民政府军事委员会政治部. 领袖十年来抗战言论集. 独立出版社,1938.

程麟荪. 中国计划经济的起源与资源委员会[J]. 二十一世纪,2007(4).

曹幸穗. 旧中国苏南农家经济研究[M]. 中央编译出版社,1996.

诸葛忆. 宋代士大夫的境遇与士大夫精神[J]. 中国人民大学学报,2001(1).

崔允文,1996. 时间生物学[M]. 北京:北京科学技术出版社.

崔之清. 国民党结构史(1905—1949)[M]:上册. 北京:中华书局,2013.

葛金芳. 中国近代农村经济制度史论[M]. 北京:商务印书馆,2013.

程大力. 论先民的性选择是竞技运动产生的初始原因[J],成都体育学院学报,1991(4).

童书业. 古代史研究中几个问题的补充[J]. 文史哲,1956(6).

童书业. 中国手工业商业发展史[M]. 济南:齐鲁书社,1981.

温乐平. 秦汉时期工农业产品比价和差价分析[J]. 农业考古,2007(4).

鲁卫东. 制度设计与实践的背离——北洋政府时期文官考试初探[J]. 安徽史学,2008(1).

董世礼. 晚清巨人传——梁启超[M]. 哈尔滨:哈尔滨出版社,1996.

董志凯. 中国计划经济时期计划管理的若干问题[J]. 当代中国史研究,2003(5).
程乃胜. 论民主集中制原则在宪法中的地位[J]. 法制与社会发展,2003(6).
谢俊美. 政治制度与近代中国[M]. 上海:上海人民出版社,1995.
谢维营. 政府机构公司化是中国市场化改革的最大误区[J]. 探索与争鸣,2008(2).
焦世新,周建明. 后冷战时代的终结及其对中国的意义[J]. 世界经济与政治,2009(12).
葛剑雄. 中国人口发展史[M]. 福州:福建人民出版社,1991.
彭巨水. 耕地土壤污染问题须高度关注[J]. 中国国情国力,2012(5).
蔡运章. 屈家岭文化的天体崇拜——兼谈纺轮向玉璧的演变[J]. 中原文物,1996(2).
裴文中. 山西襄汾县丁村旧石器时代遗址发掘报告[M]. 北京:科学出版社,1958.
裴安平. 中国史前的聚落围沟[J]. 东南文化,2004(6).
裴安平. 中国史前晚期手工业的主要特点[J]. 中国经济史研究,2008(4).
彭正穗. 儒家经济伦理与中国古代商人精神[J]. 江汉论坛,1996(4).
鲁克俭.《关于费尔巴哈的提纲》的写作原因及其再评价[J]. 马克思主义与现实,2008(5).
靳晓霞. 马克思恩格斯的选举思想及其启示——关于选举性质、民主条件、选举结果和选举意义[J]. 马克思主义研究,2012(7).
睡虎地秦墓竹简整理小组. 睡虎地秦墓竹简[M]. 北京:文物出版社,1978.
漆侠. 宋代经济史[M]:上卷. 北京:中华书局,1988.
蔡和森. 蔡和森文集[M]. 北京:人民出版社,1980.
谭荣邦. 冷战后社会主义国际联合的特点及其发展趋势[J],当代世界与社会主义,2004(2).
瞿同祖. 中国法律与中国社会[M]. 北京:商务印书馆,2010.
瞿同祖. 清代地方政府[M]. 北京:法律出版社,2003.
翦伯赞. 诸夏的分布与鼎鬲文化[C]//河南省考古学会,河南省博物馆. 夏文化论文选集[M]. 郑州:中州古籍出版社,1985.
翦伯赞. 中国史纲[M]. 上海:商务印书馆,1944.
薄一波. 1991a. 若干重大决策与事件的回顾[M]:上卷. 北京:中共党史出版社.
薄一波. 1991b. 若干重大决策与事件的回顾[M]:下卷. 北京:中共党史出版社.
熊正文. 中国历代利息问题考[M]. 北京:北京大学出版社,2012.
戴逸,1994a. 简明清史[M]:第一册. 北京:人民出版社.
戴逸,1994b. 简明清史[M]:第二册. 北京:人民出版社.
戴鞍钢. 清末民初西部农业困顿探析[J]. 云南大学学报,2006(3).
魏爽. 汉武帝时期的自然灾害与荒政[J]. 黑龙江教育学院学报,2007(8).
潘懋元. 中国近代教育史资料汇编[M]. 上海:上海世纪出版股份有限公司,2007.
魏光奇. 北洋政府时期的县知事任用制度[J]. 河北学刊,2004(5).